建设法规概论

杨育红　焦红波　著

中国水利水电出版社
www.waterpub.com.cn
·北京·

内 容 提 要

随着我国社会主义特色法律体系的基本形成,工程建设法律制度逐渐完善、加强。本书对我国工程建设相关的法律法规进行了全面介绍,其中重点对建设工程招标投标法律制度、质量管理法规及安全生产法规进行了详尽的探讨。

本书内容新颖、难易适度、实用性强、能够满足工程造价、工程管理以及水利工程相关专业的教学需要,也可作为工程技术人员的培训教材以及工程建设相关资格证考试的备考材料。

图书在版编目(CIP)数据

建设法规概论/杨育红,焦红波著. —北京:中
国水利水电出版社,2017.11
ISBN 978-7-5170-6045-1

Ⅰ.①建… Ⅱ.①杨… ②焦… Ⅲ.①建筑法－中国
Ⅳ.①D922.297

中国版本图书馆 CIP 数据核字(2017)第 281729 号

书　　名	建设法规概论 JIANSHE FAGUI GAISHU
作　　者	杨育红　焦红波　著
出版发行	中国水利水电出版社 (北京市海淀区玉渊潭南路 1 号 D 座 100038) 网址:www.waterpub.com.cn E-mail:sales@waterpub.com.cn 电话:(010)68367658(营销中心)
经　　售	北京科水图书销售中心(零售) 电话:(010)88383994、63202643、68545874 全国各地新华书店和相关出版物销售网点
排　　版	北京亚吉飞数码科技有限公司
印　　刷	三河市天润建兴印务有限公司
规　　格	184mm×260mm　16 开本　21.25 印张　517 千字
版　　次	2018 年 10 月第 1 版　2018 年 10 月第 1 次印刷
印　　数	0001—2000 册
定　　价	95.00 元

前　言

随着我国社会主义特色法律体系的基本形成,工程建设法律制度逐渐完善、加强。2014年,党的十八届四中全会专题讨论"依法治国";2015年,全国人民代表大会常务委员会制定5部法律,修改37部法律和1个有关法律问题的决定,通过8个有关法律问题的决定;2016年,制定8部法律,修改27部法律,通过7个有关法律问题的决定决议。国务院2015年修改22部行政法规;2016年修改66部;2017年修改36部,废止3部。大量的部门规章依法依规进行修改和废止。我国的立改废释并举措施增强了法律法规的及时性、系统性、针对性和有效性。

把法治教育纳入国民教育体系,高校是坚持用马克思主义法学思想和中国特色社会主义法治理论全方位占领的研究阵地之一。《高等学校工程造价本科指导性专业规范(2015版)》和《工程管理本科指导性专业规范(2015版)》推荐《建设法规》为工程造价专业"法律法规与合同管理"知识领域、工程管理专业"法学理论和方法"知识领域的核心课程。主要内容包括建设法规基础、城乡规划法、土地管理法规、工程咨询法律制度、建筑法律制度、建筑市场准入制度、建设工程招投标法律制度、建设工程质量管理法规、环境保护与建筑节能法规等。

《建设法规》是华北水利水电大学工程管理、工程造价、水利水电工程等专业类选修课。迎合国家法律法规制定、修改、废止的大形势,亟须进行教材的适时更新和充实。根据2015年专业规范遵循的规范性与多样化相统一的原则,为满足华北水利水电大学实际教学要求,凸显水利特色,结合本校传统和优势、学生兴趣和专业,特组织编写校本教材《建设法规概论》。

本书分为十三章。第一章引论,介绍了建设法规体系和建设法律关系;第二章土地管理法规,包含了土地的所有权和使用权、土地利用和保护,以及建设用地违法的责任和处理;第三章城乡规划法规,重点讲述了城乡规划的制定和实施;第四章建筑法律制度,叙述了建筑活动的基本法律规范、建筑工程发包承包制度、施工许可、工程监理、工程质量管理、工程安全管理等内容;第五章工程咨询法律制度,阐述了我国建设项目的可行性研究、后评价、勘察设计法律制度、建设工程监理制度等;第六章建筑市场准入制度,简述了工程建设执业资格制度、企业资质管理、从业人员资格管理等;第七章建设工程招标投标法律制度,包括建设工程招标、投标、开标、评标、中标等;第八章建设工程质量管理法规,有质量体系认证制度、建设工程质量监督管理、建设行为主体的责任与义务,以及建设工程质量保修及损害赔偿;第九章建设工程安全生产法规,讲了工程安全责任与义务、安全生产监督管理和安全事故的处理等;第十章水利工程建设法规,整理了水利工程建设项目管理制度及建设程序的相关规章和文件;第十一章环境保护与建筑节能法规,阐述了我国的主要环境管理制度、污染防治法、建筑节能法规;第十二章工程建设标准法律制度,介绍了我国工程建设标准的制定、实施和法律责任;第十三章建设工程纠纷解决的法律途径,概括了我国建筑工程纠纷的民间解决方式和仲裁制度、民事诉讼制度、行政复议和行政诉讼制度等。

基于多年课堂课程教学经验和工程实践经历,通过广泛征求水利建设领域参建单位工程技术人员和管理工作者的意见与建议,力求系统、全面地介绍我国工程建设相关的法律法规。

本书内容新颖、难易适度、实用性强、能够满足工程造价、工程管理以及水利工程相关专业的教学需要,也可作为工程技术人员的培训教材以及工程建设相关资格证考试的备考材料。

过程中,综合参考了其他学者的著述和文献,借鉴了国内外大量专业资料,在此表示衷心的感谢。

由于时间紧张,加之作者水平有限,书中内容难免有不成熟之处,欢迎广大读者多提宝贵意见。

2017 年 9 月

目　　录

第一章 引 论

第一节 建设法规基础

一、法律体系的概念及内涵

(一)概念和本质

法律是与国家不可分离的,法律的出现是生产和生产关系这一社会基本矛盾发展的必然结果,法律的产生经历了一个漫长的、复杂的过程,是同社会和国家的产生和发展分不开的。法律产生的标志是:国家的产生、诉讼与审判的出现、权利与义务的分离。

法律的概念可概括为四大基本特征,即(1)法律是调节人们行为的规范;(2)法律是由国家制定或认可的一种特殊的行为规范;(3)法律是以规定的权利和义务的方式来运作的行为规范;(4)法律是由国家强制力保证实施的社会行为规范。

法律的本质可以从法律与经济基础的关系、法律与政策的关系及法律与道德的关系等揭示、反映。

1. 法律与经济基础的关系

法律与经济基础的关系,是法律本质的重要内容。法律与经济基础的关系主要表现为:第一,法律是由社会经济基础决定并为其服务的。法律是建立在一定经济基础之上的上层建筑的重要组成部分,其性质由产生它的经济基础的性质决定,在同一社会形态里,当经济基础出现局部变化时,法律也会相应地发生一定的变化,否则作为上层建筑的法律就不能适应经济基础并不能做到为其服务。第二,法律反作用于产生它的经济基础,起着积极的能动作用。一种是促进生产力发展,对社会发展起进步作用,另一种是阻碍和起反动作用。

2. 法律与政策的关系

法律与统治阶级的政治的关系,也是法律本质的重要方面。法律与统治阶级的政治有着密切的联系。法律直接反映统治阶级的政治要求,并为统治阶级的政治服务,法律与政治的关系,具体反映在法律与政策的关系上。政策是一定阶级为了自己的经济利益,从具体的阶级关系和斗争形势出发而制定的路线、方针和原则。政策是法律的依据;法律把政策条文化、具体化和定型化,使之成为具有普遍约束力的法律规范,以保证政策的实现。但是政策与法律有明显的区别,不能混淆。

3. 法律与道德的关系

研究法律本质,必然涉及道德。法律和道德都是社会规范的重要组成部分,有着密切的联系。二者虽都是社会规范,但存在着重大的区别。

首先,法律是阶级社会特有的,而道德规范存在于人类社会发展的每一个历史阶段;其次,法律是通过国家制定和认可的,并由国家强制力保证执行的,而道德则是人们在社会生活中,经过长期实践自然形成的,通常靠社会舆论、传统的习惯力量和人们的信念来维持;此外,道德调整的范围比法律要更广泛,不是任何道德上的义务都是法律上的义务,受到道德谴责的行为并非都要受到法律的制裁。在阶级社会,由于法律和道德都是统治阶级意志的反映,有着共同的阶级本质和目的,因此二者是相辅相成、相互作用的。法律以其特有的强制性,积极保护和推行统治阶级的道德;道德则以舆论的力量动员人们守法,对法律的实施起着促进作用,是现行法律制度的重要补充。

(二)法律体系

国家根据法律调整对象的不同,把法律划分为若干部门。各个法律部门既有各自的特点,又是相互配合、照应的统一体。我国各法律部门的现行法律规范所组成的有机统一整体,即为法律体系。

首先,法律体系是一国国内法构成的体系,该国全部现行法律规范是构成法律体系的基础。法律体系既不包括完整意义的国际法即国际公法,也不包括已废止的法律。这与法系有很大区别,各个法系如大陆法系、英美法系均由若干个国家具有共性的法律所组成;构成法系的法律,是跨历史时代的,不仅包括现行法律,还包括历史上的法律以及法律观念、法律文化等。

其次,法律部门是构成法律体系的基本单位。现行法律规范由于调整的社会关系及其调整方法的不同,分为不同的、相对独立的法律部门。各国法律体系对法律部门的划分大相径庭,分属于各法律部门的法律规范,因其制定主体不同,又有不同的位阶;这些包括不同位阶法律规范的法律部门,共同构成层次分明、结构严谨的法律体系。

再次,法律体系是一个和谐统一的整体。在历史上,法律一旦产生,便逐渐形成自己的体系。为发挥法的调整社会关系、社会利益的功能,法律体系首先必须保证自身和谐统一;不同法律部门、不同位阶的各种法律规范互相联系、互相协调,形成内在统一、有机联系的整体。

最后,法律体系是动态的、发展变化的。法作为一种特殊的社会规范,与一定的社会关系相适应;马克思认为,社会不是以法律为基础的,相反,法律倒是以社会为基础的。社会的发展、社会关系的变化,必然带来法律规范、法律部门乃至法律体系的变动、调整。因此,法律体系不是一成不变的,而是相对稳定,动态、开放、不断发展的。

(三)我国法律体系的建成

新中国成立以来,特别是改革开放以来,在中国共产党的正确领导下,经过各方面坚持不懈的共同努力,我国立法工作取得了举世瞩目的成就。1982年通过了现行宪法,此后又根据客观形势的发展需要,先后四次对宪法部分内容作了修改,并全面完成了对现行法律和行政法规、地方性法规的集中清理工作。2011年,涵盖社会关系各个方面的法律部门已经齐全,各法律部门中基本的、主要的法律已经制定,相应的行政法规和地方性法规比较完备,法律体系内部总体做到科学和谐统一。

目前以宪法为核心,以法律为主干,包括行政法规、地方性法规等规范性文件在内的,由七个法律部门、三个层次法律规范构成的中国特色社会主义法律体系已经形成(见图1-1)。国家的经济、政治、文化和社会生活基本的、主要的方面已经做到了有法可依,为全面落实依法治国方略、构建社会主义和谐社会、实现全面建设小康社会的宏伟目标,奠定了坚实的法律制度。

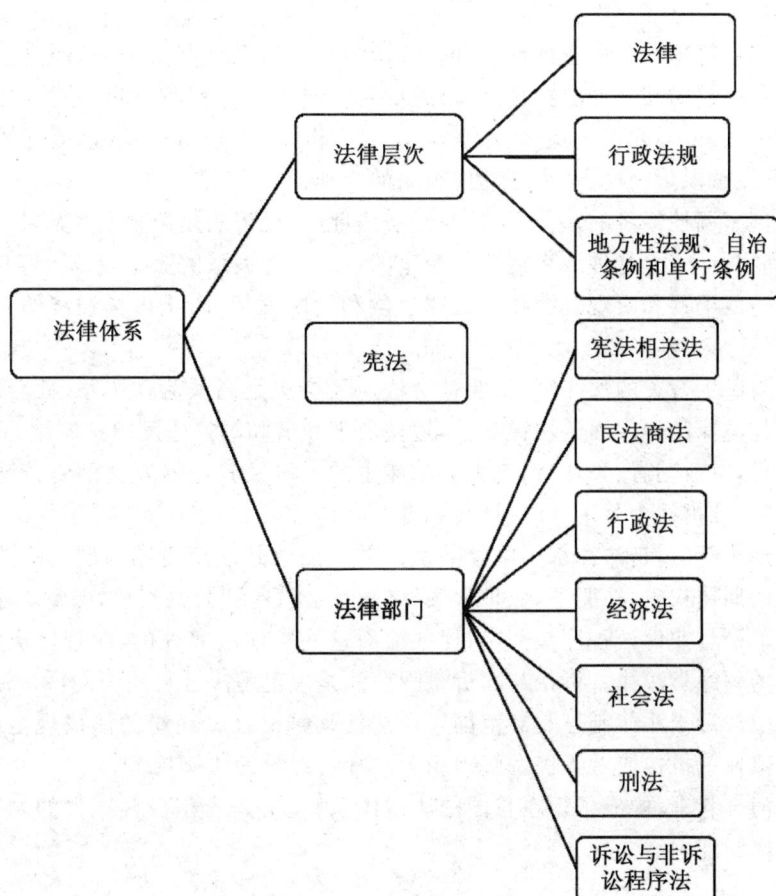

图 1-1 我国法律体系构成

二、我国法律体系的部门

我国法律体系是由宪法相关法、民法商法、行政法、经济法、社会法、刑法、诉讼与非诉讼程序法等七个法律部门组成的有机统一整体[①]。

第一类法律部门是保证宪法实施的宪法相关法部门。宪法相关法是与宪法相配套、直接

---

① 中华人民共和国国务院新闻办公室,中国特色社会主义法律体系,2011年10月。

保障宪法实施和国家政权运作等方面的法律规范,调整国家政治关系,主要包括国家机构的产生、组织、职权和基本工作原则方面的法律,民族区域自治制度、特别行政区制度、基层群众自治制度方面的法律,维护国家主权、领土完整、国家安全、国家标志象征方面的法律,保障公民基本政治权利方面的法律。

第二类部门是民法商法部门,民法是调整平等主体的公民之间、法人之间、公民和法人之间的财产关系和人身关系的法律规范,遵循民事主体地位平等、意思自治、公平、诚实信用等基本原则。商法调整商事主体之间的商事关系,遵循民法的基本原则,同时秉承保障商事交易自由、等价有偿、便捷安全等原则。

第三类是国家管理社会事务的部门,叫行政法部门,行政法是关于行政权的授予、行政权的行使以及对行政权的监督的法律规范,调整的是行政机关与行政管理相对人之间因行政管理活动发生的关系,遵循职权法定、程序法定、公正公开、有效监督等原则,既保障行政机关依法行使职权,又注重保障公民、法人和其他组织的权利。

第四类是国家调控经济的法律部门,叫经济法部门,经济法是调整国家从社会整体利益出发,对经济活动实行干预、管理或者调控所产生的社会经济关系的法律规范。经济法为国家对市场经济进行适度干预和宏观调控提供法律手段和制度框架,防止市场经济的自发性和盲目性所导致的弊端。

第五类是与民生有关的法律部门,叫社会法。社会法是调整劳动关系、社会保障、社会福利和特殊群体权益保障等方面的法律规范,遵循公平和谐和国家适度干预原则,通过国家和社会积极履行责任,对劳动者、失业者、丧失劳动能力的人以及其他需要扶助的特殊人群的权益提供必要的保障,维护社会公平,促进社会和谐。

第六类是刑法部门,是法律部门中件数最少的。刑法是规定犯罪与刑罚的法律规范。它通过规范国家的刑罚权,惩罚犯罪,保护人民,维护社会秩序和公共安全,保障国家安全。

第七类是诉讼与非诉讼程序法部门,保证前面这些实体法实施的,叫程序类法律,也就是诉讼与非诉讼的程序类法律。诉讼与非诉讼程序法是规范解决社会纠纷的诉讼活动与非诉讼活动的法律规范。诉讼法律制度是规范国家司法活动解决社会纠纷的法律规范,非诉讼程序法律制度是规范仲裁机构或者人民调解组织解决社会纠纷的法律规范。

这七个部门合起来,构成了现在我国的法律体系,这个内容是极其庞大的,它表现为一项一项的具体法律制度。

第二节　建设法规体系

一、建设法规及其调整对象

建设法规是调整国家行政管理机关、法人、法人以外的其他组织、公民在建设活动中产生的社会关系的法律规范的总称[①]。建设法律和建设行政法规构成了建设法规的主体。建设法

---

① 朱宏亮. 建设法规教程[M]. 北京:中国建筑工业出版社,2009.

规是以市场经济中建设活动产生的社会关系为基础,规范国家行政管理机关对建设活动的监管、市场主体之间经济活动的法律法规。

建设法规调整的是国家行政管理机关、法人、法人以外的其他组织、自然人在建设活动中产生的社会关系,具体包括以下几个方面。

（一）建设行政监督管理关系

建设行政监督管理关系是指国家行政机关或者其正式授权的有关机构对建设活动的组织、监督、协调等形成的关系。建设活动事关国计民生,与国家、社会的发展,公民的工作、生活以及生命财产的安全等,都有直接的关系。因此,国家必然要对建设活动进行监督和管理,古今中外,概莫能外。

我国国务院和地方各级人民政府都设有专门的建设行政管理部门,对建设活动的各个阶段进行监督管理,包括立项、计划、资金筹集、勘察、设计、施工、验收等。国务院和地方各级人民政府的其他行政管理部门,也承担一些对建设活动进行监督管理的任务。一是规划、组织、指导、协调、服务;二是检查、监督、控制。行政机关在这些监督管理中形成的社会关系就是建设行政监督管理关系。

（二）建设民事法律关系

建设民事法律关系是建设活动中由民事法律规范所调整的社会关系。在建设活动中,各类民事主体,如建设单位、施工单位、勘察设计单位、监理单位等,都是通过合同建立起相互的关系,合同关系就是一种民事关系。建设活动中的民事关系必须符合法律、法规的规定。

（三）建设关系主体内部管理关系

建设关系主体内部管理关系,是指建设关系主体进行内部管理时产生的社会关系。建设法规对建设关系主体内部管理关系的监督管理主要是涉及建设工程的质量、安全以及劳动关系。

二、建设法规的构成

建设法规体系是指把已经制定和需要制定的建设法律、建设行政法规、建设部门规章和地方建设法规有机结合起来,形成一个相互联系、相互补充、相互协调的完整统一的体系。我国建设法规的渊源是制定法形式,体现在以下层次中。

（一）宪法及宪法相关法

《宪法》第 89 条规定:"国务院行使下列职权:……领导和管理经济工作和城乡建设";第 107 条规定:"县级以上地方各级人民政府依照法律规定的权限,管理本行政区域内的经济、教育、科学、文化、卫生、体育事业、城乡建设事业和财政、民政、公安、民族事务、司法行政、监察、计划生育等行政工作,发布决定和命令,任免、培训、考核和奖惩行政工作人员。"

（二）法律

法律是建设法规的核心，既包括专门的建设领域的法律，如《中华人民共和国建筑法》《中华人民共和国招标投标法》《中华人民共和国城乡规划法》《中华人民共和国安全生产法》，也包括与建设活动相关的其他法律，如《中华人民共和国民法通则》《中华人民共和国合同法》《中华人民共和国行政许可法》《中华人民共和国土地管理法》《中华人民共和国环境保护法》《中华人民共和国环境影响评价法》《中华人民共和国节约能源法》等。

（三）行政法规

建设行政法规包括《建设工程质量管理条例》《建设工程安全生产管理条例》《建设工程勘察设计管理条例》《招标投标法实施条例》《建设项目环境保护管理条例》等。

（四）地方性法规、自治条例和单行条例

目前，各地方都制定了大量的规范建设活动的地方性法规、自治条例和单行条例，如《北京市建筑市场管理条例》《河南省建设工程质量管理条例》《广西壮族自治区实施〈中华人民共和国招标投标法〉办法》等。

（五）部门规章

大量的建设法规都是以部门规章的方式发布的，如国家住房和城乡建设部的《房屋建筑和市政基础设施工程施工招标投标管理办法》《建设工程勘察质量管理办法》《城镇污水排入排水管网许可管理办法》，国家发展和改革委员会的《电力建设工程施工安全监督管理办法》《天然气基础设施建设与运营管理办法》《招标公告发布暂行办法》，水利部的《水利工程建设项目管理规定（试行）》《水利工程建设程序管理暂行规定》等。

涉及两个以上国务院部门职权范围的事项，应当提请国务院制定行政法规或者由国务院有关部门联合制定规章。如2015年4月25日中华人民共和国国家发展和改革委员会、中华人民共和国财政部、中华人民共和国住房和城乡建设部、中华人民共和国交通运输部、中华人民共和国水利部、中国人民银行联合发布的《基础设施和公用事业特许经营管理办法》。

（六）地方政府规章

省、自治区、直辖市和设区的市的人民政府，根据法律、行政法规和本省、自治区、直辖市的地方性法规，制定的地方政府规章。如：内蒙古自治区人民政府令〔2012〕第187号《内蒙古自治区建设工程造价管理办法》，河南省人民政府令〔2013〕155号《河南省高层建筑消防安全管理办法》等。

（七）国际条约

国际条约在广义上是指两个或两个以上国家之间，或国家组成的国际组织之间，或国家与国际组织之间，共同议定的在政治、经济、科技、文化、军事等方面，按照国际法规定它们相互间

权利和义务关系的国际法律文件的总称,包括条约、专约、公约、协定、议定书、换文以及宪章、规约等。如:非迪克条约、京都议定书①。

(八)司法解释

司法解释,司法机关对法律、法规(法令)的进一步明确界限或作的补充规定。司法解释分为四种;①全国人民代表大会常务委员会司法解释。②最高人民法院、最高人民检察院司法解释。③国务院及主管部门司法解释。④地方人民代表大会常务委员会和地方人民政府主管部门司法解释。

全国人民代表大会常务委员会的法律解释同法律具有同等效力。

第三节 建设法律关系

一、法律关系的概念

法律关系(Legal relationship)是一定社会关系在相应的法律规范的调整下形成的权利义务关系。其实质是法律关系主体之间存在特定的权利义务关系。例如在工程建设中,项目法人和施工企业,他们之间存在一定的社会关系,当他们受《招标投标法》的调整,通过施工招投标,项目法人与中标施工企业双方根据各种法律、法规签订了施工合同,形成了权利义务关系后,即构成了法律关系。可见,法律规范的存在是法律关系产生的前提,法律关系是法律规范在实际生活中的体现。

法律关系都是由法律关系主体、法律关系客体和法律关系内容三个要素构成,缺少其中一个要素就不能构成法律关系。由于三个要素的内涵不同,则组成不同的法律关系,诸如行政法律关系、民事法律关系、刑事法律关系等。

行政法律关系是指由行政法调整的,由行政管理者和行政管理相对人之间形成的权利义务关系。例如取水许可活动,就是行政法律关系。

民事法律关系是指属于民法调整的平等的主体公民之间、法人之间、公民与法人之间形成的权利义务关系。例如水库的供水活动。水库管理局与用水户存在一定的社会关系,在供水活动中,根据国务院水利工程供水价格管理办法和各省的水费计收标准和办法,双方签订供水协议,水库管理局拥有商品水的经营权,即计收水费的权利,承担供水的义务;用水户拥有商品水的使用权,承担交纳水费的义务。这种权利义务关系就形成了平等主体之间的民事法律关系。

在建设活动中,有时也会发生刑事法律关系,例如,由于渎职,发生重大质量事故或人身安

---

① 《京都议定书》是《联合国气候变化框架公约》(简称《公约》)的补充条款,是 1997 年 12 月在日本京都由联合国气候变化框架公约参加国三次会议制定的。其目标是将大气中的温室气体含量稳定在一个适当的水平,进而防止剧烈的气候改变对人类造成伤害。

全事故、环境污染事故等,给人民生命、财产安全和社会安定造成重大损失,触犯刑律,须追究刑事责任,就形成了刑事法律关系。

建设法律关系是法律关系的一种,主要指由工程建设法律规范所确定的,在建设管理和建设协作过程中所产生的权利、义务关系,具有综合性、负责性、协同性。

二、建设法律关系的主体

建设法律关系的主体是参加建设活动或者建设管理活动,受工程建设法律、法规规范和调整,在法律上享有相应权利、承担相应义务的人。建设法律关系主体可以是自然人、法人或其他组织。

(一)自然人

自然人(Natural Person),是指基于自然规律出生并具有民事权利能力的人,是与法人相对应的生物意义上的人,具有生命体征。人因出生而作为一种生命体存在,是人的自然属性,而其具有法律上的地位,成为民事主体,则是人的社会属性和法律属性。自然人可以成为工程建设法律关系的主体。如建设企业工作人员(建筑工人、专业技术人员、注册执业人员等)同企业单位签订劳动合同时,即成为劳动法律关系主体。

自然人在我国《民法通则》的民事主体中使用的是"公民"一词。自然人既包括公民,也包括外国人和无国籍人,他们都可以作为建设法律关系的主体。

我国《合同法》已将作为民事主体的个人称为"自然人"(第2条),这既体现了我国《合同法》的开放性,也表明了我国民事主体制度发展、完善的方向。

(二)法人

法人(Legal Person)是指具有民事权利能力和民事行为能力,依法享有民事权利和承担民事义务的组织。法人是与自然人相对应的概念,是法律赋予社会组织具有人格的一项制度。法人的民事权利能力和民事行为能力,从法人成立时产生,到法人终止时消灭。法人必须依法成立;有必要的财产或者经费;有自己的名称、组织机构和场所;能够独立承担民事责任。

我国《民法通则》将法人分为企业法人、机关法人、事业单位法人和社会团体法人四种。

(1)企业法人。企业法人(Legal Person of Enterprises)是指以从事生产、流通、科技等活动为内容,以获取利润和增加积累、创造社会财富为目的的营利性的社会经济组织。工程活动中,可以作为建设法律关系主体的企业法人有勘察设计单位、城市规划编制单位、施工企业、房地产开发企业、监理单位等。企业法人的营业执照是由工商管理部门颁发给企业。

(2)机关法人。机关法人(Legal Person of Government Units)是指依法享有国家赋予的权力,以国家预算作为活动经费,因行使职权的需要而享有民事权利能力和民事行为能力的各级国家机关。能够成为建设法律关系主体的国家机关,一般是由于进行建设管理活动而成为建设法律关系主体的,包括国家权力机关和行政机关。

国家权力机关,是指全国人民代表大会及其常务委员会和地方各级人民代表大会及其常务委员会。国家权力机关参加工程建设法律关系的职能是审查批准国家建设计划和国家预决算,制定和颁布建设法律,监督检查国家各项建设法律的执行。国家权力机关则由于对国家建设计划和国家预决算进行审查和批准,制定和颁布建设法律法规,因而成为建设法律关系的主体。

行政机关,是依照国家宪法和法律设立的依法行使国家行政职权,组织管理国家行政事务的机关。它包括国务院及其所属各部委、地方各级人民政府及其职能部门。对建设活动进行管理的主要是国家行政机关。作为建设法律关系主体的行政机关,则包括国家建设行政主管部门、国家计划主管部门、国家建设监督机关、国家各业务的主管部门等。例如:国家发展和改革委员会、住房和城乡建设部、国土资源部、国家安全生产监督管理总局、水利部等。

(3)事业单位法人。事业单位法人是指从事非营利性的各项社会公益事业,面向社会直接为国民经济和社会提供服务,拥有独立财产或经费的各类法人,包括从事文化、教育、卫生、体育、新闻出版等公益事业的单位。按照国家法律、法规、规章的规定设立,具备法人条件,经事业单位登记管理机关核准登记成立,以社会公益为主要目的的社会组织。例如高校、医院等。

(4)社会团体法人。社会团体法人(Corporation Aggregate)是由法人或自然人组成,谋求公益事业、行业协调或共同利益的法人,如协会、学会、研究会、基金会、联谊会、促进会、商会等团体。

县以上各级工会组织都能以自己的财产和经费独立承担民事责任,并且各有自己的名称、组织机构和场所。因此,县以上各级工会组织从成立之日起,即具备法人资格。基层工会具备法人资格条件的,依法取得法人资格。工会主席是其法定代表人。

(三)其他组织

法人以外的其他组织也可以成为建设法律关系的主体。其他组织与法人相比,其复杂性在于民事责任的承担较为复杂。

法人以外的其他组织,根据《最高人民法院关于适用〈中华人民共和国民事诉讼法〉的解释》(法释〔2015〕5号)第52条规定,民事诉讼法第48条规定的"其他组织"是指合法成立、有一定的组织机构和财产,但又不具备法人资格的组织,包括:

①依法登记领取营业执照的个人独资企业;
②依法登记领取营业执照的合伙企业;
③依法登记领取我国营业执照的中外合作经营企业、外资企业;
④依法成立的社会团体的分支机构、代表机构;
⑤依法设立并领取营业执照的法人的分支机构;
⑥依法设立并领取营业执照的商业银行、政策性银行和非银行金融机构的分支机构;
⑦依法登记领取营业执照的乡镇企业、街道企业;
⑧其他符合本条规定条件的组织。

综上,我国建设法律关系的主体构成如图1-2所示。

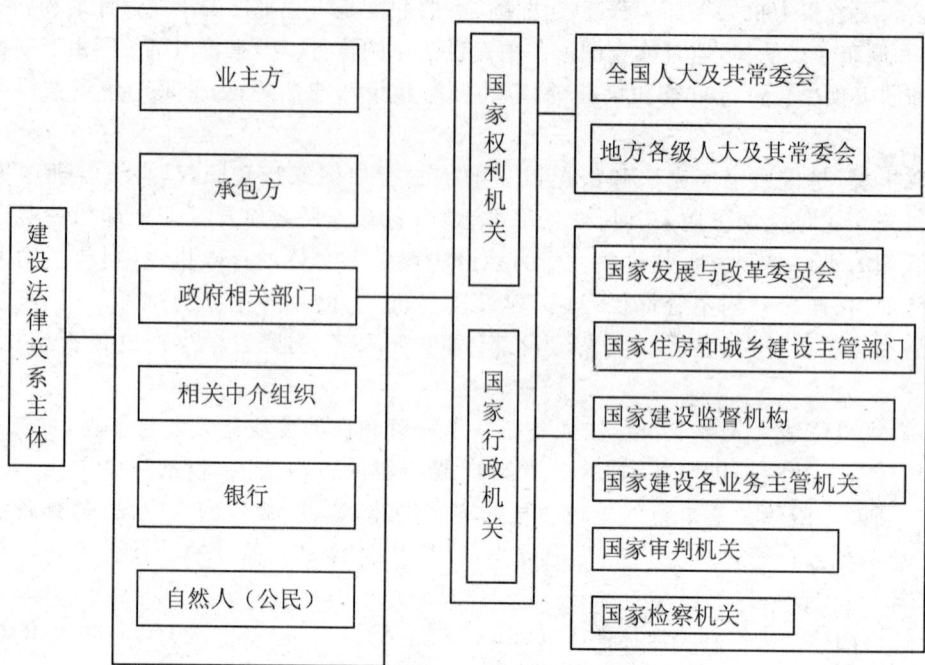

图 1-2　我国建设法律关系的主体构成

三、建设法律关系客体

法律关系客体,是指参加法律关系的主体享有的权利和承担的义务所共同指向的对象。在通常情况下,主体都是为了某一客体,彼此才设立一定的权利、义务,从而产生法律关系,这里的权利、义务所指向的事物,即法律关系的客体。法学理论上,一般客体分为财、物、行为和非物质财富。建设法律关系客体也不外乎四类。

(一)财

财一般指资金及各种有价证券。在法律关系中表现为财的客体主要是建设资金,如建设资金、基本建设贷款合同的标的,即一定数量的货币。

(二)物

法律意义上的物是可为人们控制的并具有经济价值的生产资料和消费资料,如建筑材料、建筑机械设备、建筑物等都可能成为建设法律关系的客体。

(三)行为

法律意义上的行为是指人的有意识的活动,多表现为完成一定的工作,如勘察设计、施工安装、管理服务、检查验收活动等,这些行为都可以成为建设法律关系的客体。行为也可表现为提供一定的劳务,如绑扎钢筋、土方开挖、混凝土浇筑、运输等。

（四）非物质财富

法律意义上的非物质财富是指通过人的智力活动所创造出的精神成果，即人们脑力劳动的成果或智力方面的创作，也称智力成果，包括知识产权、技术秘密及在特定情况下的公知技术。如专利权、工程设计、咨询报告、姓名、肖像等，都有可能成为建设法律关系的客体。

四、建设法律关系的内容

法律关系的内容即权利和义务。权利是指法律关系主体在法定范围内有权进行各种活动。权利主体可要求其他主体做出一定的行为或抑制一定的行为，以实现自己的权利，因其他主体的行为而使权利不能实现时有权要求国家机关加以保护并予以制裁。义务是指法律关系主体必须按法律规定或约定承担应负的责任。义务和权利是相互对应的，相应主体应自觉履行建设义务，义务主体如果不履行或不适当履行，就要承担相应的法律责任。

五、建设法律关系的产生、变更和消灭

建设法律关系并不是由建设法律法规本身产生的，只有在具有一定的情况和条件下才能产生、变更和消灭。

建设法律关系的产生是指建设法律关系的主体之间形成了一定的权利和义务关系，例如签订合同。建设法律关系的变更是指建设法律关系的三个要素发生变化，即主体变更、客体变更、内容的变更。

建设法律关系的消灭是指建设法律关系主体之间的权利、义务不复存在，彼此丧失了约束力。一般有自然消灭、协议消灭、违约消灭三种。

建设法律关系的自然消灭，是指建设类法律关系所规范的权利义务顺利得到履行，取得了各自的利益，从而使该法律关系达到完结。

建设法律关系协议消灭，是指建设法律关系主体之间协商解除某类工程建设法律关系规范的权利义务，致使该法律关系归于终止。

建设法律关系违约消灭，是指建设法律关系主体一方违约，或发生不可抗力，致使某类法律关系规范的权利不能实现。

能够引起法律关系产生、变更和消灭的客观现象和事实，就是法律事实。法律事实按是否包含当事人的意志分为行为和事件两类。

（一）行为

行为是指法律关系主体有意识的活动，能够引起法律关系发生、变更和消灭的行为，包括积极的作为和消极的不作为两种表现形式，也可分为合法行为和违法行为。

凡符合国家法律规定或为国家法律所认可的行为是合法行为，如：建设活动中，当事人订立合法有效的合同，会产生建设工程合同关系；建设行政管理部门依法对建设活动进行的管理

活动,会产生建设行政管理关系。凡违反国家法律规定的行为是违法行为。如:建设工程合同当事人违约,会导致建设工程合同关系的变更或者消灭。

此外,行政行为和发生法律效力的法院判决、裁定以及仲裁机构发生法律效力的裁决等,也是一种法律事实,也能引起法律关系的发生、变更、消灭。

可见,民事法律行为、违法行为、行政行为、立法行为、司法行为均能引起建设法律关系的发生、变更和消灭。

(二)事件

事件是指不以建设法律关系主体的主观意志为转移而发生的,能够引起建设法律关系产生、变更、消灭的客观现象。这些客观事件的出现与否,是当事人无法预见和控制的。事件可以分为自然事件、社会事件和意外事件三类。

(1)自然事件。自然事件是指由于自然现象所引起的客观事实,如地震、台风、海啸、火山喷发等。

(2)社会事件。社会事件是指由于社会上发生了不以个人意志为转移的、难以预料的重大事件所形成的客观事实,如战争、罢工、禁运等。

(3)意外事件。意外事件是指突发事故,如失火、爆炸、触礁等。无论自然事件、社会事件还是意外事件,它们的发生都能引起一定的法律后果,即导致建设法律关系的产生或迫使已经存在的建设法律关系发生变化。

六、法律责任

法律责任(Legal Liability)是指当事人因违反了法律规定的义务所应承担的法律后果。其主要特征,一是法律责任是由于违反了法律的强制性规范,不履行法定义务而应当承担的后果;二是法律责任具有强制性;三是法律责任是由法律明文规定的。

根据违法行为所违反的法律的性质,可以把法律责任分为民事责任、刑事责任、行政责任与违宪责任。

民事责任是指由于违反民事法律、违约或者由于民法规定所应承担的一种法律责任。

刑事责任是指行为人因其犯罪行为所必须承受的,由司法机关代表国家所确定的否定性法律后果。

行政责任是指因违反行政法规定或因行政法规定而应承担的法律责任。

违宪责任是指由于有关国家机关制定的某种法律和法规、规章,或有关国家机关、社会组织或公民从事了与宪法规定相抵触的活动而产生的法律责任。

根据追究责任的目的,法律责任分为补偿性责任和惩罚性责任。惩罚,即法律制裁,是国家以法律的道义性为基础,通过强制,对责任主体的人身和精神实施制裁的责任方式。补偿,是国家以功利性为基础,通过强制力或当事人要求责任主体以作为或不作为形式弥补或赔偿所造成损失的责任方式。

?!
思考题

1. 何谓建设法律关系,其构成要素是什么?
2. 建设法规有哪些表现形式?
3. 简述我国法律体系的构成?
4. 辨析"公民""自然人""法人"概念。
5. 辨析"法治"与"法制",并简述其区别的意义。

第二章 土地管理法规

第一节 概述

1986年是中国大陆地区土地管理制度开始建立的关键性一年。这一年发生了三件事：一是国务院发布了《中共中央、国务院关于加强土地管理、制止乱占耕地的通知》；二是第六届全国人大常委会通过并发布了《中华人民共和国土地管理法》；三是中共中央、国务院联名发布决定成立国家土地管理局。从此开始了中国土地管理制度的建立与完善的历程，从中央到地方，各级人民政府设置土地管理部门，依法实施全国城乡土地统一管理。1998年，九届人大一次会议第三次全体会议表决通过关于国务院机构改革方案的决定，由地质矿产部、国家土地管理局、国家海洋局和国家测绘局共同合并组建国土资源部。根据第十一届全国人民代表大会第一次会议批准的国务院机构改革方案和《国务院关于机构设置的通知》（国发〔2008〕11号），设立国土资源部，为国务院组成部门。

一、法规

（一）土地管理法

《中华人民共和国土地管理法》（以下简称《土地管理法》），1986年6月25日第六届全国人民代表大会常务委员会第十六次会议通过，根据1988年12月29日第七届全国人民代表大会常务委员会第五次会议《关于修改〈中华人民共和国土地管理法〉的决定》第一次修正。1998年8月29日第九届全国人民代表大会常务委员会第四次会议修订。根据2004年8月28日第十届全国人民代表大会常务委员会第十一次会议《关于修改〈中华人民共和国土地管理法〉的决定》第二次修正。共8章86条，包括第一章总则、第二章土地的所有权和使用权、第三章土地利用总体规划、第四章耕地保护、第五章建设用地、第六章监督检查、第七章法律责任、第八章附则。

《土地管理法》规定，中华人民共和国实行土地的社会主义公有制，即全民所有制和劳动群众集体所有制。全民所有，即国家所有土地的所有权由国务院代表国家行使。

国家实行土地用途管制制度，并规定了土地用途，将土地分为农用地、建设用地和未利用地。农用地是指直接用于农业生产的土地，包括耕地、林地、草地、农田水利用地、养殖水面等；建设用地是指建造建筑物、构筑物的土地，包括城乡住宅和公共设施用地、工矿用地、交通水利设施用地、旅游用地、军事设施用地等；未利用地是指农用地和建设用地以外的土地。

十分珍惜、合理利用土地和切实保护耕地是我国的基本国策。国家编制土地利用总体规划,严格限制农用地转为建设用地,控制建设用地总量,对耕地实行特殊保护。使用土地的单位和个人必须严格按照土地利用总体规划确定的用途使用土地。任何单位和个人都有遵守土地管理法律、法规的义务,并有权对违反土地管理法律、法规的行为提出检举和控告。在保护和开发土地资源、合理利用土地及进行有关的科学研究等方面成绩卓著的单位和个人,由人民政府给予奖励。

（二）土地管理法实施条例

《中华人民共和国土地管理法实施条例》,1998 年 12 月 27 日中华人民共和国国务院令第 256 号发布,根据 2011 年 1 月 8 日《国务院关于废止和修改部分行政法规的决定》修订。共 8 章 46 条,包括总则、土地的所有权和使用权、土地利用总体规划、耕地保护、建设用地、监督检查、法律责任、附则。

（三）土地调查条例

为了科学、有效地组织实施土地调查,保障土地调查数据的真实性、准确性和及时性,根据《中华人民共和国土地管理法》和《中华人民共和国统计法》,制定《土地调查条例》,2008 年 2 月 7 日中华人民共和国国务院令第 518 号发布。

土地调查的目的,是全面查清土地资源和利用状况,掌握真实准确的土地基础数据,为科学规划、合理利用、有效保护土地资源,实施最严格的耕地保护制度,加强和改善宏观调控提供依据,促进经济社会全面协调可持续发展。

土地调查工作按照全国统一领导、部门分工协作、地方分级负责、各方共同参与的原则组织实施。

（四）土地利用总体规划管理办法

《土地利用总体规划管理办法》,2017 年 5 月 2 日国土资源部第一次部务会议审议通过,中华人民共和国国土资源部部令第 72 号公布,自公布之日起施行。2009 年 2 月 4 日国土资源部发布的《土地利用总体规划编制审查办法》同时废止。

（五）建设用地审查报批管理办法

为加强土地管理,规范建设用地审查报批工作,根据《中华人民共和国土地管理法》《中华人民共和国土地管理法实施条例》,制定《建设用地审查报批管理办法》,1999 年 3 月 2 日中华人民共和国国土资源部令第 3 号发布,2010 年 11 月 30 日第一次修正,根据 2016 年 11 月 25 日《国土资源部关于修改〈建设用地审查报批管理办法〉的决定》第二次修正。

二、土地管理制度

中国土地管理制度是从适应中国不同经济社会发展阶段需要而逐步建立并完善起来的,在保护耕地、促进节约用地、保障经济社会发展、维护社会公平正义、参与国家宏观调控等方面发挥了重大作用。以《土地管理法》中明确表述的制度为基础,结合其他法律、法规和政策性文件,简要介绍。

（一）土地征收制度

《宪法》第10条第3款"国家为了公共利益的需要,可以依照法律规定对土地实行征收或者征用并给予补偿"。《土地管理法》第一章总则第2条第4款规定"国家为了公共利益的需要,可以依法对土地实行征收或者征用并给予补偿"。

党中央、国务院十分重视土地征收制度改革,在党的十八大报告中明确提出要"改革征地制度,提高农民在土地增值收益中的分配比例"。党的十八届三中全会进一步指出"建立城乡统一的建设用地市场"。一方面"缩小征地范围,规范征地程序,完善对被征地农民合理、规范、多元保障机制";另一方面"在符合规划和用途管制前提下,允许农村集体经营性建设用地出让、租赁、入股,实行与国有土地同等入市、同权同价"。"扩大国有土地有偿使用范围,减少非公益性用地划拨。完善土地租赁、转让、抵押二级市场"。最终"建立兼顾国家、集体、个人的土地增值收益分配机制,合理提高个人收益"。

（二）土地有偿使用制度

《土地管理法》第一章总则第2条第5款指出"国家依法实行国有土地有偿使用制度。土地有偿使用制度作为一项基本的经济制度,是指国家作为土地所有者通过有偿的方式租给使用者;土地作为生产对象有偿地提供给集体组织或个人使用,集体组织和个人按照国家规定或合同约定向政府一次性或分期交纳使用费的制度;它是调整国家与个人之间,资源与人们之间供求关系,平衡资源紧张的矛盾,改善资源严重浪费的一项基本制度。

（三）土地用途管制制度

《土地管理法》第一章总则第4条指出"国家实行土地用途管制制度"。土地用途管制作为一种土地管理的重要方式,被许多国家广泛采用,在各国有着大体相同的管制内容和手段:土地管理部门经过实地勘察测量和相关研究,对一定区域内的土地就用途和使用条件进行科学合理的规划,对用途的变更和调整依据相关法律法规进行限制和管理,在最大限度上合理利用有限的土地资源,满足人类对不同类型土地的需要。从本质上看,土地用途管制通常是由政府主导的、通过政府的公权力对土地市场的自由配置进行干预、主导土地资源在不同产业间用途分配的一种手段。

（四）土地调查统计制度

《土地管理法》第27条规定"国家建立土地调查制度",第29条规定"国家建立土地统计制度。县级以上人民政府土地行政主管部门和同级统计部门共同制定统计调查方案,依法进行土地统计,定期发布土地统计资料。土地所有者或者使用者应当提供有关资料,不得虚报、瞒报、拒报、迟报。土地行政主管部门和统计部门共同发布的土地面积统计资料是各级人民政府编制土地利用总体规划的依据。"

2008年2月7日《土地调查条例》（中华人民共和国国务院令〔2008〕第518号）公布实施,

我国土地调查事业进入一个崭新的时代。与人口普查、经济普查具有同样重大意义的国情国力调查一样,土地调查从此步入法制化建设轨道。我国于 1984 年至 1996 年开展了第一次全国土地调查;自 2007 年 7 月 1 日起,开展第二次全国土地调查,以 2009 年 12 月 31 日为标准时点汇总两次调查数据,2013 年 12 月 30 日国土资源部、国家统计局、国务院第二次全国土地调查领导小组办公室联合下发《关于第二次全国土地调查主要数据成果的公报》。

（五）耕地保护制度

《土地管理法》第 31 条规定,国家保护耕地,严格控制耕地转为非耕地。国家实行占用耕地补偿制度。非农业建设经批准占用耕地的,按照"占多少,垦多少"的原则,由占用耕地的单位负责开垦与所占用耕地的数量和质量相当的耕地;没有条件开垦或者开垦的耕地不符合要求的,应当按照省、自治区、直辖市的规定缴纳耕地开垦费,专款用于开垦新的耕地。省、自治区、直辖市人民政府应当制订开垦耕地计划,监督占用耕地的单位按照计划开垦耕地或者按照计划组织开垦耕地,并进行验收。

第 34 条规定"国家实行基本农田保护制度。"我国虽没有直接以耕地保护命名的法律,但是我国已经制定了大量与耕地保护有关的法律、法规以及规章。宪法是国家的根本大法,宪法中有关于土地的规定具有指导性、原则性和政策性,它是我国耕地法律保护体系的基础。《中华人民共和国宪法》第 9 条、第 10 条中关于土地所有制、土地所有权和使用权的保护、国家征用和征收土地、土地使用权依法转让的规定等是我国土地立法的根本依据。《民法通则》《刑法》《物权法》以及全国人大常委会制定的《土地管理法》《农村土地承包法》《城市房地产管理法》都对耕地保护有所涉及。这些法律有些是直接以调整土地的合理开发、利用和保护为主要宗旨,有些虽不直接调整土地关系,但是在内容上有其适用的条款。有关耕地保护的行政法规主要有《基本农田保护条例》《土地管理法实施条例》《村庄和集镇规划建设管理条例》等。

（六）土地登记发证制度

《土地管理法实施条例》第 3 条规定,国家依法实行土地登记发证制度。依法登记的土地所有权和土地使用权受法律保护,任何单位和个人不得侵犯。土地登记内容和土地权属证书式样由国务院土地行政主管部门统一规定。土地登记资料可以公开查询。确认林地、草原的所有权或者使用权,确认水面、滩涂的养殖使用权,分别依照《森林法》《草原法》和《渔业法》的有关规定办理。

第 4 条规定,农民集体所有的土地,由土地所有者向土地所在地的县级人民政府土地行政主管部门提出土地登记申请,由县级人民政府登记造册,核发集体土地所有权证书,确认所有权。农民集体所有的土地依法用于非农业建设的,由土地使用者向土地所在地的县级人民政府土地行政主管部门提出土地登记申请,由县级人民政府登记造册,核发集体土地使用权证书,确认建设用地使用权。设区的市人民政府可以对市辖区内农民集体所有的土地实行统一登记。

第 5 条规定,单位和个人依法使用的国有土地,由土地使用者向土地所在地的县级以上人民政府土地行政主管部门提出土地登记申请,由县级以上人民政府登记造册,核发国有土地使用权证书,确认使用权。其中,中央国家机关使用的国有土地的登记发证,由国务院土地行政主管部门负责,具体登记发证办法由国务院土地行政主管部门会同国务院机关事务管理局等有关部门制定。未确定使用权的国有土地,由县级以上人民政府登记造册,负责保护管理。

第6条规定,依法改变土地所有权、使用权的,因依法转让地上建筑物、构筑物等附着物导致土地使用权转移的,必须向土地所在地的县级以上人民政府土地行政主管部门提出土地变更登记申请,由原土地登记机关依法进行土地所有权、使用权变更登记。土地所有权、使用权的变更,自变更登记之日起生效。依法改变土地用途的,必须持批准文件,向土地所在地的县级以上人民政府土地行政主管部门提出土地变更登记申请,由原土地登记机关依法进行变更登记。

第7条规定,依照《土地管理法》的有关规定,收回用地单位的土地使用权的,由原土地登记机关注销土地登记。土地使用权有偿使用合同约定的使用期限届满,土地使用者未申请续期或者虽申请续期未获批准的,由原土地登记机关注销土地登记。

第二节　土地的所有权和使用权

一、土地所有权

(一)土地所有权概念及分类

土地所有权是指土地所有者依法对其所有的土地行使占有、使用、收益、处分的权利。土地所有权是土地所有制在法律上的体现,是一定社会形态的所有制经济制度在法律上的反映。

我国土地所有权分为国家土地所有权和集体土地所有权。国家土地所有权是指国家对属于全民所有的土地享有占有、使用、收益和处分的权利。国家所有土地的所有权由国务院代表国家行使。我国《土地管理法》第8条明确规定,城市市区的土地属于国家所有。农村和城市郊区的土地,除由法律规定属于国家所有的以外,属于农民集体所有;宅基地和自留地、自留山,属于农民集体所有。

《土地管理法实施条例》第2条规定了属于国家所有的土地范围:

(1)城市市区的土地。

(2)农村和城市郊区中已经依法没收、征收、征购为国有的土地。

(3)国家依法征用的土地。

(4)依法不属于集体所有的林地、草地、荒地、滩涂及其他土地。

(5)农村集体经济组织全部成员转为城镇居民的,原属于其成员集体所有的土地。

(6)因国家组织移民、自然灾害等原因,农民成建制地集体迁移后不再使用的原属于迁移农民集体所有的土地。

集体土地所有权是指农村集体经济组织对属于集体所有的土地享有占有、使用、收益和处分的权利。我国《土地管理法》第8条第2款规定,农村和城市郊区的土地,除由法律规定属于国家所有的以外,属于农民集体所有;宅基地和自留地、自留山,属于农民集体所有。

自然人不能成为土地所有权主体。中华人民共和国是国家土地所有权的统一和唯一的主体,由其代表全体人民对国有土地享有独占性支配的权利。

集体土地所有权的主体,即享有土地所有权的集体组织,根据《民法通则》[①]第 74 条第 2 款和《土地管理法》第 10 条规定,集体所有的土地依照法律属于村农民集体所有,由村农业生产合作社等农业集体经济组织或者村民委员会经营、管理。已经属于乡(镇)农民集体经济组织所有的,可以属于乡(镇)农民集体所有。

(二)土地所有权的法律特征

土地所有权是一种物权。所谓物权,是指直接支配一定的物并享受其利益的排他性财产权。与其他物权相比,我国土地所有权不具有可流通性,不得买卖和非法转让。具有以下特征。

(1)土地所有权是自物权,具有自权性。物权分为自物权和他物权。自物权指对自己的物所享有的权利;他物权是指对他人的物所享有的权利。土地所有权作为一种自物权,权利人依法享有占有、使用、收益和处分其土地的权利。

(2)土地所有权是一种绝对权与独占权。任何人均负有不得侵犯和妨碍所有人行使土地权利的义务。土地所有权遭受他人侵害时,所有人可依法请求司法机关责令侵权行为人承担停止侵害、赔偿损失等的民事法律责任。

(3)土地所有权是完全物权,具有完全性。土地所有权赋予权利人全面支配土地的一切可能性,除了法律和公序良俗,不受任何限制。

(4)土地所有权主体的特定性。根据《宪法》和《土地管理法》的规定,土地所有权属于国家和集体。这里的集体指农村劳动群众集体组织,不包括城镇集体组织。

二、土地使用权

(一)土地使用权的概念与特点

1. 土地使用权的概念

土地使用权是指土地使用者根据法律规定、合同约定,在法律允许的范围内,对其所使用的土地依法享有实际利用和取得收益的权利。《土地管理法》第 9 条规定,国有土地和农民集体所有的土地,可以依法确定给单位或者个人使用。使用土地的单位和个人,有保护、管理和合理利用土地的义务。

---

① 《中华人民共和国民法通则》,1986 年 4 月 12 日第六届全国人民代表大会第四次会议通过,1986 年 4 月 12 日中华人民共和国主席令第 37 号公布,自 1987 年 1 月 1 日起施行。《中华人民共和国民法总则》,2017 年 3 月 15 日第十二届全国人民代表大会第五次会议通过,国家主席令第 66 号公布,自 2017 年 10 月 1 日起施行。

2. 土地使用权的特点

我国土地使用权具有如下特点：

(1)土地使用权是一种他物权,具有派生性。

(2)土地使用权具有独立性。

(3)土地使用权内容的完整性。土地使用权具有占有、使用、收益和一定的处分权能,但与土地所有权的四项权能是不同的。土地使用权的占有是使用权人对土地实行控制的权利,它是产生使用权的前提和基础。

(4)土地使用权主体具有广泛性的特点。我国土地所有权的主体限于全民和劳动群众集体,而土地使用权的主体却十分广泛,包括单位和个人。

(5)土地使用权的可流通性。《宪法》第10条规定,任何组织或者个人不得侵占、买卖或者以其他形式非法转让土地。土地的使用权可以依照法律的规定转让。我国《土地管理法》第2条第3款规定,任何单位和个人不得侵占、买卖或者以其他形式非法转让土地。土地的使用权可以依法转让。

(二)土地使用权的种类

1. 国有土地使用权

国有土地使用权是指公民、法人或其他组织依法对国有土地所享有的进行土地开发、利用、经营权利。国有土地使用权主体非常广泛,根据《中华人民共和国城镇国有土地使用权出让和转让暂行条例》[①](以下简称《国有土地使用权出让和转让暂行条例》)第3条规定,中华人民共和国境内外的公司、企业、其他组织和个人,除法律另有规定者外,均可依照本条例的规定取得土地使用权,进行土地开发、利用、经营。同时,该条例第4条、第5条又规定,依照本条例的规定取得土地使用权的土地使用者,其使用权在使用年限内可以转让、出租、抵押或者用于其他经济活动,合法权益受国家法律保护。土地使用者开发、利用、经营土地的活动,应当遵守国家法律、法规的规定,并不得损害社会公共利益。

国有土地,可以依法确定给单位或者个人使用。我国《土地管理法》第15条规定,国有土地可以由单位或者个人承包经营,从事种植业、林业、畜牧业、渔业生产。发包方和承包方应当订立承包合同,约定双方的权利和义务。土地承包经营的期限由承包合同约定。承包经营土地的单位和个人,有保护和按照承包合同约定的用途合理利用土地的义务。

2. 集体土地使用权

集体土地使用权是指依照法律规定或者合同的约定,将农民集体所有的土地确定给单位或者个人经营、管理、合理利用的权利。农村集体所有的土地主要有以下几种土地使用权形式:①农村宅基地使用权;②自留地、自留山的使用权;③土地承包经营权;④乡镇企业用地的

---

① 《中华人民共和国城镇国有土地使用权出让和转让暂行条例》,中华人民共和国国务院令〔1990〕第55号公布。

使用权;⑤其他形式的集体土地使用权。

农民集体所有的土地,可以依法确定给单位或者个人使用。使用土地的单位和个人,有保护、管理和合理利用土地的义务。我国《土地管理法》第 10 条规定,农民集体所有的土地依法属于村农民集体所有的,由村集体经济组织或者村民委员会经营、管理;已经分别属于村内两个以上农村集体经济组织的农民集体所有的,由村内各该农村集体经济组织或者村民小组经营、管理;已经属于乡(镇)农民集体所有的,由乡(镇)农村集体经济组织经营、管理。《土地管理法》第 14 条规定,农民集体所有的土地由本集体经济组织的成员承包经营,从事种植业、林业、畜牧业、渔业生产。土地承包经营期限为 30 年。发包方和承包方应当订立承包合同,约定双方的权利和义务。承包经营土地的农民有保护和按照承包合同约定的用途合理利用土地的义务。农民的土地承包经营权受法律保护。在土地承包经营期限内,对个别承包经营者之间承包的土地进行适当调整的,必须经村民会议 2/3 以上成员或者 2/3 以上村民代表的同意,并报乡(镇)人民政府和县级人民政府农业行政主管部门批准。

三、土地所有权、使用权的登记造册与争议的解决

(一)土地所有权、使用权的登记造册

1. 农民集体所有的土地登记造册

《土地管理法》第 11 条第 1 款、第 2 款规定,农民集体所有的土地,由县级人民政府登记造册,核发证书,确认所有权。农民集体所有的土地依法用于非农业建设的,由县级人民政府登记造册,核发证书,确认建设用地使用权。

2. 使用的国有土地的登记造册

单位和个人依法使用的国有土地,由县级以上人民政府登记造册,核发证书,确认使用权;其中,中央国家机关使用的国有土地的具体登记发证机关,由国务院确定。

3. 其他土地所有权与使用权的登记造册

确认林地、草原的所有权或者使用权,确认水面、滩涂的养殖使用权,分别依照《中华人民共和国森林法》《中华人民共和国草原法》和《中华人民共和国渔业法》的有关规定办理。

依法改变土地权属和用途的,应当办理土地变更登记手续。依法登记的土地的所有权和使用权受法律保护,任何单位和个人不得侵犯。

(二)土地所有权、使用权争议的解决

1. 协商解决

土地所有权和使用权争议,由当事人协商解决。

2. 由人民政府处理

协商不成的,由人民政府处理。单位之间的争议,由县级以上人民政府处理;个人之间、个人与单位之间的争议,由乡级人民政府或者县级以上人民政府处理。

3. 起诉

当事人对有关人民政府的处理决定不服的,可以自接到处理决定通知之日起 30 日内,向人民法院起诉。

在土地所有权和使用权争议解决前,任何一方不得改变土地利用现状。

第三节　土地利用和保护

一、土地利用总体规划

(一)土地利用总体规划的编制与审批

1. 土地利用总体规划的编制

(1)土地利用总体规划的编制依据。各级人民政府应当依据国民经济和社会发展规划、国土整治和资源环境保护的要求、土地供给能力以及各项建设对土地的需求,组织编制土地利用总体规划。土地利用总体规划的规划期限由国务院规定。

下级土地利用总体规划应当依据上一级土地利用总体规划编制。地方各级人民政府编制的土地利用总体规划中的建设用地总量不得超过上一级土地利用总体规划确定的控制指标,耕地保有量不得低于上一级土地利用总体规划确定的控制指标。省、自治区、直辖市人民政府编制的土地利用总体规划,应当确保本行政区域内耕地总量不减少。

(2)土地利用总体规划的编制原则。《土地管理法》第 19 条规定,土地利用总体规划按照下列原则编制:①严格保护基本农田,控制非农业建设占用农用地;②提高土地利用率;③统筹安排各类、各区域用地;④保护和改善生态环境,保障土地的可持续利用;⑤占用耕地与开发复垦耕地相平衡。

2. 土地利用总体规划的审批

土地利用总体规划实行分级审批。

(1)省、自治区、直辖市的土地利用总体规划,报国务院批准。

(2)省、自治区人民政府所在地的市、人口在 100 万以上的城市以及国务院指定的城市的土地利用总体规划,经省、自治区人民政府审查同意后,报国务院批准。

(3)上述规定以外的土地利用总体规划,逐级上报省、自治区、直辖市人民政府批准;其中,乡(镇)土地利用总体规划可以由省级人民政府授权的设区的市、自治州人民政府批准。土地利用总体规划一经批准，必须严格执行。

3. 其他相关规定

(1)城市建设用地规模应当符合国家规定的标准，充分利用现有建设用地，不占或者尽量少占农用地。城市总体规划、村庄和集镇规划，应当与土地利用总体规划相衔接，城市总体规划、村庄和集镇规划中建设用地规模不得超过土地利用总体规划确定的城市和村庄、集镇建设用地规模。在城市规划区内、村庄和集镇规划区内，城市和村庄、集镇建设用地应当符合城市规划、村庄和集镇规划。

(2)江河、湖泊综合治理和开发利用规划，应当与土地利用总体规划相衔接。在江河、湖泊、水库的管理和保护范围以及蓄洪滞洪区内，土地利用应当符合江河、湖泊综合治理和开发利用规划，符合河道、湖泊行洪、蓄洪和输水的要求。

(3)各级人民政府应当加强土地利用计划管理，实行建设用地总量控制。土地利用年度计划，根据国民经济和社会发展计划、国家产业政策、土地利用总体规划以及建设用地和土地利用的实际状况编制。土地利用年度计划的编制审批程序与土地利用总体规划的编制审批程序相同，一经审批下达，必须严格执行。

(4)省、自治区、直辖市人民政府应当将土地利用年度计划的执行情况列为国民经济和社会发展计划执行情况的内容，向同级人民代表大会报告。

(5)经批准的土地利用总体规划的修改，须经原批准机关批准；未经批准，不得改变土地利用总体规划确定的土地用途。经国务院批准的大型能源、交通、水利等基础设施建设用地，需要改变土地利用总体规划的，根据国务院的批准文件修改土地利用总体规划。经省、自治区、直辖市人民政府批准的能源、交通、水利等基础设施建设用地，需要改变土地利用总体规划的，属于省级人民政府土地利用总体规划批准权限内的，根据省级人民政府的批准文件修改土地利用总体规划。

(二)建立土地调查与统计制度

1. 建立土地调查制度

国家建立土地调查制度。县级以上人民政府土地行政主管部门会同同级有关部门进行土地调查。土地所有者或者使用者应当配合调查，并提供有关资料。县级以上人民政府土地行政主管部门会同同级有关部门根据土地调查成果、规划土地用途和国家制定的统一标准，评定土地等级。

2. 建立土地统计制度

国家建立土地统计制度。县级以上人民政府土地行政主管部门和同级统计部门共同制定统计调查方案，依法进行土地统计，定期发布土地统计资料。土地所有者或者使用者应当提供有关资料，不得虚报、瞒报、拒报、迟报。土地行政主管部门和统计部门共同发布的土地面积统计资料是各级人民政府编制土地利用总体规划的依据。

二、土地保护

(一)土地保护的概念

由于人口的不断增长,形成对土地资源的巨大压力,一方面是非农业用地不断扩大,占去和破坏一部分耕地;另一方面是在土地利用中,由于一些不合理的开发,破坏了土地生态系统与环境要素之间的平衡关系,致使土地资源不断退化,生产力不断下降。所以,土地保护成为土地管理工作的一项重大而长期的基本任务。土地资源保护的目的是要达到对土地资源的可持续利用。

土地保护是人类为了自身的生存与发展对土地资源的需求,保存土地资源,恢复和改善土地资源的物质生产能力,防治土地资源的环境污染,使土地资源能够持续地利用所采取的措施和行动。

我国《宪法》规定,"国家保护环境和自然资源"。20 世纪 80 年代,"保护环境"和"十分珍惜和合理利用每寸土地,切实保护耕地"是我国的两项基本国策。《中华人民共和国环境保护法》《中华人民共和国土地管理法》《中华人民共和国农业法》和《基本农田保护条例》等明确了土地保护的内容包括对土地资源数量的保护、防治土地资源污染的环境保护、维护土地的生产潜力和提高土地资源生产力的地力保护。

(二)土地数量保护

土地资源的数量是指土地资源在水平面上的面积,土地资源的数量还可定义为是人类当前和可预见未来已经和拟开发的,且具有特定性质的土地剖面在水平面扩展体的面积。对于一个特定的地区而言,土地资源数量特性的内容包括土地资源种类的数量和各类土地资源的面积。由于土地资源在社会经济发展中重要性的原因,随着社会经济的不断发展,一个国家或地区的土地资源种类及各类土地资源的数量,是谋划该国或该地区社会经济发展的基础。

土地资源数量的保护指对土地资源的保存,主要是针对农业用地的保护,防止非农业用地的盲目扩展,主要通过基本农田保护实现。

《土地管理法》第四章耕地保护规定国家保护耕地,严格控制耕地转为非耕地。国家实行占用耕地补偿制度、基本农田保护制度,禁止任何单位和个人闲置、荒芜耕地。国家鼓励土地整理。

《关于强化管控落实最严格耕地保护制度的通知》(国土资发〔2014〕18 号)突出强调要毫不动摇地坚守耕地保护红线。

《中共中央关于制定国民经济和社会发展第十三个五年规划的建议》提出,"坚持最严格的耕地保护制度。坚守耕地红线,实施藏粮于地、藏粮于技战略,提高粮食产能,确保谷物基本自给、口粮绝对安全。"

(三)土地质量保护

土地资源的质量是通过土地资源评价或土地评价确定的。土地资源评价是指土地资源作为某种用途时,对土地资源好坏的评定,土地资源的好坏可解释为土地资源对某种用途的适宜程度高低、生产潜力或生产力的大小以及价值的多少等。

此外,从污染的角度讲,土地资源的质量还包括土地资源在一定的用途条件下,该用途是否对土地资源自身造成污染以及污染的程度如何,由于污染的原因比较复杂,一种土地资源利用所形成的污染物还会通过大气、水等对邻近土地资源造成污染。所以,从环境角度所谈的土地资源质量,是指土地资源是否被污染物污染以及被污染的程度,而不讨论土地资源被污染的原因。

综上所述,土地资源的质量或土地资源的好坏包括:"适宜程度高低""生产潜力或生产力的大小""污染状况"和"价值的多少"等四种类型。土地资源质量的保护,通常指土地资源的地力保护,指维护土地的生产潜力和提高土地资源生产力水平,主要有防治水土流失、沙化、次生盐碱化、贫瘠化等。

(四)土地资源环境保护

土地资源环境的保护即防治土地资源污染。

1. 土地污染

"土地污染"是指那些被利用后由于各种原因受到污染,而对人体和环境产生潜在危害的土地。污染的途径主要有两类:天然污染和人为污染。天然污染是指自然界本身存在的物质对土地造成的污染,如自然界中某些金属、氡和天然甲烷等产生的污染;人为污染是指人们应用天然资源,开采、加工、生产各种产品给土地造成的污染,及农业中化学物质,如化肥和农药等不合理的使用对土地造成的污染等。

(1)土地污染中的人为污染源

人为污染主要有:能源工业;金属加工制造区;非金属及其产品的生产工业;玻璃及陶瓷制造业;化学品、印染品的生产与使用;工程与制造业;食品加工工业;木材加工工业;纺织工业;橡胶工业;农业。其中农业对土地的污染日益引起人们的重视。现代化农业依靠大量的能量物质输入,在改良土壤、提高产量的同时,一些难以分解的化学药品,如杀虫剂等随着生物地球化学过程,进入食物链或滞留土壤内,在生命有机体内富集,使生物产生病变或致畸,并形成土地污染;又可通过地表径流过程污染地表水或淋溶渗入影响地下水质,所以农田污染必须引起重视。城市郊区农用土地主要污染物为废水、垃圾、农药等,污染程度远高于远郊农用地。

(2)土地利用的生态环境效应

生态环境是指以人为主体的环境,它是由周围的各种有机体和土地、水、空气等非生命环境相结合,所组成的生命维持系统。土地作为生态环境的组成要素,其利用开发实质上是对环境平衡机制的干扰,从而使生态环境发展的不确定性增大。虽然人类由此可获取维持社会发展的物质,但也构成了对生态环境的破坏,产生人们不愿意获得的负效应。土地利用对周围环境作用不是单一的,而是多种效应共同发生,相互叠加,交织在一起,对生态环境所有各组分均产生影响。但是,一般而言,土地利用仍有其共同特点,即生态群落简单化,物种减少,系统的不稳定性增大。然而由于土地利用方式的规模、结构和强度的不同,其对生态环境组分及整体所产生的效应具有明显的时空差异。如林地大肆砍伐、小区域范围的植被破坏、动物迁徙、物种减少、土壤侵蚀范围增加会造成降水减少、气温升高、旱涝灾害增多,甚至导致全球气候变化。

2. 土壤污染防治

土壤是经济社会可持续发展的物质基础,关系人民群众身体健康,关系美丽中国建设,保护好土壤环境是推进生态文明建设和维护国家生态安全的重要内容。当前,我国土壤环境总体状况堪忧,部分地区污染较为严重,已成为全面建成小康社会的突出短板之一。为切实加强土壤污染防治,逐步改善土壤环境质量,国家制定了《土壤污染防治行动计划》(国发〔2016〕31号),这是推进生态文明建设,坚决向污染宣战的一项重大举措。

3. 土地资源污染与生态环境质量恶化防治的对策和措施

(1)防治土地污染与生态环境质量恶化的对策

"一要吃饭,二要建设,三要保护环境"是我国土地利用的基本方针。防治的措施首先是要正确评价土地利用方式及其生态环境效应,确定科学的土地利用结构及其生态环境,明确土地利用总体方案。

土地污染最突出的特点是污染容易,治理难。因此,防治土地污染必须"以防为主",严格控制和消除污染源,不能走先污染后治理的途径。应成立相应的治理与协调机构;制定有关法规,控制对土地的污染和限制对污染土地的使用;建立土地使用登记制度,完善土地档案;制定不同用途土地的污染物浓度指标;鼓励对污染土地进行整治;加强与污染土地有关的科学研究。其防治的重点是减少由农药、化肥、污浊水和固体废弃物等带给土地的有毒物质的数量,减少毒素的再循环。

(2)土地污染与生态环境质量恶化防治的具体措施

开展土地污染的调查与监测,制定土地污染标准是评价土地质量、防止污染发生和发展的一项基础工作。土地污染调查是指区域土壤污染状况调查和污染程度的分级评价。土地污染的监测和预防即在代表性区域内定期采样,或在条件许可时,在固定点安置监测仪器进行化学、物理和生物学测定,以观察污染状况的动态变化规律。

制定"三废"排放的标准。主要是改进工艺流程、控制和消除工矿业"三废"排放,尽可能减少或消除污染物质来源。必须排放的"三废"要进行净化处理,进行回收综合利用,变废为宝,使之符合国家的排放标准。对于污水灌溉必须谨慎,在利用前必须测定废水中的有害物质和浓度,避免盲目使用以引起污染。

控制化学农药和化肥的使用。要合理使用化学农药,发展高效、低毒、低残留的农药新品种,提倡推广生物防治和综合防治病虫害的新措施。化肥的使用必须实行平衡配方施肥方法,提高化肥的利用率。

(3)污染土地的整治技术

污染土地的整治是一项昂贵而困难的工作。目前西方国家使用的整治技术主要有:覆盖、搬移、封闭式填埋、微生物处理、高温处理、抽取法、蒸气萃取、植物处理等。近几年,应用植物吸收土壤重金属的方法已引起广泛的兴趣。其主要原理是将基质中的重金属,通过植物吸收或者将其固定在土壤中,待收获后,对重金属进行处理。对于污染土地的整治,可以根据实际情况以及经济和技术的可能性,选择适宜的整治技术。

第四节　建设用地违法的责任和处理

对违法占地建设,《土地管理法》第76条规定,"未经批准或者采取欺骗手段骗取批准,非法占用土地的,由县级以上人民政府土地行政主管部门责令退还非法占用的土地,对违反土地利用总体规划擅自将农用地改为建设用地的,限期拆除在非法占用的土地上新建的建筑物和其他设施,恢复土地原状,对符合土地利用总体规划的,没收在非法占用的土地上新建的建筑物和其他设施,可以并处罚款;对非法占用土地单位的直接负责的主管人员和其他直接责任人员,依法给予行政处分;构成犯罪的,依法追究刑事责任。超过批准的数量占用土地,多占的土地以非法占用土地论处。"

为规范国土资源违法行为查处工作,明确查处工作程序和标准,提高执法水平,提升执法效能,根据《中华人民共和国土地管理法》《中华人民共和国矿产资源法》《中华人民共和国行政处罚法》等法律法规,制定了《国土资源违法行为查处工作规程》(国土资发〔2014〕117号)。

一、违法占地

(一)违法占地的概念与判定依据

违法占地是国土资源违法行为中最常见的一种类型,是指行为人未经批准,或者采取欺骗手段骗取批准,违法占用土地进行非农业建设的行为。违法占地的主体是违法占用、使用土地的单位或个人,即实施具体违法占地行为且能够独立承担法律责任的自然人、法人或者其他组织。

《土地管理法》《土地管理法实施条例》等法律法规明确了任何单位和个人使用国有土地或者农民集体所有土地进行建设的条件和程序,这些规定是判定是否违法占地的法律依据。比如,《土地管理法》第43条规定,除兴办乡镇企业、村民建设住宅、乡(镇)村公共设施和公益事业建设经依法批准可使用本集体经济组织农民集体所有的土地外,其他任何单位和个人进行建设,必须依法申请使用国有土地;第44条明确建设占用农用地需要办理农用地转用审批手续;《土地管理法》第53条至56条、《城市房地产管理法》第8条至24条、《土地管理法实施条例》第21条至23条明确了建设项目使用国有建设用地的条件和程序;《土地管理法》第57条规定了临时用地的条件和程序;第59条至62条明确了乡镇企业、乡(镇)村公共设施、公益事业、农村村民住宅等使用集体建设用地的条件和程序;第64条明确在土地利用总体规划制定前已建的不符合土地利用总体规划确定的用途的建筑物、构筑物不得重建、扩建;第76条明确了超过批准的数量占用土地,多占的土地以非法占用土地论处;第78条明确了依法收回非法批准、使用的土地,有关当事人拒不归还的,以违法占地论处;《土地管理法实施条例》第24条明确了建设项目使用国有未利用地的条件和程序。从这些法律法规规定可以看出,任何单位和个人使用土地都必须依法办理相应的用地手续。

(二)违法占地的表现形式

违法占地行为有以下四种主要的表现形式:

第一,未经批准占用土地,主要是指单位或个人未取得合法用地批准文件或未办理用地批准手续而违法占用土地进行建设。

第二,采用欺骗手段骗取批准文件占用土地建设,主要指单位或个人占地建设虽然取得了用地批准手续,但批准手续是通过弄虚作假骗取的,不具备合法性,因此也属于违法占地。比如,某村民已有宅基地,却隐瞒情况伙同村干部出具没有宅基地的证明,骗取批准新的宅基地。

第三,少批多占,主要指超过批准的用地面积占用土地,多占的部分属于违法占地。

第四,其他形式的违法占地,比如依法收回非法批准、使用的土地,有关当事人拒不归还的,以违法占地论处;依法收回国有土地使用权,当事人拒不交还的;临时用地到期,拒不归还土地或在临时用地上修建永久性建筑物、构筑物的;对在土地利用总体规划制定前已建的不符合土地利用总体规划确定的用途的建筑物、构筑物重建、扩建等。

根据立案标准,有《中华人民共和国土地管理法》《中华人民共和国城市房地产管理法》等土地管理法律、法规和规章规定的各类违法行为,依法应当给予行政处罚或行政处分的,应及时予以立案。但是违法行为轻微并及时纠正,没有造成危害后果的,或者法律、法规和规章未规定法律责任的,不予立案。违法行为还可分为以下五类:

1. 非法转让土地

非法转让土地的行为有:

(1)未经批准,非法转让、出租、抵押以划拨方式取得的国有土地使用权的;

(2)不符合法律规定的条件,非法转让以出让方式取得的国有土地使用权的;

(3)将农民集体所有的土地的使用权非法出让、转让或者出租用于非农业建设的;

(4)不符合法律规定的条件,擅自转让房地产开发项目的;

(5)以转让房屋(包括其他建筑物、构筑物),或者以土地与他人联建房屋分配实物、利润,或者以土地出资入股、联营与他人共同进行经营活动,或者以置换土地等形式,非法转让土地使用权的;

(6)买卖或者以其他形式非法转让土地的。

2. 非法占地类

非法占地类的行为有:

(1)未经批准或者采取欺骗手段骗取批准,非法占用土地的;

(2)农村村民未经批准或者采取欺骗手段骗取批准,非法占用土地建住宅的;

(3)超过批准的数量占用土地的;

(4)依法收回非法批准、使用的土地,有关当事人拒不归还的;

(5)依法收回国有土地使用权,当事人拒不交出土地的;

(6)临时使用土地期满,拒不归还土地的;

（7）不按照批准的用途使用土地的；

（8）不按照批准的用地位置和范围占用土地的；

（9）在土地利用总体规划确定的禁止开垦区内进行开垦，经责令限期改正，逾期不改正的；

（10）在临时使用的土地上修建永久性建筑物、构筑物的；

（11）在土地利用总体规划制定前已建的不符合土地利用总体规划确定的用途的建筑物、构筑物，重建、扩建的。

3. 破坏耕地类

破坏耕地类行为有：

（1）占用耕地建窑、建坟，破坏种植条件的；

（2）未经批准，擅自在耕地上建房、挖砂、采石、采矿、取土等，破坏种植条件的；

（3）非法占用基本农田建窑、建房、建坟、挖砂、采石、采矿、取土、堆放固体废弃物或者从事其他活动破坏基本农田，毁坏种植条件的；

（4）拒不履行土地复垦义务，经责令限期改正，逾期不改正的；

（5）建设项目施工和地质勘查临时占用耕地的土地使用者，自临时用地期满之日起1年以上未恢复种植条件的；

（6）因开发土地造成土地荒漠化、盐渍化的。

4. 非法批地类

非法批地类行为有：

（1）无权批准征收、使用土地的单位或者个人非法批准占用土地的；

（2）超越批准权限非法批准占用土地的；

（3）没有农用地转用计划指标或者超过农用地转用计划指标，擅自批准农用地转用的；

（4）规避法定审批权限，将单个建设项目用地拆分审批的；

（5）不按照土地利用总体规划确定的用途批准用地的；

（6）违反法律规定的程序批准占用、征收土地的；

（7）核准或者批准建设项目前，未经预审或者预审未通过，擅自批准农用地转用、土地征收或者办理供地手续的；

（8）非法批准不符合条件的临时用地的；

（9）应当以出让方式供地，而采用划拨方式供地的；

（10）应当以招标、拍卖、挂牌方式出让国有土地使用权，而采用协议方式出让的；

（11）在以招标、拍卖、挂牌方式出让国有土地使用权过程中，弄虚作假的；

（12）不按照法定的程序，出让国有土地使用权的；

（13）擅自批准出让或者擅自出让土地使用权用于房地产开发的；

（14）低于按国家规定所确定的最低价，协议出让国有土地使用权的；

（15）依法应当给予土地违法行为行政处罚或者行政处分，而未依法给予行政处罚或者行政处分，补办建设用地手续的；

（16）对涉嫌违法使用的土地或者存在争议的土地，已经接到举报，或者正在调查，或者上级机关已经要求调查处理，仍予办理审批、登记或颁发土地证书等手续的；

（17）未按国家规定的标准足额缴纳新增建设用地土地有偿使用费，擅自下发农用地转用或土地征收批准文件的。

5. 其他类型

其他违法行为有：

（1）依法应当将耕地划入基本农田保护区而不划入，经责令限期改正而拒不改正的；

（2）破坏或者擅自改变基本农田保护区标志的；

（3）依法应当对土地违法行为给予行政处罚或者行政处分，而不予行政处罚或者行政处分、提出行政处分建议的；

（4）土地行政主管部门的工作人员，没有法律、法规的依据，擅自同意减少、免除、缓交土地使用权出让金等滥用职权的；

（5）土地行政主管部门的工作人员，不依照土地管理的规定，办理土地登记、颁发土地证书，或者在土地调查、建设用地报批中，虚报、瞒报、伪造数据以及擅自更改土地权属、地类和面积等滥用职权的。

二、查处国土资源违法行为

查处国土资源违法行为，是指县级以上人民政府国土资源主管部门，依照法定职权和程序，对自然人、法人或者其他组织违反土地、矿产资源法律法规的行为，进行调查处理，实施法律制裁的具体行政执法行为。

查处国土资源违法行为，应当遵循严格、规范、公正、文明的原则，做到事实清楚、证据确凿、定性准确、依据正确、程序合法、处罚适当的原则。

查处国土资源违法行为的实施主体是县级以上人民政府国土资源主管部门，具体工作依法由其执法监察工作机构和其他业务职能[①]工作机构按照职责分工承担。

按照违法占地项目所处的区域（城市、镇规划区，乡、村庄规划区），一般涉及未取得建设工程规划许可证、未取得乡村建设规划许可证两种情况。也就是说，违法占地行为在违反《土地管理法》的同时，一般也涉及违反《城乡规划法》，违法占地问题往往也涉及违法建设问题。

《城乡规划法》第40条规定："在城市、镇规划区内进行建筑物、构筑物、道路、管线和其他工程建设的，建设单位或者个人应当向城市、县人民政府政府城乡规划主管部门或者省、区、市人民政府确定的镇人民政府申请办理建设工程规划许可证；申请办理建设工程规划许可证，应当提交使用土地的有关证明文件等材料"。

对违法占地建设，《土地管理法》第76条明确了责令退还土地、限期拆除或没收地上新建的建筑物和其他设施、恢复土地原状，并处罚款等处罚措施。但长期以来，由于相关法律条款自身的表述不够严谨和完整，各地对其理解也存在差异，在具体适用方面缺乏权威的指引，在

---

① 国土资源执法监察工作机构是指履行执法监察职责的县级以上人民政府国土资源主管部门执法监察机构、队伍，包括执法监察局、处、科、股和执法监察总队、支队、大队等。

对占用建设用地、未利用地违法建设的建筑物和其他设施处置方面,往往按照违法占用农用地的处罚标准,予以拆除或没收,这种状况一直到 2014 年 10 月才有所改变。

2014 年 10 月 1 日开始实施的《国土资源违法行为查处工作规程》(以下简称《规程》)区分占用不同地类明确了相应的处罚要求:"违法占用的土地为建设用地和未利用地的,对地上新建建筑物和其他设施,由违法当事人与合法的土地所有者或使用者协商处置,涉及违反《城乡规划法》的,应当转交城乡规划主管部门处理"。

据此规定,取得使用土地的有关证明文件,是申请办理建设工程规划许可证的前提。因此,在城市、镇规划区内违反《土地管理法》占地实施建设的,属于违法占地行为,而违法占地由于不能提供合法使用土地的手续,是不能取得建设工程规划许可证的。因此,违法占地行为也必然是违法建设行为(城乡规划建设主管部门违法批准建设的情形除外),这就出现了法律竞合问题。而具体适用什么法律,应把握效率高、效果好的原则。

对未取得建设工程规划许可证的违法占地项目,《城乡规划法》第 64 条规定:"由县级以上人民政府城乡规划主管部门责令停止建设;尚可采取改正措施消除对规划实施的影响的,限期改正,处建设工程造价 5％以上 10％以下的罚款;无法采取改正措施消除影响的,限期拆除,不能拆除的,没收实物或者违法收入,可以并处建设工程造价 10％以下的罚款"。第 68 条规定:"城乡规划主管部门作出责令停止建设或者限期拆除的决定后,当事人不停止建设或者逾期不拆除的,所在地县级以上地方各级人民政府可以责成有关部门采取查封施工现场、强制拆除等措施"。

可见,《城乡规划法》对未取得建设工程规划许可证进行违法建设的,明确了限期改正、罚款、限期拆除、没收实物或者违法收入等处罚措施(对于规划部门给予限期改正、罚款处罚的,当事人在履行处罚决定后,可以申请完善用地手续),相对《土地管理法》单一的处罚方式来说,在处罚手段和方式上更灵活,也更有效。《城乡规划法》还赋予了县级以上人民政府的强制拆除权,这有利于对违法用地及时制止、及时处理,通过将违法用地消灭在萌芽状态,一方面减少了社会财富的损失,另一方面也降低了违法建筑建成后当事人对行政处罚的抵触程度。

对乡、村庄规划区内的违法用地,《城乡规划法》第 41 条规定:"在乡、村庄规划区内进行建设的,建设单位或者个人在取得乡村建设规划许可证后,方可办理用地审批手续"。第 65 条规定:"在乡、村庄规划区内未依法取得乡村建设规划许可证或者未按照乡村建设规划许可证的规定进行建设的,由乡、镇人民政府政府责令停止建设、限期改正;逾期不改正的,可以拆除"。

可见,在乡、村庄规划区内,未取得乡村建设规划许可证的(也不能取得合法用地手续),违反了《城乡规划法》和《土地管理法》,并且前者还赋予了乡、镇人民政府强制拆除权。因此,在乡、村庄规划区内对未取得乡村建设规划许可证进行建设的,按《城乡规划法》进行查处于法有据。

为此,对于违法占用建设用地和未利用地的新建建筑物和其他设施,《规程》明确了"涉及违反《城乡规划法》的,应当转交城乡规划主管部门处理"的处罚要求。在城市、镇规划区内违法占地建设的,通过转交城乡规划主管部门,由县级以上人民政府组织相关部门按《城乡规划法》进行制止、查处;如涉及违法占用耕地涉嫌犯罪的,再按《土地管理法》进行处理或移送司法机关。

通过将违法占地新建的建筑物和其他设施转交城乡规划主管部门处理,可以妥善化解掉大部分的违法占地上形成的建筑物和其他设施。对于其他城乡规划主管部门确实无法处置的地上建筑物和其他设施,再区分占用国有建设用地、未利用地,集体建设用地、未利用地等具体情形,由违法当事人与合法的土地所有者或者使用者协商进行处置。

三、违法占地的法律责任

对于违法占地应承担的法律责任,《土地管理法》第76条、第77条、第80条,《土地管理法实施条例》第35条、第36条、第42条、第43条有明确规定,违法占地需要承担行政处罚、行政责任直至刑事责任。

(一)行政处罚

发现违法占地行为,县级以上国土资源主管部门应当及时制止,符合立案条件的,依法立案查处,应当给予行政处罚的,依法作出行政处罚决定。

对于未经批准或者采取欺骗手段骗取批准,非法占用土地的,《土地管理法》第76条规定:由县级以上人民政府土地行政主管部门责令退还非法占用的土地,对违反土地利用总体规划擅自将农用地改为建设用地的,限期拆除在非法占用的土地上新建的建筑物和其他设施,恢复土地原状,对符合土地利用总体规划的,没收在非法占用的土地上新建的建筑物和其他设施,可以并处罚款。《土地管理法实施条例》第42条规定:依照《土地管理法》第76条的规定处以罚款的,罚款额为非法占用土地每平方米30元以下。

对于农村村民未经批准或者采取欺骗手段骗取批准,非法占用土地建住宅的,《土地管理法》第77条规定:由县级以上人民政府土地行政主管部门责令退还非法占用的土地,限期拆除在非法占用的土地上新建的房屋。超过省、自治区、直辖市规定的标准,多占的土地以非法占用土地论处。

对于依法收回国有土地使用权当事人拒不交出土地的,临时使用土地拒不归还的,《土地管理法》第80条规定:由县级以上人民政府土地行政主管部门责令交还土地,处以罚款。《土地管理法实施条例》第43条规定:依照《土地管理法》第80条的规定处以罚款的,罚款额为非法占用土地每平方米10元以上30元以下。

对于在临时使用的土地上修建永久性建筑物、构筑物的,《土地管理法实施条例》第35条规定:由县级以上人民政府土地行政主管部门责令限期拆除;逾期不拆除的,由作出处罚决定的机关依法申请人民法院强制执行。

对于在土地利用总体规划制定前已建的不符合土地利用总体规划确定的用途的建筑物、构筑物重建、扩建的,《土地管理法实施条例》第36条规定:由县级以上人民政府土地行政主管部门责令限期拆除;逾期不拆除的,由作出处罚决定的机关依法申请人民法院强制执行。

(二)追究行政责任

违法占地的行为人为机关法人、事业单位法人、国有企业、社会团体,或具有国家工作人员身份的人员的,对有关责任人还应当追究行政责任,给予相应的行政处分。《土地管理法》第76条明确规定:对非法占用土地单位的直接负责的主管人员和其他直接责任人员,依法给予行政处分。具体处分应当按照《违反土地管理规定行为处分办法》①（以下简称《办法》）的有关规定办理。该《办法》第 10 条规定："未经批准或者采取欺骗手段骗取批准，非法占用土地的，对有关责任人员，给予警告、记过或者记大过处分；情节较重的，给予降级或者撤职处分；情节严重的，给予开除处分。"

（三）追究刑事责任

违法占地构成犯罪的，要依法追究刑事责任。《刑法》第 342 条（非法占有农用地罪）规定，违反土地管理法规，非法占用耕地、林地等农用地，改变被占用土地用途，数量较大，造成耕地、林地等农用地大量毁坏的，处五年以下有期徒刑或者拘役，并处或者单处罚金。

对于违法占地是否构成犯罪，《最高人民法院关于审理破坏土地资源刑事案件具体应用法律若干问题的解释》《最高人民法院关于审理破坏林地资源刑事案件具体应用法律若干问题的解释》《最高人民法院关于审理破坏草原资源刑事案件应用法律若干问题的解释》《最高人民检察院、公安部关于印发〈最高人民检察院 公安部关于公安机关管辖的刑事案件立案追诉标准的规定（一）〉的通知》给出了具体的判定标准。具有下列情形之一的，属于非法占用农用地，数量较大，造成农用地大量毁坏的，依照《刑法》第 342 条的规定，以非法占用农用地定罪处罚：

一是非法占用基本农田五亩以上或者基本农田以外的耕地十亩以上的；

二是非法占用防护林地或者特种用途林地数量单种或者合计五亩以上的；

三是非法占用其他林地十亩以上的；

四是非法占用本款第（二）项、第（三）项规定的林地，其中一项数量达到相应规定的数量标准的百分之五十以上，且两项数量合计达到该项规定的数量标准的；

五是非法占用草原二十亩以上的，或者曾因非法占用草原受过行政处罚，在三年内又非法占用草原，改变被占用草原用途，数量在十亩以上的。

违法用地所占的地类不同，比如违法占用耕地等农用地和违法占用未利用地，其违法性质、违法情节和法律责任不同，相应的处罚也不同。因此，查处违法用地必须要准确判定占用土地的类型。2014 年 10 月 1 日开始实施《国土资源违法行为查处工作规程》对如何判定违法用地的地类作了明确规定，"违法占用的土地为建设用地和未利用地的，对地上新建建筑物和其他设施，由违法当事人与合法的土地所有者或使用者协商处置，涉及违反《城乡规划法》的，应当转交城乡规划主管部门处理"。

---

① 为了加强土地管理，惩处违反土地管理规定的行为，根据《中华人民共和国土地管理法》《中华人民共和国行政监察法》《中华人民共和国公务员法》《行政机关公务员处分条例》及其他有关法律、行政法规，制定《违反土地管理规定行为处分办法》，2007 年 12 月 5 日监察部第 11 次部长办公会议、2007 年 12 月 4 日原人事部第 5 次部务会议、2007 年 11 月 2 日国土资源部第 12 次部长办公会议审议通过。2008 年 5 月 2 日经国务院批准，中华人民共和国监察部 中华人民共和国人力资源和社会保障部 中华人民共和国国土资源部 令第 15 号公布，自 2008 年 6 月 1 日起施行。2000 年 3 月 2 日监察部、国土资源部第 9 号令发布的《关于违反土地管理规定行为行政处分暂行办法》同时废止。

案例分析

【案情】2006年9月,中国建设银行股份有限公司某支行因单位搬迁,停止使用原办公楼及场地,遂委托某拍卖行在该市报纸上刊登了对该房产进行拍卖的公告。该市国土资源局经过查实,发现其土地使用权类型属于授权经营,便依法公告通知其无权处置房地产,委托拍卖行发布的公告无效,该宗地的土地使用权应由当地人民政府依法收回,擅自参加竞买的单位或个人竞得房产后,土地使用权不受法律保护。结果,在当地政府和国土资源局的监督下,该办公大楼当当地某行政机关竞得,土地使用权由政府收回并划拨给该机关使用。

【分析】根据《中华人民共和国城市房地产管理法》第31条规定:房地产转让,房屋的所有权和该房屋占用范围内的土地使用权同时转让。因此,房产转让,除了符合房产转让的条件外,还必须同时具备土地转让的条件。各地关于土地转让条件的规定大致相同,概括起来有以下几点:①按合同约定支付全部出让金,取得土地使用权;②持有土地使用证;③已按出让合同约定的期限和条件开发和利用土地。《土地管理法》规定,"买卖或者以其他形式非法转让土地的,可以由县级以上人民政府土地行政主管部门没收违法所得;对违反土地利用总体规划擅自将农用地改为建设用地的,限期拆除在非法转让的土地上新建的建筑物和其他设施,恢复土地原状;对符合土地利用总体规划的,没收在非法转让的土地上新建的建筑物和其他设施,可以并处罚款;构成犯罪的,依法追究刑事责任。"该案中,该单位原办公楼及场地的土地使用权类型属于授权经营,根据国土资源部《关于中国建设银行重组改制土地资产处置的复函》(国土资函〔2004〕31号),该单位在改变土地用途或向其他单位、个人转让时,应报经土地所在地的市、县国土资源管理部门批准,并补交全部土地出让金,否则就是违法行为。

思考题

1. 简述我国土地所有权的体系。
2. 掌握我国土地管理制度。

第三章　城乡规划法规

第一节　概　述

一、基本概念

（一）规划

规划，就是实施总体目标的行动计划。它是目标确定以后的继续，是实施总体目标的重要手段。总体目标只有通过具体的规划来加以实施，才能最后达到预期的效果。规划的职能主要包括决定最后结果，以及获得这些结果的适当手段和全部管理活动。简单地说，规划就是行动之前所做出的某些事先的考虑，具有长远性、全局性、战略性、方向性、概括性和鼓动性。

计划是规划在一定时间内，特别是近期（如年度）内的更具体、更详细的安排，更应该具有实际的可操作性。计划是规划的延伸与展开，规划与计划是一个子集的关系，即"规划"里面包含着若干个"计划"，它们的关系既不是交集的关系，也不是并集的关系，更不是补集的关系。

（二）城乡规划

城乡规划是政府对一定时期内城市、镇、乡、村庄的建设布局、土地利用以及经济和社会发展有关事项的总体安排和实施措施，是政府指导和调控城乡建设和发展的基本手段之一[①]。城乡规划不是指一部规划，也不是涵盖所有国土面积的规划，而是由城镇体系规划、城市规划、镇规划、乡规划和村庄规划组成的有关城镇和乡村建设和发展的规划体系。城市规划、镇规划分为总体规划和详细规划。详细规划又分为控制性详细规划和修建性详细规划。城乡规划体系体现的特点是一级政府、一级规划、一级事权，下位规划不得违反上位规划的原则。城乡规划体系构成见图3-1。

1. 城镇体系规划

城镇体系规划，是指一定地域范围内，以区域生产力合理布局和城镇职能分工为依据，确定不同人口规模等级和职能分工的城镇的分布和发展规划。城镇体系规划是政府综合协调辖区内城镇发展和空间资源配置的依据和手段。城乡规划法不要求省、市、县三级政府都编制独立的城镇体系规划，仅要求编制全国和省域两级城镇体系规划。

[①] 《中华人民共和国城乡规划法》释义。

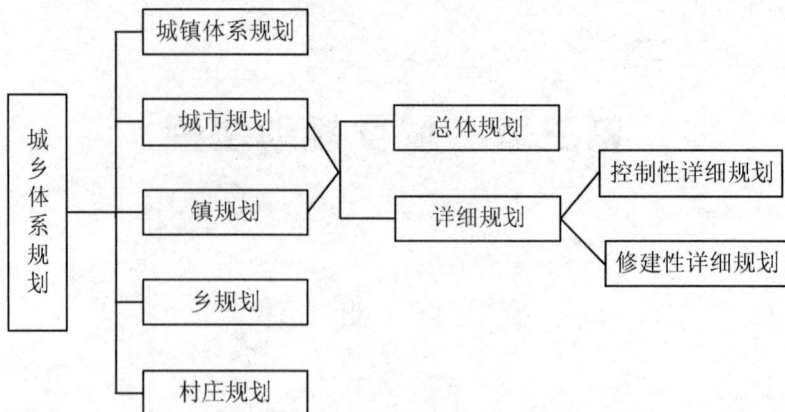

图 3-1　城乡规划体系构成

2. 城市规划

城市规划,是指对一定时期内城市的经济和社会发展、土地利用、空间布局以及各项建设的综合部署、具体安排和实施措施。城市规划在指导城市有序发展、提高建设和管理水平等方面发挥着重要的先导和统筹作用。

(1)城市总体规划

城市总体规划,是对一定时期内城市的性质、发展目标、发展规模、土地利用、空间布局以及各项建设的综合部署、具体安排和实施措施,是引导和调控城市建设,保护和管理城市空间资源的重要依据和手段。经法定程序批准的城市总体规划,是编制近期建设规划、详细规划、专项规划和实施城市规划行政管理的法定依据。各类涉及城乡发展和建设的行业发展规划,都应当符合城市总体规划的要求。近年来,随着社会主义市场经济体制的建立和逐步完善,为适应形势发展的要求,我国城市总体规划的编制组织、编制内容等都进行了必要的改革与完善。目前,城市总体规划已经成为指导与调控城市发展建设的重要公共政策之一。

(2)城市详细规划

城市详细规划,是指以城市的总体规划为依据,对一定时期内城市的局部地区的土地利用、空间布局和建设用地所做的具体安排和设计。

城市控制性详细规划,是指以城市的总体规划为依据,确定城市建设地区的土地使用性质和使用强度的控制指标、道路和工程管线控制性位置以及空间环境控制的规划要求。控制性详细规划是引导和控制城镇建设发展最直接的法定依据,是具体落实城市总体规划各项战略部署、原则要求和规划内容的关键环节。制定控制性详细规划应当注意要保证工作及时、到位,使控制性详细规划在空间范围上能有效覆盖。要根据各阶段城镇新区开发和旧城改造的重点,分区域、分阶段开展控制性详细规划的编制工作。编制控制性详细规划要在全面、深入分析研究的基础上进行,并注意与国民经济和社会发展规划、土地利用总体规划相衔接,加强控制性详细规划对土地出让和开发建设的综合调控。同时,还要注意贯彻本法对编制和实施控制性详细规划过程中公众参与的要求。

城市修建性详细规划,是指以城市的总体规划或控制性详细规划为依据,制定用以指导城市各项建筑和工程设施及其施工的规划设计。对于城市内当前要进行建设的地区,应当编制修建性详细规划。修建性详细规划是具体的、操作性的规划。

3. 镇规划

镇是连接城乡的桥梁和纽带,是我国城乡居民点体系的重要组成部分。镇的规划分为总体规划和详细规划,镇的详细规划分为控制性详细规划和修建性详细规划。

(1)镇的总体规划

镇的总体规划是指对一定时期内镇的性质、发展目标、发展规模、土地利用、空间布局以及各项建设的综合部署、具体安排和实施措施。镇的总体规划是管制镇的空间资源开发、保护生态环境和历史文化遗产、创造良好生活环境的重要手段,在指导镇的科学建设、有序发展,构建和谐社会,服务"三农"、促进社会主义新农村建设方面发挥规划协调和社会服务作用。镇总体规划包括县人民政府所在地的镇的总体规划和其他镇的总体规划。城市人民政府在编制城市总体规划时,可根据需要,将那些与中心城区关系紧密的镇的总体规划同期编制。

(2)镇的详细规划

镇的详细规划,是指以镇的总体规划为依据,对一定时期内镇的局部地区的土地利用、空间布局和建设用地所做的具体安排和设计。

镇的控制性详细规划,即以镇的总体规划为依据,确定镇内建设地区的土地使用性质和使用强度的控制指标、道路和工程管线控制性位置以及空间环境控制的规划要求。镇的修建性详细规划,是指以镇的总体规划和控制性详细规划为依据,制定的用以指导镇内各项建筑及其工程设施和施工的规划设计。

(3)乡规划、村庄规划

乡规划、村庄规划,分别是指对一定时期内乡、村庄的经济和社会发展、土地利用、空间布局以及各项建设的综合部署、具体安排和实施措施。对乡规划、村庄规划,由于其规划范围较小、建设活动形式单一,要求其既编制总体规划又编制详细规划的必要性不大。

乡规划和村庄规划是做好农村地区各项建设工作的先导和基础,是各项建设管理工作的基本依据,对改变农村落后面貌、规范乡村无序建设,推进社会主义新农村建设事业具有重要的意义。制定乡规划、村庄规划应当充分考虑农民的生产、生活方式及居住习惯对规划的要求,从农村实际出发,尊重村民意愿,体现地方和农村特色,依法保护耕地,节约和集约利用资源,保护生态环境,促进广大乡村地区的可持续发展。

乡规划和村庄规划的内容应当包括:规划区范围,住宅、道路、供水、排水、供电、垃圾收集、畜禽养殖场所等农村生产、生活服务设施、公益事业等各项建设的用地布局、建设要求,以及对耕地等自然资源和历史文化遗产保护、防灾减灾等的具体安排。乡规划还应当包括本行政区域内的村庄发展布局。

(4)规划区

规划区,是指城市、镇和村庄的建成区以及因城乡建设和发展需要,必须实行规划控制的区域。规划区的具体范围由有关人民政府在组织编制的城市总体规划、镇总体规划、乡规划和村庄规划中,根据城乡经济社会发展水平和统筹城乡发展的需要划定。

划定规划区,要坚持因地制宜、实事求是、城乡统筹和区域协调发展的原则,根据城乡发展的需要与可能,深入研究城镇空间拓展的历史规律,科学预测城镇未来空间拓展的方向和目标,充分考虑城市与周边镇、乡、村统筹发展的要求,充分考虑对保障城乡发展的水源地、生态控制区廊道、区域重大基础设施廊道等的保护要求,充分考虑城乡规划主管部门依法实施城乡规划的必要性与可行性,统筹兼顾各方需要,科学、系统地草拟方案,征求各方意见进行方案比选,并进行科学论证后最终综合确定规划区范围。

二、城乡规划的原则

(一)城乡统筹原则

城乡统筹原则是制定和实施城乡规划应当遵循的首要原则。在制定和实施规划的过程中,就要将城市、镇、乡和村庄的发展统筹考虑,适应区域人口发展、国防建设、防灾减灾和公共卫生、公共安全各方面的需要,合理配置基础设施和公共服务设施,促进城乡居民均衡地享受公共服务,改善生态环境,防止污染和其他公害,促进基本形成城乡、区域协调互动发展机制目标的实现。

(二)合理布局原则

规划是对一定区域空间利用如何布局做出安排。制定和实施城乡规划应当遵循合理布局的原则,就是要优化空间资源的配置,维护空间资源利用的公平性,促进资源的节约和利用,保持地方特色、民族特色和传统风貌,保障城市运行安全和效率,促进大中小城镇协调发展,促进城市、镇、乡和村庄的有序健康发展。省域城镇体系规划中的城镇空间布局和规模控制,城市和镇总体规划中的城市、镇的发展布局、功能分区、用地布局都要遵循合理布局的原则。

(三)节约土地原则

人口多、土地少,特别是耕地少是我国的基本国情。制定和实施城乡规划,进行城乡建设活动,要改变铺张浪费的用地观念和用地结构不合理的状况,必须始终把节约和集约利用土地、依法严格保护耕地、促进资源能源节约和综合利用作为城乡规划制定与实施的重要目标,做到合理规划用地,提高土地利用效益。乡、村庄的建设和发展,应当因地制宜、节约用地;在乡、村庄规划区内进行乡镇企业、乡村公共设施和公益事业建设以及农村村民住宅建设,不得占用农用地;确需占用农用地的,应当依法办理农用地转用审批手续后再核发乡村建设规划许可证等。

(四)集约发展原则

集约发展是珍惜和合理利用土地资源的最佳选择。编制城乡规划,必须充分认识我国长期面临的土地资源缺乏和环境容量压力大的基本国情,认真分析城镇发展的资源环境条件,推进城镇发展方式从粗放型向集约型转变,建设资源节约环境友好型城镇,促进城乡经济社会全面协调可持续发展。

(五)先规划后建设原则

先规划后建设是城乡规划法确定的实施规划管理的基本原则。这一原则要求城市和镇必须依法制定城市规划和镇规划,县级以上人民政府确定应当制定乡规划、村庄规划区域内的乡和村庄必须依法制定乡规划和村庄规划。各级人民政府及其城乡规划主管部门要严格依据法定职权编制城乡规划;要严格依照法定程序审批和修改规划,保证规划的严肃性和科学性;要加强对已经被依法批准的规划实施监督管理,在规划区内进行建设活动,必须依照《城乡规划法》取得规划许可,对违法行为人要依法予以处罚。

加强城市基础设施建设,既可拉动有效投资和消费,又能增强城市综合承载能力、造福广大群众、提高以人为核心的新型城镇化质量。要按先规划、后建设,先地下、后地上等原则[①]进行。

在规划区内进行建设活动,应当遵守土地管理、自然资源和环境保护等法律、法规的规定。即除了要遵守城乡规划法以外,还要遵守土地管理法、文物保护法、环境保护法、环境噪声污染防治法、水法、水污染防治法、固体废物污染环境防治法等有关土地管理、自然资源和环境保护等法律及其配套法规。

三、城乡规划法制定的历史背景及意义

1984 年国务院发布的《城市规划条例》、1987 年城乡建设环保部发布的《关于加强城市规划管理工作的若干规定》和 1988 年建设部发布的《关于开展县域规划工作的意见》等,这些行政法令、法规和条例为《中华人民共和国城市规划法》的诞生奠定了基础。2007 年 10 月 28 日中华人民共和国第十届全国人民代表大会常务委员会第三十次会议通过《中华人民共和国城乡规划法》,自 2008 年 1 月 1 日起施行,《中华人民共和国城市规划法》同时废止。2015 年 4 月 24 日第十二届全国人民代表大会常务委员会第十四次会议《全国人民代表大会常务委员会关于修改〈中华人民共和国港口法〉等七部法律的决定》修订,将第 24 条第 2 款第 2 项修改为:"(二)有规定数量的经相关行业协会注册的规划师"。删去第 3 款。

《中华人民共和国城乡规划法》的出台,对于提高我国城乡规划的科学性、严肃性、权威性,加强城乡规划监管,协调城乡科学合理布局,保护自然资源和历史文化遗产,保护和改善人居环境,促进经济社会全面协调可持续发展具有里程碑的意义。标志着中国长期以来实行的"城乡二元结构"的规划制度得到改变,进入城乡一体化的规划管理时代。

在城乡规划法出台以前,我国有关城市和乡村规划管理的法律、行政法规有《中华人民共和国城市规划法》(1989 年 12 月 26 日第七届全国人民代表大会常务委员会第十一次会议通过、1990 年 4 月 1 日起施行),是我国第一部城乡规划方面的法律,是我国城乡规划立法史上的重要里程碑,和《村庄和集镇规划建设管理条例》(1993 年 5 月 7 日国务院令第 116 号公布、1993 年 11 月 1 日起实施),简称"一法一条例"。

"一法一条例"的实施,对于加强城市、村庄和集镇的规划、建设和管理,遏制城市和乡村的无序建设、生态环境破坏等问题,促进城乡健康协调发展起到了重要的作用。但是,随着近年来城镇化进程的加快和社会主义市场经济体系的逐步建立,原有的以"一法一条例"为基础的城乡规划管理体制、机制遇到了一些新的问题:

---

① 2013 年 7 月 31 日,李克强主持召开国务院常务会议,研究推进政府向社会力量购买公共服务部署加强城市基础设施建设。

（1）城乡之间的联系越来越紧密，城市的经济社会发展对其周边乡村的发展起到了积极的带动作用，乡村也为城市的发展提供了有力的支持，城市和乡村的发展日益交融。但"一法一条例"所确定的规划管理制度是建立在城乡二元结构基础上的，城市规划法不涉及乡村规划和管理，《村庄和集镇规划建设管理条例》不涉及建制镇以上的城市规划和管理。这种就城市论城市、就乡村论乡村的规划制度与实施模式使得城市和乡村规划之间缺乏统筹考虑和协调，影响城乡协调发展，已经不适应城乡统筹的需要。

（2）一些地方在城市建设中脱离实际，不顾环境资源承载能力和经济条件，擅自变更规划，批准开发建设，盲目扩大城市建设规模，贪大求洋，急功近利，搞"政绩工程""形象工程"，浪费了有限的土地资源，加剧了用地矛盾，造成了不良的社会影响。

（3）规划的编制和实施过程缺乏充分的专家论证和广泛的社会参与程序，使得行政权力失去了必要的制约，规划的科学性和严肃性有待进一步提高。

（4）《村庄和集镇规划建设管理条例》虽然对乡、村庄规划作了一定的规范，但乡和村庄规划管理仍然薄弱。有的乡、村庄没有规划，无序建设；有的乡规划、村庄规划盲目模仿城市规划，未能体现农村特点，难以满足农民生产和生活需要。

（5）原有的城市规划仅从城市自身发展的需要出发，难免导致区域性的基础设施重复建设和资源浪费，也会产生城镇体系布局不当的问题。而长江三角洲、珠江三角洲、环渤海等地区飞速发展的密集城市群建设迫切需要统筹规划、协调发展。

（6）土地使用制度和国家投资体制改革需要对原有"一法一条例"规定的规划实施制度作相应调整。比如，随着国有土地使用权的取得方式由主要通过划拨方式取得向主要通过出让方式取得，投资体制以项目建设一律须经审批转变为审批、核准、备案相结合，以备案为主，建设用地规划许可证的申请、批准、发放程序也需要做出相应调整。

（7）"一法一条例"规定的法律责任过于原则，迫切需要针对城乡建设活动中发生的违法行为的新情况、新特点对原有的法律责任规定予以修改和完善，如增加对有关主管部门违法行为的法律责任规定，进一步提高对违法建设行为的处罚力度等。

四、城乡规划相关法规

我国现行的城乡规划基本法律、法规及相关规定是以《中华人民共和国城乡规划法》为主干，行政法规、部门规章以及配套规定、政策性文件等行政法令为主要内容。按层次、发布时间列表 3-1。

表 3-1　我国现行城乡规划类法律法规及行政法令

名称	发布时间	施行时间	修正/废止
法律			
中华人民共和国城乡规划法	2007 年 10 月 28 日中华人民共和国主席令第 74 号公布	2008 年 1 月 1 日起施行	2015 年 4 月 24 日第十二届全国人民代表大会常务委员会第十四次会议《关于修改〈中华人民共和国港口法〉等七部法律的决定》修正

名称	发布时间	施行时间	修正/废止
行政法规			
村庄和集镇规划建设管理条例	1993年6月29日国务院令第116号公布	1993年11月1日起实施	
部门规章			
开发区规划管理办法	1995年5月25日经第8次常务会议通过,6月1日中华人民共和国建设部令第43号发布。	1995年7月1日起施行	
城市规划编制办法	2005年10月28日经建设部第76次常务会议讨论通过,12月31日中华人民共和国建设部令第146号发布	2006年4月1日起施行	
城市国有土地使用权出让转让规划管理办法	1992年11月6日经第17次部常务会议通过,12月4日中华人民共和国建设部令第22号发布	1993年1月1日起施行	
城镇体系规划编制审批办法	1994年8月11日经第14次部常务会议通过,8月15日中华人民共和国建设部令第36号发布	1994年9月1日起施行	
城乡规划违法违纪行为处分办法	2012年12月3日中华人民共和国监察部 中华人民共和国人力资源和社会保障部 中华人民共和国住房和城乡建设部令第29号公布	2013年1月1日起生效	2016年1月18日修改公布、施行
城乡规划编制单位资质管理规定	2012年7月2日中华人民共和国住房和城乡建设部令第12号发布	2012年9月1日起施行	原建设部2001年1月23日发布的《城市规划编制单位资质管理规定》(建设部令第84号)2012年9月1日起废止;2016年1月11日修正

名称	发布时间	施行时间	修正/废止
政策性和规范性文件			
关于进一步加强城市规划建设管理工作的若干意见	2016年2月6日中共中央国务院印发		
国务院关于加强城乡规划监督管理的通知	国发〔2002〕13号		
国务院办公厅关于加强和改进城乡规划工作的通知	国办发〔2000〕25号		
海绵城市专项规划编制暂行规定	中华人民共和国住房和城乡建设部2016年3月11日建规〔2016〕50号印发	2016年3月11日生效	
建设项目选址规划管理办法	1991年8月23日中华人民共和国建设部 中华人民共和国国家计划委员会建规〔1991〕583号印发	1991年8月23日起施行	
近期建设规划工作暂行办法	中华人民共和国建设部2002年8月29日建规〔2002〕218号印发	2002年8月29日起执行	
城市规划强制性内容暂行规定			
注册城市规划师注册登记办法	中华人民共和国建设部2003年3月10日建规〔2003〕47号印发	2003年3月10日起生效	2016年7月5日起废止
关于做好注册规划师管理工作的通知	2016年3月22日住房城乡建设部办公厅建办规〔2016〕11号发布	2016年3月22日起生效	
注册城市规划师执业资格制度暂行规定	人事部、建设部1999年4月7日人发〔1999〕39号印发	1999年4月7日起施行	
注册城市规划师执业资格认定办法			

名称	发布时间	施行时间	修正/废止
注册城市规划师执业资格考试实施办法	人事部、建设部 2000 年 2 月 23 日人发〔2000〕20 号印发	2000 年 2 月 23 日起施行	
注册城市规划师注册办法	中国城市规划协会 2016 年 10 月 27 日发布	2016 年 11 月 1 日起施行	
注册城市规划师继续教育办法			

第二节 城乡规划的制定和实施

一、城乡规划的制定

（一）组织编制规划单位

国务院城乡规划主管部门会同国务院有关部门组织编制全国城镇体系规划,用于指导省域城镇体系规划、城市总体规划的编制。

省域城镇体系规划由省、自治区人民政府组织编制,用于指导省域内城市总体规划、镇总体规划的编制。

城市总体规划由城市人民政府组织编制;城市人民政府城乡规划主管部门根据城市总体规划的要求,组织编制城市的控制性详细规划。

县人民政府组织编制县人民政府所在地镇的总体规划;其他镇的总体规划由镇人民政府组织编制。

乡规划、村庄规划由乡、镇人民政府组织编制。

镇人民政府根据镇总体规划的要求,组织编制镇的控制性详细规划。

县人民政府所在地镇的控制性详细规划,由县人民政府城乡规划主管部门根据镇总体规划的要求组织编制。

城市、县人民政府城乡规划主管部门和镇人民政府可以组织编制重要地块的修建性详细规划。修建性详细规划应当符合控制性详细规划。

（二）规划审批单位

全国城镇体系规划由国务院城乡规划主管部门报国务院审批。

省域城镇体系规划,报国务院审批。

直辖市的城市总体规划由直辖市人民政府报国务院审批。省、自治区人民政府所在地的城市以及国务院确定的城市的总体规划,由省、自治区人民政府审查同意后,报国务院审批。其他城市的总体规划,由城市人民政府报省、自治区人民政府审批。

镇的总体规划,报上一级人民政府审批。乡规划、村庄规划报上一级人民政府审批。

城市的控制性详细规划,经本级人民政府批准后,报本级人民代表大会常务委员会和上一级人民政府备案。

镇的控制性详细规划,报上一级人民政府审批。县人民政府所在地镇的控制性详细规划,经县人民政府批准后,报本级人民代表大会常务委员会和上一级人民政府备案。

城乡规划报送审批前,组织编制机关应当依法将城乡规划草案予以公告,并采取论证会、听证会或者其他方式征求专家和公众的意见。公告的时间不得少于三十日。

组织编制机关应当充分考虑专家和公众的意见,并在报送审批的材料中附具意见采纳情况及理由。

省域城镇体系规划、城市总体规划、镇总体规划批准前,审批机关应当组织专家和有关部门进行审查。

(三)编制内容

全国城镇体系规划应综合考虑全国城镇与乡村,东部、中部、西部的协调发展,包括全国城镇空间布局,国家重大基础设施布局等重要内容。

省域城镇体系规划的内容包括省域城镇空间布局和规模控制,省域内重大基础设施的布局,为保护生态环境、资源等需要严格控制的区域。

城市总体规划、镇总体规划的内容应当包括:城市、镇的发展布局,功能分区,用地布局,综合交通体系,禁止、限制和适宜建设的地域范围,各类专项规划等。

规划区范围、规划区内建设用地规模、基础设施和公共服务设施用地、水源地和水系、基本农田和绿化用地、环境保护、自然与历史文化遗产保护以及防灾减灾等内容,应当作为城市总体规划、镇总体规划的强制性内容。

城市总体规划、镇总体规划的规划期限一般为二十年。城市总体规划还应当对城市更长远的发展做出预测性安排。

乡规划、村庄规划应当从农村实际出发,尊重村民意愿,体现地方和农村特色。乡规划、村庄规划的内容应当包括:规划区范围,住宅、道路、供水、排水、供电、垃圾收集、畜禽养殖场所等农村生产、生活服务设施、公益事业等各项建设的用地布局、建设要求,以及对耕地等自然资源和历史文化遗产保护、防灾减灾等的具体安排。乡规划还应当包括本行政区域内的村庄发展布局。

二、城乡规划编制单位与注册规划师管理制度

(一)总则

城乡规划组织编制机关应当委托具有相应资质等级的单位承担城乡规划的具体编制工作。

从事城乡规划编制的单位,应当取得相应等级的资质证书,并在资质等级许可的范围内从事城乡规划编制工作。

国务院城乡规划主管部门负责全国城乡规划编制单位的资质管理工作。

县级以上地方人民政府城乡规划主管部门负责本行政区域内城乡规划编制单位的资质管理工作。

从事城乡规划编制工作的编制单位应当具备:①有法人资格;②有规定数量的经国务院城乡规划主管部门注册的规划师;③有规定数量的相关专业技术人员;④有相应的技术装备;⑤有健全的技术、质量、财务管理制度五项条件,并经国务院城乡规划主管部门或者省、自治区、直辖市人民政府城乡规划主管部门依法审查合格,取得相应等级的资质证书后,方可在资质等级许可的范围内从事城乡规划编制工作。

城乡规划编制单位的高级职称技术人员或注册规划师年龄应当在 70 岁以下,其中甲级城乡规划编制单位 60 岁以上高级职称技术人员或注册规划师不应超过 4 人,乙级城乡规划编制单位 60 岁以上高级职称技术人员或注册规划师不应超过 2 人。

城乡规划编制单位的其他专业技术人员年龄应当在 60 岁以下。

高等院校的城乡规划编制单位中专职从事城乡规划编制的人员不得低于技术人员总数的 70%。

(二)城乡规划编制单位资质等级与标准

城乡规划编制单位资质分为甲级、乙级、丙级。

1. 甲级城乡规划编制单位资质标准

(1)有法人资格;

(2)注册资本金不少于 100 万元人民币;

(3)专业技术人员不少于 40 人,其中具有城乡规划专业高级技术职称的不少于 4 人,具有其他专业高级技术职称的不少于 4 人(建筑、道路交通、给排水专业各不少于 1 人),具有城乡规划专业中级技术职称的不少于 8 人,具有其他专业中级技术职称的不少于 15 人;

(4)注册规划师不少于 10 人;

(5)具备符合业务要求的计算机图形输入输出设备及软件;

(6)有 400 平方米以上的固定工作场所,以及完善的技术、质量、财务管理制度。

甲级城乡规划编制单位承担城乡规划编制业务的范围不受限制。

2. 乙级城乡规划编制单位资质标准

(1)有法人资格;

(2)注册资本金不少于 50 万元人民币;

(3)专业技术人员不少于 25 人,其中具有城乡规划专业高级技术职称的不少于 2 人,具有高级建筑师不少于 1 人,具有高级工程师不少于 1 人,具有城乡规划专业中级技术职称的不少于 5 人,具有其他专业中级技术职称的不少于 10 人;

(4)注册规划师不少于 4 人;

(5)具备符合业务要求的计算机图形输入输出设备;

(6)有 200 平方米以上的固定工作场所,以及完善的技术、质量、财务管理制度。

乙级城乡规划编制单位可以在全国承担:①镇、20 万现状人口以下城市总体规划的编制;②镇、登记注册所在地城市和 100 万现状人口以下城市相关专项规划的编制;③详细规划的编制;④乡、村庄规划的编制;⑤建设工程项目规划选址的可行性研究等业务。

3. 丙级城乡规划编制单位资质标准

(1)有法人资格;

(2)注册资本金不少于 20 万元人民币;

(3)专业技术人员不少于 15 人,其中具有城乡规划专业中级技术职称的不少于 2 人,具有其他专业中级技术职称的不少于 4 人;

(4)注册规划师不少于 1 人;

(5)专业技术人员配备计算机达 80%;

(6)有 100 平方米以上的固定工作场所,以及完善的技术、质量、财务管理制度。

丙级城乡规划编制单位可以在全国承担:①镇总体规划(县人民政府所在地镇除外)的编制;②镇、登记注册所在地城市和 20 万现状人口以下城市的相关专项规划及控制性详细规划的编制;③修建性详细规划的编制;④乡、村庄规划的编制;⑤中、小型建设工程项目规划选址的可行性研究等业务。

4. 其他说明

省、自治区、直辖市人民政府城乡规划主管部门可以根据实际情况,设立专门从事乡和村庄规划编制单位的资质,并将资质标准报国务院城乡规划主管部门备案。

外商投资企业可以依照《城乡规划编制单位资质管理规定》申请取得城乡规划编制单位资质证书,在相应资质等级许可范围内,承揽城市、镇总体规划服务以外的城乡规划编制工作。资质许可机关应当在外商投资企业的资质证书中注明"城市、镇总体规划服务除外"①。

(三)注册城市规划师执业资格制度

1. 注册城市规划师执业资格制度的建立和发展

注册城市规划师执业资格制度属职业资格证书制度范畴,是我国人事制度改革的重要内容。注册城市规划师执业资格制度在我国的建立和实施,对城市规划的执业准入,提高城市规划专业技术人员素质,保障城市规划的工作质量具有重要的现实意义。全国注册城市规划师执业资格制度的政策制定、组织协调、资格考试、注册登记和监督管理工作由人事部、建设部共同负责。

1994 年 3 月,原建设部城市规划司正式向有关部门提出建立城市规划执业资格证书和注

---

① 《住房城乡建设部关于修改〈城乡规划编制单位资质管理规定〉的决定》(中华人民共和国住房和城乡建设部令〔2016〕第 28 号)。

册制度的申请。在人事部的指导下进行了积极的筹备工作,1997年3月,建设部正式向人事部报送了"关于申请《建立城市规划职业资格证书和注册制度》的立项报告";随后研究和编制有关执业资格考试、资格认定及相关法规;1999年人事部、建设部发出"关于印发《注册城市规划师执业资格制度暂行规定》及《注册城市规划师执业资格认定办法》的通知"(人发〔1999〕39号),标志着我国注册城市规划师执业资格制度进入正式实施阶段。2000年,首次进行注册城市规划师执业资格考试和认定工作。

2016年,住房和城乡建设部为落实简政放权、放管结合、优化服务要求,激发市场活力和社会创造力,根据新修订的《中华人民共和国城乡规划法》和《国务院关于取消和调整一批行政审批项目等事项的决定》(国发〔2014〕50号)要求,取消注册城市规划师行政许可事项,决定从2016年7月5日起废止《关于印发〈注册城市规划师注册登记办法〉的通知》(建规〔2003〕47号)。城市规划师的注册及相关工作由中国城市规划协会负责承担,住房和城乡建设部对注册城市规划师的注册和执业实施指导和监督。

根据《住房城乡建设部办公厅关于做好注册规划师管理工作的通知》(建办规〔2016〕11号)文件精神,中国城市规划协会从2016年3月25日开始负责承担规划师的注册及相关工作,中华人民共和国住房和城乡建设部对注册城市规划师的注册和执业实施指导和监督。

2. 注册城市规划师资格考试和注册

2016年9月27日,中国城市规划协会在北京召开了第一届注册城市规划师管理委员会一次会议,会议研究并通过了《注册城市规划师注册办法》和《注册城市规划师继续教育办法》。

注册城市规划师是指通过全国统一考试,取得注册城市规划师执业资格证书,并经注册登记后从事城市规划业务工作的专业技术人员[①]。

(1)考试

注册城市规划师执业资格考试设城市规划原理(客观题)、城市规划相关知识(客观题)、城市规划管理与法规(客观题)和城市规划实务(主观题)4个科目。参加4个科目考试(级别为考全科)的人员必须在连续2个考试年度内通过应试科目,参加2个科目考试(级别为免二科)的人员须在1个考试年度内通过应试科目,方可获得资格证书。

(2)认定

建设部、人事部组成"注册城市规划师执业资格认定领导小组",负责全国注册城市规划师执业资格认定工作。认定范围是从事城市规划编制、审批,城市规划实施管理,城市规划咨询等相关业务工作,1997年底以前担任建筑工程类高级专业技术职务人员[②]。

(3)注册及撤销

建设部及各省、自治区、直辖市规划行政主管部门负责注册城市规划师的注册管理工作。各级人事部门对注册城市规划师的注册情况有检查、监督的责任。

取得注册城市规划师执业资格证书申请注册的人员,可由本人提出申请,经所在单位同意后报所在地省级城市规划行政主管部门审查,统一报建设部注册登记。经批准注册的申请人,

---

① 《注册城市规划师执业资格制度暂行规定》(人发〔1999〕39号)。
② 《注册城市规划师执业资格认定办法》(人发〔1999〕39号)。

由建设部核发《注册城市规划师注册证》。

申请注册的人员必须同时具备以下条件：

①遵纪守法，恪守注册城市规划师职业道德；

②取得注册城市规划师执业资格证书；

③所在单位考核同意；

④身体健康，能坚持在注册城市规划师岗位上工作。

再次注册者，应经单位考核合格并有参加继续教育、业务培训的证明。

注册城市规划师每次注册有效期为3年。有效期满前3个月，持证者应当重新办理注册登记。

注册城市规划师有下列情况之一的，其所在单位应及时向所在省级城市规划行政主管部门报告，有关的省级城市规划行政主管部门必须及时向建设部办理撤销注册手续：

①完全丧失民事行为能力的；

②受到刑事处罚的；

③脱离注册城市规划师岗位连续2年以上；

④因在城市规划工作中的失误造成损失，受到行政处罚或者撤职以上行政处分的。

被撤销注册的当事人对撤销注册有异议的，可以在接到撤销注册通知之日起15日内向建设部申请复议。

三、城乡规划的实施

《城乡规划法》对建设项目选址、建设用地、建设工程、乡村建设的行政审批和许可做出了以核发选址意见书、建设用地规划许可证、建设工程规划许可证、乡村建设规划许可证为法律凭证来实施城乡规划、建立规划管理制度的明确规定。

(一)选址意见书核发

选址意见书作为法定项目审批和划拨土地的前置条件，建设单位在报送有关部门批准或者核准前，应当向城乡规划主管部门申请核发选址意见书。省、市、县人民政府城乡规划主管部门收到申请后，应当根据有关法律、法规、规章和依法制定的城乡规划，在法定的时间内对其申请作出答复。对于符合城乡规划的选址，应当颁发建设项目选址意见书；对于不符合城乡规划的选址，不予核发建设项目选址意见书并说明理由，给予书面答复。

建设项目选址意见书适用于按国家规定需要有关部门进行批准或核准通过行政划拨方式取得用地使用权的建设项目，其他建设项目则不需要申请选址意见书。这主要是因为，随着国有土地使用权有偿出让制度的全面推行，除划拨使用土地的项目(主要是公益事业项目)外，都实行土地使用有偿出让。对于建设单位或个人通过有偿出让方式取得土地使用权的，按照《城乡规划法》规定，出让地块必须附具城乡规划主管部门提出的规划条件，规划条件要明确规定出让地块的面积、使用性质、建设强度、基础设施、公共设施的配置原则等相关要求。由此可见，通过有偿出让方式取得土地使用权的建设项目本身就具有与城乡规划相符的明确的建设地点和建设条件，不再需要城乡规划主管部门进行建设地址的选择或确认。

建设项目用地选址意见书应当包括下列内容：

(1)建设项目的基本情况包括建设项目的名称、性质、用地与建设规模；供水、能源的需求量、运输方式与运输量；废水、废气、废渣的排放方式和排放量等。

(2)建设项目规划选址的主要依据包括：①经批准的项目建议书；②建设项目与城市规划布局的协调；③建设项目与城市交通、通信、能源、市政、防灾规划的衔接与协调，城乡规划法律制度；④建设项目配套的生活设施与城市生活居住及公共设施规划的衔接与协调；⑤建设项目对于城市环境可能造成的污染影响，以及与城市环境保护规划和风景名胜、文物古迹保护规划的协调。

(3)建设项目选址、用地范围和具体规划要求建设项目选址意见书还应当包括除建设项目地址和用地范围外的附图和明确有关问题的附件。附图和附件是建设项目选址意见书的配套证件，具有同等的法律效力。附图和附件由发证单位根据法律、法规规定和实际情况制定。

(二)建设用地规划许可证

建设用地规划许可证是指建设单位和个人在向土地行政主管部门申请征用、划拨土地前，经城市规划行政主管部门确认的建设项目位置和范围符合城市规划的法定凭证。

核发建设用地规划许可证的意义在于确保建设项目利用的土地符合城市规划，维护建设单位和个人按照城市规划使用土地的合法权益，为土地管理部门在城市规划内行使权属管理职能提供必要的法律依据。

1.划拨土地

划拨用地的建设用地规划许可证办理程序是：建设单位在取得人民政府城乡规划主管部门核发的建设项目选址意见书后，建设项目经有关部门批准、核准后，向城市(县)人民政府城乡规划主管部门送审建设工程设计方案，申请建设用地规划许可证。城市(县)人民政府城乡规划主管部门应当审核建设单位申请建设用地规划许可证的各项文件、资料、设计图等是否完备，并依据控制性详细规划，审核建设用地的位置、面积及建设工程总平面图，确定建设用地范围。对于具备相关文件且符合城乡规划的建设项目，应当核发建设用地规划许可证；对于不符合法定要求的建设项目，不予核发建设用地规划许可证并说明理由，给予书面答复。

建设单位只有在取得建设用地规划许可证，明确建设用地范围及界线之后，方可向县级以上地方人民政府土地主管部门申请用地，经县级以上人民政府审批后，由土地主管部门划拨土地。

2.出让土地

建设单位办理建设用地规划许可证的程序是：在国有土地使用权出让前，城市、县人民政府城乡规划主管部门应当依据控制性详细规划，提出出让地块的位置、使用性质、开发强度等规划条件，作为国有土地使用权有偿出让合同的附件，在签订国有土地使用权有偿出让合同、申请办理法人的登记注册手续、申领企业批准证书后，持建设项目的批准、核准、备案文件和国有土地使用权有偿出让合同，向城市、县人民政府城乡规划主管部门申请办理建设用地规划许可证。城市、县人民政府城乡规划主管部门，应当审核建设单位申请建设用地规划许可证的各项文件、资料、图纸等是否完备,并依据依法批准的控制性详细规划,对国有土地使用权出让合同中规定的规划设计条件进行核验,审核建设用地的位置、面积及建设工程总平面图,确定建设用地范围。对于具备相关文件且符合城乡规划的建设项目,应当核发建设用地规划许可证;对于不符合法定要求的建设项目,不予核发建设用地规划许可证并说明理由,给予书面答复。

对于未确定规划条件的地块,不得出让国有土地使用权。规划条件是有土地使用权出让合同的组成部分,城市、县人民政府城乡规划主管部门不得擅自在建设用地规划许可证中改变;规划条件未纳入国有土地使用权出让合同的,该国有土地使用权出让合同无效;对未取得建设用地规划许可证的建设单位批准用地的,由县级以上人民政府撤销有关批准文件;占用土地的,应当及时退回;给当事人造成损失的,应当依法给予赔偿。

建设用地审核批准后,城市规划行政主管部门应当加强监督检查工作。监督检查的内容包括两个方面:一是用地复核。主要是城市规划行政主管部门对征用、划拨的土地进行验核。二是用地检查。主要是城市规划行政主管部门根据城市规划的要求,对建设用地的使用情况进行监督检查,以便于随时发现问题,纠正、查处违法占地建设行为。

(三)建设工程规划许可证

1.建设工程规划许可证的申请

建设工程规划许可证是建设单位和个人申请,城市规划行政主管部门审查、确认其拟建的建设工程符合城市规划,并准予办理开工手续的法律凭证。在城市、镇规划内进行建筑物、构筑物、道路、管线和其他工程建设的,建设单位或者个人应当向城市、县人民政府城乡规划主管部门或者省、自治区、直辖市人民政府确定的镇人民政府申请办理建设工程规划许可证。

建设单位或者个人在取得建设工程规划许可证件和其他有关批准文件后,方可申请办理开工手续。这一规定是保证城市各项建设活动严格按照城市规划的要求进行,防止违法建设活动发生的重要法律措施。

2.建设工程规划许可制度的作用

建设工程规划许可制度的作用主要表现在以下三个方面:
(1)确认有关建设活动的合法性,保护有关建设单位和个人的合法权益。
(2)城市规划行政主管部门及其管理工作人员监督建设活动的法定依据。城市规划管理工作人员要根据建设工程规划许可证规定的内容和要求进行监督检查,并将其作为纠正和处罚违法建设活动的法律依据。
(3)建设工程规划许可证是城市规划行政主管部门有关城市建设活动的重要历史资料和城市建设档案的主要内容。

3.建设工程规划许可证的核发

核发建设工程规划许可证,一般分为对建设申请的审查、确定建设工程规划设计要求、设计方案审查和核发建设工程规划许可证四个步骤:
首先,城市规划行政主管部门对建设申请进行审查。审查的主要依据是建设单位提供的经批准的计划投资文件,上级主管部门批准建设的批件和建设用地规划许可证。以确定建设工程的性质、规模等是否符合城市规划的布局和发展要求,并对建设工程涉及相关主管部门的,根据情况和需要征求有关行政主管部门的意见,进行综合协调。

其次,确定建设工程规划设计要求。城市规划行政主管部门对建设申请审查后,根据建设工程所在地段详细规划的要求,提出规划设计要求,核发规划设计要点通知书。建设单位按规划设计要点通知书的要求,委托设计部门进行方案设计工作。

再次,进行设计方案审查。设计方案审查是在建设单位提出设计方案、文件和图纸后,城市规划行政主管部门对各个方案的总平面布置、交通组织情况、工程周围环境关系和个体、设计体质量、层次、造型等进行审查比较,确定规划设计方案,核发设计方案通知书。建设单位据此委托设计单位进行施工图设计。

最后,核发建设工程规划许可证。建设单位持注明勘察设计证书的总平面图,单体建筑设计的平面图、立面图、剖面图,基础图,地下室平面图、剖面图等施工图,交城市规划行政主管部门进行审查,经审查核准后,发给建设工程规划许可证。

4. 建设工程审批后的管理

建设工程审批后的管理,是城市规划行政主管部门依法进行事后监督检查的重要环节。其管理的内容主要包括验线、现场检查和竣工验收。

(1)验线建设单位应当按照建设工程规划许可证的要求放线,并经城市规划行政主管部门验线后方可施工。

(2)现场检查即城市规划管理工作人员依其职责深入有关单位和施工现场,核查建设工程的位置、施工等情况是否符合规划设计条件。

(3)竣工验收,竣工验收是基本建设程序的最后一个阶段。竣工验收通常由城市建设行政主管部门委托符合资质条件的建筑工程质量监督单位进行,规划部门参加竣工验收,对建设工程是否符合规划设计条件的要求进行最后把关,以保证城市规划内各项建设符合城市规划,县级以上地方人民政府城乡规划主管部门按照国务院规定对建设工程是否符合规划条件予以核实。未经核实或者经核实不符合规划条件的,建设单位不得组织竣工验收。城市规划区内的建设工程竣工验收后,建设单位应当在 6 个月内将竣工资料报送城市规划行政主管部门。

(四)乡村建设规划许可证

在乡、村庄规划区内进行乡镇企业、乡村公共设施和公益事业建设的,建设单位或者个人应当向乡、镇人民政府提出申请,由乡、镇人民政府报城市、县人民政府城乡规划主管部门核发乡村建设规划许可证。

在乡、村庄规划区内使用原有宅基地进行农村村民住宅建设的规划管理办法,由省、自治区、直辖市制定。

在乡、村庄规划区内进行乡镇企业、乡村公共设施和公益事业建设以及农村村民住宅建设,不得占用农用地;确需占用农用地的,应当依照《中华人民共和国土地管理法》(以下简称《土地管理法》)有关规定办理农用地转用审批手续后,由城市、县人民政府城乡规划主管部门核发乡村建设规划许可证。

建设单位或者个人在取得乡村建设规划许可证后,方可办理用地审批手续。

（五）变更规划条件程序

变更规划条件应当遵循以下程序:第一,建设单位必须先向城市、县人民政府城乡规划主管部门提出变更规划条件的申请,说明变更规划条件的理由、目的、依据及内容;第二,有关城乡规划主管部门应当对建设单位的变更规划条件的申请予以审核,看其是否符合控制性详细规划;第三,对不符合控制性详细规划的,不予批准;对符合控制性详细规划的,有关城乡规划主管部门应当依法批准其变更申请,并及时将依法变更后的规划条件通报同级土地主管部门并公示,建设单位也应当及时将依法变更后的规划条件报有关人民政府土地主管部门备案;第四,土地主管部门应当依据变更后的规划条件与建设单位重新签订国有土地使用权出让合同,对非经营性用地改变为经营性用地的,应当依法办理招标、拍卖、挂牌等出让手续,需要补交土地使用权出让金差额的,应当按规定予以补交。

经依法审定的修建性详细规划、建设工程设计方案的总平面图不得随意修改;确需修改的,城乡规划主管部门应当采取听证会等形式,听取利害关系人的意见;因修改给利害关系人合法权益造成损失的,应当依法给予补偿。

（六）临时建设许可

在城市、镇规划区内进行临时建设的,应当经城市、县人民政府城乡规划主管部门批准。临时建设影响近期建设规划或者控制性详细规划的实施以及交通、市容、安全等的,不得批准。

临时建设应当在批准的使用期限内自行拆除。

临时建设和临时用地规划管理的具体办法,由省、自治区、直辖市人民政府制定。

四、城乡规划实施中应注意的其他事项

（一）城市新区建设中的注意事项

城市新区的开发和建设应当根据土地、水等资源承载能力,量力而行,妥善处理近期建设与长远发展的关系,合理确定开发建设的规模、强度和时序,坚持集约用地和节约用地的原则,防止盲目开发。结合现有基础设施和公共服务设施,合理确定各项交通设施的布局,合理配套建设各类公共服务设施和市政基础设施,城市新区的开发和建设还应当坚持保护好大气环境、河湖水系等水环境和绿化植被等生态环境和自然资源,保护好历史文化资源,防止破坏现有的历史文化遗存。城市新区的开发和建设还应充分考虑保护城市的传统特色,要结合城市的历史沿革及地域特点,在规划建设中体现鲜明的地方特色。城市新区的开发和建设还应坚持统一规划和管现,要依法统一组织规划编制和实施,各类开发,应纳入城市的统一规划和管理,在城市总体规划、镇总体规划确定的建设用地范围以外,不得设立各类开发区和城市新区。

（二）旧城改造中的注意事项

城市旧城是在长期的历史发展过程中逐步形成的，是城市各历史时期的政治、经济、社会和文化的缩影。城市旧城通常历史文化遗存比较丰富，历史格局和传统风貌比较完整，但同时旧区也存在城市格局尺度比较小、人口密度高而且居民中低收入人群占的比例较高、基础设施比较陈旧、道路交通比较拥堵、房屋质量比较差等问题，迫切需要进行更新和完善。

在城市旧城的规划建设中，要结合城市新区的发展，对旧区功能逐步进行调整，将污染严重、干扰较大的二、三类工业用地，仓储用地等逐步搬迁，同时增加交通、居住、各类基础设施和公共服务设施用地，促使城市旧区的功能结构逐步完善。

（三）风景名胜区建设中的注意事项

风景名胜区是指具有观赏、文化或者科学价值，自然景观、人文景观比较集中，环境优美，可供人们游览或者进行科学、文化活动的区域。风景名胜资源是极其珍贵的自然文化遗产，是不可再生的资源。当前一些地方对风景名胜资源保护不利，只重开发利用而轻保护，没有处理好保护与利用的关系，对风景名胜资源破坏的现象还很严重。长期以来，国家对风景名胜资源的保护十分重视，国务院于2006年颁布实施了《风景名胜区条例》，对风景名胜区的保护和开发利用做出了具体规定。城乡建设和发展过程中，应当依照该条例的有关规定对风景名胜资源进行保护和合理开发利用，并要注意安排风景名胜区周边乡、镇、村庄的建设，使之与风景名胜区的保护目标相协调。

（四）城市地下空间建设中的注意事项

近年来，随着城市快速发展，地下管线①建设规模不足、管理水平不高等问题凸显，一些城市相继发生大雨内涝、管线泄漏爆炸、路面塌陷等事件，严重影响了人民群众生命财产安全和城市运行秩序。为切实加强城市地下管线建设管理，保障城市安全运行，提高城市综合承载能力和城镇化发展质量，《国务院办公厅关于加强城市地下管线建设管理的指导意见》（国办发〔2014〕27号）要求"把加强城市地下管线建设管理作为履行政府职能的重要内容，统筹地下管线规划建设、管理维护、应急防灾等全过程，综合运用各项政策措施，提高创新能力，全面加强城市地下管线建设管理。"计划"用10年左右时间，建成较为完善的城市地下管线体系，使地下管线建设管理水平能够适应经济社会发展需要，应急防灾能力大幅提升。"

根据财政部和住房城乡建设部《关于开展中央财政支持地下综合管廊试点工作的通知》（财建〔2014〕839号），综合管廊试点城市2015年确定包头、沈阳、哈尔滨、苏州、厦门、十堰、长沙、海口、六盘水、白银为第一批10个试点城市。2016年确定广州、石家庄、四平、青岛、威海、杭州、保山、南宁、银川、平潭、景德镇、成都、郑州、合肥、海东15个为第二批试点城市。

我国土地资源紧缺，能源需求量大，城镇地下空间的利用具有节约土地和能源的特征。在城镇规划建设中，加强地下空间的合理开发和统筹利用，是坚持节约用地、集约用地、实现可持

---

① 城市地下管线是指城市范围内供水、排水、燃气、热力、电力、通信、广播电视、工业等管线及其附属设施，是保障城市运行的重要基础设施和"生命线"。

续发展的重要途径。

（1）要坚持规划先行的原则。城镇地下空间的开发利用是一项涉及众多因素的系统工程，坚持统筹规划，综合考虑地下轨道交通、地下停车设施、人民防空工程、市政管线工程、生产储存设施、公共服务设施以及城市防灾的功能要求，综合考虑地面土地的使用性质和建筑功能，做到地上地下相互协调，互成体系。为此，在城市总体规划、镇总体规划中，要合理确定地下空间开发利用的原则、目标、功能、布局和规模，对地下空间的开发利用进行综合部署和全面安排；在详细规划中，要结合各项专业规划，提出地上地下空间的衔接要求，对各项建设进行具体安排和设计。同时，开发和利用活动还要符合城市规划，履行规划审批手续。

（2）要坚持量力而行的原则。城市地下空间的开发利用，应结合城市社会经济发展的实际情况以及开发能力，因地制宜，量力而行。例如，可结合人防工程和交通设施的建设，在用地紧张的中心地区，建设地下停车、地下商场等公共设施，缓解地面空间的拥挤；可以结合人防工程的建设，在居住区配建地下停车场及服务居民的日常服务设施；历史文化遗存丰富的城市，在开发利用地下空间的同时，还要注意地下文物遗址的保护。要根据当地的经济发展状况，制定规划实施的步骤和措施，合理确定地下设施的建设时序和规模。防止盲目攀比，追求不恰当的大规模、高档次。

（3）要坚持安全第一的原则。由于城市地下空间具有相对封闭的特点，在开发利用中，要注重防火、防意外事故措施的制定，做好地下设施防水工程等各项防护措施的建设。

此外，合理开发利用地下空间还要充分考虑符合我国《物权法》的规定。我国《物权法》规定，建设用地使用权可以在土地的地表、地上或者地下分别设立。城镇地下空间利用要统筹考虑空间使用权的问题，防止出现由于地下空间使用权设立不当，发生阻碍城市基础设施建设或者导致城市安全设施无法完成等现象。

五、城乡规划的修改

（一）城乡规划修改的制度设计

城乡规划关系各行各业，影响千家万户，涉及政治、经济、文化、社会等诸多领域，关系人民群众人居环境，是直接影响构建和谐社会系统工程的大事。因此，城乡规划如果经常修改和调整，既损害城乡规划的严肃性和权威性，不利于城乡执法工作，人民群众也不满意。对此，《城乡规划法》第 7 条明确规定："经依法批准的城乡规划，是城乡建设和规划管理的依据，未经法定程序不得修改。"特别是不能因为地方领导人的变更而变更，更不能因为个别领导人的意见而擅自修改。

当然，城乡规划也不是一成不变的。在规划期间，难免会出现各种各样的情况，使得规划目标难以实现。因此，《城乡规划法》在强调必须严格执行城乡规划的同时，也强调要及时总结、分析、评价规划的实施情况，对城乡规划实施动态管理，必要时对规划进行修改。但对修改的条件、程序和权限都做了严格限制，主要体现为四个制度。

第一，先报告后修改制度。需要修改城市总体规划、镇总体规划、控制性详细规划的，要先向原上级审批机关做专题报告,经原审批机关同意后,方可编制修改方案。

第二,先论证后修改制度。修改控制性详细规划的,组织编制机关应当对修改的必要性进行论证,征求规划地段内利害关系人的意见后,方可编制修改方案。

第三,严格审批制度。修改后的城乡规划必须严格按照原审批程序由原上级审批机关再行审批。

第四,修改补偿制度。修改城乡规划给被许可人合法权益造成损失的,应当依法给予补偿。

(二)城镇体系规划和总体规划的修改

1. 规划的评估

《城乡规划法》第46条规定:"省域城镇体系规划、城市总体规划、镇总体规划的组织编制机关,应当组织有关部门和专家定期对规划实施情况进行评估,并采取论证会、听证会或者其他方式征求公众意见。"因此,省域城镇体系规划、城市总体规划、镇总体规划的评估主体是其"组织编制机关"。

《城乡规划法》对评估时间的界定为"定期"。因此,具体的时间可由国务院及地方人大在制定本法的配套法规时予以明确。

根据《城乡规划法》的规定,评估的参与者为"有关部门和专家"。这些部门和专家,应具有相当的代表性,至于具体的范围,可由国务院或授权城乡规划行政主管部门做出具体规定。对省域城镇体系规划、城市总体规划、镇总体规划的实施情况进行评估,必须征求公众意见。采取的方式,除"论证会""听证会"外,还可以采取其他方式,如在报刊、网站等媒体上开展问卷调查,委托统计部门进行抽样调查等。目的是通过这种公民的有序参与,使规划更具有民主性,可以大大地推进规划的科学性,同时可以更好地保证规划得到执行。

省域城镇体系规划、城市总体规划、镇总体规划的组织编制机关对规划实施情况进行评估以后,应当分别向本级人民代表大会常务委员会、镇人民代表大会和原审批机关提出评估报告。评估报告应当全面分析客观评价省域城镇体系规划、城市总体规划、镇总体规划的实施情况,既要总结成功的经验,也要查找存在的问题,分析问题形成的原因,还应当提出解决问题、改进工作的方案。同时,评估报告还要附具征求意见的情况。

2. 规划修改的条件

根据《城乡规划法》第47条规定,只有出现下列情形之一的,组织编制机关方可按照规定的权限和程序修改省域城镇体系规划、城市总体规划、镇总体规划:

(1)上级人民政府制定的城乡规划发生变更,提出修改规划要求的;

(2)行政区划调整确需修改规划的;

(3)因国务院批准重大建设工程确需修改规划的;

(4)经评估确需修改规划的;

(5)城乡规划的审批机关认为应当修改规划的其他情形。

3. 规划修改的程序

（1）编制修改方案

根据《城乡规划法》的规定，修改省域城镇体系规划、城市总体规划、镇总体规划前，组织编制机关应当对原规划的实施情况进行总结，并向原审批机关报告；修改涉及城市总体规划、镇总体规划强制性内容的，应当先向原审批机关提出专题报告，经同意后，方可编制修改方案。

（2）按照审批程序报批

修改后的省域城镇体系规划、城市总体规划、镇总体规划应依法按下列程序报批：

省域城镇体系规划，直辖市的城市总体规划，省、自治区人民政府所在地的城市以及国务院确定的城市的总体规划，报国务院审批；其他城市的总体规划，由城市人民政府报省、自治区人民政府审批；县人民政府所在地镇及其他镇的总体规划，均报上一级人民政府审批。同时，在报上一级人民政府审批前，应当先经本级人民代表大会常务委员会审议，审议意见和根据审议意见修改规划的情况一并报送上一级人民政府。

4. 近期建设规划的修改

近期建设规划是落实总体规划的重要步骤，是城市、县、镇近期建设项目安排的依据。近期建设规划一经批准，不得擅自修改。一旦修改近期建设规划时，城市、县、镇人民政府应当将修改后的近期建设规划报总体规划审批机关备案。修改涉及强制性内容的，必须按照下列程序进行：

近期建设规划修改完成后，由城乡规划行政主管部门负责组织专家进行论证并报城市、县、镇人民政府；人民政府批准近期建设规划前，必须征求同级人民代表大会常务委员会意见；同时，批准后的近期建设规划应当报总体规划审批机关备案，其中国务院审批总体规划的城市，报住房和城乡建设部备案。

5. 城乡规划修改补偿制度

《城乡规划法》第50条规定："在选址意见书、建设用地规划许可证、建设工程规划许可证或者乡村建设规划许可证发放后，因依法修改城乡规划给被许可人合法权益造成损失的，应当依法给予补偿。

经依法审定的修建性详细规划、建设工程设计方案的总平面图不得随意修改；确需修改的，城乡规划主管部门应当采取听证会等形式，听取利害关系人的意见；因修改给利害关系人合法权益造成损失的，应当依法给予补偿。"

六、城乡规划的监督管理

县级以上人民政府及其城乡规划主管部门应当加强对城乡规划编制、审批、实施、修改的监督检查。地方各级人民政府应当向本级人民代表大会常务委员会或者乡、镇人民代表大会报告城乡规划的实施情况，并接受监督。县级以上人民政府城乡规划主管部门对城乡规划的实施情况进行监督检查，有权采取以下措施：

（1）要求有关单位和人员提供与监督事项有关的文件、资料，并进行复制；

（2）要求有关单位和人员就监督事项涉及的问题做出解释和说明，并根据需要进入现场进行勘测；

（3）责令有关单位和人员停止违反有关城乡规划的法律、法规的行为。城乡规划主管部门的工作人员在进行规定的监督检查职责时，应当出示执法证件；被监督检查的单位和人员应当予以配合，不得妨碍和阻挠依法进行的监督检查活动。监督检查情况和处理结果应当依法公开，供公众查阅和监督。城乡规划主管部门在查处违反城乡规划法规定的行为时，发现国家机关工作人员依法应当给予行政处分的，应当向其任免机关或者监察机关提出处分建议。

依照城乡规划法规定应当给予行政处罚，而有关城乡规划主管部门不给予行政处罚的，上级人民政府城乡规划主管部门有权责令其作出行政处罚决定或者建议有关人民政府责令其给予行政处罚。

城乡规划主管部门违反城乡规划法的规定作出行政许可的，上级人民政府城乡规划主管部门有权责令其撤销或者直接撤销该行政许可。因撤销行政许可给当事人合法权益造成损失的，应当依法给予赔偿。

第三节　多规合一

一、"多规合一"试点

当前中国存在规划之间衔接不够、相互打架，规划权威性不够、实施管控不力等问题。特别是空间性规划在多方面不协调、不一致，影响国家空间治理效率，不利于经济社会持续健康发展。开展省级空间规划试点，是我国探索建立空间规划体系的一项重要举措，有利于健全全国统一、相互衔接、分级管理的空间规划体系；有利于提升空间规划编制质量和实施效率；有利于改革创新规划体制机制，降低规划领域制度性交易成本。

"多规合一"是我国当前空间规划体系改革的一个重要方向和手段。"多规合一"的探索从"十五"期间就开始了，由最初的"两规合一"到后来的"三规合一"，再到现在各地的"四规合一"和"五规合一"等，各种规划之间相互协调的要求逐步在提高。开展市县空间规划改革试点，推动经济社会发展规划、城乡规划、土地利用规划、生态环境保护规划"多规合一"，形成一个市县一本规划、一张蓝图，是 2014 年中央全面深化改革工作中的一项重要任务。

开展市县"多规合一"试点，是解决市县规划自成体系、内容冲突、缺乏衔接协调等突出问题，保障市县规划有效实施的迫切要求；是强化政府空间管控能力，实现国土空间集约、高效、可持续利用的重要举措；是改革政府规划体制，建立统一衔接、功能互补、相互协调的空间规划体系的重要基础，对于加快转变经济发展方式和优化空间开发模式，坚定不移实施主体功能区制度，促进经济社会与生态环境协调发展都具有重要意义。

国家发展改革委、国土资源部、环境保护部、住房城乡建设部联合印发《关于开展市县"多规合一"试点工作的通知》（发改规划〔2014〕1971 号），提出在全国 28 个市县开展"多规合一"

试点①。如淮安市发展改革委进行基于"多规合一"的淮安市域总体规划编制试点,试图与空间管治相关的指标在测算上实现"多规合一"(表3-2)。

表3-2 淮安市域"多规合一"核心控制目标

规划期限	指 标	5年 2020	15年 2030	30~50年 2050
人民生活	人口总规模,城镇人口规模	定量目标	弹性定量、定性	总体展望
公共服务	三类空间基本公共服务覆盖率			
经济发展	GDP,三次产业结构			
资源环境	三类空间单位产出的能耗、水耗降低,排放减少			
空间管控	开发强度,三类空间比例结构			

2015年4月,住房城乡建设部与海南省政府签署联合开展《海南省总体规划》编制工作合作协议,共同推进海南"多规合一"改革。海南省住房城乡建设厅为规划编制总牵头单位,中国城市规划设计研究院承担具体规划编制任务。

2015年6月,中央深化改革领导小组第十三次会议同意海南开展省域"多规合一"改革试点。《海南省总体规划》的编制完成,意味着省域"多规合一"改革试点取得了阶段性成果。

2016年12月,中共中央办公厅、国务院办公厅印发了《省级空间规划试点方案》(厅字〔2016〕51号),为贯彻落实党的十八届五中全会关于以主体功能区规划为基础统筹各类空间性规划、推进"多规合一"的战略部署,深化规划体制改革创新,建立健全统一衔接的空间规划体系,提升国家国土空间治理能力和效率,在市县"多规合一"试点工作基础上,制定省级空间规划试点方案。开展省级空间规划试点,是中共中央、国务院印发的《生态文明体制改革总体方案》(中发〔2015〕25号)中确定的重大战略任务,是中央全面深化改革的一项重要任务。我国在海南、宁夏试点基础上,综合考虑地方现有工作基础和相关条件,将吉林、浙江、福建、江西、河南、广西、贵州等纳入省级空间规划试点范围,共9个省份。

综上所述,"多规合一"实际上不是一项传统意义的规划,而是一个统筹协调的过程,是利用信息化手段,建立统一的空间规划体系,实现城市统筹发展的方法和平台。

二、"多规合一"的难点

由于我国的条块分割管理体制及各规划编制的要求和基础不同,尽管在实践中进行了上述规划编制的改革,但"多规合一"仍然存在如下难点。

---

① 28个试点分别为:辽宁省大连市旅顺口区、黑龙江省哈尔滨市阿城区、黑龙江省同江市、江苏省淮安市、江苏省句容市、江苏省泰州市姜堰区、浙江省开化县、浙江省嘉兴市、浙江省德清县、安徽省寿县、福建省厦门市、江西省于都县、山东省桓台县、河南省获嘉县、湖北省鄂州市、湖南省临湘市、广东省广州市增城区、广东省四会市、广东省佛山市南海区、广西壮族自治区贺州市、重庆市江津区、四川省宜宾市江津区、四川省绵竹市、云南省大理市、陕西省富平县、陕西省榆林市、甘肃省敦煌市、甘肃省玉门市。

（一）部门规划为主但都趋向综合

长期以来,我国实行的社会主义计划经济或社会主义市场经济制度,地方政府的各类事权均被各类部门掌握,地方的发展权也被分割到各类政府部门,每个部门为了发展都要编制各自的发展规划。据不完全统计,中国目前各类规划多达 200 种。国民经济与社会发展规划侧重宏观经济、产业经济、社会发展和人民生活,覆盖整个行政区;城乡总体规划侧重城乡空间布局,包括功能分区、用地布局、综合交通体系,主要涉及建设区和规划发展区;土地利用规划侧重于确定指标,并向下级行政单元分解和分配,主要涉及未来发展区和农业区;环境保护规划侧重于污染防治和生态保护等内容,涵盖整个行政区。但随着市场经济体制的建设,这些规划均有趋向综合发展、多要素的特征,但各部门就规划的事权范围没有一个明确的划分,使规划的内容相互交叉、事权划分不清、甚至彼此冲突,进而也使这些规划互不衔接,导致规划审批难、项目落地难等问题。

（二）条块分割的政府管理体制

目前"多规"的编制是"自成体系,互不衔接",在规划编制过程中均接受各自上级行政部门的指导与监督,甚至规划审批权也掌控在上级主管部门。有的主管部门为了长期地监控和审批规划权,甚至在规划内容和分类系统上故意自成体系,因而导致多种规划的相互重复、相互脱节,甚至相互冲突,基层管理部门难以操作、左右为难,规划难以执行和实施。

（三）规划编制的法律依据不同

国民经济和社会发展规划按照《中华人民共和国宪法》(2004 年修正)第 99 条规定每 5 年编制一次。《宪法》是中国的根本大法,在中国的法律体系中具有最高的法律地位和法律效力,国民经济和社会发展规划编制过程进行了党、政、民之间的互动,并经同级人民代表大会通过,因此具有最高的权威性和政策性。城乡总体规划、土地利用总体规划和环境保护规划则按照《城乡规划法》第 14 条、《土地管理法》第 11 条、《中华人民共和国环境保护法》第 13 条规定编制,它们是涉及国家和社会生活某一方面关系的一般法律。规划由专业团队编制,强调专业性,一般没有党、政、民之间的互动过程,因此基本上是政府主管部门实施,而且这些规划的期限长短不一,规划实施涉及跨部门领域就无法可依。由于"多规合一"成果在现行规划体系中没有法律地位,无法在政府审批实施环节中发挥作用,仅仅起到各专项规划的衔接作用,事实上是在原规划体系基础上增加了一个衔接性的规划。

（四）规划编制技术标准的不同

根据相关法律法规,国民经济社会发展规划期限为 5 年,城市总体规划期限一般为 20 年,土地利用总体规划期限为 15 年,各类规划的编制目标和内容会存在一定差异。由于"多规"的基准年和目标年往往不一致,预测所用到的数据和模型也不一样,加上规划期限不一致,不同规划预测的数据就不可能互相参照,导致规划之间无法相互参考和指导。此外,由于多个规划技术标准不统一、规划基础和期限不统一,在执行这些规划时相互影响,甚至造成协调困难和规划失效。

案例分析

九起违反城乡规划典型案件

一、石家庄市天颐佳苑项目突破机场净空限制违法建设案。河北鼎邦房地产开发公司未办理相关审批手续,违法建设天颐佳苑项目。天颐佳苑项目建筑面积约 10 万平方米,6 栋 17 层建筑已封顶,高度约 50 米,突破了《石家庄市城市总体规划》要求的机场净空高度 36 米的限制。上述行为严重违反了《城乡规划法》第 40 条、《军事设施保护法》第 20 条等规定。

二、邯郸市违反城市总体规划强制性内容①审批、邯郸顺益房地产开发有限公司违法建设天福苑项目案。邯郸市违反城市总体规划强制性内容及控制性详细规划,擅自将约 5.5 万平方米防护绿地改为居住用地,核发天福苑项目《建设用地规划许可证》。邯郸市顺益房地产开发有限公司未取得《建设工程规划许可证》,擅自开工建设该项目。上述行为严重违反了《城乡规划法》第 35 条、第 38 条、第 40 条等规定。

三、无锡市违反城市总体规划强制性内容审批无锡山水创意产业有限公司拆迁企业安置用房项目案。无锡市违反城市总体规划强制性内容制定控制性详细规划,在城乡规划确定的建设用地范围以外为无锡山水创意产业有限公司核发拆迁企业安置用房项目《建设工程规划许可证》,占用土地约 7.7 万平方米。上述行为严重违反了《城乡规划法》第 19 条、第 42 条等规定。

四、厦门市在鼓浪屿—万石山国家级风景名胜区内建设云顶豪华精选酒店案。厦门市将鼓浪屿—万石山国家级风景名胜区云顶岩南麓地块 4.56 万平方米出让给恒兴滨海置业有限责任公司,并将相邻的茂后水库及周边绿地 10.24 万平方米租赁给该公司。恒兴滨海公司未取得规划许可手续,擅自开工建设云顶豪华精选酒店。目前,施工方已进场施工、开挖山体,现场自然山体地貌、水系和植被已被破坏。上述行为严重违反了《城乡规划法》第 35 条和第 40 条、《风景名胜区条例》第 30 条等规定。

五、南昌市违反城市总体规划强制性内容审批钻石广场商业项目案。南昌市违反城市总体规划强制性内容修改控制性详细规划,擅自将 1.6 万余平方米现状公园绿地变更为商业、金融和旅馆用地,核发钻石广场项目《建设工程规划许可证》,总建筑面积约 11 万平方米。上述行为严重违反了《城乡规划法》第 35 条、第 48 条等规定。

六、襄阳市突破城市总体规划建设用地范围违法建设光彩工业园案。光彩工业园占地面积约 23.7 万平方米,其中 14.3 万平方米在国务院批复的《襄阳市城市总体规划(2011—2020)》建设用地范围之外。自 2011 年起,建设单位陆续办理了规划许可手续。目前,已建成 32 栋建筑并大部分投入使用,建筑面积约 21.5 万平方米。上述行为严重违反了《城乡规划法》第 30 条、第 42 条等规定。

七、贵阳市违反城市总体规划强制性内容审批中铁阅山湖项目案。贵阳市违反城市总体

---

① 城市规划强制性内容,是指省域城镇体系规划、城市总体规划、城市详细规划中涉及区域协调发展、资源利用、环境保护、风景名胜资源管理、自然与文化遗产保护、公众利益和公共安全等方面的内容。城市规划强制性内容是对城市规划实施进行监督检查的基本依据。

规划强制性内容制定控制性详细规划,擅自将十二滩公园东部约 92.3 万平方米公园绿地变更为居住、商业、文化娱乐及公建配套用地,核发中铁阅山湖一期工程项目建设工程规划许可证。上述行为严重违反了《城乡规划法》第 19 条、第 35 条等规定。

八、兰州市违反城市总体规划强制性内容建设兰东花园项目案。兰州市违反城市总体规划强制性内容,在未办理《建设工程规划许可证》的情况下,依据市政府市长办公会议纪要建设兰东花园居住小区项目,侵占森林公园超过 1 万平方米。上述行为严重违反了《城乡规划法》第 35 条、第 40 条等规定。

九、乌鲁木齐市违反城市总规强制性内容审批新疆农业大学职工集资房项目案。乌鲁木齐市违反城市总体规划强制性内容,在无法确定控制性详细规划的情况下,核发新疆农业大学职工集资房项目《建设工程规划许可证》,擅自将约 4 万平方米公园绿地变更为居住用地。上述行为严重违反了《城乡规划法》第 35 条、第 38 条、第 40 条等规定。

思考题

1. 辨析战略、规划、计划概念。
2. 讨论破解"多规合一"问题的方法。
3. 城乡规划的原则简述。

第四章 建筑法律制度

第一节 建筑活动的基本法律规范

为了加强对建筑活动的监督管理,维护建筑市场秩序,保证建筑工程的质量和安全,促进建筑业健康发展,制定《中华人民共和国建筑法》,1997 年 11 月 1 日第八届全国人大常务委员会通过。当时出席会议的常委委员 127 人,123 人投赞成票,4 人弃权,无人反对。这是我国制定的第一部规范建筑活动的法律,也是一部重要的经济法律。《建筑法》自 1998 年 3 月 1 日起施行,根据 2011 年 4 月 22 日第十一届全国人民代表大会常务委员会第二十次会议《关于修改〈中华人民共和国建筑法〉的决定》修正,自 2011 年 7 月 1 日起施行。

一、必须制定建筑法

制定建筑法的必要性是立法的根据,也决定着立法的目的和立法的内容,具体分析有下列几个方面。

(一)范围广泛的建筑活动需要有统一的行为规则

人类在广泛的生产、生活的领域中,总是离不开建筑活动的。中国在联合国第二次人类住区大会上就提出,人居是人类生存最基本的需求,人人享有适当的住房是人的最基本权利。当然,与住房一样,人类在生产中也离不开要使用房屋,可以说,这是最基本的生产条件之一。随着社会经济的发展,生产经营领域的扩大,物质文化生活水平的提高,人们需要使用更多的房屋,对房屋的要求也会提高,从而使建筑活动的范围日趋广泛,并显得更为重要。因此,在建筑活动中就需要确立统一的规则,以保证有秩序地进行,使之为人们提供更多、更好的房屋。比如,从事建筑活动的条件,在建筑活动中所应遵循的行为规则,违背这些规则所应承担的责任等,都应当有明确、具体的规定,并且这些规定是具有普遍约束力的,即人人必须遵守。这就需要为建筑活动制定法律,将建筑活动纳入法制的轨道,促进建筑业的健康发展。

(二)建筑活动中形成的社会经济关系必须依法调整

在建筑活动中,形成了错综复杂的社会经济关系,涉及的范围很广,又直接与各自的权利义务相关,比如,涉及建筑活动当事人的就有建设单位、建筑施工企业、勘察单位、设计单位和工程监理单位等,它们之间可以由建筑工程的勘察设计、发包承包、施工建造、建筑材料供给、工程监理、工程验收等事项而形成多方面的权利义务关系,既相互联结,又相互制衡,它表现在招标发包时存在着的是竞争中获取合同,材料供应中存在着的是利益与责任不能分离,工程监理中存在着的是监理单位代表建设单位对施工的监督等等。这种不同内容、不同当事人之间的关系,都应当依据法律所确定的规则形成,对这种关系的调整也应当是依据公认的有权威的规则,而不应当是某一方当事人的意愿,或者是某一个部门单方面的决定,只有这样才能公正有效地协调建筑活动中的经济关系,保护有关当事人的合法权益,保障建筑活动正常进行。所以,制定建筑法是必要的,可以依法形成并调整建筑活动中的经济关系,并依法加以调整。

(三)维护建筑市场的秩序必须立法

建筑市场是一个很重要的市场,它的秩序如何,直接关系到建筑业能否健康发展,建筑活动能否正常进行,当然,更严重的是,建筑市场的秩序混乱会对人们的生命财产造成危害,甚至会造成惨重的后果。近几年来以多种形式反映出来的建筑领域中违法、违规现象大量发生;在一些地区,司法部门受理的案件中有关建筑的占有相当比重;一大批不够资质条件或者就根本不具备资质条件的施工队伍进入建筑市场;对建筑工程项目倒手转包,层层盘剥,严重损害建设单位利益,致使建筑工程中问题百出;出卖证照,乱借名义,滥收费用,串通勾结,越级设计、施工,强行分包,违规指定建筑材料供应商,未经许可,擅自施工,随意违反施工管理规定等等。对于这些违法违规扰乱建筑市场秩序的行为,必须整顿治理。强有力的手段就是以法律形式确立市场规则,建立建筑市场的法律秩序,并以严格执法为前提来维护建筑市场的秩序。这一切表明必须制定建筑法,建筑法为基本规范,建立一个规范有序的建筑市场。这对建筑业自身,对人民群众,对国家都实属必要。

(四)建筑工程质量和安全必须要由法律作保障

建筑工程的质量和安全,从长远来说是百年大计,人们特别重视,殷切希望能获得满意的质量,能在一个比较安全的环境中生产和生活;从当前情况看,人们对建筑工程的质量与安全倍加关注,但是由于近年来连续发生或者曝光建筑质量与安全事故,尤其是频频坍楼,多人伤亡,财产损失,惊醒了亿万人。1994年6月,深圳龙岗一幢宿舍楼倒塌,11人死亡,7人重伤;1995年12月,四川德阳一幢楼房倒塌,17人死亡,6人重伤;1997年3月,福建莆田一幢宿舍楼倒塌,32人死亡,78人重伤;1997年7月,浙江常山一幢宿舍楼倒塌,36人死亡,3人重伤,这些不幸事件以及其他的一些类似事件,都引起了人们的强烈反映,此外还有大量存在的质量通病也经常引起人们的不满和忧虑,从而社会普遍要求保证和提高建筑工程质量,防止质量事故的发生,保障用房者的安全。在这种情况下,法律手段是必须采用的手段,而且要从实际出发,有针对性,所以,不但应当制定建筑法,并且立法中重点要放在保障建筑工程的质量与安全上。

(五)对建筑活动必须依法管理

在国家对社会经济事务的管理活动中,在社会主义市场经济体制中,必须对建筑活动实行依法管理,首先要求有法可依,要求在建筑领域中有一部反映国家意志的建筑法,具有普遍约束力,在管理建筑活动中作为依据,包括管理的权力,管理的范围,管理的体制,管理的条件,管理的程序等,都依法行事,凡是法律有规定的,应当尽职尽责地管好,而法律未作授权的,则应防止管理上的随意性,造成不适当的干预。应当在法律的保障之下,使建筑业按照社会主义市场经济的要求向前发展。

现实中存在的大量事实证明,在中国经济持续发展,建筑活动更为重要的今天,制定建筑法有多方面的重要意义,它已不仅仅是建筑业本身的需要,而是维护国家利益、社会公共利益、人民大众利益的迫切需要,应当将这种需要以法律形式体现出来。

二、立法指导原则

建筑法是一部重要的产业立法,在这部法律中所体现的是国家的意志和人民的利益,所要适应的是社会主义市场经济体制的要求,所要确立的是保障建筑业健康发展的秩序,因此建筑法的立法指导原则主要有以下几点:

(一)立法的宗旨在于促进发展

在建筑法的第1条中以明确的语言表明了制定这部法律的宗旨,或者说是立法的出发点和所要达到的目的。它是指要加强对建筑活动的监督管理,也就是要将建筑活动置于国家的监督之下,依法进行管理,并切实有所加强;要维护建筑市场秩序,就是肯定建筑活动是一种市场活动,应当遵守市场的规则,有秩序地进行,不允许有破坏市场、扰乱秩序的行为,否则就要受到限制和惩处;保证建筑工程的质量和安全,这是促进发展的前提。总之,在建筑法中,所集中体现出来的宗旨就是要使建筑业健康地向前发展,这里所以指明是"健康地",一个用意是建筑业的发展应当坚持正确的方向,用正确的方法、正确的手段去追求发展,而不能走歪门邪道,以不正当的手段对待建筑活动,那样是难以实现发展的;另一个用意是建筑业中不健康、不正当的现象应当坚决排除,即为法律所不允许。因此,了解和运用建筑法,就应自觉地使建筑活动步入健康的轨道,而这个轨道正是依照建筑法而规范的。

(二)合理确定建筑法的适用范围

一部法律的适用范围就是这部法律中规定在什么范围内产生效力,或者说,是这部法律的调整对象是什么,包括对什么人、在什么地方、对什么行为起调整作用。法律的调整对象的确定,主要是根据立法的需要,调整对象的特点,在立法上的可行性等方面的因素。

关于建筑法的适用范围,是在立法过程中广泛征求意见,反复酝酿后确定的,具体规定在建筑法第一章总则的第2条中首先规定在中国境内从事建筑活动,实施对建筑活动的监督管理都应当遵守建筑法;而对建筑活动则具体界定为是指各类房屋建筑及其附属设施的建造和与其配套的线路、管道、设备的安装活动。所以,这样界定主要考虑了以下几种情况:

一是建筑法中的建筑一词,如果是指建筑物的,则应当是指房屋建筑,或者说建筑活动的成果就是各类房屋。在一些国家或地区的法律中对建筑物也作了类似的界定,即建筑物的特征是上面有顶,中间有柱子,周围有墙,这分明就是各类不同的房屋而已。

二是建筑一词除了是指建筑物外,还表示是一种营造活动,或称营建活动,在建筑法中则称为建造、安装活动,它和建设一词是有区别的,建设可以从投资立项开始,直到竣工使用,发挥效益。而建筑则是建设过程中的一个阶段,就是建造那一个阶段。

三是建筑一词是从日语引入汉语的,在汉语中是一个多义词,在法律中只能根据所界定的范围使用,而不应超出法律所确定的含义对法律作任意的解释,否则就会引起对法律的误解或曲解。

四是各类房屋建筑是指民用房屋建筑、工业用房建筑、公共用房建筑,包括居住建筑中的独户住宅、多户住宅;工业建筑中的生产厂房、仓库、动力站、水塔、烟囱等;商业建筑中的旅店、银行、冷藏库、客运站等;文教卫生建筑中的学校、医院、剧院、体育场馆、展览馆等,以及办公楼、会议厅、火车站等,都应当列入各类房屋建筑范围之内。

五是各类房屋建筑的附属设施与配套的线路、管道、设备,是指进入房屋或者与房屋紧密联系在一起的,并且能够表明是以房屋为主体的,而不是指那些与房屋没有什么联系的,可以独立存在的那些设施、装备等。

(三)坚持以保证建筑工程的质量和安全为立法的重点

建筑法的制定是植根于实际需要,有相当强的针对性,它要求在这部法律中体现人们对建筑工程质量的强烈愿望,即坚持质量第一的方针;坚持将建筑产品作为一种特殊产品,要有百年大计的考虑;对当前建筑工程质量不高的问题要充分重视,并制定出有的放矢的法律规范。因此,建筑法的立法重点就应落脚在质量和安全上,建筑工程的质量表现于两个方面,一是表现于建筑活动的过程中,即按照建筑程序进行的各个阶段的活动;二是表现于建筑产品上,即建筑活动成果的状况。控制建筑工程的质量,既要使建筑活动的整个过程,又要使建筑的产品符合国家现行的有关法律、法规、技术标准、设计文件及工程合同中的安全、使用、经济等方面的要求,特别要强调的是建筑工程中,有关保障人体健康,人身、财产安全的标准属于强制性标准,按照中华人民共和国标准化法规定,这是必须执行的。因此,在建筑法的总则中专门规定,建筑活动应当确保建筑工程质量和安全,符合国家的建筑工程安全标准。这个规定体现了立法的目的,也直接决定或者影响了这部法律中许多条款的内容,使之反映了人民大众的切身利益,以法律的规范保护各类房屋使用者的生命、财产的安全,这样也会有力推动当前存在问题的解决。

(四)立足于扶持建筑业走向更高的水平

这是指建筑业在发展中要达到更高的水平,走向现代化,因此在建筑法中就此做出了基本规定,主要是确定国家扶持建筑业的发展,支持建筑科学技术研究;在建筑业的发展过程中,应当提高房屋建筑设计水平;在建筑活动中,要鼓励节约能源和保护环境;在发展建筑事业,以及工程项目施工过程中,要提倡采用先进技术、先进设备、先进工艺、新型建筑材料;在建筑业中应当加强管理,提高管理水平,推行现代管理方式等内容。虽然是在总则中作了规定,但是它却对整部建筑法发挥影响,引导建筑业的发展方向,决定许多有关的条款,人们在进行建筑活动时应当遵循这些基本规定。

(五)强调建筑活动必须依法进行重视合法性

这是指在制定建筑法时,很重视将建筑活动中的经济事实表现为法律关系,用法律形式来规范人们在建筑活动中的行为,对于一种行为是被允许的还是不被允许的,是受到鼓励的还是被限制的,是可以得到奖励还是会受到处罚等等,都要以法律为依据,合法的受到保护,违法的给予制裁,所以在建筑法总则中规定,从事建筑活动应当遵守法律、法规,不得损害社会公共利益和他人的合法权益;任何单位和个人都不得妨碍和阻挠依法进行的建筑活动。这些规定和这部法律中的许多条款都明确体现了合法性的原则,比如,建筑施工要依法领取施工许可证,从事建筑活动要依法取得从业资格,建筑工程的发包与承包都必须是合法的,建筑安全生产管理要受到法律的约束等等。建筑法的合法性就是要把建筑活动纳入法律秩序之中,违背这个秩序的,即不合法的、损害社会公共利益的、侵害他人合法权益的,都应当被排除在正常的、受到保护的建筑活动范围之外,这就是对建筑活动的立法原则,也只有坚持这个原则,建筑业才能在法律的保障下健康发展。

(六)建筑业依法实行统一监督管理

这是指建筑法所确定的对建筑活动实行统一监督管理的原则,这样有利于加强管理,贯彻统一有效的监督管理措施。这里所提到的有关监督管理的内容,都是指国家行使管理职能的各个事项,并不是可以去干预建筑企业本身的业务;实行监督管理的权力必须是依据法律所授予的权力,而不是自定权力,自行其是;统一监督管理的范围只限于建筑活动,而建筑活动所涉及的内容是由法律来界定的,即在法律上说是有特定内容的,并不能任意解释,加以扩大或者使之缩小。至于统一监督管理中还会与其他的有关部门的职能交叉,应当依据有关法律的规定,相互配合,各负其责。比如,铁路上的火车站的修建,作为房屋建筑,应当按建筑活动去监督管理,但作为交通运输设施的一部分,有关部门也会依法行使自己的职能。所以,对于建筑活动来说,需要由国家的法定部门统一监督管理,但这种监督管理是从行业管理来考虑的,至于涉及税收、财务方面的,建筑行业又要服从统一的税法、统一的财经纪律,这是不言而喻的。

三、从事建筑活动的法定资格

进入建筑市场,从事建筑活动,必须具备一定的资质条件,这是保证建筑工程质量和维护市场秩序的关键措施。在建筑法中主要从五个方面作出规定:

(一)审定资质的范围

按照建筑法的规定,包括从事建筑活动的建筑施工企业、勘察单位、设计单位和工程监理单位。这样也就是对参与建筑活动的几个主要方面都要求具备一定的资质条件,这几个方面一般来说是相互独立的,尤其是施工企业与监理单位不能合并组成,而在各个方面又可以进一步分类,分成若干个独立的企业或单位,它们都应当分别具有一定的资质条件。

(二)资质条件由法律规定

资质条件是一种法定条件,不应当是一种随意确定的条件。在法律上作了规定后,实质上就是以统一的标准去衡量那些企业或单位的资金状况、人员素质、技术装备、建筑业绩、管理水平等方面的能力,综合评价它们,达到一定标准的方可进入建筑市场,承接工程,这样就为保证建筑业的有序发展和保证建筑工程质量奠定一个重要的基础。

（三）划分资质等级

由于从事建筑活动的建筑施工企业、勘察单位、设计单位和工程监理单位种类较多,技术差别性大,专业性强。因此需要按照其各自资质条件的不同,划分为不同的资质等级,从而使那些具有较强经济实力,有较高技术水平,有良好信誉,有较强管理能力的企业或单位承接有较高要求的建筑工程项目,而那些技术、管理、声誉较为一般的企业或者单位,则承接一般的建筑项目。这样的管理是比较科学的,也维护了建设单位的正当权益,所以在法律中作了肯定,并须普遍遵守对资质等级的管理。所以建筑法中规定,从事建筑活动的建筑施工企业、勘察单位、设计单位和工程监理单位,只有经资质审查合格,取得相应等级的资质证书后,方可在其资质等级许可的范围内从事建筑活动。如果未经资质审查合格,或者超越资质等级承揽工程的,则被视为违法,将被处罚。

（四）专业技术人员执业资格

这是与对建筑施工企业、勘察单位、设计单位和工程监理单位的资质审查,划分资质等级相适应的规定,是对其中专业技术人员的单独规定,目的在于保证专业技术人员的素质条件,当然也充分重视专业技术人员在建筑活动中的关键性作用,以人的素质、人的工作质量来保证建筑工程的质量。因此,建筑法规定,从事建筑活动的专业技术人员,应当依法取得相应的执业资格证书,并在执业资格证书许可的范围内从事建筑活动。这样的规定是必要的,有利于促进和保障建筑工程专业技术人员提高素质,形成一支合格的技术队伍。

（五）必须排除扰乱资质等级制度的行为

建筑施工企业和勘察、设计、工程监理单位都必须具有法定的资质条件,在资质等级范围内承揽工程,这是一个在建筑活动中非常必要的、科学合理的制度,不但要确立它,而且要维护它,在建筑活动的多个环节上体现出来,因而在建筑法中:

第 21 条,建筑工程实行公开招标的,应当在具备相应资质条件的投标者中,择优选定中标者;第 22 条,建筑工程实行直接发包的,发包单位应当将建筑工程发包给具有相应资质条件的承包单位;第 26 条,承包建筑工程的单位应当持有依法取得的资质证书,并在其资质等级许可的业务范围内承揽工程,禁止建筑施工企业超越本企业资质等级许可的业务范围或者以任何形式用其他建筑施工企业的名义承揽工程,禁止建筑施工企业以任何形式允许其他单位或者个人使用本企业的资质证书、营业执照,以本企业的名义承揽工程;第 27 条,两个以上不同资质等级的单位实行联合共同承包的,应当按照资质等级低的单位的业务许可范围承揽工程;第 29 条,禁止总承包单位将工程分包给不具备相应资质条件的单位;第 34 条,工程监理单位应当在其资质等级许可的监理范围内,承担工程监理业务。

上述各项规定以及还有若干未在这里列出的条款都表明,从事建筑活动的企业或单位必须是合格的主体,按照法定条件确定其在业务上的权利能力,鼓励合格者之间的竞争,禁止用不正当的、欺诈的手段去冒充合格的企业或单位,比如,以"挂靠""联营"的手段,使无资质的充当有资质的,低等级的充当高等级的,从而以虚假的从业资格承揽工程;又比如,以转借、转让甚至伪造资质证书的,允许非法者使用合法名义的,更是明目张胆地进行欺诈,破坏了建筑市场的秩序。所以,无论是建筑施工企业、设计单位、勘察单位、工程监理单位,还是建设单位、有关部门都应当遵守关于建筑从业资格的法律规定,重视以法律手段夯实建筑业发展的基础。

第二节　建筑工程发包承包制度

这一部分在建筑法中占有重要的地位,因为建筑市场是整个大市场的一个重要部分,建筑产品是一种商品,建筑工程的发包与承包,就是买卖双方或称甲方与乙方所进行的交易,所以要根据这种交易的特点与实际需要确立交易规则,也就是在发包与承包中所应遵循的行为规则。但是这种规则是很多的,有必要将其基本的、关键性的部分以法律形式固定下来,并以强制力量保证其实施,在建筑法中具体表现为三个方面的内容。

一、基本的规则

一是发包和承包双方应当订立合同。这是通行的规则,所采用的应是书面形式,使之明白地确定双方的权利和义务,表示经济利益关系,订立合同时要符合有关法律规定,体现公平、自愿、平等、互利的原则。

二是全面履行合同。也就是应当认真按照合同约定的事项,履行各自的义务,当然也保证双方的权利;如果不履行合同,违约的一方则承担违约责任。建筑法之所以专门对违约责任作出规定,就是针对当前在建筑活动中违约现象普遍,应当以法律手段促使双方都恪守信用,重视合同。

三是招标投标应当遵循公开、公正、平等竞争的原则,依法进行。招标投标是在市场经济中的一种交易方式,建筑市场中应当积极推行,买方设定标的,招请卖方通过投标报价进行竞争,然后择优选定承包单位,这个过程中应当是透明度较高的,公正地对待各个投标者,保护公平的竞争,否则将难以发挥招标投标的积极作用,所以在建筑法中对招标投标活动做出基本规定是必要的。由于我国将较快地制定招标投标法,为了避免重复和便于衔接,所以又规定了建筑法中没有作规定的则适用有关招标投标法律的规定,这也就是建筑法中有规定的按建筑法执行,没有规定的就要执行招标投标法。

四是禁止采用不正当手段。建筑法对发包承包双方都做出了规定,目的是维护公平、合法的竞争,保护正当的交易行为,整治发包、承包中的腐败作风,这是有现实意义的,也就是有针对性的。对于发包方,建筑法规定:发包单位及其工作人员在建筑工程发包中不得收受贿赂、回扣或者索取其他好处;而对于承包方则规定,承包单位及其工作人员不得利用向发包单位及其工作人员行贿、提供回扣或者给予其他好处等不正当手段承揽工程。

五是建筑工程造价依法约定。这是指在建筑市场中,工程造价也应当按照市场经济的要求,在国家有关规定的框架中,由买卖双方约定。这里提到的国家规定,首先是价格法中的规定,或者是按照价格法的原则所做的规定,而并不是一种政府定价,因为在建筑法中很明确地规定了建筑工程造价是由双方约定的价格,并非是由双方执行政府确定的价格。公开招标发包的,其造价的约定,更应当是在竞争中形成的,不应当由政府来确定,政府也不应当直接干预具体价格,所以在这方面要执行招标投标的规定。

关于工程款项的拨付,主要是数量和期限,应当按照合同的约定执行,在现实中的拖欠工程款问题,或者还有工程垫资问题,都应当在订立合同与履行合同中解决,依法订立合同,并重视信用,将促使一些不正常的现象逐步消除,步向规范。

二、发包的规则

《建筑法》主要从发包方式、招标程序、招标主体、发包限定和发包形式五个方面作了规定。

(一)发包方式

在建筑法中是鼓励招标发包的,只有在不适于招标发包时,才可以实行直接发包,这就是在法律中确定招标发包处于优先考虑的位置。之所以如此规定是由于招标发包符合市场经济的要求,体现公平竞争的原则。建筑工程项目由发包方发布信息,凡具备相应资质条件的,符合投标要求的单位,不受地域和部门的限制,都可以申请投标,而发包方就可以在较为广泛的范围内,有竞争性的报价中,择优选择承包单位,将工程项目委托给信誉较好、技术能力较强、管理水平较高、报价合理的承包单位实施,这是一个好的发包方式,应当从法律上提倡与肯定。至于直接发包是限于特定的条件,难以展开公开竞争的一种发包方式,在现实中仍然是需要的,所以在法律中既是允许的,又是有一定限制的。

(二)招标程序

根据公开招标的法律性质和特点,建筑法规定了公开招标的基本程序,以保证招标公开、公正地进行,主要内容为:

一是建筑工程实行公开招标的,发包单位应当依照法定程序和方式发布招标公告。这种公告又可称为招标广告,它的作用在于让投标人获得招标信息,并且标志着招标的开始。

二是提供招标文件。招标文件由发包单位提供,按照建筑法第20条规定其主要内容是:招标工程的主要技术要求,主要的合同条款,评标的标准和方法,开标、评标、定标的程序等。招标文件应当认真编制,保证招投标顺利进行,当然在招标文件中还会有其他一些内容,由编制单位根据需要决定,但上述法定的内容是必不可少的。

三是在招标文件规定的时间、地点公开进行开标。这是由于招标是平等竞争这一特点所决定的,开标应当由招标单位主持,所有投标人都应参加,有关部门与监督单位到场,标书启封后,应当宣读标书的主要内容,开标后,任何投标人都不允许再更改标书的内容和报价,也不允许再增加优惠条件,标书启封后,评标、定标的标准和方法都不能改动。

四是评标、定标。这是指开标后,应当按照招标文件规定的评标标准和程序对标书进行评价、比较,在具备相应资质条件的投标者中,择优选定中标者。这些规定表明,评标要按事先确定评标标准和程序进行,评标要保证公正性、科学性;定标也称决标,是在合格的投标者中间最终确定实施单位,这些行为只能强调其合法性,规范地进行,才能达到招标的目的。

（三）招标主体

招标投标是建筑市场中买卖双方自主成交的一种法定方式,如果从招标一方来看,则是由作为买方的业主或称建设单位对承包单位的选择,所以招标的主体应当是建设单位,因而建筑法规定,建筑工程的开标、评标、定标由建设单位依法组织实施,并接受有关行政主管部门的监督。这项规定表明,开标应当由建设单位主持,而不是由建设单位以外的人来主持,这是建设单位的权利,应当尊重;评标,也应当由建设单位来组织实施,比如要设立评标小组或评标委员会,则应由建设单位负责组织。而不应由其他单位指定,如果评标中出现分歧而不能评定中标单位时,就应交由建设单位去考虑;定标,这是指最终确定承包单位,定标前与中标单位的谈判,定标后与中标单位签订合同等,都应当是建设单位,而不应是其他的主体,这是法定的,不能改变。至于建设单位在开标、评标、定标过程中,都必须依法行事,接受有关行政主管部门的监督。什么是有关行政主管部门,则是根据法律规定,只有在法律中规定对招标的开标、评标、定标有监督职责的部门,才有权实施监督,而不是由一些部门自行决定去作干预。

（四）发包限定

这是规范发包行为的,也是保护承包单位合法权益,维护建筑市场正常秩序的,建筑法中的规定主要有下列几项:

一是建筑工程实行招标发包的,发包单位应当将建筑工程发包给依法中标的承包单位。因为这个中标的承包单位是依照法定程序投标、评标、定标而被选定的,在这个过程中形成了一系列的法律关系,中标后即享有承包该项建筑工程的合法权益,发包单位是不应改变这种既定权益的。

二是政府及其所属部门不得滥用行政权力,限定发包单位将招标发包的建筑工程发包给指定的承包单位。这项法律规定表明,必须排除政府部门对招标发包的不正当干预,尊重招标投标这种交易方式所确定的权利义务,从反对不正之风来说也是有现实意义的。

三是按照合同约定,建筑材料、建筑构配件和设备由工程承包单位采购的,发包单位不得指定承包单位购入用于工程的建筑材料、建筑构配件和设备或者指定生产厂、供应商。这项规定是重要的,有多层意思,限制了发包单位利用其有利地位而违背合同的约定;保护了承包单位在合同中确定了的权利,也有利于明确其责任;防止利用指定生产厂、供应商谋取不正当利益,影响工程质量。

（五）发包形式

这实际上也是承包形式的规定,或者说是承发包之间经济关系所采取的形式。由于承包的内容和承包的环境不同,就形成了多种承包形式,对此,建筑法作了基本规定:

一是提倡对建筑工程实行总承包,禁止将建筑工程肢解发包。这是提倡将一个建筑工程由一个承包单位负责组织实施,由其统一指挥筹划,以求获取较好的效益和较高的效率。

二是在总承包中可以是统包也可以分项总承包,所以建筑法第24条中规定,建筑工程的发包单位可以将建筑工程的勘察、设计、施工、设备采购一并发包给一个工程总承包单位,也可以将建筑工程勘察、设计、施工、设备采购的一项或者多项发包给一个工程总承包单位。按照这项规定,建设单位为甲方,总承包单位为乙方。甲方可以与一个乙方订立合同,也可能是与几个乙方订合同。

三是禁止肢解发包,也就是不得将应当由一个承包单位完成的建筑工程肢解成若干部分发包给几个承包单位。因为,从理论上讲,将一个整体人为地、不合理地分割成几个部分,是会造成浪费、降低效率的;从实际中反映出来的情况看,肢解工程的结果是相互扯皮,费用升高,管理混乱,因此应当禁止这种有害的做法。

三、承包的规则

建筑工程的承包是指通过招标投标,在竞争中获得合同,并组织实施以至全面履行合同的行为,因此建筑法结合中国实际情况,做出了若干基本规定。

一是承包单位只能在其资质等级许可的业务范围内承揽工程,并且不得允许他人借用自己的名义或者自己借用他人的名义,超越资质等级承揽工程。

二是大型建筑工程或者结构复杂的建筑工程,可以由两个以上的承包单位联合共同承包;共同承包的各方对承包合同的履行承担连带责任。这种责任意味着共同承包的每一个承包单位,都有义务承担共同承包所应负的全部责任,在这个承包单位履行了义务之后,有权向共同承包的其他承包单位那里索取补偿。

三是禁止转包。这是一项非常明确的法律规定,是针对建筑市场中由于转包带来的弊端与严重后果而采取的法律措施。建筑工程中的层层转包,造成层层盘剥,侵吞了大量的工程款项,导致了偷工减料,工程质量低劣,欺诈丛生等恶劣后果,严重地侵害了国家利益、社会公共利益、建设单位的利益,以至危害人们的生命健康与财产安全,所以对此必须禁止,包括直接的转包与变相的转包都不行。因此建筑法规定,禁止承包单位将其承包的全部建筑工程转包给他人,禁止承包单位将其承包的全部建筑工程肢解以后以分包的名义分别转包给他人。

四是规定施工总承包的,建筑工程主体结构的施工必须由总承包单位自行完成。这是由于总承包单位是经过一系列程序选定的,建设单位对其给予了信任,也是由于该总承包单位自身所具有的能力才成为订立合同的乙方。为了保证工程质量,所以应当规定由其完成主体工程,这是法定的责任;如此规定,也有利于防止转包。

五是关于分包的规定。第一是总承包单位可以将部分工程分包出去,但都必经建设单位同意,同意的方式为在总承包合同中约定,或者经建设单位认可;如果未经建设单位同意即行分包,则被视为违法分包;第二是总承包单位和分包单位就分包工程对建设单位承担连带责任,这是加重了责任的规定,他们原有的总承包单位按照总承包合同的约定对建设单位负责,分包单位按照分包合同的约定对总承包单位负责的法律关系不变;第三是禁止分包单位将其承包的工程再分包,这样有利于将分包的工作内容转向拥有专业技术和专门施工设备的分包单位,减去中间层次;第四是承包单位的资质必须与所承担的建筑工程的等级相适应。

第三节　建筑工程施工许可

确立建筑施工许可制度,目的在于保证建筑工程的质量和安全,维护建筑市场秩序,避免不具备施工条件的工程盲目施工,加强建设行政主管部门对建筑活动的监督管理。

一、施工许可范围

《建筑法》规定,建筑工程开工前,建设单位应当按照国家有关规定向工程所在地县级以上人民政府建设行政主管部门申请领取施工许可证;但是,国务院建设行政主管部门确定的限额以下的小型工程除外。按照国务院规定的权限和程序批准开工报告的建筑工程,不再领取施工许可证。

《建筑工程施工许可管理办法》[①]根据《建筑法》详细规定了具体内容。要求在中华人民共和国境内从事各类房屋建筑及其附属设施的建造、装修装饰和与其配套的线路、管道、设备的安装,以及城镇市政基础设施工程的施工,建设单位在开工前应当依照本办法的规定,向工程所在地的县级以上地方人民政府住房城乡建设主管部门(以下简称发证机关)申请领取施工许可证。

工程投资额在30万元以下或者建筑面积在300平方米以下的建筑工程,可以不申请办理施工许可证。省、自治区、直辖市人民政府住房城乡建设主管部门可以根据当地的实际情况,对限额进行调整,并报国务院住房城乡建设主管部门备案。按照国务院规定的权限和程序批准开工报告的建筑工程,不再领取施工许可证。

规定应当申请领取施工许可证的建筑工程未取得施工许可证的,一律不得开工。任何单位和个人不得将应当申请领取施工许可证的工程项目分解为若干限额以下的工程项目,规避申请领取施工许可证。

二、施工许可条件

《建筑法》第八条规定符合八项条件,即行颁发施工许可证:

(一)已经办理该建筑工程用地批准手续;

(二)在城市规划区的建筑工程,已经取得规划许可证;

(三)需要拆迁的,其拆迁进度符合施工要求;

(四)已经确定建筑施工企业;

(五)有满足施工需要的施工图纸及技术资料;

---

① 《建筑工程施工许可管理办法》2014年6月25日住房和城乡建设部令第18号发布,自2014年10月25日起施行。1999年10月15日建设部令第71号发布、2001年7月4日建设部令第91号修正的《建筑工程施工许可管理办法》同时废止。

（六）有保证工程质量和安全的具体措施；

（七）建设资金已经落实；

（八）法律、行政法规规定的其他条件。

建设行政主管部门应当自收到申请之日起十五日内，对符合条件的申请颁发施工许可证。

《建筑工程施工许可管理办法》第四条规定，建设单位申请领取施工许可证，应当具备下列条件，并提交相应的证明文件：

（一）依法应当办理用地批准手续的，已经办理该建筑工程用地批准手续。

（二）在城市、镇规划区的建筑工程，已经取得建设工程规划许可证。

（三）施工场地已经基本具备施工条件，需要征收房屋的，其进度符合施工要求。

（四）已经确定施工企业。按照规定应当招标的工程没有招标，应当公开招标的工程没有公开招标，或者肢解发包工程，以及将工程发包给不具备相应资质条件的企业的，所确定的施工企业无效。

（五）有满足施工需要的技术资料，施工图设计文件已按规定审查合格。

（六）有保证工程质量和安全的具体措施。施工企业编制的施工组织设计中有根据建筑工程特点制定的相应质量、安全技术措施。建立工程质量安全责任制并落实到人。专业性较强的工程项目编制了专项质量、安全施工组织设计，并按照规定办理了工程质量、安全监督手续。

（七）按照规定应当委托监理的工程已委托监理。

（八）建设资金已经落实。建设工期不足 1 年的，到位资金原则上不得少于工程合同价的 50%，建设工期超过一年的，到位资金原则上不得少于工程合同价的 30%。建设单位应当提供本单位截至申请之日无拖欠工程款情形的承诺书或者能够表明其无拖欠工程款情形的其他材料，以及银行出具的到位资金证明，有条件的可以实行银行付款保函或者其他第三方担保。

（九）法律、行政法规规定的其他条件。

县级以上地方人民政府住房城乡建设主管部门不得违反法律法规规定，增设办理施工许可证的其他条件。

三、施工许可程序

《建筑工程施工许可管理办法》第五条规定，申请办理施工许可证程序：

（一）建设单位向发证机关领取《建筑工程施工许可证申请表》。

（二）建设单位持加盖单位及法定代表人印鉴的《建筑工程施工许可证申请表》，并附本办法第四条规定的证明文件，向发证机关提出申请。

（三）发证机关在收到建设单位报送的《建筑工程施工许可证申请表》和所附证明文件后，对于符合条件的，应当自收到申请之日起 15 日内颁发施工许可证；对于证明文件不齐全或者失效的，应当当场或者 5 日内一次告知建设单位需要补正的全部内容，审批时间可以自证明文件补正齐全后作相应顺延；对于不符合条件的，应当自收到申请之日起 15 日内书面通知建设单位，并说明理由。建筑工程在施工过程中，建设单位或者施工单位发生变更的，应当重新申请领取施工许可证。

四、施工许可证的时效

建设单位应当自领取施工许可证之日起三个月内开工。因故不能按期开工的,应当向发证机关申请延期;延期以两次为限,每次不超过三个月。既不开工又不申请延期或者超过延期时限的,施工许可证自行废止。

在建的建筑工程因故中止施工的,建设单位应当自中止施工之日起1个月内向发证机关报告,报告内容包括中止施工的时间、原因、在施部位、维修管理措施等,并按照规定做好建筑工程的维护管理工作。建筑工程恢复施工时,应当向发证机关报告;中止施工满1年的工程恢复施工前,建设单位应当报发证机关核验施工许可证。

按照国务院有关规定批准开工报告的建筑工程,因故不能按期开工或者中止施工的,应当及时向批准机关报告情况。因故不能按期开工超过六个月的,应当重新办理开工报告的批准手续。

五、施工许可证管理

建筑工程施工许可证由国务院住房城乡建设主管部门制定格式,由各省、自治区、直辖市人民政府住房城乡建设主管部门统一印制。施工许可证分为正本和副本,正本和副本具有同等法律效力。复印的施工许可证无效。

《建筑工程施工许可管理办法》规定,建设单位申请领取施工许可证的工程名称、地点、规模,应当符合依法签订的施工承包合同。施工许可证应当放置在施工现场备查,并按规定在施工现场公开。施工许可证不得伪造和涂改。

发证机关应当将办理施工许可证的依据、条件、程序、期限以及需要提交的全部材料和申请表示范文本等,在办公场所和有关网站予以公示。发证机关作出的施工许可决定,应当予以公开,公众有权查阅。发证机关应当建立颁发施工许可证后的监督检查制度,对取得施工许可证后条件发生变化、延期开工、中止施工等行为进行监督检查,发现违法违规行为及时处理。

对于未取得施工许可证或者为规避办理施工许可证将工程项目分解后擅自施工的,由有管辖权的发证机关责令停止施工,限期改正,对建设单位处工程合同价款1%以上2%以下罚款;对施工单位处3万元以下罚款。建设单位采用欺骗、贿赂等不正当手段取得施工许可证的,由原发证机关撤销施工许可证,责令停止施工,并处1万元以上3万元以下罚款;构成犯罪的,依法追究刑事责任。建设单位隐瞒有关情况或者提供虚假材料申请施工许可证的,发证机关不予受理或者不予许可,并处1万元以上3万元以下罚款;构成犯罪的,依法追究刑事责任。建设单位伪造或者涂改施工许可证的,由发证机关责令停止施工,并处1万元以上3万元以下罚款;构成犯罪的,依法追究刑事责任。

第四节　建筑工程监理

《建筑法》是第一部对建筑工程监理做出系统规定的法律,建筑法制定后即正式确定了建筑工程监理的法律地位,成为一项法定的制度。

一、国家推行建筑工程监理制度

因为这是一项通行的,有效的,也是我国所需要的,对建筑工程项目的实施进行监督管理的制度,所以在法律上规定要加以推行。如果有一些建筑工程,还需要强制实行这种制度,其具体范围则可以由国务院规定。

二、工程监理主体

工程监理主体是指依照《建筑法》第 12 条、第 13 条所设立的工程监理单位,在其资质等级许可的监理范围内,承担工程监理业务。工程监理单位应当是独立的中介机构,具有法人资格,所以《建筑法》规定,工程监理单位应当根据建设单位委托,客观、公正地执行监理任务;并且同时规定,工程监理单位与被监理工程的承包单位以及建筑材料、建筑构配件和设备供应单位不得有隶属关系或者利害关系。这就表明,工程监理单位作为独立的主体,必须与妨碍其公正履行职责的有关单位或行业分离;这种分离,一是法定的;二是严格的,不能有隶属关系,其他的利害关系也不能存在。

三、建筑工程监理的职责

建筑工程监理是针对具体项目的,属于微观的监督管理活动,它代表建设单位的利益,但是对这种利益的维护又必须在依法行事的基础上,建筑法对这种法律关系做出了规定,主要有下列内容:

第一,订立监理合同。就是实行监理的建筑工程,由建设单位委托具有相应资质条件的工程监理单位监理;建设单位与其委托的工程监理单位应当订立书面委托监理合同。

第二,工程监理的法定职权。首先是明确了工程监理行使职权的依据和范围,即:建筑工程监理应当依照法律、行政法规及有关的技术标准、设计文件和建筑工程承包合同,对承包单位在施工质量、建设工期和建设资金使用等方面,代表建设单位实施监督。第二是规定了工程监理人员的两项权利:一是工程监理人员认为工程施工不符合工程设计要求、施工技术标准和合同约定的,有权要求建筑施工企业改正;二是工程监理人员发现工程设计不符合建筑工程质量标准或者合同约定要求的,应当报告建设单位要求设计单位改正。

第三,工程监理单位不得转让工程监理业务。这是因为工程监理单位在建筑市场上是一个特定主体,其他机构和人员不能替代;建设单位与监理单位都是一种具体的委托与服务的关系，一旦订立合同，就不应再自行转让，何况这种合同还包含着建设单位对具体的监理单位的信任；监理单位所承担的监督管理行为，只应自己实施，有利于实现监理的目的；监理业务禁止转让，也是维护工程监理秩序所需的规则。当前有些监理单位只承揽监理业务，而自己不执行，造成的弊端也说明要确立不能转让的规则。如果工程监理单位违法转让监理业务的，建筑法的规定是责令改正，没收违法所得，可以责令停业整顿，降低资质等级，情节严重的吊销资质证书。

第四，工程监理单位的责任。这是指工程监理单位不履行应尽义务或者有违法行为所要承担的责任。《建筑法》规定：工程监理单位不履行监理义务，给建设单位造成损失的，应当承担相应的赔偿责任；工程监理单位与承包单位串通，谋取非法利益，给建设单位造成损失的，应当与承包单位承担连带赔偿责任；工程监理单位与建设单位、施工企业串通，弄虚作假，降低工程质量的，责令改正，处以罚款，降低资质等级或者吊销资质证书，没收违法所得，构成犯罪的追究刑事责任。

第五节　建筑工程质量管理

一、建筑工程质量管理的法律规范

这一部分是《建筑法》的重点内容，在前面已经述及的几个问题中，从业资格是规范建筑市场主体的，发包与承包是规范甲方乙方市场行为的，施工许可则是对工程的开始实施进行监督管理，而对建筑工程的质量管理进行规范，应当是抓住了建筑活动的关键环节。

（一）坚持标准

建筑工程质量不仅会长期影响建筑产品的使用，而且质量问题还会危及生命财产的安全；对建筑工程质量产生影响的因素很多，比如设计、材料、环境、施工工艺、技术措施、管理制度、从业人员素质等都会对质量的优劣发生作用；建筑工程项目还有单一性的特点，即它是按照建设单位的意图单项进行设计的，同一类型的工程，各个项目还会由于地点等不同而各不相同。尽管建筑工程的质量有许多特性，但有关安全的标准仍然是质量中头等重要的问题，必须坚持，并且要使这些标准能适应确保安全的需要。因而，建筑法规定，建筑工程勘察、设计、施工的质量必须符合国家有关建筑工程安全标准的要求，具体管理办法由国务院规定；有关建筑工程安全的国家标准不能适应确保建筑安全的要求时，应当及时修订。

对于建设单位在工程质量上所起的作用也作了必要的限制，建筑法规定，建设单位不得以任何理由，要求建筑设计单位或者建筑施工企业在工程设计或者施工作业中，违反法律、行政法规和建筑工程质量、安全标准，降低工程质量。与此同时，还授予了设计单位和施工企业有权拒绝建设单位要求的权利，明确规定，建筑设计单位和建筑施工企业对建设单位违反前款规定提出的降低工程质量的要求，应当予以拒绝。

关于勘察、设计方面，从法律上也同样规定要符合工程质量、安全标准。建筑法规定，勘察、设计文件应当符合有关法律、行政法规的规定和建筑工程质量、安全标准,建筑工程勘察、设计技术规范以及合同的约定;设计文件选用的建筑材料、建筑构配件和设备……其质量要求必须符合国家规定的标准。

(二)建立法定的质量责任制度

这就是以《建筑法》为基本规范,建立工程质量的责任制度,使参与建筑工程勘察、设计、施工的各方都承担相应的责任,以利于加强质量管理,改进和提高工程质量。在建筑法中对此所作的规定主要为:

一是建筑工程实行总承包的,工程质量由工程总承包单位负责;因为工程的总承包合同是由总承包单位与建设单位签订的,应当由总承包单位全面履行合同负责。

二是总承包单位将建筑工程分包给其他单位的,应当对分包工程的质量与分包单位承担连带责任。这项法律规定表明,对分包工程的质量,分包单位要负责,而总承包单位同样也要承担责任,由于以连带责任的形式加重了他们双方的责任,防止了总承包单位在分包后推卸责任,同时又防止分包单位向总承包单位推卸责任。

三是建筑工程的勘察、设计单位必须对其勘察、设计的质量负责。这就是要求勘察、设计单位在承揽勘察、设计业务后,必须按照法律、行政法规的规定,工程质量、安全标准,现行的技术规范和勘察、设计合同,进行作业,对所编制的勘察、设计文件的质量负责。这样的规定对加强勘察、设计质量的控制,保证勘察、设计质量都有重要的作用。

四是建筑施工企业对工程的施工质量负责。这项规定是加重了施工企业的责任,实际上也给予了对施工质量进行管理的权力,防止不承担此项责任的单位或个人对工程施工的不适当干预甚至非法干预。

(三)保证施工质量的法律措施

这是《建筑法》为了保证工程施工质量,针对现实中存在的一些不规范的做法而做出的若干规定,主要有:

建筑施工企业必须按照工程设计图纸和施工技术标准施工,不得偷工减料。这是保证施工质量的根本措施,也是现实中反映出来的一个突出问题,比如,有不少工程不按图施工,擅自降低标准,偷工减料严重,酿成大小祸害,对此必须做出法律规定,加以整治。

工程设计的修改由原设计单位负责,建筑施工企业不得擅自修改工程设计。这对建筑施工企业来说,是一项必须认真遵守的规则,也是防止乱改设计、扰乱施工、造成意外事故的必要措施。

建筑施工企业必须按照工程设计要求、施工技术标准和合同的约定,对建筑材料、建筑构配件和设备进行检验,不合格的不得使用。这项规定是针对现实中建筑材料、设备等质量没有保证,或者是需要强化对施工质量的控制而做出的决策,赋予了施工企业有复验把关的权利,以防止低劣的建筑材料、设备进入现场使用,造成质量事故,当然,这也使施工企业承担了明确的责任,即在建筑施工中使用了不合格的建筑材料、建筑构配件和设备,施工企业要承担责任。

建筑设计单位对设计文件选用的建筑材料、建筑构配件和设备,不得指定生产厂、供应商。

这项规定表明,对建筑材料、建筑构配件和设备,在设计文件中可以注明技术指标、确定质量要求,但不能指定生产厂、供应商,其目的就是选用质量好的产品,防止通过不正常的供应关系使低劣产品用于建筑施工。

(四)竣工验收的基本规定

建筑工程的竣工验收,是全面检验工程质量的必经程序,也是检查承包合同履行情况的重要环节,因此在建筑法中对竣工验收的主要条件作出规定,就是交付竣工验收的建筑工程,必须符合规定的建筑工程质量标准,有完整的工程技术经济资料和经签署的工程保修书,并具备国家的其他竣工条件;建筑工程竣工验收合格后,方可交付使用;未经验收或者验收不合格的,不得交付使用。这些规定就是要对工程质量的最终结果严格把关,即使由于质量的隐蔽性,从表面难以检查内在的质量,也要审查其完整的资料和工程保修书,以明确责任。对于竣工验收中不负责任的行为,建筑法还规定,负责工程竣工验收的部门及其工作人员,对不合格的建筑工程按合格工程验收的,责令改正,对责任人员给予行政处分,构成犯罪的,依法追究刑事责任;造成损失的,由该部门承担相应的赔偿责任。这样的规定是必要的,有利于增强竣工验收部门及其工作人员的责任感,认真地履行职责。

(五)建立法定的工程保修制度

建筑工程的质量在法律上受到了重视,在施工过程中应加强控制,但由于建筑工程的复杂性,也难以用外观检查,尤其是一次性的外观检查难以从根本上观察工程质量,因此应当建立质量保修制度,加以弥补,就是在建筑工程竣工验收之后,在规定的期限内,如果出现质量缺陷则要由承包单位负责维修。对此,建筑法做出下列规定:

一是规定建筑工程实行质量保修制度。这项规定表明,质量保修制度成为一项法定的制度,是必须在建筑活动中执行的制度。

二是保修范围,应当包括建筑工程的地基基础工程、主体结构工程、屋面防水工程和其他土建工程,以及电气管线、上下水管线的安装工程,供热、供冷系统工程等项目。这些项目的范围比较宽,尤其是列入了必须保证质量的项目和易于出现质量缺陷的项目。

三是保修的期限应当按照保证建筑物合理寿命年限内正常使用,维护使用者合法权益的原则确定。这就是要求合理确定保修期限,不宜过短。当然也不是无限期的延长。

四是在建筑法中专门规定了建筑物在合理使用寿命内,必须确保地基基础工程和主体结构的质量;建筑工程竣工时,屋顶、墙面不得留有渗漏、开裂等质量缺陷;对已发现的质量缺陷,建筑施工企业应当修复。这项规定既是质量方面的要求,也是保修的根据,尤其当前存在的质量通病,群众反映强烈,应当明确地列入保修范围。

(六)质量投诉的权利

建筑质量应当是一个由社会各界都来监督的事项,尤其是在质量事故频发、质量缺陷大量存在时,更需要群众的监督。《建筑法》规定,任何单位和个人对建筑工程的质量事故、质量缺陷都有权向建设行政主管部门或者其他有关部门进行检举、控告、投诉。

二、建设工程质量标准

建设工程质量蕴含于整个工程产品的形成过程中,要经过规划、勘察、设计、施工等几个阶段,每一阶段都有相关国家标准的严格要求。

标准是指对重复性事物和概念所做的统一规定,它以科学技术和实践经验的综合成果为基础,经有关方面协商一致,由主管机关批准,以特定形式发布,作为共同遵守的准则和依据。建设工程的标准是指对基本建设中各类工程的规划、勘察、设计、施工、安装、验收等需要统一的技术要求而制定的统一标准,包括技术标准、经济标准和管理标准。

合格是建设工程的最低质量要求,在此基础上可以约定更高的质量标准。换言之,建设工程合同文件中任何关于工程质量的约定与描述,均应理解为工程质量标准的组成部分,承包人应当按照合同约定的标准和方法进行工作,发包人也按此标准与方法进行验收。合同文件约定的工程质量标准低于国家和地方质量标准的,按照国家和地方质量标准执行;合同文件约定的工程质量标准高于国家和地方质量标准的,则按照合同文件约定的标准执行。

三、影响建设工程质量的因素

(一)人的因素

人的因素对建设工程质量形成的影响,取决于两个方面:一是指直接履行建设工程质量职能的决策者、管理者和作业者个人的质量意识及质量活动能力;二是指承担建设工程策划、决策或实施的建设单位、勘察设计单位、咨询服务机构、施工单位等实体组织的质量管理体系及其管理能力。前者是个体的人,后者是群体的人。从事建设工程活动的人的素质和能力得不到必要的控制,其质量活动能力和质量管理能力也会失控,最终导致建设工程质量管理的失控。

(二)材料因素

材料包括建筑材料、建筑构配件和设备,是建设工程施工的物质条件。材料质量是建设工程质量的基础,材料质量不符合要求,建设工程质量也就不可能符合标准。

(三)方法因素

方法是指技术方案、工艺流程、组织措施、检测手段和施工组织设计等。在方法上出现的问题往往是比较多的,如制定了施工组织设计,不能严格执行;不按标准和规范施工;不制定切实可行的预防措施,出现问题了才去处理。特别是施工方案的正确与否,直接影响建设工程的质量。

(四)管理因素

"管理也是生产力",管理因素对建设工程质量的影响具有举足轻重的作用。影响建设工程质量的管理因素,主要是决策因素和组织因素。决策因素首先是建设单位的决策;其次是建设过程中,实施主体的各项技术决策和管理决策。实践证明,缺乏质量性能考虑的决策将对建设工程质量形成不利的影响。组织因素,包括管理组织因素和任务组织因素,管理组织因素指组织架构、管理制度及其运行机制有机联系构成的组织管理模式;任务组织因素是指对建设工程实施的任务及其目标进行分解、发包、委托,以及对实施任务所进行的计划、指挥、协调、检查和监督等一系列工作过程。从建设工程质量控制的角度看,建设工程管理组织系统是否健全、实施任务的组织方式是否科学合理,无疑将对质量目标控制产生重要的影响。

四、建设工程质量管理措施

(一)坚持"以人为本,安全第一"的原则

从某种意义上来说,施工人员的安全,要比工程的安全更重要。如果工地上发生安全问题,不仅影响工程的进度,同时也会给施工人员的心灵蒙上一层挥之不去的阴影,因此会严重影响工作情绪和工作效率。在对施工人员进行必要安全保护的同时,还要做好对工地周围人员的保护。即便做好了这些保护措施,还应安排专门人员对施工周围定期巡查,及时排除隐患。坚持"以人为本,安全第一"的原则,最终实现"零事故"。

(二)强化培训、培养专业人才

建设工程从业人员总体上可以分为决策层、管理层和操作层三个层面。不同的岗位对人员的素质要求是不同的。但总体来说,都是要求从业人员具有相关专业的"资质"。在我国目前的建设工程领域,从业人员的专业素养相对比较低,实践有余,但是理论知识相对不足,不能很好地从更高层次上把握和指导建设工程质量的管理。只有培养出一批具有专业、创新、纪律严明的建设工程从业人才,才能确保质量过硬地完成建设工程。

(三)严格控制建筑原材料、建筑构配件和设备质量的管理

建筑原材料、建筑构配件和设备质量管理是建设工程质量管理中不可或缺的一部分。要对供应商所提供的建筑原材料、建筑构配件和设备质量的保证能力进行审核。要加强对建筑原材料、建筑构配件和设备质量的检查验收,确保建筑原材料、建筑构配件和设备质量达到相应标准。要做好建筑原材料、建筑构配件和设备的档案管理,对每种建筑原材料、建筑构配件和设备的产地、供应商、验收人员、存放地点及使用状况等做好详细的记录。当建设工程竣工后,技术负责人应按编制竣工资料的要求收集整理各种建筑原材料、建筑构配件和设备的实验检验资料、隐蔽工程记录、施工记录等质量记录。

(四)采取措施,加强技术方面的质量控制

在技术方面准确控制,包括审查施工图纸、熟悉工程重难点部位施工技术、编制施工组织设计等。施工方案的敲定必须实行分级审批制,待方案审完后,做出样板,对样板中仍然存在的问题反复进行修改,直到达到设计要求才能执行。在施工中要建立严明的交接班制度,严格

按照国家现行建筑工程质量检验评定相应标准对部分项目及单位工程定期进行质量检验。对于容易出现问题的或对工程质量影响比较大的,工序检测手段或检测技术比较复杂的工序,一定要在交工前把好质量检验这一关。

（五）科学管理,建立健全工程质量监督告知制度

建立严格的质量保证体系和责任制,明确建设工程参与人各自的责任。建设工程参与人从建设工程一开始,就应享有知情权,了解监督工作的方式、方法、内容和手段,以便充分调动建设、勘察、设计、施工和监理等单位自我约束的积极性和主动性,自觉规范建设工程质量,减少和避免事故的发生。

工程建设过程中的各个环节都要严格控制和管理。在实施全过程管理中,首先要根据人员情况和相应工程的特点,最终确定质量目标和攻关内容。再结合质量目标和攻关内容编写施工组织设计,制定具体的措施,明确实施内容、方法和效果。建设工程的各种资料管理从施工开始就应该走向正规化,每一个环节都不容忽视,使得计划和实际之间即使发生偏差,也可以及时发现并纠正。

第六节　建设工程安全管理

一、建筑工程安全管理体系的建立

建筑工程安全管理体系的建立包括以下内容:

①施工项目安全管理体系必须由总承包单位负责策划建立,分包单位应结合分包工程的特点,制订相适宜的安全保证计划,并纳入接受总承包单位安全管理体系的管理。

②建立起来的安全管理体系必须包括基本要求和内容,并适用于建设工程施工安全管理和控制的全过程。

③建筑业施工企业应加强对施工项目的安全管理,指导、帮助项目经理部建立、实施并保持安全管理体系。项目经理部应结合各自实际加以充实,建立安全生产管理体系,确保项目的施工安全。

④安全生产管理体系应符合建筑业企业和本工程项目施工生产管理现状及特点,使之符合安全生产法规的要求。

⑤建立安全管理体系应形成文件。体系文件包括安全计划,企业制定的各类安全管理标准,国家、行业、地方相关的法律和法规文件,各类记录、报表和台账。

二、安全管理体系建立目标

安全管理体系建立目标有:

①使员工面临的安全风险减少到最低限度,最终实现预防和控制工伤事故、职业病及其他

损失的目标;帮助企业在市场竞争中树立起一种负责的形象,从而提高企业的竞争能力。

②直接或间接获得经济效益。通过实施"安全管理体系",可以明显提高项目安全生产管理水平和经济效益。通过改善劳动者的作业条件,提高劳动者身心健康和劳动效率。对项目的效益具有长期的积极效应,对社会也能产生激励作用。

③实现以人为本的安全管理。人力资源的质量是提高生产率水平和促进经济增长的重要因素,而人力资源的质量是与工作环境的安全卫生状况密不可分的。

④提升企业的品牌和形象。市场竞争已不再仅仅是资本和技术的竞争,企业综合素质的高低将是开发市场的最重要的条件,是企业品牌的竞争。

⑤促进项目管理现代化。管理是项目运行的基础。随着全球经济一体化的到来,对现代化管理提出了更高的要求,必须建立系统、开放、高效的管理体系,以促进项目大系统的完善和整体管理水平的提高。

⑥增强对国家经济发展的能力。加大对安全生产的投入,有利于扩大社会内部需求,增加社会需求总量;同时,做好安全生产工作可以减少社会总损失。而且,保护劳动者的安全与健康也是国家经济可持续发展的长远之计。

三、安全管理体系的管理职责

(一)确定安全管理人员

建筑公司要设专职安全管理部门,配备专职人员。公司安全管理部门是公司的一个重要的施工管理部门,是公司经理贯彻执行安全施工方针、政策和法规,实行安全目标管理的具体工作部门,是领导的参谋和助手。

安全施工管理工作技术性、政策性、群众性很强,因此安全管理人员应挑选责任心强、有一定的经验和相当文化程度工程技术人员担任。建筑公司施工队以上的单位,要设专职安全员或安全管理机构,公司的安全技术干部或安全检查干部应列为施工人员,不能随便调动。

根据《中华人民共和国建筑法》,制定、印发了《建筑业企业资质标准》(建市〔2014〕159号),自2015年1月1日起施行,原建设部印发的《建筑业企业资质等级标准》(建建〔2001〕82号)同时废止。《建筑业企业资质标准》规定,建筑一、二级公司的安全员,必须持有中级岗位合格证书;三、四级公司安全员全部持有初级岗位合格证书。

施工项目对从事与安全有关的管理、操作和检查人员,特别是需要独立行使权力开展工作的人员,规定其职责、权限和相互关系,并形成文件。这些文件应包括:安全计划,安全生产管理体系实施的监督、检查和评价资料,纠正和预防措施的验证等。

(二)确立安全管理目标

工程项目实施施工总承包的,由总承包单位负责制定施工项目的安全管理目标。

第一,项目经理为施工项目安全生产第一责任人,对安全生产应负全面的领导责任,实现重大伤亡事故为零的目标;

第二,应采用适合于工程项目规模、特点的安全技术,并形成全体员工所理解的文件,保持实施。确定的安全管理目标应符合国家安全生产法律、行政法规和建筑行业安全规章、规程及对业主和社会要求的承诺。

（三）安全管理资源

项目经理部应确定并提供充分的资源,以确保安全生产管理体系的有效运行和安全管理目标的实现。安全管理资源包括:配备与施工安全相适应并经培训考核持证的管理、操作和检查人员;施工安全技术及防护设施;用电和消防设施;施工机械安全装置;必要的安全检测工具;安全技术措施的经费等。

（四）安全生产策划

针对工程项目的规模、结构、环境、技术含量、施工风险和资源配置等因素进行安全生产策划。策划内容包括:

①配置必要的设施、装备和专业人员,确定控制和检查的手段、措施。

②确定整个施工过程中应执行的文件、规范。如脚手架工作、高处作业、机械作业、临时用电、动用明火、沉井、深挖基础施工和爆破工程等作业规定。

③冬期、雨期、雪天和夜间施工时安全技术措施及夏季的防暑降温工作。

④确定危险部位和过程,对风险大和专业性较强的工程项目进行安全论证。同时采取相适应的安全技术措施,并得到有关部门的批准。

⑤因本工程项目的特殊需求所补充的安全操作规定。

⑥制定施工各阶段具有针对性的安全技术交底文本。

⑦制定安全记录表格,确定搜集、整理和记录各种安全活动的人员和职责。

根据安全生产策划结果,单独编制安全保证计划,也可在项目施工组织设计中独立体现。安全保证计划实施前,按要求报项目业主或企业确认审批。确认要求:

①项目业主或企业有关负责人主持安全计划的审核。

②执行安全计划的项目经理部负责人及相关部门参与确认。

③确认安全计划的完整性和可行性。

④各级安全生产岗位责任制得到确认。

⑤任何与安全计划不一致事宜都应得到解决。

⑥项目经理部有满足安全保证的能力并得到确认。

⑦记录并保存确认过程。

⑧经确认的项目安全计划,应送上级主管部门备案。

四、建筑施工安全管理策划

（一）安全管理策划的原则

科学性施工项目的安全策划应能代表最先进的生产力和最先进的管理方法,承诺并遵守国家的法律法规,遵照地方政府的安全管理规定,执行安全技术标准和安全技术规范,科学指导安全生产。

预防性施工项目安全管理策划必须坚持"安全第一、预防为主"的原则,体现安全管理的预防和预控作用,针对施工项目的全过程制定预警措施。

可操作性施工项目安全策划的目标和方案应尊重实际情况,坚持实事求是的原则,其方案具有可操作性,安全技术措施具有针对性。

全过程性项目的安全策划应包括由可行性研究开始到设计、施工,直至竣工验收的全过程策划,施工项目安全管理策划要覆盖施工生产的全过程和全部内容,使安全技术措施贯穿至施工生产的全过程,以实现系统的安全。

实效的最优化施工项目安全策划应遵循实效最优化的原则,既不盲目地扩大项目投入,又不得以取消和减少安全技术措施经费来降低项目成本,而是在确保安全目标的前提下,在经济投入、人力投入和物资投入上坚持最优化的原则。

(二)安全管理策划的基本内容

建筑施工安全管理策划应根据国家、地方政府和主管部门的有关规定,依据建筑施工安全技术规范、规程、标准及其他规定进行编制,其基本内容应包括以下几方面:

1. 工程概述

①本项目设计所承担的任务及范围;
②工程性质、地理位置及特殊要求;
③改建、扩建前的职业安全与卫生状况;
④主要工艺、原料、半成品、成品、设备及主要危害概述。

2. 建筑及场地布置

①根据场地自然条件预测的主要危险因素及防范措施;
②工程总体布置中如锅炉房、氧气、乙炔等易燃易爆、有毒物品造成的影响及防范措施;
③临时用电变压器周边环境;
④对周边居民出行是否有影响。

3. 生产过程中危险因素的分析

①安全防护工作,如脚手架作业防护、洞口防护、临边防护、高空作业防护和模板工程、起重及施工机具机械设备防护;
②关键特殊工序,如洞内作业、潮湿作业、深基开挖、易燃易爆品、防尘、防触电;
③特殊工种,如电工、电焊工、架子工、爆破工、机械工、起重工、机械司机等,除一般教育外,还要经过专业安全技能培训;
④临时用电的安全系统管理,如总体布置和各个施工阶段的临电(电闸箱、电路、施工机具等)的布设;
⑤保卫消防工作的安全系统管理,如临时消防用水、临时消防管道、消防灭火器材的布设等。

4. 主要安全防范措施

①根据全面分析各种危害因素确定的工艺路线、选用的可靠装置设备,按照生产、火灾危险性分类设置的安全设施和必要的检测、检验设备;

②按照爆炸和火灾危险场所的类别、等级、范围选择电气设备的安全距离及防雷、防静电及防止误操作等设施;

③对可能发生的事故做出的预案、方案及抢救、疏散和应急措施;

④危险场所和部位(如高空作业、外墙临边作业等)、危险期间(如冬期、雨期、高温天气等)所采用的防护设备、设施及其效果等。

5. 预期效果评价

施工项目的安全检查包括安全生产责任制、安全保证计划、安全组织机构、安全保证措施、安全技术交底、安全教育、安全持证上岗、安全设施、安全标识、操作行为、违规管理、安全记录。

6. 安全措施经费

安全措施经费包括主要生产环节专项防范设施费用、检测设备及设施费用、安全教育设备及设施费用、事故应急措施费用等。

案例分析

【案情】2010 年 4 月,某大学为建设学生公寓,与某建筑公司签订了一份建设工程合同。合同约定:工程采用固定总价合同形式,主体工程和内外承重砖一律使用国家标准砌块,每层加水泥圈梁;某大学可预付工程款(合同价款的 10%);工程的全部费用于验收合格后一次付清;交付使用后,如果在 6 个月内发生严重质量问题,由承包人负责修复。1 年后,学生公寓如期完工,在某大学和某建筑公司共同进行竣工验收时,某大学发现工程 3～5 层的内承重墙体裂缝较多,要求某建筑公司修复后再验收,某建筑公司认为不影响使用而拒绝修复。因为很多新生急待入住,某大学接收了宿舍楼。在使用了 8 个月之后,公寓楼 5 层内承重墙倒塌,致使 1 人死亡,3 人受伤,其中 1 人致残。受害者与某大学要求某建筑公司赔偿损失,并修复倒塌工程。某建筑公司以使用不当且已过保修期为由拒绝赔偿。无奈之下,受害者与某大学诉至法院,请法院主持公道。

【分析】《建设工程质量管理条例》第 40 条规定:"在正常使用条件下,建设工程最低保修期限为:

1. 基础设施工程、房屋建筑的地基基础工程、主体结构工程,为设计文件规定的该工程的合理使用年限。

2. 屋面防水工程、有防水要求的卫生间、房间和外墙面的防渗漏,为 5 年。

3. 供热与供冷系统,为 2 个采暖期、供冷期。

4. 电器管线、给排水管道、设备安装和装修工程,为 2 年。其他项目的保修期限由发包方与承包方约定。建设工程的保修期,由竣工验收之日起计算。根据上述法律规定,建设工程的保修期限不能低于国家规定的最低保修期限,其中,对地基基础工程、主体结构工程实际规定为终身保修。

在本案中,某大学与某建筑公司虽然在合同中双方约定保修期限为 6 个月,但这一期限远远低于国家规定的最低期限,尤其是承重墙属主体结构,其最低保修期限依法应终身保修。双方的质量期限条款违反了国家强制性法律规定,因此是无效的。某建筑公司应当向受害者承担损害赔偿责任。承包人损害赔偿责任的内容应当包括:医疗费、因误工减少的收入、残废者生活补助费等。造成受害人死亡的,还应支付丧葬费、抚恤费、死者生前抚养的人必要的生活费用等。

此外,某建筑公司在施工中偷工减料,造成质量事故,有关主管部门应当依照《建筑法》第 74 条的有关规定对其进行法律制裁。

思考题

1. 请举例说明建筑工程承包制度。
2. 请简要谈谈建筑工程安全管理制度。

第五章　工程咨询法律制度

第一节　概　述

工程咨询相关法规和法规性文件包括,国家发展改革委员会《工程咨询行业管理办法》(征求意见稿 20170717)、《咨询工程师(投资)管理办法》(国家发展和改革委员会〔2013〕2号令)、人力资源社会保障部、国家发展改革委制定的《工程咨询(投资)专业技术人员职业资格制度暂行规定》和《咨询工程师(投资)职业资格考试实施办法》(人社部发〔2015〕64号)、《工程咨询业管理暂行办法》(1994年国家计委令2号)、工程咨询单位资格认定办法(国家发展和改革委员会〔2005〕29号令)、关于适用《工程咨询单位资格认定办法》有关条款的通知(发改投资〔2009〕620号)①、国务院办公厅《关于促进建筑业持续健康发展的意见》(国办发〔2017〕19号)。

一、基本概念

工程咨询是指以技术为基础,遵循独立、公正、科学的原则,综合运用多学科知识、工程实践经验、现代科学和管理方法,在经济社会发展、投资建设项目决策与实施活动中,为各类投资者和政府部门提供阶段性或全过程咨询和管理的智力服务,涵盖投资建设项目策划、准备、实施、运营、评价各阶段,关系到国家安全、公共安全、人民群众生命健康和财产安全,关系到投资决策的科学性、合理性。工程咨询业务是指工程咨询专业和服务范围。

工程咨询单位是指从事工程咨询业务并具有独立法人资格的企业、事业单位。工程咨询单位需要具备特殊信誉和社会责任,享有独立公正提供咨询服务、获得合理咨询报酬、对行业发展提出合理化建议的权利;承担遵守职业道德、维护业主合法利益、服从行业自律管理的义务。

咨询工程师(投资)是指合法取得《中华人民共和国咨询工程师(投资)职业水平证书》(以下简称水平证书)后,在中国工程咨询协会②(以下简称中咨协会)登记合格并取得《中华人民

---

① 《工程咨询行业管理办法》(征求意见稿 20170717)通过,则《工程咨询业管理暂行办法》(1994 年国家计委令 2 号)、《工程咨询单位资格认定办法》(国家发展改革委 2005 年第 29 号令)、《国家发展改革委关于适用〈工程咨询单位资格认定办法〉有关条款的通知》(发改投资〔2009〕620 号)同时废止。

② 经国家民政部批准注册,中国工程咨询协会(CNAEC)于 1992 年底正式成立,会员遍布全国各地。36 个省、自治区、直辖市成立了地区工程咨询协会,形成了全国工程咨询行业组织网络。

共和国咨询工程师（投资）登记证书》（以下简称登记证书）的人员。

咨询工程师（投资）是工程咨询行业的核心技术力量，其所提供的工程咨询服务质量，关系到投资决策科学化水平，关系到投资建设质量和效益，关系到经济社会可持续发展。

二、工程咨询专业划分与服务范围

（一）专业划分

工程咨询业务按 22 个专业划分：农业、林业；水利水电；电力（含火电、水电、核电、新能源）；煤炭；石油天然气；公路；铁路及城市轨道交通；民航；水运（含港口河海工程）；电子、通信、广电（含信息化）；冶金（含钢铁、有色）；石化、化工、医药；核工业；机械；轻工、纺织；建材；建筑；市政公用工程；生态建设和环境工程；水文地质、工程测量、岩土工程；综合经济（规划、评估）；其他。

（二）服务范围

工程咨询单位的服务范围包括以下几项内容。

（1）规划咨询。含总体规划、专项规划、区域规划及行业规划的编制、咨询。

（2）项目咨询。含项目投资机会研究、投融资策划，项目建议书（预可行性研究）、项目可行性研究报告、项目申请报告、资金申请报告的编制、社会稳定风险评价、政府和社会资本合作（PPP）项目咨询等内容。

（3）评估咨询。各级政府及有关部门委托的对规划、项目建议书、可行性研究报告、初步设计、项目申请报告、资金申请报告的评估，规划和项目中期评价、后评价、项目概预结决算审查，及其他履行投资管理职能所需的专业技术服务。

（4）全过程工程咨询。采用多种咨询方式组合，为项目决策、实施和运营持续提供局部或整体解决方案。

鼓励投资咨询、勘察、设计、监理、招标代理、造价等企业采取联合经营、并购重组等方式发展全过程工程咨询，培育一批具有国际水平的全过程工程咨询企业。制定全过程工程咨询服务技术标准和合同范本。政府投资工程应带头推行全过程工程咨询，鼓励非政府投资工程委托全过程工程咨询服务。在民用建筑项目中，充分发挥建筑师的主导作用，鼓励提供全过程工程咨询服务。

（三）行业自律性质的资信评价

行业公认、具备相应能力的社会组织，可以在自愿接受国家和省级发展改革委的指导监督下，对工程咨询单位开展行业自律性质的资信评价工作。

国家和省级发展改革委每年对自愿申请承担资信评价工作的社会组织综合评估后选择确认一家开展。

工程咨询单位的资信评价等级分为甲级和乙级，具体标准由国家发展改革委制定。

行业自律性质的资信评价等级，仅作为委托咨询业务的参照。任何单位不得对资信评价设置机构数量限制,不得对各类工程咨询单位设置区域性、行业性从业限制,也不得对未参加或未获得资信评价的工程咨询单位设置执业限制。

对工程咨询单位的资信评价结果,由国家和省级发展改革委通过全国投资项目在线审批监管平台向社会公布。

国家和省级发展改革委应当依照有关法律法规、办法及有关规定,对工程咨询单位及其人员的从业行为进行监督检查。

对检查发现下列情形的,列入不良记录并及时向社会公布,工程咨询单位已获得资信评价等级的,由开展资信评价的组织取消其评价等级;涉及咨询工程师(投资)的,按照有关规定处理。

(1)违背独立公正原则,帮助委托单位骗取批准文件和国家资金的;

(2)伪造、涂改、出租、出借、转让资信评价等级证书的;

(3)泄露委托方的商业秘密,以及采取不正当竞争手段损害其他工程咨询单位利益,严重违反职业道德和行为准则的;

(4)咨询成果存在严重质量问题,并给业主或委托方造成重大损失的;

(5)不接受监督检查的;

(6)弄虚作假、提供虚假材料申请资信评价的;

(7)有其他违反法律、法规的行为。

社会组织开展资信评价工作中有无故拒绝工程咨询单位申请;未按国家规定标准开展资信评价;伙同申请单位弄虚作假;不接受行业管理部门指导监督等行为,由国家或省级发展改革委责令其纠正,情节严重的,责令其停止资信评价活动。

第二节　项目前期可行性研究制度

一、可行性研究的概念

可行性研究是综合论证一个项目建设的必要性、市场的前景性、技术的先进性、财务的营利性、经济的合理性和有效性、施工条件的可能性,甚至是政治上和军事上的安全性,是建设项目投资决策前所进行的系统、科学、综合的研究、分析、论证的一种工作方法。财务的营利性和经济的合理性是可行性研究的核心。

所有建设项目都可归并为两类:一类是建成后有经济收入,可以归还投资并取得利润;另一类是建成后无经济收入,如社会公共或福利事业项目,不便于经济评价。可行性研究主要是对建成后有经济收入的建设项目而言。从这个意义上讲,可行性研究具有典型的经济性。虽然,项目建成后的可行性研究主要进行经济性和技术性两方面的评价,但归根结底还是经济性问题,技术上的先进性和可行性都离不开经济上的合理性。经济上不合理,技术上再先进也不可取。当然,经济上的合理性又是建立在现代技术上的。

二、可行性研究的基本要求

可行性研究的基本要求：

(1)科学性。要求按客观规律办事,这是可行性研究工作必须遵循的基本原则。

(2)客观性。要坚持从实际出发、实事求是的原则。建设所需条件必须是客观存在的,而不是主观臆造的。

(3)公正性。可行性研究工作中要排除各种干扰,尊重事实,不弄虚作假。

三、可行性研究的程序

可行性研究的程序包括：

(1)筹划准备。项目建议书被批准后,建设单位即可组织或委托有资质的工程咨询公司对拟建项目进行可行性研究。可行性研究的承担单位在接受委托时,应了解委托人的目标、意见和具体要求,收集与项目有关的基础资料、基本参数、技术标准等基础依据。

(2)调查研究。调查研究包括市场、技术和经济三个方面的内容。

(3)方案的制订和选择。这是可行性研究的一个重要步骤。在充分调查研究的基础上制定出技术方案和建设方案,经过分析比较,选出最佳方案。

(4)深入研究。对选出的方案进行详细的研究,重点是在对选定的方案进行财务预测的基础上,进行项目的财务效益分析和国民经济评价。

(5)编制可行性研究报告。在对工程项目进行了技术经济分析论证后,证明项目建设的必要性、实现条件的可能性、技术上先进可行和经济上合理有利,即可编制可行性研究报告,推荐一个以上的项目建设方案和实施计划,提出结论性意见和重大措施建议供决策单位作为决策依据。

四、工程项目可行性研究的主要内容

工程项目可行性研究的内容主要是对投资项目进行四个方面的研究,即市场研究、技术研究、经济研究和环保生态研究。

(1)市场研究。通过市场研究来论证项目拟建的必要性、拟建规模、建造地区和建造地点、需要多少投资、资金如何筹措等。

(2)技术研究。选定了拟建规模、确定了投资额和融资方案后,就应选择技术、工艺和设备。选择的原则是:尽量立足于国内技术和国产设备,必要时应考虑是选用国内技术和国产设备,还是选用引进技术和进口设备;是采用中等适用的工艺技术,还是选用先进可行的工艺技术;这都取决于项目的具体需要、资金状况等条件。

(3)经济研究。经济研究是可行性研究的核心内容,通过经济研究论证拟建项目经济上的营利性、合理性以及对国民经济可持续发展的可行性。经济上的营利性与合理性是根据以下各项经济评价指标来分析的。

（4）环保生态研究。国内外已建大中型项目在环保生态方面存在失误，甚至造成了不可挽回的生态损失，给人类敲响了警钟。从整体系统论分析的观点看，环保生态研究目前亟须重视，认真开展，绝不可走过场。

五、经济评价指标及其分析

工程项目可行性研究经济评价主要涉及资金筹措计划、财务效益评价、国民经济效益评价、社会效益评价、不确定性分析等。

（一）资金筹措计划

该计划应包括资金筹措方案和投资使用计划两部分内容。资金筹措方案应对可利用的各种资金来源所组成的不同方案进行筹资成本、资金使用条件、利率和汇率风险等方面的比较，经过综合研究后，选出最适宜的筹资方案。可能的筹资渠道包括：国家开发银行贷款（或国家预算内拨款）；国内各商业银行贷款；国外资金（国际金融组织贷款、国外政府贷款、赠款、商业贷款、外商投资等）；自筹资金；其他资金来源（发行股票、债券等）。投资使用计划既要包括按项目实施进度的资金计划，还应包括借款偿还计划。评价应侧重以下方面：资金的筹措方法是否正确，能否落实；资金的筹措和使用计划是否与项目的实施进度计划一致，有无脱节现象；利用外资来源是否可靠；利率是否优惠；有无其他附加条件或是否条件合理；偿还方式和条件是否有利；与其配套的国内资金筹措有无保障；对各种筹资方案是否进行过经济论证和比较，所推荐的方案是否是最优选择。

（二）财务效益评价

项目的财务效益评价是根据实际的市场环境和国家财税制度，在项目投入、产出估算的基础上，对项目的效益和费用做出测算。从财务效益的角度判断项目的可行性和合理性，避免投资决策失误。可行性研究报告对财务效益的评价应采用动态分析与静态分析相结合，以动态分析为主的方法。做出的评价指标主要应包括：财务内部收益率、投资回收期、贷款偿还期、财务净现值、投资利润率等。审查的重点如下：建设期、投产期和达产期的确定是否合理；主要产出品的产量、生产成本、销售收入等基本数据的选项是否可靠；主要指标的计算是否正确，是否符合有关行业的规定和要求；所推荐的方案是否为最佳方案；各种财务效益指标计算中，采用的贴现率、汇率、税率、利率等参数是否合理；对改建、扩建项目，原有企业效益与新增企业效益的划分和界限是否清楚，算法是否正确，有无夸大或缩小原有企业效益的不合理情况。

（三）国民经济效益评价

对建设项目国民经济效益的评价应采用费用与效益分析的方法，运用影子价格、影子汇率、影子工资和社会折现率等经济参数，计算项目对国民经济的净贡献，评价项目的经济上的合理性。所谓影子价格，是指当社会经济处于某种最优状态时，能够反映社会劳动消耗、资金稀缺程度和对产出品需求的价格。也就是说，影子价格是被认为确定的、比交换价格（市场价格)更为合理的价格。从定价原则来看,影子价格能更好地反映产品的价值、市场供求情况和资金稀缺程度;从价格产出的效果来看,可以使资源配置向优化方向发展。根据国家规定,国民经济效益评价的主要指标有经济内部收益率和经济净现值或经济净现值率。可行性研究报告也可以采用投资净效益率等静态指标。评价的重点如下:对属于转移支付的国内税金、利息、各种贴补等是否已经剔除;与项目相关的外币费用和效益的确定是否合理,有无高估或遗漏;外币的换算是否用影子汇率代替财务评价中所用的现行汇率进行调整;在项目费用和效益中占比较大或价格明显不合理的收支,是否用影子价格调整;所采用的影子价格或经济参数是否科学、合理。

(四)社会效益评价

我国现行的建设项目经济评价指标体系中,还规定了社会效益评价指标。社会效益评价以定性为主,主要分析项目建成投产后,对环境保护和生态平衡的影响,对提高地区和部门科学技术水平的影响,对提供就业机会的影响,对提高人民物质文化生活及社会福利的影响,对城市整体改造的影响,对提高资源综合利用率的影响等。此外,还应计算相关工程发生费用以及项目建设后产生的负效益。

(五)不确定性分析

可行性研究对项目评价所采用的数据,大部分来自预测和估算,由于未来情况是不断变化的,预测和估算的数据总会存在一些不确定因素,不可能与实际情况完全相同。为了消除不确定因素对经济效益评价指标的影响,还需要进行不确定性分析。不确定性分析是通过主要经济因素变化对经济效益造成的影响,预测项目抗风险能力的大小,分析项目在财务和经济上的可靠性。

不确定性分析包括盈亏平衡分析、敏感性分析和概率分析等。盈亏平衡分析只用于财务效益评价;敏感性分析和概率分析可同时用于财务评价和国民经济评价。在可行性研究中,一般都要进行盈亏平衡分析、敏感性分析和概率分析,具体可视项目不同情况而定。评价重点应是所考虑的不确定影响因素是否全面。

第三节　工程项目后评价制度

一、项目后评价概述

建设项目后评价(Project Post Evaluation)与建设项目前评价(Project Appraisal)几乎同时产生,是 20 世纪 30 年代美国经济大萧条期间,美国国会为监督政府"新政"政策性投资的手段。20 世纪 70 年代,项目后评价广泛地被西方发达国家和国际金融组织所接受和采纳,成为检查其投资活动效果的重要依据,并成为国家政府管理中必不可少的一个组成部分。后评价主要是对国家的预算、计划和项目进行评价,一般来说,这些国家都具备评价的法律和系统的规则、明确的管理机构、科学的方法和程序。

我国的工程建设投资项目后评价始于 20 世纪 80 年代中后期,1988 年,原国家计委委托中国国际工程咨询公司,对我国第一批国家重点投资建设项目进行了后评价,标志着后评价在我国的正式开始。之后,世界银行、亚洲开发银行、英国政府以及其他国际机构和外国政府,分别以不同的方法为我国提供了关于项目评价理论方法的援助和培训。我国的一些金融机构(建设银行、国家发展银行等)和一些政府部门(交通部、铁道部、农业部等)相继开展了自己的项目后评价工作。

例如,1989 年,交通部发布《港口建设项目后评价报告编制办法》;1990 年,原国家计委发布《关于开展 1990 年国家重点建设项目后评价的通知》(计建设〔1990〕54 号),对后评价作用、目的、依据、程序、方法做出了规定,这是我国最早制定的有关后评价的法规性文件;同年交通部发布《公路建设项目后评价实施办法》;1992 年,中国人民建设银行发布《中国人民建设银行贷款项目后评价实施办法》,开展国家大型建设项目经济效益调查;1994 年,国家开发银行成立后评价局,年底发布《国家开发银行贷款项目后评价管理暂行办法》及其实施细则、中国国际工程咨询公司成立后评价局;1995—2003 年,原国家经贸委、国防科工委、国资委、铁道部、水利部、交通部、中石化、中国通信等国家有关部委和重点企业都开始编制后评价管理办法或实施规程等规章制度;国家有关部委、学术研究机构、咨询服务机构分头组织开展后评价理论方法研究、业务实践及国际合作。

(一)政府投资项目后评价

2004 年,国务院颁布实施《国务院关于投资体制改革的决定》(国发〔2004〕20 号),提出"建立政府投资项目后评价制度,对政府投资项目进行全过程监管"。《中央政府投资项目后评价管理办法》(发改投资〔2014〕2129 号)适用于国家发展改革委审批可行性研究报告的中央政府投资项目的后评价工作。

1. 项目后评价概念及一般要求

项目后评价是实现项目全生命周期管理的必要组成。项目后评价是指在项目竣工验收并投入使用或运营一定时间后,运用规范、科学、系统的评价方法与指标,将项目建成后所达到的实际效果与项目的可行性研究报告、初步设计(含概算)文件及其审批文件的主要内容进行对比分析,找出差距及原因,总结经验教训、提出相应对策建议,并反馈到项目参与各方,形成良性项目决策机制。[①] 其位于项目周期最后一个环节,也可看成一个新项目周期的"前期",处于"承前启后"的位置。

在项目完成并投入运行一段时间后,对项目的原始论证、过程管理、验收情况、实际效果和综合影响等进行一次全面、完整的评估和分析,不仅对被评价的项目本身是一次必要的回顾和总结,从而使项目的周期趋于完整,在此过程中积累的经验、教训和得出的经济、技术、社会、环境等方面的分析结论对后续相关项目的决策和开展更具有至关重要的指导意义。

---

① 《中央政府投资项目后评价管理办法》(发改投资〔2014〕2129 号),2014 年 9 月 21 日起施行,《中央政府投资项目后评价管理办法(试行)》(发改投资〔2008〕2959 号)同时废止。

项目后评价的作用主要体现在三个方面:一是通过对项目全面系统的分析可以对项目前评估与项目决策失误的责任进行追究,从而督促项目决策者和管理者学习和改进决策和改成的策略与方法,从而提高项目的管理和决策水平;二是项目后评价往往要对项目给社会与环境所造成的实际影响给出必要的评价,这样就可以根据评价有针对性地采取应对措施,从而减轻项目的负面影响;三是通过对项目未来的可持续发展做出评价,根据项目的现状对项目未来的发展做出相应的预测,从而提出能够保障项目可持续发展的后续方案。

根据需要,可以针对项目建设(或运行)的某一问题进行专题评价,可以对同类的多个项目进行综合性、政策性、规划性评价。

项目后评价应当遵循独立、客观、科学、公正的原则,保持顺畅的信息沟通和反馈,为建立和完善政府投资监管体系服务。

国家发展改革委负责项目后评价的组织和管理工作。具体包括:确定后评价项目,督促项目单位按时提交项目自我总结评价报告并进行审查,委托承担后评价任务的工程咨询机构,指导和督促有关方面保障后评价工作顺利开展和解决后评价中发现的问题,建立后评价信息管理系统和后评价成果反馈机制,推广通过后评价总结的成功经验和做法等。

项目行业主管部门负责加强对项目单位的指导、协调、监督,支持承担项目后评价任务的工程咨询机构做好相关工作。

项目所在地的省级发展改革部门负责组织协调本地区有关单位配合承担项目后评价任务的工程咨询机构做好相关工作。

项目单位负责做好自我总结评价并配合承担项目后评价任务的工程咨询机构开展相关工作。项目单位应在项目竣工验收并投入使用或运营一年后两年内,将自我总结评价报告报送国家发展改革委。

承担项目后评价任务的工程咨询机构负责按照要求开展项目后评价并提交后评价报告。

2. 工作程序

(1)自我总结评价

国家发展改革委审批可行性研究报告的中央政府投资项目单位应在项目竣工验收并投入使用或运营一年后两年内,将自我总结评价报告报送国家发展改革委。其中,中央本级项目通过项目行业主管部门报送同时抄送项目所在地省级发展改革部门,其他项目通过省级发展改革部门报送同时抄送项目行业主管部门。

项目单位可委托具有相应资质的工程咨询机构编写自我总结评价报告。项目单位对自我总结评价报告及相关附件的真实性负责。

项目自我总结评价报告应主要包括以下内容:

①项目概况:项目目标、建设内容、投资估算、前期审批情况、资金来源及到位情况、实施进度、批准概算及执行情况等;

②项目实施过程总结:前期准备、建设实施、项目运行等;

③项目效果评价:技术水平、财务及经济效益、社会效益、资源利用效率、环境影响、可持续能力等;

④项目目标评价:目标实现程度、差距及原因等;

⑤项目总结:评价结论、主要经验教训和相关建议。

项目自我总结评价报告可参照项目后评价报告编制大纲进行编制。

项目单位在提交自我总结评价报告时,应同时提供开展项目后评价所需要的以下文件及相关资料清单:

①项目审批文件。主要包括项目建议书、可行性研究报告、初步设计和概算、特殊情况下的开工报告、规划选址和土地预审报告、环境影响评价报告、安全预评价报告、节能评估报告、重大项目社会稳定风险评估报告、洪水影响评价报告、水资源论证报告、水土保持报告、金融机构出具的融资承诺文件等相关的资料,以及相关批复文件。

②项目实施文件。主要包括项目招投标文件、主要合同文本、年度投资计划、概算调整报告、施工图设计会审及变更资料、监理报告、竣工验收报告等相关资料,以及相关的批复文件。

③其他资料。主要包括项目结算和竣工财务决算报告及资料,项目运行和生产经营情况,财务报表以及其他相关资料,与项目有关的审计报告、稽查报告和统计资料等。

项目自我总结评价报告内容不完整或深度达不到相应要求的,项目行业主管部门或者省级发展改革部门应当要求项目单位限期补充完善。

(2)后评价项目选择

国家发展改革委结合项目单位自我总结评价情况,确定需要开展后评价工作的项目,制订项目后评价年度计划,印送有关项目行业主管部门、省级发展改革部门和项目单位。

列入后评价年度计划的项目主要从以下项目中选择:

①对行业和地区发展、产业结构调整有重大指导和示范意义的项目;

②对节约资源、保护生态环境、促进社会发展、维护国家安全有重大影响的项目;

③对优化资源配置、调整投资方向、优化重大布局有重要借鉴作用的项目;

④采用新技术、新工艺、新设备、新材料、新型投融资和运营模式,以及其他具有特殊示范意义的项目;

⑤跨地区、跨流域、工期长、投资大、建设条件复杂,以及项目建设过程中发生重大方案调整的项目;

⑥征地拆迁、移民安置规模较大,可能对贫困地区、贫困人口及其他弱势群体影响较大的项目,特别是在项目实施过程中发生过社会稳定事件的;

⑦使用中央预算内投资数额较大且比例较高的项目;

⑧重大社会民生项目;

⑨社会舆论普遍关注的项目。

(3)委托工程咨询机构

国家发展改革委根据项目后评价年度计划,委托具备相应资质的工程咨询机构承担项目后评价任务。

国家发展改革委不得委托参加过同一项目前期、建设实施工作或编写自我总结评价报告的工程咨询机构承担该项目的后评价任务。

(4)开展后评价

承担项目后评价任务的工程咨询机构,在接受委托后,应组建满足专业评价要求的工作组,在现场调查、资料收集和社会访谈的基础上,结合项目自我总结评价报告,对照项目的可行性研究报告、初步设计(概算)文件及其审批文件的相关内容,对项目进行全面系统的分析评价。

承担项目后评价任务的工程咨询机构,应当按照国家发展改革委的委托要求和投资管理相关规定,根据业内应遵循的评价方法、工作流程、质量保证要求和执业行为规范,独立开展项目后评价工作,在规定时限内完成项目后评价任务,提出合格的项目后评价报告。

3. 项目后评价方法选用

项目后评价应采用定性和定量相结合的方法,主要包括:逻辑框架法、调查法、对比法、专家打分法、综合指标体系评价法、项目成功度评价法。

具体项目的后评价方法应根据项目特点和后评价的要求,选择一种或多种方法对项目进行综合评价。

项目后评价应按照适用性、可操作性、定性和定量相结合原则,制定规范、科学、系统的评价指标。

承担项目后评价任务的工程咨询机构,应根据项目特点和后评价的要求,在充分调查研究的基础上,确定具体项目后评价指标及方案。

工程咨询机构在开展项目后评价的过程中,应当采取适当方式听取社会公众和行业专家的意见,并在后评价报告中设立独立篇章予以客观反映。

4. 成果应用

国家发展改革委通过项目后评价工作,认真总结同类项目的经验教训,后评价成果应作为规划制定、项目审批、资金安排、项目管理的重要参考依据。国家发展改革委应及时将后评价成果提供给相关部门、省级发展改革部门和有关机构参考,加强信息沟通。

对于通过项目后评价发现的问题,有关部门、地方和项目单位应认真分析原因,提出改进意见,并报送国家发展改革委。

国家发展改革委会同有关部门,定期以适当方式汇编后评价成果,大力推广通过项目后评价总结出来的成功经验和做法,不断提高投资决策水平和政府投资效益。

5. 监督管理

国家发展改革委制定项目后评价编制大纲,指导和规范项目后评价报告的编制工作。

列入后评价年度计划的项目,项目单位应当根据后评价工作需要,积极配合承担项目后评价任务的工程咨询机构开展相关工作,及时、准确、完整地提供开展后评价工作所需要的相关文件和资料。

工程咨询机构应对项目后评价报告质量及相关结论负责,并承担对国家秘密、商业秘密等的保密责任。

国家发展改革委委托中国工程咨询协会,定期对有关工程咨询机构和人员承担项目后评价任务的情况进行执业检查,并将检查结果作为工程咨询资质管理及工程咨询成果质量评定的重要依据。

国家发展改革委委托的项目后评价所需经费由国家发展改革委支付,收费标准按照《建设项目前期工作咨询收费暂行规定》(计价格〔1999〕1283号)关于编制可行性研究报告的有关规定执行。承担项目后评价任务的工程咨询机构及其人员,不得收取项目单位的任何费用。

项目单位编制自我总结评价报告的费用在投资项目不可预见费中列支。

项目单位存在不按时限提交自我总结评价报告,隐匿、虚报瞒报有关情况和数据资料,或者拒不提交资料、阻挠后评价等行为的,根据情节轻重给予通报批评,在一定期限内暂停安排该单位其他项目的中央投资。

(二)中央企业固定资产投资项目后评价

2005年,国务院国有资产监督管理委员会印发的《中央企业固定资产投资项目后评价工作指南》(国资发规划〔2005〕92号),是中央企业开展投资项目后评价工作的指导性文件,要求各中央企业根据《工作指南》,有所侧重和取舍,编制本企业的固定资产投资项目后评价实施细则。

中央企业是指经国务院授权由国资委履行出资人职责的企业。固定资产投资项目,是指为特定目的而进行投资建设,并含有一定建筑或建筑安装工程,且形成固定资产的建设项目。

1. 项目后评价概念及一般要求

项目后评价是投资项目周期的一个重要阶段,是项目管理的重要内容。项目后评价主要服务于投资决策,是出资人对投资活动进行监管的重要手段。项目后评价也可以为改善企业经营管理提供帮助。

项目后评价一般是指项目投资完成之后所进行的评价。它通过对项目实施过程、结果及其影响进行调查研究和全面系统回顾,与项目决策时确定的目标以及技术、经济、环境、社会指标进行对比,找出差别和变化,分析原因,总结经验,汲取教训,得到启示,提出对策建议,通过信息反馈,改善投资管理和决策,达到提高投资效益的目的。

按时点划分,项目后评价又可分为项目事后评价和项目中间评价。项目事后评价是指对已完工项目进行全面系统的评价;项目中间评价是指从项目开工到竣工验收前的阶段性评价。

项目后评价应坚持独立、科学、公正的原则。

项目后评价要有畅通、快捷的信息流系统和反馈机制。项目后评价的结果和信息应用于指导规划编制和拟建项目策划,调整投资计划和在建项目,完善已建成项目。项目后评价还可用于对工程咨询、施工建设、项目管理等工作的质量与绩效进行检验、监督和评价。

中央企业的项目后评价应注重分析、评价项目投资对行业布局、产业结构调整、企业发展、技术进步、投资效益和国有资产保值增值的作用和影响。

2. 项目后评价内容

一是项目全过程的回顾。具体包括:①项目立项决策阶段的回顾,主要内容有项目可行性研究、项目评估或评审、项目决策审批、核准或批准等。②项目准备阶段的回顾,主要内容包括：工程勘察设计、资金来源和融资方案、采购招投标（含工程设计、咨询服务、工程建设、设备采购）、合同条款和协议签订、开工准备等。③项目实施阶段的回顾，主要内容包括：项目合同执行、重大设计变更、工程"三大控制"（进度、投资、质量）、资金支付和管理、项目管理等。④项目竣工和运营阶段的回顾，主要内容包括：工程竣工和验收、技术水平和设计能力达标、试生产运行、经营和财务状况、运营管理等。

二是项目绩效和影响评价。具体包括：①项目技术评价，主要内容包括：工艺、技术和装备的先进性、适用性、经济性、安全性，建筑工程质量及安全，特别要关注资源、能源合理利用。②项目财务和经济评价，主要内容包括：项目总投资和负债状况；重新测算项目的财务评价指标、经济评价指标、偿债能力等。财务和经济评价应通过投资增量效益的分析，突出项目对企业效益的作用和影响。③项目环境和社会影响评价，主要内容包括：项目污染控制、地区环境生态影响、环境治理与保护；增加就业机会、征地拆迁补偿和移民安置、带动区域经济社会发展、推动产业技术进步等。必要时，应进行项目的利益群体分析。④项目管理评价，主要内容包括：项目实施相关者管理、项目管理体制与机制、项目管理者水平；企业项目管理、投资监管状况、体制机制创新等。

三是项目目标实现程度和持续能力评价。项目目标实现程度从以下四个方面进行判断：项目工程（实物）建成，项目的建筑工程完工、设备安装调试完成、装置和设施经过试运行，具备竣工验收条件；项目技术和能力，装置、设施和设备的运行达到设计能力和技术指标，产品质量达到国家或企业标准；项目经济效益产生，项目财务和经济的预期目标，包括运营（销售）收入、成本、利税、收益率、利息备付率、偿债备付率等基本实现；项目影响产生，项目的经济、环境、社会效益目标基本实现，项目对产业布局、技术进步、国民经济、环境生态、社会发展的影响已经产生。项目持续能力的评价，主要分析以下因素及条件：持续能力的内部因素，包括财务状况、技术水平、污染控制、企业管理体制与激励机制等，核心是产品竞争能力；持续能力的外部条件，包括资源、环境、生态、物流条件、政策环境、市场变化及其趋势等。

四是经验教训和对策建议。项目后评价应根据调查的真实情况认真总结经验教训，并在此基础上进行分析，得出启示和对策建议，对策建议应具有借鉴和指导意义，并具有可操作性。项目后评价的经验教训和对策建议应从项目、企业、行业、宏观四个层面分别说明。

上述内容是项目后评价的总体框架。大型和复杂项目的后评价应该包括以上主要内容，进行完整、系统的评价。一般项目应根据后评价委托的要求和评价时点，突出项目特点等，选做一部分内容。项目中间评价应根据需要有所区别、侧重和简化。

3. 项目后评价方法选用

项目后评价方法的基础理论是现代系统工程与反馈控制的管理理论。项目后评价亦应遵循工程咨询的方法与原则。

项目后评价的综合评价方法是逻辑框架法。逻辑框架法是通过投入、产出、直接目的、宏观影响四个层面对项目进行分析和总结的综合评价方法。

项目后评价的主要分析评价方法是对比法，即根据后评价调查得到的项目实际情况，对照项目立项时所确定的直接目标和宏观目标，以及其他指标，找出偏差和变化，分析原因，得出结论和经验教训。项目后评价的对比法包括前后对比、有无对比和横向对比。

前后对比法是项目实施前后相关指标的对比,用以直接估量项目实施的相对成效。有无对比法是指在项目周期内"有项目"(实施项目)相关指标的实际值与"无项目"(不实施项目)相关指标的预测值对比,用以度量项目真实的效益、作用及影响。横向对比是同一行业内类似项目相关指标的对比,用以评价企业(项目)的绩效或竞争力。

项目后评价调查是采集对比信息资料的主要方法,包括现场调查和问卷调查。后评价调查重在事前策划。

项目后评价指标框架。具体包括:①构建项目后评价的指标体系,应按照项目逻辑框架构架,从项目的投入、产出、直接目的3个层面出发,将各层次的目标进行分解,落实到各项具体指标中。②评价指标包括工程咨询评价常用的各类指标,主要有:工程技术指标、财务和经济指标、环境和社会影响指标、管理效能指标等。不同类型项目后评价应选用不同的重点评价指标。③项目后评价应根据不同情况,对项目立项、项目评估、初步设计、合同签订、开工报告、概算调整、完工投产、竣工验收等项目周期中几个时点的指标值进行比较,特别应分析比较项目立项与完工投产(或竣工验收)两个时点指标值的变化,并分析变化原因。

4. 项目后评价的实施

(1)项目后评价实行分级管理。中央企业作为投资主体,负责本企业项目后评价的组织和管理;项目业主作为项目法人,负责项目竣工验收后进行项目自我总结评价并配合企业具体实施项目后评价。

项目业主后评价的主要工作有:完成项目自我总结评价报告;在项目内及时反馈评价信息;向后评价承担机构提供必要的信息资料;配合后评价现场调查以及其他相关事宜。

中央企业后评价的主要工作有:制定本企业项目后评价实施细则;对企业投资的重要项目的自我总结评价报告进行分析评价;筛选后评价项目;制订后评价计划;安排相对独立的项目后评价;总结投资效果和经验教训,配合完成国资委安排的项目后评价工作等。

(2)企业重要项目的业主在项目完工投产后6～18个月内必须向主管中央企业上报《项目自我总结评价报告》(简称自评报告)。

中央企业对项目的自评报告进行评价,得出评价结论。在此基础上,选择典型项目,组织开展企业内项目后评价。

(3)中央企业选择后评价项目有如下几类。

①项目投资额巨大,建设工期长、建设条件较复杂,或跨地区、跨行业;

②采用新技术、新工艺、新设备,对提升企业核心竞争力有较大影响;

③在建设实施中,产品市场、原料供应及融资条件发生重大变化;

④项目组织管理体系复杂(包括境外投资项目);

⑤项目对行业或企业发展有重大影响;

⑥项目引发的环境、社会影响较大。

(4)中央企业内部的项目后评价应避免出现"自己评价自己",凡是承担项目可行性研究报告编制、评估、设计、监理、项目管理、工程建设等业务的机构不宜从事该项目的后评价工作。

(5)项目后评价承担机构要按照工程咨询行业协会的规定,遵循项目后评价的基本原则,按照后评价委托合同要求,独立自主认真负责地开展后评价工作,并承担国家机密、商业机密相应的保密责任。受评项目业主应如实提供后评价所需要的数据和资料,并配合组织现场调查。

(6)《项目自我总结评价报告》和《项目后评价报告》要根据规定的内容和格式编写,报告应观点明确、层次清楚、文字简练、文本规范。与项目后评价相关的重要专题研究报告和资料可以附在报告之后。

(7)项目后评价所需经费原则上由委托单位支付。

5. 项目后评价成果应用

(1)中央企业投资项目后评价成果(经验、教训和政策建议)应成为编制规划和投资决策的参考和依据。《项目后评价报告》应作为企业重大决策失误责任追究的重要依据。

(2)中央企业在新投资项目策划时,应参考过去同类项目的后评价结论和主要经验教训(相关文字材料应附在立项报告之后,一并报送决策部门)。新项目立项后,应尽可能参考项目后评价指标体系,建立项目管理信息系统,随项目进程开展监测分析,改善项目日常管理,并为项目后评价积累资料。

二、项目后评价阶段的工作内容

项目后评价是项目周期最后一个环节,是项目决策管理不可缺少的重要手段。详见《项目后评价实施指南》(GB/T 30339—2013)。

(一)项目后评价工作程序

1. 接受后评价任务、签订工作合同或评价协议

项目后评价单位接受和承揽到后评价任务委托后,首要任务就是与业主或上级签订评价合同或相关协议,以明确各自在后评价工作中的权利和义务。

2. 成立后评价小组、制订评价计划

项目后评价合同或协议签订后,后评价单位就应及时任命项目负责人,成立后评价小组,制订后评价计划。项目负责人必须保证评价工作客观、公正,因而不能由业主单位的人兼任;后评价小组的成员必须具有一定的后评价工作经验;后评价计划必须说明评价对象、评价内容、评价方法、评价时间、工作进度、质量要求、经费预算、专家名单、报告格式等。

3. 设计调查方案、聘请有关专家

调查是评价的基础,调查方案是整个调查工作的行动纲领,它对于保证调查工作的顺利进行具有重要的指导作用。一个设计良好的社会调查方案不但要有调查内容、调查计划、调查方式、调查对象、调查经费等内容,还应包括科学的调查指标体系,因为只有用科学的指标才能说明所评项目的目标、目的、效益和影响。

每个评价项目都有其自身的专业特点,评价单位不可能事事依靠内部专家,还必须从社会上聘请一定数量的专家参加调查评价工作。

4.阅读文件、收集资料

对于一个在建或已建项目来说,业主单位在评价合同或协议签订后,都要围绕被评项目给评价单位提供材料。这些材料一般称为项目文件。评价小组应组织专家认真阅读项目文件,从中收集与未来评价有关的资料。如项目的建设资料、运营资料、效益资料、影响资料,以及国家和行业有关的规定和政策等。

5.开展调查、了解情况

在收集项目资料的基础上,为了核实情况、进一步收集评价信息,必须去现场进行调查。一般来说,去现场调查需要了解项目的真实情况,不但要了解项目的宏观情况,而且要了解项目的微观情况。宏观情况是项目在整个国民经济发展中的地位和作用,微观情况是项目自身的建设情况、运营情况、效益情况、可持续发展以及对周围地区经济发展、生态环境的作用和影响等。

6.分析资料、形成报告

在阅读文件和现场调查的基础上,要对已经获得的大量信息进行消化吸收,形成概念,写出报告。需要形成的概念是:项目的总体效果如何;是否按预定计划建设或建成;是否实现了预定目标;投入与产出是否成正函数关系;项目的影响和作用如何;对国家、对地区、对生态、对群众各有什么影响和作用;项目的可持续性如何;项目的经验和教训如何等。

对被评项目的认识形成概念之后,便可着手编写项目后评价报告。项目后评价报告是调查研究工作最终成果的体现,是项目实施过程阶段性或全过程的经验教训的汇总,同时又是反馈评价信息的主要文件形式。

7.提交后评价报告、反馈信息

后评价报告草稿完成后,送项目评价执行机构高层领导审查,并向委托单位简要通报报告的主要内容,必要时可召开小型会议研讨有关分歧意见。项目后评价报告的草稿经审查、研讨和修改后定稿。正式提交的报告应有"项目后评价报告"和"项目后评价摘要报告"两种形式,根据不同对象上报或分发这些报告。

项目后评价一般流程如图5-1所示。

(二)后评价报告的基本格式

如前所述,根据委托要求和项目后评价报告的主要内容,项目后评价报告的格式可有所侧重,一般项目后评价报告的格式有,报告封面(包括:编号、密级、评价者名称、日期等);封面内页(包括:汇率、权重指标及其他说明);项目基础数据;地图。

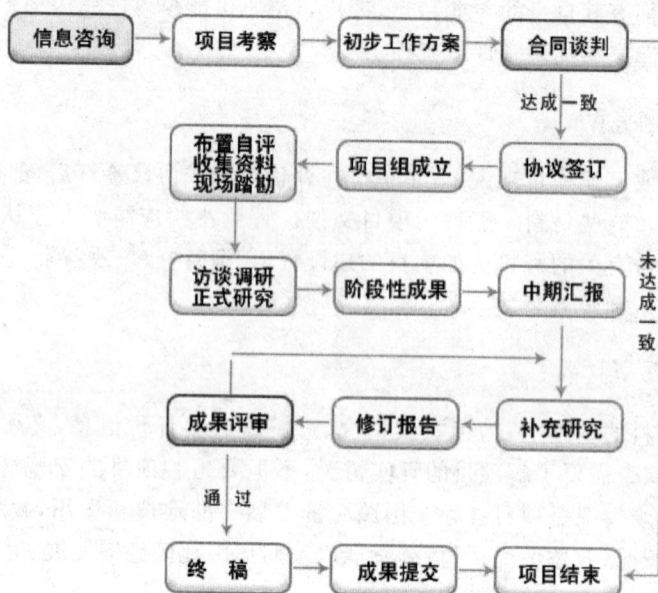

图 5-1　项目后评价的工程流程

报告概要

一、项目概况

二、项目后评价主要结论及建议

（一）后评价结论

（二）主要经验与亮点

（三）存在问题或不足

（四）发展建议

报告正文

一、项目概况

二、项目实施过程回顾与评价

（一）项目前期决策阶段总结与评价

（二）项目实施准备阶段总结与评价

（三）项目建设实施阶段总结与评价

（四）项目生产运营情况总结与评价

三、项目效果和效益评价

（一）技术效果评价

（二）项目财务效益评价

四、项目环境和社会效益评价

（一）项目环境效益评价

（二）项目社会效益评价

五、项目目标和可持续性评价

（一）项目目标评价

（二）项目持续能力评价

六、项目后评价主要结论及建议

（一）后评价结论

（二）主要经验与亮点

（三）存在问题或不足

（四）发展建议

第四节　工程勘察设计法律制度

一、基本概念及管理

（一）建设工程勘察设计

1. 建设工程勘察

建设工程勘察是指根据建设工程的要求,查明、分析、评价建设场地的地质地理环境特征和岩土工程条件,编制建设工程勘察文件的活动。建设工程勘察包括工程测量,岩土工程勘察、设计、治理、监测,水文地质勘察,环境地质勘察等工作。

2. 建设工程设计

建设工程设计是指根据建设工程和法律法规的要求,对建设工程所需的技术、经济、资源、环境等条件进行综合分析、论证,编制建设工程设计文件,提供相关服务的活动,包括总图、工艺、设备、建筑、结构、动力、储运、自动控制、技术经济等工作。

在工程建设的各个环节中,勘察是基础,而设计是整个工程建设的灵魂,是对工程的质量和效益都起着至关重要作用的关键环节。建设工程勘察、设计应当与社会、经济发展水平相适应,做到经济效益、社会效益和环境效益相统一。从事建设工程勘察、设计活动,应当坚持先勘察、后设计、再施工的原则。

（二）建设工程勘察设计所依据的法律法规

《中华人民共和国建筑法》,1997年11月1日第八届全国人民代表大会常务委员会第二十八次会议通过,根据2011年4月22日第十一届全国人民代表大会常务委员会第二十次会议《关于修改〈中华人民共和国建筑法〉的决定》修正。建筑法要求从事建筑活动的勘察单位和设计单位应当具备:①有符合国家规定的注册资本;②有与其从事的建筑活动相适应的具有法定执业资格的专业技术人员;③有从事相关建筑活动所应有的技术装备;④法律、行政法规规定的其他条件。

《建设工程勘察设计管理条例》,2000年9月25日中华人民共和国国务院令第293号公布,根据 2015 年 6 月 12 日《国务院关于修改〈建设工程勘察设计管理条例〉的决定》修订,中华人民共和国国务院令第 662 号公布。

《建设工程勘察质量管理办法》,2002 年 12 月 4 日建设部令第 115 号发布,2007 年 11 月 22 日根据《建设部关于修改〈建设工程勘察质量管理办法〉的决定》修正,中华人民共和国建设部令第 163 号发布。

(三)建设工程勘察设计资质资格管理

《建设工程勘察设计管理条例》规定,国家对从事建设工程勘察、设计活动的单位,实行资质管理制度。建设工程勘察、工程设计资质标准和各资质类别、级别企业承担工程的具体范围由国务院建设主管部门会同国务院有关部门制定。

工程勘察资质分为工程勘察综合资质、工程勘察专业资质、工程勘察劳务资质。工程勘察综合资质只设甲级;工程勘察专业资质设甲级、乙级,根据工程性质和技术特点,部分专业可以设丙级;工程勘察劳务资质不分等级。取得工程勘察综合资质的企业,可以承接各专业(海洋工程勘察除外)、各等级工程勘察业务;取得工程勘察专业资质的企业,可以承接相应等级相应专业的工程勘察业务;取得工程勘察劳务资质的企业,可以承接岩土工程治理、工程钻探、凿井等工程勘察劳务业务。

工程设计资质分为工程设计综合资质、工程设计行业资质、工程设计专业资质和工程设计专项资质。工程设计综合资质只设甲级;工程设计行业资质、工程设计专业资质、工程设计专项资质设甲级、乙级。根据工程性质和技术特点,个别行业、专业、专项资质可以设丙级,建筑工程专业资质可以设丁级。取得工程设计综合资质的企业,可以承接各行业、各等级的建设工程设计业务;取得工程设计行业资质的企业,可以承接相应行业相应等级的工程设计业务及本行业范围内同级别的相应专业、专项(设计施工一体化资质除外)工程设计业务;取得工程设计专业资质的企业,可以承接本专业相应等级的专业工程设计业务及同级别的相应专项工程设计业务(设计施工一体化资质除外);取得工程设计专项资质的企业,可以承接本专项相应等级的专项工程设计业务。

国家对从事建设工程勘察、设计活动的专业技术人员,实行执业资格注册管理制度。未经注册的建设工程勘察、设计人员,不得以注册执业人员的名义从事建设工程的勘察、设计活动。

建设工程勘察、设计注册执业人员和其他专业技术人员只能受聘于一个建设工程勘察、设计单位;未受聘于建设工程勘察、设计单位的,不得从事建设工程的勘察、设计活动。

(四)建设工程勘察设计的发包与承包

除有特定要求的一些项目在经有关主管部门批准后可以直接发包外,工程建设勘察设计任务都必须依照《中华人民共和国招标投标法》的规定,采用招标发包方式进行。国务院颁发的《建设工程勘察设计管理条例》规定,可以直接发包的工程建设勘察设计项目有:

第一,采用特定的专利或者专有技术的。

第二,建筑艺术造型有特殊要求的。

第三,国务院规定的其他建设工程的勘察、设计。

发包方不得将建设工程勘察、设计业务发包给不具有相应勘察、设计资质等级的建设工程勘察、设计单位。发包方可以将整个建设工程的勘察、设计发包给一个勘察、设计单位,也可以将建设工程的勘察、设计分别发包给几个勘察、设计单位。

建设工程勘察、设计单位不得将所承揽的建设工程勘察、设计转包。除建设工程主体部分的勘察、设计外,经发包方书面同意,承包方可以将建设工程其他部分的勘察、设计再分包给其他具有相应资质等级的建设工程勘察、设计单位。建设工程勘察、设计的发包方与承包方,应当执行国家规定的建设工程勘察、设计程序,签订建设工程勘察设计合同并执行国家有关建设工程勘察费、设计费的管理规定。

二、建设工程勘察设计文件的编制

（一）编制依据

《建设工程勘察设计管理条例》规定,编制建设工程勘察、设计文件,应当以下列规定为依据:

(1)项目批准文件;

(2)城市规划;

(3)工程建设强制性标准;

(4)国家规定的建设工程勘察、设计深度要求。

铁路、交通、水利等专业建设工程,还应当以专业规划的要求为依据。

（二）编制要求

《建设工程勘察设计管理条例》规定,勘察设计文件必须满足下述要求:

(1)建设工程勘察文件,应当真实、准确,满足建设工程规划、选址、设计、岩土治理和施工的需要。

(2)方案设计文件,应当满足编制初步设计文件和控制概算的需要。初步设计文件,应当满足编制施工招标文件、主要设备材料订货和编制施工图设计文件的需要。施工图设计文件,应当满足设备材料采购、非标准设备制作和施工的需要,并注明建设工程的合理使用年限。

(3)设计文件中选用的材料、构配件、设备,应当注明其规格、型号、性能等技术指标,其质量要求必须符合国家规定的标准。除有特殊要求的建筑材料、专用设备和工艺生产线等外,设计单位不得指定生产厂、供应商。

(4)勘察设计文件中规定采用的新技术、新材料,可能影响工程建设质量和安全,又没有国家技术标准的,应当由国家认可的检测机构进行试验、论证,出具检测报告,并经国务院有关部门或省、自治区、直辖市人民政府有关部门组织的工程建设技术专家委员会审定后,方可使用。

（三）各设计阶段的内容和深度

建设项目一般按初步设计、施工图设计两个阶段进行,如有需要,可先进行方案设计,再进行初步设计和施工图设计;技术上复杂的建设项目,根据主管部门的要求,可按初步设计、技术设计和施工图设计三个阶段进行。小型建设项目中技术简单的,经主管部门同意,在简化的初步设计确定后,就可做施工图设计。对有些牵涉面广的大型矿区、油田、林区、垦区和联合企业等建设项目,应做总体设计。

1. 总体设计

总体设计一般由文字说明和设计图两部分组成。其内容包括:建设规模、产品方案、原料来源、工艺流程概况、主要设备配备、主要建筑物及构筑物、公用和辅助工程、"三废"治理及环境保护方案、占地面积估计、总图布置及运输方案、生活区规划、生产组织和劳动定员估计、工程进度和配合要求、投资估算等。

总体设计的深度应满足开展初步设计,主要大型设备的选定、材料的预安排、土地征用谈判等工作的要求。

2. 初步设计

初步设计一般应包括以下文字说明和设计图:设计依据、设计指导思想、产品方案、各类资源的用量和来源、工艺流程、主要设备选型及配置、总图运输、主要建筑物和构筑物、公用及辅助设施、新技术采用情况、主要材料用量、外部协作条件、占地面积和土地利用情况、综合利用和"三废"治理、生活区建设、抗震和人防措施、生产组织和劳动定员、各项技术经济指标、建设顺序和期限、总概算等。

初步设计的深度应满足以下要求:

(1)设计方案的比选。

(2)主要设备和材料的订货。

(3)土地征用。

(4)基建投资的控制。

(5)施工图设计的编制。

(6)施工组织设计的编制。

(7)施工准备和生产准备等。

设计单位要认真编好设计概算。设计概算应准确地反映设计内容,深度要满足控制投资、计划安排和基本建设拨款的要求。

3. 技术设计

技术设计的内容由有关部门根据工程的特点和需要自行制定。其深度应能满足确定设计方案中重大技术问题和有关实验、设备制造等方面的要求。

4. 施工图设计

施工图设计应根据已批准的初步设计进行编制,内容以图为主,应包括:封面、图纸目录、设计说明(或首页)、图样、工程预算书等。施工图设计应进一步完善、落实初步设计要求,尽可能采用标准设计,满足施工要求,施工图绘制正确、完整,避免错误、疏漏。

施工图设计文件的深度应满足以下要求:能安排材料、设备的订货;能进行施工图预算编制;能进行土建施工和设备安装;能据此进行工程验收。

(四)设计文件的审批与修改

1. 设计文件的审批

设计文件的审批,实行分级管理、分级审批的原则。根据《设计文件的编制和审批办法》,设计文件具体审批权限规定如下:

第一,大型建设项目的初步设计和总概算,按隶属关系,由国务院主管部门或省、市、自治区组织审查,提出审查意见,报住建部批准;特大、特殊项目,由国务院批准。技术设计按隶属关系由国务院主管部门或省、市、自治区审批。

第二,中型建设项目的初步设计和总概算,按隶属关系,由国务院主管部门或省、市、自治区审查、批准。批准文件抄送住建部备案。国家指定的中型项目的初步设计和总概算要报住建部审批。

第三,小型建设项目初步设计的审批权限,由主管部门或省、市、自治区自行规定。

第四,总体规划设计(或总体设计)的审批权限,与初步设计的审批权限相同。

第五,各部直接代管的下放项目的初步设计,以国务院主管部门为主,会同有关省、市、自治区审查或批准。

第六,施工图设计除主管部门指定要审查者外,一般不再审批,设计单位要对施工图的质量负责,并向生产、施工单位进行技术交底,听取意见。

2. 设计文件的修改

设计文件是工程建设的主要依据,经批准后不得任意修改。根据《设计文件的编制和审批办法》,修改设计文件应遵守以下规定:

第一,凡涉及计划任务书的主要内容,如建设规模、产品方案、建设地点、主要协作关系等方面的修改,须经原计划任务书审批机关批准。

第二,凡涉及初步设计的主要内容,如总平面布置、主要工艺流程、主要设备、建筑面积、建筑标准、总定员、总概算等方面的修改,须经原设计审批机关批准。修改工作须由原设计单位负责进行。

第三,施工图的修改,须经原设计单位的同意。《建设工程勘察设计管理条例》第28条指出,建设单位、施工单位、监理单位不得修改建设工程勘察、设计文件;确需修改的,应当由原建设工程勘察、设计单位修改。经原建设工程勘察、设计单位书面同意,建设单位也可以委托其他具有相应资质的建设工程勘察、设计单位修改。修改单位对修改的勘察、设计文件承担相应责任。施工单位、监理单位发现建设工程勘察、设计文件不符合工程建设强制性标准、合同约定的质量要求的,应当报告建设单位,建设单位有权要求建设工程勘察、设计单位对建设工程勘察、设计文件进行补充、修改。建设工程勘察、设计文件内容需要作重大修改的,建设单位应当报经原审批机关批准后,方可修改。

三、施工图设计文件审查

(一)依据

为了加强对房屋建筑工程、市政基础设施工程施工图设计文件审查的管理,提高工程勘察设计质量,根据《建设工程质量管理条例》《建设工程勘察设计管理条例》等行政法规,制定《房屋建筑和市政基础设施工程施工图设计文件审查管理办法》(以下简称管理办法),中华人民共和国住房和城乡建设部令第13号发布,自2013年8月1日起施行。第3条规定,国家实施施工图设计文件(含勘察文件,以下简称施工图)审查制度。

施工图审查是指国务院建设行政主管部门和省、自治区、直辖市人民政府建设行政主管部门依法认定的设计审查机构,根据国家的法律、法规、技术标准与规范,对施工图涉及公共利益、公共安全和工程建设强制性标准的内容进行的独立审查。它是政府主管部门对建筑工程勘察设计质量监督管理的重要环节,是基本建设必不可少的程序,工程建设有关各方必须认真贯彻执行。按规定应当进行审查的施工图,未经审查合格的,建设主管部门不得颁发施工许可证。

(二)施工图审查的目的和内容

施工图审查的目的是保护国家财产和人民生命安全,维护社会公众利益,因此,施工图审查主要涉及社会公共利益、公众安全方面的问题。至于设计方案在经济上是否合理、技术上是否保守、设计方案是否可以改进等主要涉及业主利益的问题,是属于设计咨询范畴的内容,不属于施工图审查的范围。当然,在施工图审查中如发现这方面的问题,也可以提出建议,由业主自行决定是否进行修改。如业主另行委托,也可进行这方面的审查。

《管理办法》规定,建设单位应当将施工图送审查机构审查。建设单位可以自主选择审查机构,但是审查机构不得与所审查项目的建设单位、勘察设计企业有隶属关系或者其他利害关系。施工图审查的主要内容包括:

第一,是否符合工程建设强制性标准;

第二,地基基础和主体结构的安全性;

第三,勘察设计企业和注册执业人员以及相关人员是否按规定在施工图上加盖相应的图章并签字;

第四,其他法律、法规、规章规定必须审查的内容。

施工图审查应当有经各专业审查人员签字的审查记录,审查记录、审查合格书等有关资料应当归档保存。

建设单位应当向审查机构提供下列资料:

第一,作为勘察、设计依据的政府有关部门的批准文件及附件;

第二,全套施工图。

（三）施工图审查机构

1. 施工图审查机构的分级管理

国务院建设主管部门负责规定审查机构的条件、施工图审查工作的管理办法,并对全国的施工图审查工作实施指导、监督。省、自治区、直辖市人民政府建设主管部门负责认定本行政区域内的审查机构,施工图审查工作实施监督管理,并接受国务院建设主管部门的指导和监督。市、县人民政府建设主管部门负责对本行政区域内的施工图审查工作实施日常监督管理,接受省、自治区、直辖市人民政府建设主管部门的指导和监督。

省、自治区、直辖市人民政府建设主管部门应当按照国家确定的审查机构条件,并结合本行政区域内的建设规模,认定相应数量的审查机构。审查机构是不以营利为目的的独立法人。

2. 施工图审查机构承接业务范围分类

《管理办法》第 6 条规定,审查机构按承接业务范围分为两类,一类机构承接房屋建筑、市政基础设施工程施工图审查业务范围不受限制;二类机构可以承接二级及以下房屋建筑、市政基础设施工程的施工图审查。

3. 对施工图审查机构的监督检查

《管理办法》第 20 条,对县级以上人民政府建设主管部门对审查机构的监督检查做出了具体规定,指出应主要检查下列内容:是否符合规定的条件;是否超出认定的范围从事施工图审查;是否使用不符合条件的审查人;是否按规定上报审查过程中发现的违法违规行为;是否按规定在审查合格书和施工图上签字盖章以及施工图审查质量如何。

第五节　建设工程监理制度

一、建设工程监理概述

（一）工程建设监理的概念

我国工程建设监理制度于 1988 年开始试点,原城乡建设环境保护部下发《关于开展建设监理工作的通知》（城建字〔1988〕第 142 号）,原建设部 1989 年 7 月 28 日发布《建设监理试行规定》（建建字〔1989〕第 367 号）。1993—1996 年,进入稳步推行阶段,1995 年,原建设部印发《工程建设监理规定》（城监〔1995〕737 号）,自 1996 年 1 月 1 日起实施,《建设监理试行规定》同时废止。1997 年《中华人民共和国建筑法》以法律制度的形式作出规定,国家推行建设工程监理制度,从而在全国范围内推行。

《工程建设监理规定》（建监〔1995〕第 737 号）规定,工程建设监理是指监理单位受项目法人的委托,依据国家批准的工程项目建设文件、有关工程建设的法律、法规和工程建设监理合同及其他工程建设合同,对工程建设实施的监督管理。从事工程建设监理活动,应当遵循守法、诚信、公正、科学的准则。

2013 年 5 月 13 日,中华人民共和国住房和城乡建设部与国家质量监督检验检疫总局联合发布适用于新建扩建改建建设工程施工设备采购和制造的监理工作的《建设工程监理规范》(GB/T 50319—2013),自 2014 年 3 月 1 日起实施。

(二)工程建设监理的程序

《工程建设监理规定》规定,工程建设监理一般应按下列程序进行:(1)编制工程建设监理规划;(2)按工程建设进度、分专业编制工程建设监理细则;(3)按照建设监理细则进行建设监理;(4)参与工程竣工预验收,签署建设监理意见;(5)建设监理业务完成后,向项目法人提交工程建设监理档案资料。

二、强制监理的范围

《建设工程监理范围和规模标准规定》(中华人民共和国建设部令〔2001〕第 86 号)第 1 条明确规定:"为了确定必须实行监理的建设工程项目具体范围和规模标准,规范建设工程监理活动,根据《建设工程质量管理条例》,制定本规定。"必须实行监理的项目包括:

(一)国家重点建设工程

国家重点建设工程,是指依据《国家重点建设项目管理办法》所确定的对国民经济和社会发展有重大影响的骨干项目,具体包含:(1)基础设施、基础产业和支柱产业中的大型项目;(2)高科技并能带动行业技术进步的项目;(3)跨地区并对全国经济发展或者区域经济发展有重大影响的项目;(4)对社会发展有重大影响的项目;(5)其他骨干项目。

(二)大中型公用事业工程

大中型公用事业工程,是指项目总投资额在 3000 万元以上的下列工程项目:(1)供水、供电、供气、供热等市政工程项目;(2)科技、教育、文化等项目;(3)体育、旅游、商业等项目;(4)卫生、社会福利等项目;(5)其他公用事业项目。

(三)成片开发建设的住宅小区工程

成片开发建设的住宅小区工程,建筑面积在 5 万平方米以上的住宅建设工程必须实行监理;5 万平方米以下的住宅建设工程,可以实行监理,具体范围和规模标准由省、自治区、直辖市人民政府建设行政主管部门规定。为了保证住宅质量,对高层住宅及地基、结构复杂的多层住宅应当实行监理。

(四)利用外国政府或者国际组织贷款、援助资金的工程

利用外国政府或者国际组织贷款、援助资金的工程范围包括:(1)使用世界银行、亚洲开发

银行等国际组织贷款资金的项目;(2)使用国外政府及其机构贷款资金的项目;(3)使用国际组织或者国外政府援助资金的项目。

（五）国家规定必须实行监理的其他工程

必须实行监理的其他工程包括:(1)总投资额在 3000 万元以上关系社会公共利益、公众安全的下列基础设施项目:①煤炭、石油、化工、天然气、电力、新能源等项目;②铁路、公路、管道、水运、民航以及其他交通运输业等项目;③邮政、电信枢纽、通信、信息网络等项目;④防洪、灌溉、排涝、发电、引(供)水、滩涂治理、水资源保护、水土保持等水利建设项目;⑤道路、桥梁、地铁和轻轨交通、污水排放及处理、垃圾处理、地下管道、公共停车场等城市基础设施项目;⑥生态环境保护项目;⑦其他基础设施项目。(2)学校、影剧院、体育场馆项目。

三、工程建设监理的内容

《工程建设监理规定》第 9 条规定,工程建设监理的主要内容是控制工程建设的投资、建设工期和工程质量;进行工程建设合同管理,协调有关单位间的工作关系。

（一）工程质量控制工作

(1)工程开工前,项目监理机构应审查施工单位现场的质量管理组织机构、管理制度及专职管理人员和特种作业人员的资格。

(2)总监理工程师应组织专业监理工程师审查施工单位报审的施工方案,并应符合要求后予以签认。

(3)专业监理工程师应审查施工单位报送的新材料、新工艺、新技术、新设备的质量认证材料和相关验收标准的适用性,必要时,应要求施工单位组织专题论证,审查合格后报总监理工程师签认。

(4)专业监理工程师应检查、复核施工单位报送的施工控制测量成果及保护措施,签署意见。专业监理工程师应对施工单位在施工过程中报送的施工测量放线成果进行查验。

(5)项目监理机构应审查施工单位报送的用于工程的材料、构配件、设备的质量证明文件,并应按有关规定、建设工程监理合同约定,对用于工程的材料进行见证取样、平行检验。项目监理机构对已进场经检验不合格的工程材料、构配件、设备,应要求施工单位限期将其撤出施工现场。

(6)专业监理工程师应审查施工单位定期提交影响工程质量的计量设备的检查和检定报告。

(7)项目监理机构应根据工程特点和施工单位报送的施工组织设计,确定旁站的关键部位、关键工序,安排监理人员进行旁站,并应及时记录旁站情况。

(8)项目监理机构应安排监理人员对工程施工质量进行巡视。

(9)项目监理机构应根据工程特点、专业要求,以及建设工程监理合同约定,对工程材料、施工质量进行平行检验。

(10)项目监理机构应对施工单位报验的隐蔽工程、检验批、分项工程和分部工程进行验收,对验收合格的应给予签认,对验收不合格的应拒绝签认,同时应要求施工单位在指定的时间内整改并重新报验。对已同意覆盖的工程隐蔽部位质量有疑问的,或发现施工单位私自覆盖工程隐蔽部位的,项目监理机构应要求施工单位对该隐蔽部位进行钻孔探测、剥离或其他方法进行重新检验。

(11)项目监理机构发现施工存在质量问题的,或施工单位采用不适当的施工工艺,或施工不当,造成工程质量不合格的,应及时签发监理通知单,要求施工单位整改。整改完毕后,项目监理机构应根据施工单位报送的监理通知回复单对整改情况进行复查,提出复查意见。

(12)对需要返工处理或加固补强的质量缺陷,项目监理机构应要求施工单位报送经设计等相关单位认可的处理方案,并应对质量缺陷的处理过程进行跟踪检查,同时应对处理结果进行验收。

(13)对重要返工处理或加固补强的质量事故,项目监理机构应要求施工单位报送质量事故调查报告和经设计等相关单位认可的处理方案,并应对质量事故的处理过程进行跟踪检查,同时应对处理结果进行验收。项目监理机构应及时向建设单位提交质量事故书面报告,并应将完整的质量事故处理记录整理归档。

(14)项目监理机构应审查施工单位提交的单位工程竣工验收报审表及竣工资料,组织工程竣工预验收。存在问题的,应要求施工单位及时整改;合格的,总监理工程师应签认单位工程竣工验收报审表。

(15)工程竣工预验收合格后,项目监理机构应编写工程质量评估报告,并应经总监理工程师和工程监理单位技术负责人审核签字后报建设单位。

(16)项目监理机构应参加由建设单位组织的竣工验收,对验收中提出的整改问题,应督促施工单位及时整改。工程质量符合要求的,总监理工程师应在工程竣工验收报告中签署意见。

(二)工程造价控制工作

(1)项目监理机构应按下列程序进行工程计量和付款签证:1)专业监理工程师对施工单位在工程款支付报审表中提交的工程量和支付金额进行复核,确定实际完成的工程量,提出到期应支付给施工单位的金额,并提出相应的支持性材料;2)总监理工程师对专业监理工程师的审查意见进行审核,签认后报建设单位审批;3)总监理工程师根据建设单位的审批意见,向施工单位签发工程款支付证书。

(2)项目监理机构应建立月完成工程量统计表,对实际完成量与计划完成量进行比较分析,发现偏差的,应提出调整建议,并应在监理月报中向建设单位报告。

(3)项目监理机构应按下列程序进行竣工结算款审核:1)专业监理工程师审查施工单位提交的工结算款支付申请,提出审查意见;2)总监理工程师对专业监理工程师的审查意见进行审核,签认后报建设单位审批,同时抄送施工单位,并就工程竣工结算事宜与建设单位、施工单位协商;达成一致意见的,根据建设单位审批意见向施工单位签发竣工结算款支付证书;不能达成一致意见的,应按施工合同约定处理。

(三)工程进度控制工作

(1)项目监理机构应审查施工单位报审的施工总进度计划和阶段性施工进度计划,提出审查意见,并应由总监理工程师审核后报建设单位。施工进度计划审查应包括下列基本内容:①施工进度计划应符合施工合同中工期的约定;②施工进度计划中主要工程项目无遗漏,应满足分批投入试运、分批动用的需要,阶段性施工进度计划应满足总进度控制目标的要求;③施工顺序的安排应符合施工工艺要求;④施工人员、工程材料、施工机械等资源供应计划应满足施工进度计划的需要;⑤施工进度计划应符合建设单位提供的资金、施工图纸、施工场地、物资等施工条件。

(2)项目监理机构应检查施工进度计划的实施情况,发现实际进度严重滞后于计划进度且影响合同工期时,应签发监理通知单,要求施工单位采取调整措施加快施工进度。总监理工程师应向建设单位报告工期延误风险。

(3)项目监理机构应比较分析工程施工实际进度与计划进度,预测实际进度对工程总工期的影响,并应在监理月报中向建设单位报告工程实际进展情况。

案例分析

××省发展和改革委员会
关于世行贷款××农村经济综合开发
示范镇项目建议书的批复

世行贷款××农村经济综合开发示范镇项目办:

报来《关于上报××省利用世界银行贷款建设农村经济综合开发示范镇项目建议书的报告》(××世行示范镇办〔2011〕1号)收悉。经研究,现就项目建议书有关事宜批复如下。

1. 项目建设的必要性

近年来,××省经济社会加快发展,工业化和城镇化迈出坚实步伐,小城镇建设进入了新阶段。截至2010年底,全省共379个建制镇(不含城关镇),城镇化率为34.6%,先后有42个镇(含16个建制镇和26个城关镇)被列为全国重点示范镇,2个镇被列为国家试点镇,6个镇被列为国家历史文化名镇,100个镇被列为省重点镇。但是,我省小城镇总体发展速度较为缓慢,辐射和带动作用不强,一些影响科学发展的体制机制仍然存在。为进一步培育和壮大镇或支柱产业,加快城镇化进程,促进就地转移农村剩余劳动力,拓展农民增收渠道,利用世行贷款实施农村经济综合开发示范镇项目十分必要。

2. 项目建设内容及规模

世行贷款农村经济综合开发示范镇项目涉及全省7个市12个镇,即××市××县××镇、××县××镇、××市××区××镇、××区××镇、××市××县××镇、××县××镇、××市××州区××镇、××县××镇、××市××市××镇、××市××镇、××市××县××镇、××市××区××镇。具体建设内容包括以下几个方面。

(1)道路桥梁工程。新建城镇道路20.4千米,公路94.5千米,田间道路16.8千米,临时道路6千米,施工便桥2座;配套建设给排水、照明、桥涵、交通设施等工程。

(2)农田水利工程。新建提灌工程2处,主要包括建设大口井8座,改造51眼旧井,安装潜水电泵 12 台(套),建设泵站 5 座,修建 1 座 300 立方米泵前清水池和 6 座 300 立方米高位蓄水池,衬砌生产基地渠道 91 千米,改造灌溉系统 51 处,配套建设供电、供水、滴灌、渠系建筑物等工程。

(3)农业产业化工程。种植优质素花苜蓿 4000000 平方米建设 50 立方米青贮池 200 座;发展优质花牛苹果基地 666.67 万平方米、早实核桃 333.33 万平方米、苗木繁殖基地 100000 平方米、中药材种苗繁殖基地 66.67 万平方米;引进肉母牛 900 头、肉公羊 140 只。

(4)农业服务工程。新建民族特色产品加工和农民创业培训综合楼 1 座,农产品交易中心 8 座,农业交易市场垃圾集中收集站 1 座,农民专业合作社 10 个,中药材合作社 5 个,配套建设农产品储藏库、交易摊位、商铺、场内公用设施、交易信息系统、质量检测等设施,开展农业科技培训。

3.项目总投资及来源

项目估算总投资 5.6 亿元,其中:利用世行贷款 5000 万美元(约折合人民币 3.3 亿元),其余资金通过国内配套解决。

4.世行贷款偿还

该项目世行贷款由项目单位承贷,并负责还本付息,省财政厅提供担保。

5.节能环保

项目建设应按照节能环保有关要求,完善相应措施,尽量节约资源,保护好环境。

6.项目组织管理

世行贷款××省农村经济综合开发示范镇项目已成立协调领导小组,下设办公室,具体负责该项目实施工作。

接文后,请按照有关规定,抓紧开展项目可行性研究报告编制、世行评估等工作,积极落实各项建设条件,加快项目前期工作进度。

××年××月××日

思考题

1.请举一例说明综合说明项目的可行性分析。

2.请根据书中内容简述施工图审查的步骤和环节。

3.请简述工程建设监理的内容。

第六章　建筑市场准入制度

第一节　工程建设执业资格制度

工程建设执业资格制度,是指国家通过法定条件和法定程序对建设活动主体资格进行认定和批准,赋予其在法律规定的范围内从事一定建设活动的制度。

工程建设执业资格制度,也可指事先依法取得相应资质或资格的单位和个人,允许其在所规定的范围内从事一定建筑活动的制度。

工程建设执业资格制度包括从业单位资质制度和从业人员个人执业资格制度两方面。从事建筑活动的建筑施工企业、勘察单位、设计单位和工程监理单位以及其他工程建设从业单位取得相应等级的资质证书方可在其资质等级许可的范围内从事建筑活动。

从事建筑活动的专业技术人员应当依法取得相应的执业资格证书,并获准注册后,方可在其许可的范围内从事建筑活动。

一、市场准入制度的由来

"市场准入(Market Access)"即"准许进入市场",源于 20 世纪 80 年代末,是在世界贸易组织法律框架下确立的一种特殊的国际贸易法原则,指一国允许国外货物、劳务与资本参与国内市场的程度。

我国在申请加入关税与贸易总协定(世界贸易组织 WTO 的前身)的过程中,市场准入在我国的意义发生了延伸,泛指调控或规制市场主体和交易对象进入市场的有关法律规范的总称。

市场准入制度是国家和政府准许法人和公民进入市场,从事商品生产经营活动的条件和程序规则的各种制度和规范的总称。它是商品经济发展到一定历史阶段,随着市场对人类生活的影响范围和程度日益拓展和深化,为了保护社会公共利益的需要而逐步建立和完善的。市场准入制度规定了进入市场的条件,是政府对市场进行准入控制,管理市场秩序的重要手段,对市场秩序有着重大的影响。

在我国,主要针对企业资质和从业人员资格管理,也就是进行职业资格制度管理。职业资格制度是社会主义市场经济条件下科学评价人才的一项重要制度。根据党的十四届三中全会提出的"实行学历文凭和职业资格两种证书制度"的要求,我国从 1994 年开始建立职业资格证书制度。职业资格包括准入类职业资格和水平评价类职业资格两类。准入类职业资格具有行政许可性质,是对涉及公共安全、人身健康、人民生命财产安全等特定职业(工种),由国家依据有关法律、行政法规或国务院决定设置;水平评价类职业资格不具有行政许可性质,是对社会通用性强、专业性强、技能要求高的职业(工种),根据经济社会发展需要,由人力资源社会保障部会同国务院有关主管部门设置。

二、工程建设执业资格制度的必要性

我国实行的单位执业资质认证制度,对各种建筑企事业单位的资质等级标准和允许执业范围做出了明确规定,但随着改革开放的深入和市场经济的建立,单纯实行执业资质管理的不足日益显现,主要表现在以下几个方面:

①只注重管理单位资质,而对具体执业人员没有要求,出现高资质单位承接任务,而由低素质、低水平的人员来完成任务,使工程建设的质量和水平难以保证;

②一些高水平专业人员由于其所在单位资质较低的限制,使其聪明才智和业务能力难以发挥;

③工程建设相应责任职能落实到单位,对具体执业人员的责任难以追究,出现问题就是集体负责,表面是集体共同负责,实际却是人人都不负责;

④工程建设执业人员资格注册制度,是建筑行业管理的国际惯例,我国若不实行,就会影响我们与国际建筑界的交流与合作,阻碍我国工程建设单位和技术人员进入国际市场。

因此,我国积极推行工程建设执业资格制度,有其施行的必要性。

(一)保证工程建设主体的能力和水平

随着技术进步和经济发展,社会对建设工程的规模、技术水准、使用性能、质量等要求都越来越高,使得工程建设过程日趋复杂,已不再是一般的包工队伍能完成,而是要由掌握一定工程建设专业知识和具有一定工程建设实践经验的技术人员及其组建的单位来承担。正因为如此,世界上绝大多数国家都对从事建设活动的主体资格作了严格限定,我国也不例外。

(二)规范工程建设主体行为和市场秩序

工程建设执业资格制度的建立,可以对工程建设单位和个人执业形成良好的制约。首先,单位和个人在申请执业资格时,便要经受有关业绩、履约记录、完成工作质量等方面的考察,只有能力、信誉都合格的单位和个人才能获得执业资格。其次,已经获得执业资格的单位和个人的履约行为也会被记录到档案,加上一些执业资格的年审制度,促使各主体合法、合格地承担业务。

(三)有利于对工程建设主体的管理

只有获得执业资格的单位和个人,才能从事相应的工程建设活动,并要在相关文件上签字、盖章才能证明其行为的合法性。一旦建设工程勘察、设计、施工、监理、造价咨询等任何一个环节出了问题,都能迅速、准确地找出应该承担法律责任的单位和个人,依法追究责任,实施及时有效的管理。

三、工程建设职业资格制度的管理

职业资格制度是社会主义市场经济条件下科学评价人才的一项重要制度。根据党的十四届三中全会提出的"实行学历文凭和职业资格两种证书制度"的要求,我国从 1994 年开始建立职业资格证书制度。职业资格包括准入类职业资格和水平评价类职业资格两类。准入类职业资格具有行政许可性质,是对涉及公共安全、人身健康、人民生命财产安全等特定职业(工种),由国家依据有关法律、行政法规或国务院决定设置;水平评价类职业资格不具有行政许可性质,是对社会通用性强、专业性强、技能要求高的职业(工种),根据经济社会发展需要,由人力资源社会保障部会同国务院有关主管部门设置。

为简政放权,转变政府职能,2014年以来国务院先后分七批取消了463项职业资格。2016年12月,按照国务院要求,在分批清理减少职业资格及征求有关部门意见的基础上,人力资源社会保障部公布了国家职业资格目录清单。拟列入职业资格目录清单151项。其中,专业技术人员职业资格58项,技能人员职业资格93项。与工程建设相关的共22项,其中,专业技术人员职业资格15项,技能人员职业资格7项,具体见表6-1。

表6-1　工程建设相关专业技术人员职业资格

序号	职业资格名称		实施部门(单位)	资格类别
1	注册消防工程师		公安部、人力资源社会保障部	准入类
2	注册建筑师		全国注册建筑师管理委员会及省级注册建筑师管理委员会	准入类
3	监理工程师		住房城乡建设部、交通运输部、水利部、人力资源社会保障部	准入类
4	房地产估价师		住房城乡建设部、国土资源部、人力资源社会保障部	准入类
5	造价工程师		住房城乡建设部、交通运输部、水利部、人力资源社会保障部	准入类
6	注册城市规划师		住房城乡建设部、人力资源社会保障部、中国城市规划协会	准入类
7	建造师		住房城乡建设部、人力资源社会保障部	准入类
8	勘察设计注册工程师	注册结构工程师	住房城乡建设部、人力资源社会保障部	准入类
		注册土木工程师	住房城乡建设部、交通运输部、水利部、人力资源社会保障部	
		注册化工工程师	住房城乡建设部、人力资源社会保障部	
		注册电气工程师		
		注册公用设备工程师		
		注册环保工程师	住房城乡建设部、环境保护部、人力资源社会保障部	
		注册石油天然气工程师	住房城乡建设部、人力资源社会保障部	
		注册冶金工程师		
		注册采矿/矿物工程师		
		注册机械工程师		

续表

序号	职业资格名称	实施部门（单位）	资格类别
9	注册设备监理师	质检总局、人力资源社会保障部	准入类
10	注册安全工程师	安全监管总局、人力资源社会保障部	准入类
11	工程咨询（投资）专业技术人员职业资格	国家发展改革委、人力资源社会保障部、中国工程咨询协会	水平评价类
12	环境影响评价工程师	环境保护部、人力资源社会保障部	水平评价类
13	公路水运工程试验检测专业技术人员职业资格	交通运输部、人力资源社会保障部	水平评价类
14	水利工程质量检测员资格	水利部	水平评价类
15	注册测绘师	国家测绘地信局、人力资源社会保障部	准入类

表 6-2　工程建设相关技能人员职业资格

序号	职业资格名称		实施部门（单位）	资格类别
1	焊工		人社部门技能鉴定机构	准入类
			环境保护部（民用核安全设备焊工、焊接操作工）	
2	电工		人社部门技能鉴定机构会同有关行业协会	水平评价类
3	起重工		人社部门技能鉴定机构会同有关行业协会	
4	工程测量员		测绘地理信息、国土资源行业技能鉴定机构	
5	关于建筑安装施工人员	电梯安装维修工、制冷空调系统安装维修工、锅炉设备安装工	人社部门技能鉴定机构会同有关行业协会	
6	关于土木工程建筑施工人员	筑路工、桥隧工	交通运输行业技能鉴定机构	
		防水工	人社部门技能鉴定机构会同有关行业协会	
		水工建构筑物维护检修工	交通运输、电力行业技能鉴定机构	
		电力电缆安装运维工	电力行业技能鉴定机构	
7	关于房屋建筑施工人员	砌筑工、混凝土工、钢筋工	人社部门技能鉴定机构会同有关行业协会	
		架子工		

四、坚持建设行业执业资格制度的意义

（一）符合国际通行做法

国际上多数国家和地区都设立了建筑师、工程师等职业规定，其中多数实施以执业准入控制为特征的行政许可类资格，如美国、加拿大、澳大利亚、日本、韩国、新加坡、南非、中国台湾等。

（二）法律体系基本完善

我国的《建筑法》《建设工程勘察设计管理条例》《建设工程质量管理条例》《建设工程安全生产管理条例》《城乡规划法》等明确规定了从事建筑行业关键岗位的专业技术人员实行准入的执业资格制度；《注册建筑师条例》作为单项法规，在法律层面上对注册建筑师的地位、作用予以明确。

（三）行业管理迫切需要

2014 年 8 月住房和城乡建设部下发的《建筑工程五方责任主体项目负责人质量终身责任追究暂行办法》（建质〔2014〕124 号）中明确提出，为提高质量责任意识，保证工程建设质量，要强化工程建设终身责任落实，界定了五方责任主体项目负责人，对执业注册人员提出了更高要求。今后，执业制度在行业管理中将发挥更加重要的作用。

（四）有利于我国建设行业融入国际市场

随着我国加入 WTO，融入经济全球化，工程建设领域国际化进程进一步加快。国内企业走出国门，迫切需要一个符合国际通行规则的制度平台。建立执业资格制度并与国际开展互认工作，可以为我国技术人员走出国门提供有力保障，为企业参与国际竞争铺平道路。

五、积极转变执业资格注册的审批方式

坚持建设行业执业资格制度，并不是要固守陈规，而是要按照深化行政审批制度改革、转变政府职能的要求，转变和完善执业资格注册审批管理方式。执业资格注册审批是执业制度实施中的一个重要环节，转变和完善审批方式，就是把原由部行使的注册审批权授权给有关公共组织（如全国管理委员会），把政府从具体事务性工作中解脱出来，做好宏观政策制定以及对执业制度实施情况的指导和监督。被授权的全国管理委员会应代表公众利益，保持客观公正，行使对执业资格的具体管理职责，并承担相应法律责任。

六、工程建设执业资格制度的法律法规依据

（一）法律

《中华人民共和国建筑法》，1997 年 11 月 1 日第八届全国人民代表大会常务委员会第二

十八次会议通过,2011 年 4 月 22 日第十一届全国人民代表大会常务委员会第二十次会议《关于修改〈中华人民共和国建筑法〉的决定》修正通过,中华人民共和国主席令第 46 号公布,自 2011 年 7 月 1 日起施行。《建筑法》是我国建设行业的基本法律,有专门条款对工程建设执业资格管理制度作了规定,确定了其作为建设市场管理的一项基本制度的重要地位。

《建筑法》"第二节从业资格"第 12 条、第 13 条、第 14 条明确规定:

第 12 条,从事建筑活动的建筑施工企业、勘察单位、设计单位和工程监理单位,应当具备下列条件:有符合国家规定的注册资本;有与其从事的建筑活动相适应的具有法定执业资格的专业技术人员;有从事相关建筑活动所应有的技术装备;法律、行政法规规定的其他条件。

第 13 条,从事建筑活动的建筑施工企业、勘察单位、设计单位和工程监理单位,按照其拥有的注册资本、专业技术人员、技术装备和已完成的建筑工程业绩等资质条件,划分为不同的资质等级,经资质审查合格,取得相应等级的资质证书后,方可在其资质等级许可的范围内从事建筑活动。

第 14 条,从事建筑活动的专业技术人员,应当依法取得相应的执业资格证书,并在执业资格证书许可的范围内从事建筑活动。

（二）行政法规

《中华人民共和国注册建筑师条例》,中华人民共和国国务院令〔1995〕第 184 号颁布,是我国唯一由国务院颁布的关于执业资格制度的行政法规,对注册建筑师的考试、注册和执业,以及法律责任作了明确规定。

注册建筑师,是指依法取得注册建筑师证书,并从事房屋建筑设计及相关业务的人员。注册建筑师分为一级注册建筑师和二级注册建筑师。

一级注册建筑师的注册,由全国注册建筑师管理委员会负责;二级注册建筑师的注册,由省、自治区、直辖市注册建筑师管理委员会负责。

注册建筑师执行业务,应当加入建筑设计单位。注册建筑师不得同时受聘于两个以上建筑设计单位执行业务。

（三）部门规章

工程建设执业资格制度大多是由国家发展改革委员会、住房和城乡建设部和其他相关部门颁布的部门规章。

1. 工程建设单位资质管理法规

2005 年 3 月 4 日,国家发展和改革委员会①发布《工程咨询单位资格认定办法》,自发布之日起施行。它对工程咨询单位的定义、资质等级及要求、专业类别、服务范围、资格认定和管理的主管部门及程序等作了规定。

---

① 国家发改委的前身是国家计划委员会,成立于 1952 年。原国家计划委员会于 1998 年更名为国家发展计划委员会,又于 2003 年将原国务院体改办和国家经贸委部分职能并入,改组为国家发展和改革委员会,简称国家发改委。

2007年1月31日,国家安全生产监督管理总局发布了《安全生产检测检验机构管理规定》,自2007年4月1日起施行,对安全生产检测检验机构的资质等级及取得条件和程序、监督管理、罚则作了规定,其规定也适用于建筑施工领域。从2000年至今,国务院建设主管部门和其他相关部委一直致力于完善工程建设执业资格的部门立法,发布的工程建设从业单位资质管理法规见表6-3。

表6-3　关于工程建设单位资质等级管理的部门规章

发布部门	发布年份	规章名称	资质等级
建设部①	2000、2015修正	《房地产开发企业资质管理规定》中华人民共和国住房和城乡建设部令〔2015〕第24号修改公布	房地产开发企业按照企业条件分为一、二、三、四四个资质等级
建设部	1996、2001修正	《城市房地产中介服务管理规定》	2010年废止
住房和城乡建设部	2012	《城乡规划编制单位资质管理规定》代替2001年《城市规划编制单位资质管理规定》	城乡规划编制单位资质分为甲级、乙级、丙级
建设部	2004、2007修正	《物业管理企业资质管理办法》中华人民共和国建设部2004年3月17日发布,自2004年5月1日起施行。2007年11月26日根据《建设部关于修改的决定》修正。同时,更名为《物业服务企业资质管理办法》	物业服务企业资质等级分为一、二、三级
建设部	2005	《建设工程质量检测管理办法》	检测机构资质按照其承担的检测业务内容分为专项检测机构资质和见证取样检测机构资质
建设部	建施〔1993〕770号	《混凝土预制构件和商品混凝土生产企业资质管理规定(试行)》	构件生产企业资质等级分为一、二、三、四级;混凝土生产企业资质等级分为一、二、三级
国家发展和改革委员会	2005	《工程咨询单位资格认定办法》	工程咨询单位资格等级分为甲级、乙级、丙级
建设部	2006、2016修正	《工程造价咨询企业管理办法》2016年1月21日住房城乡建设部关于《住房城乡建设部关于修改〈工程造价咨询企业管理办法〉的决定(征求意见稿)》公开征求意见的通知	工程造价咨询企业资质等级分为甲级、乙级

---

①　2008年3月15日,根据十一届全国人大一次会议通过的国务院机构改革方案,"建设部"改为"住房和城乡建设部"。

121

发布部门	发布年份	规章名称	资质等级
住房和城乡建设部	2015 中华人民共和国住房和城乡建设部令第 22 号	《建筑业企业资质管理规定》自 2015 年 3 月 1 日起施行。2007 年 6 月 26 日建设部颁布的《建筑业企业资质管理规定》(建设部令第 159 号)同时废止	建筑业企业资质分为施工总承包资质、专业承包资质、施工劳务资质三个序列
住房和城乡建设部	2014 建市〔2014〕159	《建筑业企业资质标准》,原建设部印发的《建筑业企业资质等级标准》(建建〔2001〕82 号)同时废止	建筑业企业资质分为施工总承包、专业承包和施工劳务三个序列。施工总承包序列设 12 个类别,4 个等级(特、一、二、三);专业承包序列设 36 个类别,3 个等级(一、二、三);施工劳务序列不分类别和等级
建设部住房和城乡建设部	2007 2013 修正	《房地产估价机构管理办法》《住房和城乡建设部关于修改〈房地产估价机构管理办法〉的决定》已经第 7 次常务会议审议通过,2013 年 10 月 16 日发布,自发布之日起施行	房地产估价机构资质等级分为一、二、三级
建设部	2007	《工程监理企业资质管理规定》	工程监理企业资质分为综合资质、专业资质和事务所资质。其中,专业资质按照工程性质和技术特点划分为若干工程类别。综合资质、事务所资质不分级别。专业资质分为甲级、乙级;其中,房屋建筑、水利水电、公路和市政公用专业资质可设立丙级
建设部	2007	《建设工程勘察设计资质管理规定》	工程勘察资质分为工程勘察综合资质、工程勘察专业资质、工程勘察劳务资质。工程勘察综合资质只设甲级;工程勘察专业资质设甲级、乙级,根据工程性质和技术特点,部分专业可以设丙级;工程勘察劳务资质不分等级
建设部	2007	《工程建设项目招标代理机构资格认定办法》	工程招标代理机构资格分为甲级、乙级和暂定级
国家安全生产监督管理总局	2007	《安全生产检测检验机构管理规定》	检测检验资质分为甲级和乙级

续表

发布部门	发布年份	规章名称	资质等级
环境保护部	2015	《建设项目环境影响评价资质管理办法》2015年11月1日起施行。原国家环境保护总局发布的《建设项目环境影响评价资质管理办法》(国家环境保护总局令第26号)同时废止	资质等级分为甲级和乙级。评价范围包括环境影响报告书的十一个类别和环境影响报告表的两个类别，其中环境影响报告书类别分设甲、乙两个等级
建设部、对外经济贸易合作部①	2002	《外商投资建设工程设计企业管理规定》	
	2002	《外商投资建筑业企业管理规定》	
	2003	《外商投资城市规划服务企业管理规定》	

2. 工程建设从业人员资格管理法规

工程建设从业人员资质管理方面，国务院颁布的《注册建筑师条例》行政法规为后续的从业资格管理法规提供了良好的参照。国家发展和改革委员会于2001年和2002年分别颁布了《注册咨询工程师(投资)执业资格制度暂行规定》和《注册咨询工程师(投资)执业资格考试实施办法》，对注册咨询工程师(投资)的定义、资质等级、资质条件、业务范围、考试办法、注册程序、权利和义务等予以了详细规定。国家安全生产监督管理总局于2007年发布了《注册安全工程师管理规定》，也适用于建筑施工行业。其他有关工程建设从业人员资格的规章由人事部、国务院建设主管部门和其他部委发布。工程建设从业人员资格管理法规②见表6-4。

表6-4　关于工程建设从业人员资格管理的部门规章

发布部门	发布年份	规章名称	注册有效期
国务院	1995 中华人民共和国国务院令第184号	《中华人民共和国注册建筑师条例》	注册建筑师注册的有效期为2年
建设部	2008 中华人民共和国建设部令第167号	《中华人民共和国注册建筑师条例实施细则》	注册建筑师注册的有效期为2年

① 对外经济贸易合作部的前身是中央人民政府贸易部、中央人民政府对外贸易部、对外经济贸易部、国家进出口管理委员会、国家外国投资管理委员会、对外贸易经济合作部，于2003年3月整合为商务部。
② 资料来源：中国人事考试网考试政策 http://www.cpta.com.cn/GB/360343/362673/367927/index.html。

发布部门	发布年份	规章名称	注册有效期
人事部 国家发展 计划委员会	2001 人发〔2001〕127 号	《注册咨询工程师（投资）执业资格制度暂行规定》和《注册咨询工程师（投资）执业资格考试实施办法》	注册咨询工程师（投资）注册有效期为 3 年
人事部 建设部 水利部	2005 国人部发〔2005〕58 号	《注册土木工程师（水利水电工程）制度暂行规定》《注册土木工程师（水利水电工程）资格考试实施办法》和《注册土木工程师（水利水电工程）资格考核认定办法》	注册土木工程师（水利水电工程）每一注册有效期为 3 年
人事部 建设部	2002 人发〔2002〕35 号	《注册土木工程师（岩土）执业资格制度暂行规定》《注册土木工程师（岩土）执业资格考试实施办法》和《注册土木工程师（岩土）执业资格考核认定办法》	注册土木工程师（岩土）执业资格注册有效期为 2 年
人力资源 社会保障部 国家发展 改革委	2013 人社部发〔2013〕19 号 自本通知施行之日起（2013 年 3 月 4 日），原人事部、国家发展改革委发布的《关于印发〈招标采购专业技术人员职业水平评价暂行规定〉和〈招标师职业水平考试实施办法〉的通知》（国人部发〔2007〕63 号）同时废止	《招标师职业资格制度暂行规定》和《招标师职业资格考试实施办法》	国家对招标师资格实行注册执业管理制度。注册证每一注册有效期为 3 年
人事部 国家测绘局	2007 国人部发〔2007〕14 号	《注册测绘师制度暂行规定》《注册测绘师资格考试实施办法》和《注册测绘师资格考核认定办法》	国家对注册测绘师资格实行注册执业管理。注册证每一注册有效期为 3 年
人事部 国家质量 监督检验 检疫总局	2006 国人部发〔2006〕40 号	《注册计量师制度暂行规定》《注册计量师资格考试实施办法》和《注册计量师资格考核认定办法》	国家对注册计量师资格实行注册执业管理。注册证每一注册有效期为 3 年

续表

发布部门	发布年份	规章名称	注册有效期
人事部 中国地震局	2005 国人部发〔2005〕72 号	《地震安全性评价工程师制度暂行规定》《地震安全性评价工程师资格考试实施办法》和《地震安全性评价工程师资格考核认定办法》	地震安全性评价工程师资格实行注册执业管理。注册证每一注册有效期为 3 年
中华人民共和国人事部	2005 国人部发〔2005〕71 号	《管理咨询人员职业水平评价暂行规定》和《管理咨询师职业水平考试实施办法》	管理咨询师职业水平证书实行登记管理
中华人民共和国人事部 中华人民共和国国家发展和改革委员会	2004 国人部发〔2004〕110 号	《投资建设项目管理师职业水平认证制度暂行规定》和《投资建设项目管理师职业水平考试实施办法》	投资建设项目管理师职业水平证书实行登记管理
中华人民共和国人事部 国家环境环保总局	2004 国人部发〔2004〕13 号	《环境影响评价工程师职业资格制度暂行规定》《环境影响评价工程师职业资格考试实施办法》和《环境影响评价工程师职业资格考核认定办法》	环境影响评价工程师职业资格实行定期登记制度。登记有效期为 3 年
人事部 国家环境保护总局	2002 人发〔2002〕106 号	《注册核安全工程师执业资格制度暂行规定》	注册核安全工程师执业资格实行注册登记制度。注册核安全工程师注册有效期为 2 年
人事部 国家环境保护总局	2003 国人部发〔2003〕21 号	《注册核安全工程师执业资格考试实施办法》和《注册核安全工程师执业资格考核认定办法》	
人事部 国家安全生产监督管理局	2002 人发〔2002〕87 号 2007 补充规定	《注册安全工程师执业资格制度暂行规定》	注册安全工程师实行注册登记制度。注册安全工程师执业资格注册有效期一般为 2 年
	2003 国人部发〔2003〕13 号	《注册安全工程师执业资格考试实施办法》	

发布部门	发布年份	规章名称	注册有效期
人事部 国家质量 技术监督局	2000 人发〔2000〕123 号	《质量专业技术人员职业资格考试暂行规定》和《质量专业技术人员职业资格考试实施办法》	质量专业资格证书实行定期登记制度。资格证书每 3 年登记 1 次
人事部 国家质量监督 检验检疫总局	2003 国人部发〔2003〕40 号	《注册设备监理师执业资格考试制度暂行规定》《注册设备监理师执业资格考试实施办法》和《注册设备监理师执业资格考核认定办法》	注册设备监理师执业资格实行注册登记制度。注册设备监理师注册有效期为 3 年
建设部 人事部	1997 建设〔1997〕222 号	《注册结构工程师执业资格制度暂行规定》	从事结构工程设计业务的,须申请注册。注册结构工程师注册有效期为 2 年
建设部	2005 建设部令第 137 号	《勘察设计注册工程师管理规定》	注册工程师实行注册执业管理制度。注册工程师每一注册期为 3 年
建设部	2006 建设部令第 153 号	《注册建造师管理规定》	注册建造师实行注册执业管理制度,注册建造师分为一级注册建造师和二级注册建造师。有效期为 3 年
建设部	2006 建设部令第 147 号	《注册监理工程师管理规定》	注册监理工程师实行注册执业管理制度。注册证书和执业印章的有效期为 3 年
建设部	2006 建设部令第 150 号	《注册造价工程师管理办法》	注册造价工程师实行注册执业管理制度。注册有效期为 4 年
人事部 建设部	1999 人发〔1999〕39 号	《注册城市规划师执业资格制度暂行规定》及《注册城市规划师执业资格认定办法》	注册城市规划师每次注册有效期为 3 年

续表

发布部门	发布年份	规章名称	注册有效期
人事部 建设部	2003 人发〔2003〕24 号	《注册公用设备工程师执业资格制度暂行规定》《注册公用设备工程师执业资格考试实施办法》和《注册公用设备工程师执业资格考核认定办法》	注册公用设备工程师执业资格注册有效期为 2 年
人事部 建设部 国家环境 保护总局	2005 国人部发〔2005〕56 号	《注册环保工程师制度暂行规定》《注册环保工程师资格考试实施办法》和《注册环保工程师资格考核认定办法》	注册环保工程师资格实行注册执业管理制度。注册环保工程师每一注册有效期为 3 年
人力资源 社会保障部 公安部	2012 人社部发〔2012〕56 号	《注册消防工程师制度暂行规定》《注册消防工程师资格考试实施办法》和《注册消防工程师资格考核认定办法》	国家对注册消防工程师资格实行注册执业管理制度。注册证的每一注册有效期为 3 年
人事部 国家经贸委 司法部	1997 人发〔1997〕26 号	《企业法律顾问执业资格制度暂行规定》及《企业法律顾问执业资格考试实施办法》	企业法律顾问执业资格实行注册登记。企业法律顾问注册有效期为 2 年
人事部	2002 人发〔2002〕21 号	《关于调整企业法律顾问执业资格考试有关规定的通知》	
中华人民共和国 人力资源和 社会保障部	2011 人力资源和社会保障部令第12 号	《专业技术人员资格考试违纪违规行为处理规定》	自 2011 年 5 月 1 日起施行。人事部 2004 年10 月 20 日颁布的《专业技术人员资格考试违纪违规行为处理规定》（人事部令第 3 号）同时废止

为了加强对工程建设中的关键技术岗位管理,保障特种作业人员生命安全,维护社会公共利益,国家标准局于 1985 年发布了《特种作业人员安全技术考核管理规则》(GB 5036—1985),对特种作业人员定义、专业类别、资格条件、安全教育与培训、考试和发证、复审、奖惩等作了规定。

2010 年 4 月 26 日,国家安全生产监督管理总局局长办公会议审议通过《特种作业人员安全技术培训考核管理规定》,2010 年 5 月 24 日国家安全生产监督管理总局令第 30 号予以公布,自 2010 年 7 月 1 日起施行。1999 年 7 月 12 日,原国家经济贸易委员会发布的《特种作业人员安全技术培训考核管理办法》同时废止。

职业资格集中清理工作基本完成,意味着初步实现了国务院部门设置的没有法律法规和国务院决定作为依据的准入类职业资格基本取消,国务院部门和全国性行业协会、学会未经批准自行设置的水平评价类职业资格基本取消。

第二节　企业资质管理

一、工程建设从业单位的划分

依据我国现行法律法规,从事工程建设活动的从业单位可以被划分为建设单位、设计单位、施工单位、咨询服务机构。

《建筑工程五方责任主体项目负责人质量终身责任追究暂行办法》(建质〔2014〕124号)定义:建筑工程五方责任主体项目负责人是指承担建筑工程项目建设的建设单位项目负责人、勘察单位项目负责人、设计单位项目负责人、施工单位项目经理、监理单位总监理工程师。

通常我们所说的工程建设从业单位主要指建设单位、勘察单位、设计单位、施工单位、监理单位。

(一)建设单位

建设单位,是《建筑法》及相关建设法规对项目建设阶段实施负责单位的正式表述。但是"建设单位"还没有法律、法规层面上的准确定义,"建设单位"的法律地位也没有真正建立。经查找相关资料,对"建设单位"目前有以下解释:

《中华人民共和国建筑法释义》"第二编释义第二章建筑许可"中明确规定"建设单位,是指投资进行该项工程建设的任何单位或者个人,即该项建筑工程的业主[①]。"

《建设工程质量管理条例》(国务院〔2000〕279号)有关释义认为:建设单位是建设工程的投资人,也称业主,建设单位是工程建设项目建设过程的总负责方。

《建设工程安全生产管理条例》(国务院〔2003〕393号)有关释义认为:建设单位是建设工程的投资人,也称业主,是整个工程的总负责人。

《建设工程项目管理规范》(GB/T 50326—2006)有关释义:建设单位是工程建设的投资者与组织者,建设单位所确定的项目实施模式必然对参建各方的项目管理组织产生重大影响。作为工程项目的发起者、投资者和组织者,建设单位的项目组织应在参建各方的项目管理组织中发挥其核心作用。

从上述释义可知,建设单位是指建设工程的投资人或由投资人设立的一个项目法人,在具

---

① 业主是指物业的所有权人。

体实施上有自行负责管理、委托项目管理公司、代建制①、BT 或 BOT、PPP 等。随着我国投资体制改个深入和项目投资方式、组织方式的变化,建设单位在不同类型项目中有着不同的含义。

1. 项目法人

为了建立投资责任制约束机制,规范项目法人行为,1996 年 3 月,原国家计委发布了《关于实行建设项目法人责任制的暂行规定》(计建设〔1996〕673 号),要求"国有单位经营性基本建设大中型项目在建设阶段必须组建项目法人。项目法人可按《公司法》的规定,设立有限责任公司(包括国有独资公司)和股份有限公司形式"。"实行项目法人责任制,由项目法人对项目的策划、资金筹措、建设实施、生产经营、债务偿还和资产的保值增值,实行全过程负责。"

2. 房地产开发企业

在私人投资项目中,建设单位一般就是投资者,它既是项目最终的所有者,同样也是项目前期策划、建设、运营等全过程的负责单位。私人投资项目最典型的是房地产开发项目,其建设单位是房地产开发商。

《房地产开发企业资质管理规定》(中华人民共和国住房和城乡建设部令[2015]第 24 号)定义:房地产开发企业是指依法设立、具有企业法人资格的经济实体。

3. 代建单位

代建单位是指接受政府委托,负责政府投资建设项目实施,严格控制项目投资、质量和工期,竣工验收后移交给使用单位的专业化项目管理单位。代建期间,代建单位按照合同约定代行项目建设的投资主体职责,有关行政部门对实行代建制的建设项目的审批程序不变。

(二)勘察设计单位

工程勘察设计单位,是指依法取得资格,从事工程勘察、工程设计活动的企业。

1. 工程勘察

工程勘察通过对地形、地质及水文等要素的测绘、勘探、测试及综合评定,提供工程建设所需的基础资料。工程勘察需要对工程建设场地进行详细论证,保证建设工程合理进行,促使建设工程取得最佳的经济、社会和环境效益。

《工程勘察资质标准》(建市〔2013〕9 号)规定:工程勘察范围包括建设工程项目的岩土工程、水文地质勘察和工程测量。工程勘察资质分为三个类别:

(1)工程勘察综合资质

工程勘察综合资质是指包括全部工程勘察专业资质的工程勘察资质。

---

①　根据国家发改委起草、国务院原则通过的《投资体制改革的决定》(国发〔2004〕20 号),代建制是指政府通过招标的方式,选择专业化的项目管理单位(以下简称代建单位),负责项目的投资管理和建设组织实施工作,项目建成后交付使用单位的制度。

（2）工程勘察专业资质

工程勘察专业资质包括：岩土工程专业资质、水文地质勘察专业资质和工程测量专业资质；其中，岩土工程专业资质包括：岩土工程勘察、岩土工程设计、岩土工程物探测试检测监测等岩土工程（分项）专业资质。

（3）工程勘察劳务资质

工程勘察劳务资质包括：工程钻探和凿井。

2. 工程设计

《工程设计资质标准》将工程设计分为四个序列：

（1）工程设计综合资质

工程设计综合资质是指涵盖21个行业的设计资质，21个行业名称见表6-5。

表6-5　工程设计行业划分

序号	行业	备注
（一）	煤炭	
（二）	化工石化医药	含石化、化工、医药
（三）	石油天然气（海洋石油）	
（四）	电力	含火电、水电、核电、新能源
（五）	冶金	含冶金、有色、黄金
（六）	军工	含航天、航空、兵器、船舶
（七）	机械	
（八）	商物粮	含商业、物资、粮食
（九）	核工业	
（十）	电子通信广电	含电子、通信、广播电影电视
（十一）	轻纺	含轻工、纺织
（十二）	建材	
（十三）	铁路	
（十四）	公路	
（十五）	水运	
（十六）	民航	
（十七）	市政	
（十八）	农林	含农业、林业
（十九）	水利	
（二十）	海洋	
（二十一）	建筑	含建筑、人防

（2）工程设计行业资质

工程设计行业资质是指涵盖某个行业资质标准中的全部设计类型的设计资质。

（3）工程设计专业资质

工程设计专业资质是指某个行业资质标准中的某一个专业的设计资质。

（4）工程设计专项资质

工程设计专项资质是指为适应和满足行业发展的需求，对已形成产业的专项技术独立进行设计以及设计、施工一体化而设立的资质，具体如下：

①建筑装饰工程设计专项资质标准；

②建筑智能化系统设计专项资质标准；

③建筑幕墙工程设计专项资质标准；

④轻型钢结构工程设计专项资质标准；

⑤风景园林工程设计专项资质标准；

⑥消防设施工程设计专项资质标准；

⑦环境工程设计专项资质标准；

⑧照明工程设计专项资质标准。

工程设计工作一般划分为两个阶段，即初步设计和施工图设计。重大工程和技术复杂工程，可根据需要增加技术设计阶段。

（三）建筑业企业

建筑业企业也称施工单位，是指从事土木工程、建筑工程、线路管道设备安装工程的新建、扩建、改建等施工活动的企业。《建筑业企业资质标准》（建市〔2014〕159）规定：建筑业企业资质分为施工总承包资质、专业承包资质、施工劳务资质三个序列。施工总承包资质、专业承包资质按照工程性质和技术特点分别划分为若干资质类别，各资质类别按照规定的条件划分为若干资质等级。施工劳务资质不分类别与等级。

施工总承包企业是指从事工程施工阶段总承包活动的企业。专业承包企业是指从事工程施工中的专业分包活动的企业。劳务分包企业是指从事工程施工活动中劳务作业的企业，它只能进行劳务分包，不能从事工程施工总承包及专业分包活动。

为了加强混凝土预制构件和商品混凝土生产企业的资质管理，维护建设市场秩序，确保建设工程质量，原建设部制定了《混凝土预制构件和商品混凝土生产企业资质管理规定（试行）》（建施〔1993〕770号）。规定了"混凝土预制构件和商品混凝土生产企业，是指建筑、市政建设工程混凝土预制构件生产企业和建设工程商品混凝土企业。"

（四）咨询服务机构

1．工程咨询单位

《工程咨询单位资格认定办法》（中华人民共和国国家发展和改革委员会令〔2005〕第29号）规定工程咨询单位专业资格，按照31个专业划分：公路；铁路；城市轨道交通；民航；水电；核电、核工业；火电；煤炭；石油天然气；石化、化工、医药；建筑材料；机械；电子；轻工；纺织、化纤;钢铁;有色冶金;农业;林业;通信信息;广播电影电视;水文地质、工程测量、岩土工程;水利工程;港口河海工程;生态建设和环境工程;市政公用工程;建筑;城市规划;综合经济(不受具体专业限制);其他(按具体专业填写)。

工程咨询单位资格服务范围包括以下八项内容:

①规划咨询:含行业、专项和区域发展规划编制、咨询;

②编制项目建议书(含项目投资机会研究、预可行性研究);

③编制项目可行性研究报告、项目申请报告和资金申请报告;

④评估咨询:含项目建议书、可行性研究报告、项目申请报告与初步设计评估,以及项目后评价、概预决算审查等;

⑤工程设计;

⑥招标代理;

⑦工程监理、设备监理;

⑧工程项目管理:含工程项目的全过程或若干阶段的管理服务。

申请单位可以按照条件申请一项或多项专业、一个或多个服务范围的咨询资格。认定各专业和各项服务范围的资格必须符合专业技术力量、技术水平和工程咨询业绩的相应条件。

2. 城乡规划编制单位

为了加强对城乡规划编制单位的管理,规范城乡规划编制工作,保证城乡规划编制质量,住房和城乡建设部于 2012 年发布并施行《城乡规划编制单位资质管理规定》,规定:从事城乡规划编制的单位,应当取得相应等级的资质证书,并在资质等级许可的范围内从事城乡规划编制工作。

3. 工程监理企业

从事建设工程监理活动的企业,是指按规定取得工程监理企业资质,并在工程监理企业资质证书许可的范围内从事工程监理活动的企业。它必须是具有独立法人资格的企业,实行自主经营、自负盈亏、自担责任。根据专业范围不同,工程监理企业划分为 14 个类别,即房屋建筑工程、冶炼工程、矿山工程、化工石油工程、水利水电工程、电力工程、农林工程、铁路工程、公路工程、港口与航道工程、航天航空工程、通信工程、市政公用工程、机电安装工程。

4. 工程造价咨询企业

工程造价咨询企业,是指接受委托,对建设项目投资、工程造价的确定与控制提供专业咨询服务的企业。工程造价咨询企业应当依法取得工程造价咨询企业资质,并在其资质等级许可的范围内从事工程造价咨询活动。工程造价咨询企业从事工程造价咨询活动,应当遵循独立、客观、公正、诚实信用的原则,不得损害社会公共利益和他人的合法权益。

5. 工程招标代理机构

工程建设项目招标代理,简称工程招标代理,是指工程招标代理机构接受招标人的委托,从事工程的勘察、设计、施工、监理以及与工程建设有关的重要设备(进口机电设备除外)、材料采购招标的代理业务。

6. 工程质量检测机构

建设工程质量检测机构,简称工程质量检测机构,是指接受委托,依据国家有关法律、法规和工程建设强制性标准,对涉及结构安全项目的抽样检测和对进入施工现场的建筑材料、构配件进行见证取样检测的机构。检测机构是具有独立法人资格的中介机构,依法取得相应的资质证书,并在资质证书许可范围内承担质量检测业务。

7. 安全生产检测检验机构

安全生产检测检验机构(简称检测检验机构)是指依法确定安全生产检测检验资质,并在资质有效期和批准的检测检验业务范围内独立开展检测检验活动的机构。《安全生产检测检验机构管理规定》(国家安全生产监督管理总局令〔2007〕12号)是加强对安全生产检测检验机构的管理,规范检测检验行为的重要部门规章。

8. 物业服务企业

物业服务企业,是指依法设立,具有独立法人资格,从事物业管理服务活动的企业。《建设部关于修改〈物业管理企业资质管理办法〉的决定》2007年10月30日经建设部第142次常务会议讨论通过,2007年11月26日中华人民共和国建设部令〔2007〕第164号发布,自发布之日起施行。将"物业管理企业"修改为"物业服务企业"。《物业服务企业资质管理办法》代替2004年3月17日建设部令第125号《物业管理企业资质管理办法》。

《物业管理条例》,2003年6月8日中华人民共和国国务院令第379号公布,根据2007年8月26日《国务院关于修改〈物业管理条例〉的决定》修订,中华人民共和国国务院令〔2007〕第504号颁布,要求"从事物业管理活动的企业应当具有独立的法人资格。国家对从事物业管理活动的企业实行资质管理制度。从事物业管理的人员应当按照国家有关规定,取得职业资格证书。"

9. 房地产估价机构

房地产估价机构,是指依法设立并取得房地产估价机构资质,从事房地产估价活动的中介服务机构。《房地产估价机构管理办法》(2005年10月12日建设部令第142号发布,根据2013年10月16日住房城乡建设部令第14号修正)所称房地产估价活动,包括土地、建筑物、构筑物、在建工程、以房地产为主的企业整体资产、企业整体资产中的房地产等各类房地产评估,以及因转让、抵押、房屋征收、司法鉴定、课税、公司上市、企业改制、企业清算、资产重组、资产处置等需要进行的房地产评估。

二、工程建设从业单位的资质等级及其标准

根据《建筑法》规定,从事建筑活动的建筑施工企业、勘察单位、设计单位和工程监理单位,都应有符合国家规定的注册资本、与其从事的建筑活动相适应的具有法定执业资格的专业技术人员、从事相关建筑活动所应有的技术装备,以及法律、行政法规规定的其他条件。根据其他相关法规,房地产开发商、工程咨询服务机构等企业获得一定的资质等级,承担相应的工程业务,也需要具备一定的条件。

（一）工程勘察、设计企业

工程勘察资质分为工程勘察综合资质、工程勘察专业资质、工程勘察劳务资质。工程勘察综合资质只设甲级;工程勘察专业资质设甲级、乙级,根据工程性质和技术特点,部分专业可以设丙级;工程勘察劳务资质不分等级。

工程勘察专业资质包括:岩土工程专业资质、水文地质勘察专业资质和工程测量专业资质;其中,岩土工程专业资质包括:岩土工程勘察、岩土工程设计、岩土工程物探测试检测监测等岩土工程（分项）专业资质。

取得工程勘察综合资质的企业,可以承接各专业（海洋工程勘察除外）、各等级工程勘察业务;取得工程勘察专业资质的企业,可以承接相应等级相应专业的工程勘察业务;取得工程勘察劳务资质的企业,可以承接岩土工程治理、工程钻探、凿井等工程勘察劳务业务。

工程设计资质分为工程设计综合资质、工程设计行业资质、工程设计专业资质和工程设计专项资质。工程设计综合资质只设甲级;工程设计行业资质、工程设计专业资质、工程设计专项资质设甲级、乙级。根据工程性质和技术特点,个别行业、专业、专项资质可以设丙级,建筑工程专业资质可以设丁级。

（二）建筑业企业（施工单位）

建筑业企业资质分为施工总承包资质、专业承包资质、施工劳务资质三个序列。

施工总承包序列设 12 个类别:建筑工程施工总承包企业、公路工程施工总承包企业、铁路工程施工总承包企业、港口与航道工程施工总承包企业、水利水电工程施工总承包企业、电力工程施工总承包企业、矿山工程施工总承包企业、冶金工程施工总承包企业、石油化工工程施工总承包企业、市政公用工程施工总承包企业、通信工程施工总承包企业、机电工程施工总承包企业;资质分为 4 个等级（特、一、二、三）。

专业承包序列设 36 个类别:地基基础工程专业承包企业、起重设备安装工程专业承包企业、预拌混凝土专业承包企业、电子与智能化工程专业承包企业、消防设施工程专业承包企业、防水防腐保温工程专业承包企业、桥梁工程专业承包企业、隧道工程专业承包企业、钢结构工程专业承包企业、模板脚手架专业承包企业、建筑装修装饰工程专业承包企业、建筑机电安装工程专业承包企业、建筑幕墙工程专业承包企业、古建筑工程专业承包企业、城市及道路照明工程专业承包企业、公路路面工程专业承包企业、公路路基工程专业承包企业、公路交通工程专业承包企业、铁路电务工程专业承包企业、铁路铺轨架梁工程专业承包企业、铁路电气化工

程专业承包企业、机场场道工程专业承包企业、民航空管工程及机场弱电系统工程专业承包企业、机场目视助航工程专业承包企业、港口与海岸工程专业承包企业、航道工程专业承包企业、通航建筑物工程专业承包企业、港航设备安装及水上交管工程专业承包企业、水工金属结构制作与安装工程专业承包企业、水利水电机电安装工程专业承包企业、河湖整治工程专业承包企业、输变电工程专业承包企业、核工程专业承包企业、海洋石油工程专业承包企业、环保工程专业承包企业、特种工程专业承包企业。一般分为3个等级(一、二、三)。各序列及其类别和等级资质标准详见《建筑业企业资质标准》(建市〔2014〕159)。

（三）工程监理企业

1. 资质等级

工程监理企业资质分为综合资质、专业资质和事务所资质。其中,专业资质按照工程性质和技术特点划分为14个工程类别。综合资质、事务所资质不分级别。专业资质分为甲级、乙级;其中,房屋建筑、水利水电、公路和市政公用专业资质可设立丙级。

2. 工程监理企业的资质等级标准

(1)综合资质标准
①具有独立法人资格且具有符合国家有关规定的资产。(住建部令〔2015〕24号修改删除:注册资本不少于600万元。)
②企业技术负责人应为注册监理工程师,并具有15年以上从事工程建设工作的经历或者具有工程类高级职称。
③具有5个以上工程类别的专业甲级工程监理资质。
④注册监理工程师不少于60人,注册造价工程师不少于5人,一级注册建造师、一级注册建筑师、一级注册结构工程师或者其他勘察设计注册工程师合计不少于15人次。
⑤企业具有完善的组织结构和质量管理体系,有健全的技术、档案等管理制度。
⑥企业具有必要的工程试验检测设备。
⑦申请工程监理资质之日前1年内没有本规定第16条禁止的行为。
⑧申请工程监理资质之日前1年内没有因本企业监理责任造成重大质量事故。
⑨申请工程监理资质之日前1年内没有因本企业监理责任发生三级以上工程建设重大安全事故或者发生两起以上四级工程建设安全事故。
(2)专业资质标准
1)甲级
①具有独立法人资格且具有符合国家有关规定的资产。(住建部令〔2015〕24号修改删除:注册资本不少于300万元。)
②企业技术负责人应为注册监理工程师,并具有15年以上从事工程建设工作的经历或者具有工程类高级职称。
③注册监理工程师、注册造价工程师、一级注册建造师、一级注册建筑师、一级注册结构工程师或者其他勘察设计注册工程师合计不少于25人次;其中,相应专业注册监理工程师不少于表

6-6《专业资质注册监理工程师人数配备表》中要求配备的人数,注册造价工程师不少于2人。

表 6-6　专业资质注册监理工程师人数配备表(单位:人)

序号	工程类别	甲级	乙级	丙级
1	房屋建筑工程	15	10	5
2	水利水电工程	20	12	5
3	公路工程	20	12	5
4	市政公用工程	15	10	5
5	冶炼工程	15	10	—
6	矿山工程	20	12	—
7	化工石油工程	15	10	—
8	电力工程	15	10	—
9	农林工程	15	10	—
10	铁路工程	23	14	—
11	港口与航道工程	20	12	—
12	航天航空工程	20	12	—
13	通信工程	20	12	—
14	机电安装工程	15	10	

注:表中各专业资质注册监理工程师人数配备是指企业取得本专业工程类别注册的注册监理工程师人数。

④企业近2年内独立监理过3个以上相应专业的二级工程项目,但是,具有甲级设计资质或一级及以上施工总承包资质的企业申请本专业工程类别甲级资质的除外。

⑤企业具有完善的组织结构和质量管理体系,有健全的技术、档案等管理制度。

⑥企业具有必要的工程试验检测设备。

⑦申请工程监理资质之日前1年内没有本规定第16条禁止的行为。

⑧申请工程监理资质之日前1年内没有因本企业监理责任造成重大质量事故。

⑨申请工程监理资质之日前1年内没有因本企业监理责任发生三级以上工程建设重大安全事故或者发生两起以上四级工程建设安全事故。

2)乙级

①具有独立法人资格且具有符合国家有关规定的资产(住建部令〔2015〕24号修改删除:注册资本不少于100万元)。

②企业技术负责人应为注册监理工程师,并具有10年以上从事工程建设工作的经历。

③注册监理工程师、注册造价工程师、一级注册建造师、一级注册建筑师、一级注册结构工程师或者其他勘察设计注册工程师合计不少于15人次。其中,相应专业注册监理工程师不少于《专业资质注册监理工程师人数配备表》中要求配备的人数,注册造价工程师不少于1人。

④有较完善的组织结构和质量管理体系,有技术、档案等管理制度。

⑤有必要的工程试验检测设备。

⑥申请工程监理资质之日前 1 年内没有本规定第 16 条禁止的行为。

⑦申请工程监理资质之日前 1 年内没有因本企业监理责任造成重大质量事故。

⑧申请工程监理资质之日前 1 年内没有因本企业监理责任发生三级以上工程建设重大安全事故或者发生两起以上四级工程建设安全事故。

3）丙级

①具有独立法人资格且具有符合国家有关规定的资产。（住建部令〔2015〕24 号修改删除：注册资本不少于 50 万元。）

②企业技术负责人应为注册监理工程师，并具有 8 年以上从事工程建设工作的经历。

③相应专业的注册监理工程师不少于《专业资质注册监理工程师人数配备表》中要求配备的人数。

④有必要的质量管理体系和规章制度。

⑤有必要的工程试验检测设备。

（3）事务所资质标准

①取得合伙企业营业执照，具有书面合作协议书。

②合伙人中有 3 名以上注册监理工程师，合伙人均有 5 年以上从事建设工程监理的工作经历。

③有固定的工作场所。

④有必要的质量管理体系和规章制度。

⑤有必要的工程试验检测设备。

（四）工程造价咨询企业

工程造价咨询企业资质等级分为甲级、乙级。

1. 甲级工程造价咨询企业资质标准

①已取得乙级工程造价咨询企业资质证书满 3 年；

②企业出资人中，注册造价工程师人数不低于出资人总人数的 60%，且其出资额不低于企业认缴出资总额（代替原"注册资本总额"）的 60%；

③技术负责人已取得造价工程师注册证书，并具有工程或工程经济类高级专业技术职称，且从事工程造价专业工作 15 年以上；

④专职从事工程造价专业工作的人员（以下简称专职专业人员）不少于 20 人，其中，具有工程或者工程经济类中级以上专业技术职称的人员不少于 16 人；取得造价工程师注册证书的人员不少于 10 人，其他人员具有从事工程造价专业工作的经历；

⑤企业与专职专业人员签订劳动合同，且专职专业人员符合国家规定的职业年龄（出资人除外）；

⑥专职专业人员人事档案关系由国家认可的人事代理机构代为管理；

⑦企业注册资本不少于人民币 100 万元；

⑧企业近 3 年工程造价咨询营业收入累计不低于人民币 500 万元；

⑨具有固定的办公场所，人均办公建筑面积不少于 10 平方米；

⑩技术档案管理制度、质量控制制度、财务管理制度齐全；

⑪企业为本单位专职专业人员办理的社会基本养老保险手续齐全；

⑫在申请核定资质等级之日前 3 年内无《工程造价咨询企业管理办法》（建设部令第 149 号）第 27 条禁止的行为。

2. 乙级工程造价咨询企业资质标准

①企业出资人中，注册造价工程师人数不低于出资人总人数的 60%，且其出资额不低于认缴出资总额（代替原"注册资本总额"）的 60%；

②技术负责人已取得造价工程师注册证书，并具有工程或工程经济类高级专业技术职称，且从事工程造价专业工作 10 年以上；

③专职专业人员不少于 12 人，其中，具有工程或者工程经济类中级以上专业技术职称的人员不少于 8 人；取得造价工程师注册证书的人员不少于 6 人，其他人员具有从事工程造价专业工作的经历；

④企业与专职专业人员签订劳动合同，且专职专业人员符合国家规定的职业年龄（出资人除外）；

⑤专职专业人员人事档案关系由国家认可的人事代理机构代为管理；

⑥企业注册资本不少于人民币 50 万元；

⑦具有固定的办公场所，人均办公建筑面积不少于 10 平方米；

⑧技术档案管理制度、质量控制制度、财务管理制度齐全；

⑨企业为本单位专职专业人员办理的社会基本养老保险手续齐全；

⑩暂定期内工程造价咨询营业收入累计不低于人民币 50 万元；

⑪申请核定资质等级之日前无《工程造价咨询企业管理办法》（建设部令〔2006〕第 149 号）第 27 条禁止的行为。

（五）房地产开发企业

房地产开发企业按照企业条件分为一、二、三、四四个资质等级。资质等级及其标准详见《房地产开发企业资质管理规定》（建设部令〔2000〕第 77 号）。

三、工程建设从业单位资质管理办法

（一）工程勘察、设计企业

1. 业务范围

取得工程勘察综合资质的企业，可以承接各专业（海洋工程勘察除外）、各等级工程勘察业务；取得工程勘察专业资质的企业，可以承接相应等级相应专业的工程勘察业务；取得工程勘察劳务资质的企业，可以承接岩土工程治理、工程钻探、凿井等工程勘察劳务业务。

取得工程设计综合资质的企业，可以承接各行业、各等级的建设工程设计业务；取得工程设计行业资质的企业，可以承接相应行业相应等级的工程设计业务及本行业范围内同级别的相应专业、专项（设计施工一体化资质除外）工程设计业务；取得工程设计专业资质的企业，可以承接本专业相应等级的专业工程设计业务及同级别的相应专项工程设计业务（设计施工一体化资质除外）；取得工程设计专项资质的企业，可以承接本专项相应等级的专项工程设计业务。

2. 资质申请与审批程序

申请工程勘察甲级资质、工程设计甲级资质，以及涉及铁路、交通、水利、信息产业、民航等方面的工程设计乙级资质的，应当向企业工商注册所在地的省、自治区、直辖市人民政府建设主管部门提出申请。其中，国务院国资委管理的企业应当向国务院建设主管部门提出申请；国务院国资委管理的企业下属层级的企业申请资质，应当由国务院国资委管理的企业向国务院建设主管部门提出申请。

省、自治区、直辖市人民政府建设主管部门应当自受理申请之日起 20 日内初审完毕，并将初审意见和申请材料报国务院建设主管部门。

国务院建设主管部门应当自省、自治区、直辖市人民政府建设主管部门受理申请材料之日起 60 日内完成审查，公示审查意见，公示时间为 10 日。其中，涉及铁路、交通、水利、信息产业、民航等方面的工程设计资质，由国务院建设主管部门送国务院有关部门审核，国务院有关部门在 20 日内审核完毕，并将审核意见送国务院建设主管部门。

工程勘察乙级及以下资质、劳务资质、工程设计乙级（涉及铁路、交通、水利、信息产业、民航等方面的工程设计乙级资质除外）及以下资质许可由省、自治区、直辖市人民政府建设主管部门实施。具体实施程序由省、自治区、直辖市人民政府建设主管部门依法确定。

省、自治区、直辖市人民政府建设主管部门应当自做出决定之日起 30 日内，将准予资质许可的决定报国务院建设主管部门备案。

3. 资质证书管理

工程勘察、工程设计资质证书分为正本和副本，正本一份，副本六份，由国务院建设主管部门统一印制，正、副本具备同等法律效力。资质证书有效期为 5 年。

具体内容详见《建设工程勘察设计资质管理规定》（建设部令〔2007〕160 号）。

（二）建筑业企业

1. 业务范围

建筑业企业资质分为施工总承包资质、专业承包资质、施工劳务资质三个序列。施工总承包资质、专业承包资质按照工程性质和技术特点分别划分为若干资质类别，各资质类别按照规定的条件划分为若干资质等级。施工劳务资质不分类别与等级。

建筑业企业资质标准和取得相应资质的企业可以承担工程的具体范围，由国务院住房城乡建设主管部门会同国务院有关部门制定。

具体业务范围详见《建筑业企业资质等级标准》（建市〔2014〕第 159 号）。

2. 资质申请与审批程序

企业可以申请一项或多项建筑业企业资质。

企业首次申请或增项申请资质,应当申请最低等级资质。

建筑业企业资质,不同等级资质分别由国务院住房城乡建设主管部门许可、企业工商注册所在地省、自治区、直辖市人民政府住房城乡建设主管部门许可、企业工商注册所在地设区的市人民政府住房城乡建设主管部门许可。

省、自治区、直辖市人民政府住房城乡建设主管部门应当自受理申请之日起 20 个工作日内初审完毕,并将初审意见和申请材料报国务院住房城乡建设主管部门。

国务院住房城乡建设主管部门应当自省、自治区、直辖市人民政府住房城乡建设主管部门受理申请材料之日起 60 个工作日内完成审查,公示审查意见,公示时间为 10 个工作日。其中,涉及公路、水运、水利、通信、铁路、民航等方面资质的,由国务院住房城乡建设主管部门会同国务院有关部门审查。

3. 资质证书管理

建筑业企业资质证书分为正本和副本,由国务院住房城乡建设主管部门统一印制,正、副本具备同等法律效力。资质证书有效期为 5 年。

建筑业企业资质证书有效期届满,企业继续从事建筑施工活动的,应当于资质证书有效期届满 3 个月前,向原资质许可机关提出延续申请。

(三)工程监理企业

1. 业务范围

综合资质可以承担所有专业工程类别建设工程项目的工程监理业务,还可以开展相应类别建设工程的项目管理、技术咨询等业务。

专业甲级资质可承担相应专业工程类别建设工程项目的工程监理业务。专业乙级资质可承担相应专业工程类别二级以下(含二级)建设工程项目的工程监理业务。专业丙级资质可承担相应专业工程类别三级建设工程项目的工程监理业务(见表 6-7)。

表 6-7 专业工程类别和等级表

序号	工程类别		一级	二级	三级
一	房屋建筑工程	一般公共建筑	28 层以上;36 米跨度以上(轻钢结构除外);单项工程建筑面积 3 万平方米以上	14～28 层;24～36 米跨度(轻钢结构除外);单项工程建筑面积 1 万～3 万平方米	14 层以下;24 米跨度以下(轻钢结构除外);单项工程建筑面积 1 万平方米以下
		高耸构筑工程	高度 120 米以上	高度 70～120 米	高度 70 米以下
		住宅工程	小区建筑面积 12 万平方米以上;单项工程 28 层以上	建筑面积 6 万～12 万平方米;单项工程 14～28 层	建筑面积 6 万平方米以下;单项工程 14 层以下

续表

序号	工程类别		一级	二级	三级
二	冶炼工程	钢铁冶炼、连铸工程	年产 100 万吨以上；单座高炉炉容 1250 立方米以上；单座公称容量转炉 100 吨以上；电炉 50 吨以上；连铸年产 100 万吨以上或板坯连铸单机 1450 毫米以上	年产 100 万吨以下；单座高炉炉容 1250 立方米以下；单座公称容量转炉 100 吨以下；电炉 50 吨以下；连铸年产 100 万吨以下或板坯连铸单机 1450 毫米以下	
		轧钢工程	热轧年产 100 万吨以上，装备连续、半连续轧机；冷轧带板年产 100 万吨以上，冷轧线材年产 30 万吨以上或装备连续、半连续轧机	热轧年产 100 万吨以下，装备连续、半连续轧机；冷轧带板年产 100 万吨以下，冷轧线材年产 30 万吨以下或装备连续、半连续轧机	
		冶炼辅助工程	炼焦工程年产 50 万吨以上或炭化室高度 4.3 米以上；单台烧结机 100 平方米以上；小时制氧 300 立方米以上	炼焦工程年产 50 万吨以下或炭化室高度 4.3 米以下；单台烧结机 100 平方米以下；小时制氧 300 立方米以下	
		有色冶炼工程	有色冶炼年产 10 万吨以上；有色金属加工年产 5 万吨以上；氧化铝工程 40 万吨以上	有色冶炼年产 10 万吨以下；有色金属加工年产 5 万吨以下；氧化铝工程 40 万吨以下	
		建材工程	水泥日产 2000 吨以上；浮化玻璃日熔量 400 吨以上；池窑拉丝玻璃纤维、特种纤维、特种陶瓷生产线工程	水泥日产 2000 吨以下；浮化玻璃日熔量 400 吨以下；普通玻璃生产线；组合炉拉丝玻璃纤维；非金属材料、玻璃钢、耐火材料、建筑及卫生陶瓷厂工程	
三	矿山工程	煤矿工程	年产 120 万吨以上的井工矿工程；年产 120 万吨以上的洗选煤工程；深度 800 米以上的立井井筒工程；年产 400 万吨以上的露天矿山工程	年产 120 万吨以下的井工矿工程；年产 120 万吨以下的洗选煤工程；深度 800 米以下的立井井筒工程；年产 400 万吨以下的露天矿山工程	
		冶金矿山工程	年产 100 万吨以上的黑色矿山采选工程；年产 100 万吨以上的有色砂矿采、选工程；年产 60 万吨以上的有色脉矿采、选工程	年产 100 万吨以下的黑色矿山采选工程；年产 100 万吨以下的有色砂矿采、选工程；年产 60 万吨以下的有色脉矿采、选工程	

续表

序号	工程类别		一级	二级	三级
三	矿山工程	化工矿山工程	年产60万吨以上的磷矿、硫铁矿工程	年产60万吨以下的磷矿、硫铁矿工程	
		铀矿工程	年产10万吨以上的铀矿;年产200吨以上的铀选冶	年产10万吨以下的铀矿;年产200吨以下的铀选冶	
		建材类非金属矿工程	年产70万吨以上的石灰石矿;年产30万吨以上的石膏矿、石英砂岩矿	年产70万吨以下的石灰石矿;年产30万吨以下的石膏矿、石英砂岩矿	
四	化工石油工程	油田工程	原油处理能力150万吨/年以上、天然气处理能力150万方/天以上、产能50万吨以上及配套设施	原油处理能力150万吨/年以下、天然气处理能力150万方/天以下、产能50万吨以下及配套设施	
		油气储运工程	压力容器8MPa以上;油气储罐10万立方米/台以上;长输管道120千米以上	压力容器8MPa以下;油气储罐10万立方米/台以下;长输管道120千米以下	
		炼油化工工程	原油处理能力在500万吨/年以上的一次加工及相应二次加工装置和后加工装置	原油处理能力在500万吨/年以下的一次加工及相应二次加工装置和后加工装置	
		基本原材料工程	年产30万吨以上的乙烯工程;年产4万吨以上的合成橡胶、合成树脂及塑料和化纤工程	年产30万吨以下的乙烯工程;年产4万吨以下的合成橡胶、合成树脂及塑料和化纤工程	
		化肥工程	年产20万吨以上合成氨及相应后加工装置;年产24万吨以上磷铵工程	年产20万吨以下合成氨及相应后加工装置;年产24万吨以下磷铵工程	
		酸碱工程	年产硫酸16万吨以上;年产烧碱8万吨以上;年产纯碱40万吨以上	年产硫酸16万吨以下;年产烧碱8万吨以下;年产纯碱40万吨以下	
		轮胎工程	年产30万套以上	年产30万套以下	

序号	工程类别		一级	二级	三级
四	化工石油工程	核化工及加工工程	年产1000吨以上的铀转换化工工程；年产100吨以上的铀浓缩工程；总投资10亿元以上的乏燃料后处理工程；年产200吨以上的燃料元件加工工程；总投资5000万元以上的核技术及同位素应用工程	年产1000吨以下的铀转换化工工程；年产100吨以下的铀浓缩工程；总投资10亿元以下的乏燃料后处理工程；年产200吨以下的燃料元件加工工程；总投资5000万元以下的核技术及同位素应用工程	
		医药及其他化工工程	总投资1亿元以上	总投资1亿元以下	
五	水利水电工程	水库工程	总库容1亿立方米以上	总库容1千万～1亿立方米	总库容1千万立方米以下
		水力发电站工程	总装机容量300兆瓦以上	总装机容量50～300兆瓦	总装机容量50兆瓦以下
		其他水利工程	引调水堤防等级1级；灌溉排涝流量5立方米/秒以上；河道整治面积30万亩以上；城市防洪城市人口50万人以上；围垦面积5万亩以上；水土保持综合治理面积1000平方公里以上	引调水堤防等级2、3级；灌溉排涝流量0.5～5立方米/秒；河道整治面积3万～30万亩；城市防洪城市人口20万～50万人；围垦面积0.5万～5万亩；水土保持综合治理面积100～1000平方公里	引调水堤防等级4、5级；灌溉排涝流量0.5立方米/秒以下；河道整治面积3万亩以下；城市防洪城市人口20万人以下；围垦面积0.5万亩以下；水土保持综合治理面积100平方公里以下
六	电力工程	火力发电站工程	单机容量30万千瓦以上	单机容量30万千瓦以下	
		输变电工程	330千伏以上	330千伏以下	
		核电工程	核电站；核反应堆工程		

序号	工程类别	一级	二级	三级
七	农林工程	**林业局（场）总体工程** 面积 35 万公顷以上	面积 35 万公顷以下	
		林产工业工程 总投资 5000 万元以上	总投资 5000 万元以下	
		农业综合开发工程 总投资 3000 万元以上	总投资 3000 万元以下	
		种植业工程 2 万亩以上或总投资 1500 万元以上	2 万亩以下或总投资 1500 万元以下	
		兽医/畜牧工程 总投资 1500 万元以上	总投资 1500 万元以下	
		渔业工程 渔港工程总投资 3000 万元以上；水产养殖等其他工程总投资 1500 万元以上	渔港工程总投资 3000 万元以下；水产养殖等其他工程总投资 1500 万元以下	
		设施农业工程 设施园艺工程 1 公顷以上；农产品加工等其他工程总投资 1500 万元以上	设施园艺工程 1 公顷以下；农产品加工等其他工程总投资 1500 万元以下	
		核设施退役及放射性三废处理处置工程 总投资 5000 万元以上	总投资 5000 万元以下	
八	铁路工程	**铁路综合工程** 新建、改建一级干线；单线铁路 40 千米以上；双线 30 千米以上及枢纽	单线铁路 40 千米以下；双线 30 千米以下；二级干线及站线；专用线、专用铁路	
		铁路桥梁工程 桥长 500 米以上	桥长 500 米以下	
		铁路隧道工程 单线 3000 米以上；双线 1500 米以上	单线 3000 米以下；双线 1500 米以下	
		铁路通信、信号、电力电气化工程 新建、改建铁路（含枢纽、配、变电所、分区亭）单双线 200 千米及以上	新建、改建铁路（不含枢纽、配、变电所、分区亭）单双线 200 千米及以下	

续表

序号	工程类别		一级	二级	三级
九	公路工程	公路工程	高速公路	高速公路路基工程及一级公路	一级公路路基工程及二级以下各级公路
		公路桥梁工程	独立大桥工程;特大桥总长1000米以上或单跨跨径150米以上	大桥、中桥桥梁总长30～1000米或单跨跨径20～150米	小桥总长30米以下或单跨跨径20米以下;涵洞工程
		公路隧道工程	隧道长度1000米以上	隧道长度500～1000米	隧道长度500米以下
		其他工程	通信、监控、收费等机电工程,高速公路交通安全设施、环保工程和沿线附属设施	一级公路交通安全设施、环保工程和沿线附属设施	二级及以下公路交通安全设施、环保工程和沿线附属设施
十	港口与航道工程	港口工程	集装箱、件杂、多用途等沿海港口工程20000吨级以上;散货、原油沿海港口工程30000吨级以上;1000吨级以上内河港口工程	集装箱、件杂、多用途等沿海港口工程20000吨级以下;散货、原油沿海港口工程30000吨级以下;1000吨级以下内河港口工程	
		通航建筑与整治工程	1000吨级以上	1000吨级以下	
		航道工程	通航30000吨级以上船舶沿海复杂航道;通航1000吨级以上船舶的内河航运工程项目	通航30000吨级以下船舶沿海航道;通航1000吨级以下船舶的内河航运工程项目	
		修造船水工工程	10000吨位以上的船坞工程;船体重量5000吨位以上的船台、滑道工程	10000吨位以下的船坞工程;船体重量5000吨位以下的船台、滑道工程	
		防波堤、导流堤等水工工程	最大水深6米以上	最大水深6米以下	
		其他水运工程项目	建安工程费6000万元以上的沿海水运工程项目;建安工程费4000万元以上的内河水运工程项目	建安工程费6000万元以下的沿海水运工程项目;建安工程费4000万元以下的内河水运工程项目	

序号	工程类别	一级	二级	三级
十一	航天航空工程	民用机场工程	飞行区指标为 4E 及以上及其配套工程	飞行区指标为 4D 及以下及其配套工程	
		航空飞行器	航空飞行器(综合)工程总投资 1 亿元以上;航空飞行器(单项)工程总投资 3000 万元以上	航空飞行器(综合)工程总投资 1 亿元以下;航空飞行器(单项)工程总投资 3000 万元以下	
		航天空间飞行器	工程总投资 3000 万元以上;面积 3000 平方米以上;跨度 18 米以上	工程总投资 3000 万元以下;面积 3000 平方米以下;跨度 18 米以下	
十二	通信工程	有线、无线传输通信工程,卫星、综合布线	省际通信、信息网络工程	省内通信、信息网络工程	
		邮政、电信、广播枢纽及交换工程	省会城市邮政、电信枢纽	地市级城市邮政、电信枢纽	
		发射台工程	总发射功率 500 千瓦以上短波或 600 千瓦以上中波发射台;高度 200 米以上广播电视发射塔	总发射功率 500 千瓦以下短波或 600 千瓦以下中波发射台;高度 200 米以下广播电视发射塔	
十三	市政公用工程	城市道路工程	城市快速路、主干路,城市互通式立交桥及单孔跨径 100 米以上桥梁;长度 1000 米以上的隧道工程	城市次干路工程,城市分离式立交桥及单孔跨径 100 米以下的桥梁;长度 1000 米以下的隧道工程	城市支路工程、过街天桥及地下通道工程
		给水排水工程	10 万吨/日以上的给水厂;5 万吨/日以上污水处理工程;3 立方米/秒以上的给水、污水泵站;15 立方米/秒以上的雨泵站;直径 2.5 米以上的给排水管道	2 万～10 万吨/日的给水厂;1 万～5 万吨/日污水处理工程;1～3 立方米/秒的给水、污水泵站;5～15 立方米/秒的雨泵站;直径 1～2.5 米的给水管道;直径 1.5～2.5 米的排水管道	2 万吨/日以下的给水厂;1 万吨/日以下污水处理工程;1 立方米/秒以下的给水、污水泵站;5 立方米/秒以下的雨泵站;直径 1 米以下的给水管道;直径 1.5 米以下的排水管道

续表

序号	工程类别	一级	二级	三级
十三	市政公用工程	燃气热力工程	总储存容积 1000 立方米以上液化气贮罐场（站）；供气规模 15 万立方米/日以上的燃气工程；中压以上的燃气管道、调压站；供热面积 150 万平方米以上的热力工程	总储存容积 1000 立方米以下的液化气贮罐场（站）；供气规模 15 万立方米/日以下的燃气工程；中压以下的燃气管道、调压站；供热面积 50 万～150 万平方米的热力工程	供热面积 50 万平方米以下的热力工程
		垃圾处理工程	1200 吨/日以上的垃圾焚烧和填埋工程	500～1200 吨/日的垃圾焚烧及填埋工程	500 吨/日以下的垃圾焚烧及填埋工程
		地铁轻轨工程	各类地铁轻轨工程		
		风景园林工程	总投资 3000 万元以上	总投资 1000 万～3000 万元	总投资 1000 万元以下
十四	机电安装工程	机械工程	总投资 5000 万元以上	总投资 5000 万以下	
		电子工程	总投资 1 亿元以上；含有净化级别 6 级以上的工程	总投资 1 亿元以下；含有净化级别 6 级以下的工程	
		轻纺工程	总投资 5000 万元以上	总投资 5000 万元以下	
		兵器工程	建安工程费 3000 万元以上的坦克装甲车辆、炸药、弹箭工程；建安工程费 2000 万元以上的枪炮、光电工程；建安工程费 1000 万元以上的防化民爆工程	建安工程费 3000 万元以下的坦克装甲车辆、炸药、弹箭工程；建安工程费 2000 万元以下的枪炮、光电工程；建安工程费 1000 万元以下的防化民爆工程	
		船舶工程	船舶制造工程总投资 1 亿元以上；船舶科研、机械、修理工程总投资 5000 万元以上	船舶制造工程总投资 1 亿元以下；船舶科研、机械、修理工程总投资 5000 万元以下	
		其他工程	总投资 5000 万元以上	总投资 5000 万元以下	

事务所资质可承担三级建设工程项目的工程监理业务，但是，国家规定必须实行强制监理的工程除外。

工程监理企业可以开展相应类别建设工程的项目管理、技术咨询等业务。

2. 资质申请与审批程序

申请综合资质、专业甲级资质的企业，应当向企业工商注册所在地的省、自治区、直辖市人民政府建设主管部门提出申请。

省、自治区、直辖市人民政府建设主管部门应当自受理申请之日起20日内初审完毕,并将初审意见和申请材料报国务院建设主管部门。

国务院建设主管部门应当自省、自治区、直辖市人民政府建设主管部门受理申请材料之日起60日内完成审查,公示审查意见,公示时间为10日。其中,涉及铁路、交通、水利、通信、民航等专业工程监理资质的,由国务院建设主管部门送国务院有关部门审核。国务院有关部门应当在20日内审核完毕,并将审核意见报国务院建设主管部门。国务院建设主管部门根据初审意见审批。

专业乙级、丙级资质和事务所资质由企业所在地省、自治区、直辖市人民政府建设主管部门审批。

专业乙级、丙级资质和事务所资质许可。延续的实施程序由省、自治区、直辖市人民政府建设主管部门依法确定。

省、自治区、直辖市人民政府建设主管部门应当自做出决定之日起10日内,将准予资质许可的决定报国务院建设主管部门备案。

3. 资质证书管理

工程监理企业资质证书分为正本和副本,每套资质证书包括一本正本,四本副本。正、副本具有同等法律效力。

工程监理企业资质证书的有效期为5年。工程监理企业资质证书由国务院建设主管部门统一印制并发放。

资质有效期届满,工程监理企业需要继续从事工程监理活动的,应当在资质证书有效期届满60日前,向原资质许可机关申请办理延续手续。对在资质有效期内遵守有关法律、法规、规章、技术标准,信用档案中无不良记录,且专业技术人员满足资质标准要求的企业,经资质许可机关同意,有效期延续5年。

(四)工程造价咨询企业

1. 业务范围

工程造价咨询企业依法从事工程造价咨询活动,不受行政区域限制。

甲级工程造价咨询企业可以从事各类建设项目的工程造价咨询业务。乙级工程造价咨询企业可以从事工程造价5000万元人民币以下的各类建设项目的工程造价咨询业务。

工程造价咨询业务范围包括:

①建设项目建议书及可行性研究投资估算、项目经济评价报告的编制和审核;

②建设项目概预算的编制与审核,并配合设计方案比选、优化设计、限额设计等工作进行工程造价分析与控制;

③建设项目合同价款的确定(包括招标工程工程量清单和标底、投标报价的编制和审核);合同价款的签订与调整(包括工程变更、工程洽商和索赔费用的计算)及工程款支付,工程结算及竣工结(决)算报告的编制与审核等;

④工程造价经济纠纷的鉴定和仲裁的咨询；

⑤提供工程造价信息服务等。

工程造价咨询企业可以对建设项目的组织实施进行全过程或者若干阶段的管理和服务。

2. 资质申请与审批程序

申请甲级工程造价咨询企业资质的，应当向申请人工商注册所在地省、自治区、直辖市人民政府建设主管部门或者国务院有关专业部门提出申请。省、自治区、直辖市人民政府建设主管部门、国务院有关专业部门应当自受理申请材料之日起20日内审查完毕，并将初审意见和全部申请材料报国务院建设主管部门；国务院建设主管部门应当自受理之日起20日内做出决定。

申请乙级工程造价咨询企业资质的，由省、自治区、直辖市人民政府建设主管部门审查决定。其中，申请有关专业乙级工程造价咨询企业资质的，由省、自治区、直辖市人民政府建设主管部门商同级有关专业部门审查决定。乙级工程造价咨询企业资质许可的实施程序由省、自治区、直辖市人民政府建设主管部门依法确定。

省、自治区、直辖市人民政府建设主管部门应当自做出决定之日起30日内，将准予资质许可的决定报国务院建设主管部门备案。

3. 资质证书管理

准予资质许可的，资质许可机关应当向申请人颁发工程造价咨询企业资质证书。工程造价咨询企业资质证书由国务院建设主管部门统一印制，分正本和副本。正本和副本具有同等法律效力。

工程造价咨询企业资质有效期为3年。

资质有效期届满，需要继续从事工程造价咨询活动的，应当在资质有效期届满30日前向资质许可机关提出资质延续申请。资质许可机关应当根据申请做出是否准予延续的决定。准予延续的，资质有效期延续3年。

四、外国建筑企业在我国从事建筑活动的资质管理

外国建筑企业在我国从事建筑活动的资质管理，由原建设部、对外经济贸易合作部2002年发布的《外商投资建设工程设计企业管理规定》《外商投资建筑业企业管理规定》和2003年发布的《外商投资城市规划服务企业管理规定》予以详细规定。

第三节　从业人员资格管理

我国建筑业实行执业资格制度的专业技术人员包括：注册建筑师、注册结构工程师、注册监理工程师、注册造价工程师、注册咨询工程师、注册建造师等。这些专业技术人员执业资格的共同点有：需参加统一考试；需以注册为执业前提；有各自职业范围；需接受继续教育；不得

同时应聘于两家不同的单位等。

国务院大力推进简政放权工作,高度重视减少职业资格许可和认定事项,截至 2016 年 12 月底,国务院先后七批取消了 463 项职业资格。

一、工程建设专业技术人员的划分

我国专业技术人员的划分如表 6-8 所示,其中工程建设专业技术人员有咨询工程师(投资)、投资建设项目管理师、监理工程师,环境影响评价工程师、管理咨询师、一级注册计量师、注册设备监理师、注册安全工程师、注册土木工程师、一级建造师、造价工程师、注册测绘师、物业管理师(2016 年暂停)、招标师等 20 多个专业类别。

表 6-8 专业技术人员资格考试工作计划(2017 年度)[①]

序号	专业名称		2017 年考试日期
1	咨询工程师(投资)		4 月 15、16 日
2	注册建筑师	一级	5 月 6、7、13、14 日
		二级	5 月 6、7 日
3	护士执业资格		5 月 6—8 日
4	会计(初级)		5 月 13—16 日
5	计算机技术与软件(初级、中级、高级)		5 月 20、21 日
6	监理工程师		
7	环境影响评价工程师		
8	一、二、三级翻译专业资格(水平)		
9	卫生(初级、中级)		5 月 20、21、27、28 日
10	银行业专业人员职业资格(初级、中级)		6 月 3、4 日
11	机动车检测维修士、机动车检测维修工程师		6 月 10、11 日
12	助理社会工作师、社会工作师		6 月 17、18 日
13	一级注册计量师		
14	土地登记代理人		
15	会计(中级、高级)		9 月 9、10 日
16	一级建造师(10 个专业)		9 月 16、17 日
17	注册测绘师		
18	价格鉴证师(收尾考试)		

---

① 摘自:中国人事考试网 http://www.cpta.com.cn。

续表

序号	专业名称			2017 年考试日期
19	通信（初级、中级）			9 月 23 日
20	注册设备监理师			9 月 23、24 日
21	注册核安全工程师			
22	勘察设计行业	注册土木工程师	岩土	9 月 23、24 日
			港口与航道工程	
			水利水电工程（5 个专业）	
		注册电气工程师（2 个专业）		
		注册公用设备工程师（3 个专业）		
		注册化工工程师		
		注册环保工程师		
		注册结构工程师	一级	
			二级	9 月 24 日
23	房地产估价师			10 月 14、15 日
24	拍卖师（纸笔作答）			
25	执业药师（药学、中药学）			
26	出版（初级、中级）			10 月 15 日
27	房地产经纪人协理、房地产经纪人			10 月 21、22 日
28	造价工程师（土建、安装）			
29	矿业权评估师			
30	注册城市规划师			
31	审计（初级、中级、高级）			10 月 22 日
32	统计（初级、中级、高级）			
33	银行业专业人员职业资格（初级、中级）			10 月 28、29 日
34	注册验船师（船舶和海上设施）			
35	注册安全工程师			
36	经济（中级）			11 月 4 日
37	经济（初级）			11 月 5 日
38	一、二、三级翻译专业资格（水平）			11 月 4、5 日
39	资产评估师			

序号	专业名称	2017 年考试日期
40	计算机技术与软件(初级、中级、高级)	
41	一级注册消防工程师	11 月 11、12 日
42	税务师	
43	拍卖师(实际操作)	11 月 18、19 日
44	专业技术人员计算机应用能力考试	各地自行确定

二、工程建设专业技术人员的管理制度

(一)执业资格管理机构

执业资格管理机构是指对某一类执业资格考试、注册和执业实施指导和监督的部门。不同执业资格的管理机构是不同的。

注册咨询工程师(投资)资格管理机构是国家人力资源和社会保障部和发展和改革委员会。它们共同负责全国注册咨询工程师(投资)执业资格制度的政策制定、组织协调和监督指导,并成立全国注册咨询工程师(投资)执业资格管理委员会,负责注册咨询工程师(投资)执业资格管理工作,该委员会办事机构设在中国工程咨询协会。

注册安全工程师资格管理机构是各级安全生产监督管理部门。国家安全生产监督管理总局(以下简称安全监管总局)对全国注册安全工程师的注册、执业活动实施统一监督管理。国务院有关主管部门(以下简称部门注册机构)对本系统注册安全工程师的注册、执业活动实施监督管理。省、自治区、直辖市人民政府安全生产监督管理部门对本行政区域内注册安全工程师的注册、执业活动实施监督管理。

注册建筑师、注册结构工程师、注册房地产经纪人、注册城市规划师、物业管理师的资格考试、注册和执业都由国家建设主管部门和人事主管部门共同指导和监督。对注册建筑师、注册结构工程师这两类专业技术性最强的执业资格,国家住房和城乡建设部和人力资源和社会保障部还会组建专门的管理委员会。全国注册建筑师管理委员会和省、自治区、直辖市注册建筑师管理委员会,依照有关规定负责注册建筑师的考试和注册的具体工作。全国和省、自治区、直辖市的注册结构工程师管理委员会可依照有关规定,负责或参照注册结构工程师的考试和注册等具体工作。

注册监理工程师、注册房地产估价师的资格考试、注册和执业活动都由国务院建设主管部门统一实施监督管理。此外,县级以上地方人民政府建设主管部门对本行政区域内的注册监理工程师的注册、执业活动实施监督管理。省、自治区、直辖市人民政府建设(房地产)主管部门对本行政区域内注册房地产估价师的注册、执业活动实施监督管理;市、县、市辖区人民政府建设(房地产)主管部门对本行政区域内注册房地产估价师的执业活动实施监督管理。

勘察设计注册工程师、注册建造师、注册造价工程师由于承担的业务不局限于房屋建筑和市政工程,还涉及水利、交通、铁路等专业工程领域,其执业资格管理体制都是由国务院建设主管部门统一监督管理,国务院铁路、交通、水利等有关部门按照国务院规定的职责分工,负责专业工程相关执业资格的监督管理。省、市等地方各级主管部门对勘察设计注册工程师、注册建造师、注册造价工程师的执业资格管理参照国务院相关部门的管理体制。

(二)执业资格考试

1.考试形式

对于各类工程建设专业人员执业资格,国家都实行全国统一考试制度。考试实行全国统一大纲、统一命题、统一组织的办法,原则上每年举行一次。

2.考试办法与内容

各类执业资格的考试办法都由国务院相关主管部门制定。而考试大纲和试题都由相关主管部门组织专家编写和审定。

例如,注册建筑师全国统一考试办法,由国务院建设行政主管部门会同国务院人事行政主管部门商国务院其他有关行政主管部门共同制定,由全国注册建筑师管理委员会组织实施。注册结构工程师的考试大纲、组织命题、培训教材等由住房和城乡建设部负责组织有关专家拟定和编写,并由人力资源和社会保障部负责组织有关专家审定和组织考试。

各类执业资格的考试内容都是结合该项资格的业务范围、专业类型等确定的。例如,一级注册结构工程师资格考试的内容多,分为基础考试和专业考试两部分进行。通过基础考试的人员,从事结构工程设计或相关业务满规定年限,方可申请参加专业考试。其余执业资格考试都是一次进行。

3.报考条件

各类执业资格考试都必须满足一定的报考条件,报考条件一般都包括学位、从业年限两项,还可能包括其他条件。例如,一级注册建筑师考试的报考条件为:

(1)取得建筑学硕士以上学位或者相近专业工学博士学位,并从事建筑设计或者相关业务2年以上的;

(2)取得建筑学学士学位或者相近专业工学硕士学位,并从事建筑设计或者相关业务3年以上的;

(3)具有建筑学专业大学本科毕业学历并从事建筑设计或者相关业务5年以上的,或者具有建筑学相近专业大学本科毕业学历并从事建筑设计或者相关业务7年以上的;

(4)取得高级工程师技术职称并从事建筑设计或者相关业务3年以上的,或者取得工程师技术职称并从事建筑设计或者相关业务5年以上的;

(5)不具有前四项规定的条件,但设计成绩突出,经全国注册建筑师管理委员会认定达到前四项规定的专业水平的。

4. 考试结果

执业资格考试的结果包括合格和不合格两种。考试合格者即可取得相应行业的执业资格,可获得有关主管部门颁发的执业资格证书。但是取得执业资格后还必须在有关部门进行登记、注册,才能以注册专业技术人员的名义承担相应业务。

(三)执业资格注册

1. 注册负责部门

执业资格考试合格,取得相应的执业资格之后,可以申请注册。

不同类别和等级的执业资格注册的负责部门不同。例如,一级注册建筑师的注册,由全国注册建筑师管理委员会负责;二级注册建筑师的注册,由省、自治区、直辖市注册建筑师管理委员会负责。

2. 注册条件

通过执业资格考试后,要申请注册还需具备的条件。各类工程建设专业技术人员的注册条件比较相似,一般包括道德水平、通过资格考试、身体状况等。

例如,通过城市规划师资格考试后申请注册的人员必须同时具备以下条件:

(1)遵纪守法,恪守注册城市规划师职业道德;

(2)取得注册城市规划师执业资格证书;

(3)所在单位考核同意;

(4)身体健康,能坚持在注册城市规划师岗位上工作。

再如,通过建造师资格考试后申请注册的人员必须同时具备以下条件:

(1)经考核认定或考试合格取得资格证书;

(2)受聘于一个相关单位;

(3)达到继续教育要求;

(4)没有《注册建造师管理规定》中的禁止行为。

3. 不予注册的情形

有些专业技术人员执业资格管理办法未规定注册条件,而是反过来规定了不予注册的情形。这两种表达方式不同,其实质效果是一样的。例如,有下列情形之一的,不予进行建筑师的注册:

(1)不具有完全民事行为能力的;

(2)因受刑事处罚,自刑罚执行完毕之日起至申请注册之日止不满 5 年的;

(3)因在建筑设计或者相关业务中犯有错误受行政处罚或者撤职以上行政处分,自处罚、处分决定之日起至申请注册之日止不满 2 年的;

(4)受吊销注册建筑师证书的行政处罚,自处罚决定之日起至申请注册之日止不满 5 年的;

(5)有国务院规定不予注册的其他情形的。

4. 注册程序

专业技术人员经过考试后注册应遵循法定的程序。例如,依据《注册建造师管理规定》,一级建造师注册应遵循下述流程。

取得一级建造师资格证书并受聘于一个建设工程勘察、设计、施工、监理、招标代理、造价咨询等单位的人员,应当通过聘用单位向单位工商注册所在地的省、自治区、直辖市人民政府建设主管部门提出注册申请。

省、自治区、直辖市人民政府建设主管部门受理后提出初审意见,并将初审意见和全部申报材料报国务院建设主管部门审批,涉及铁路、公路、港口与航道、水利水电、通信与广电、民航专业的,国务院建设主管部门应当将全部申报材料送同级有关部门审核。符合条件的,由国务院建设主管部门核发《中华人民共和国一级建造师注册证书》,并核定执业印章编号。

对申请初始注册的,省、自治区、直辖市人民政府建设主管部门应当自受理申请之日起,20日内审查完毕,并将申请材料和初审意见报国务院建设主管部门。国务院建设主管部门应当自收到省、自治区、直辖市人民政府建设主管部门上报材料之日起,20日内审批完毕并作出书面决定。有关部门应当在收到国务院建设主管部门移送的申请材料之日起,10日内审核完毕,并将审核意见送国务院建设主管部门。

(四)执业范围

每一种工程建设专业技术人员在获得执业资格并注册之后,能且只能在法定执业范围内从事专业技术工作。

1. 注册咨询工程师(投资)的执业范围

(1)经济社会发展规划、计划咨询;
(2)行业发展规划和产业政策咨询;
(3)经济建设专题咨询;
(4)投资机会研究;
(5)工程项目建议书的编制;
(6)工程项目可行性研究报告的编制;
(7)工程项目评估;
(8)工程项目融资咨询、绩效追踪评价、后评价及培训咨询服务;
(9)工程项目招投标技术咨询;
(10)国家发展计划委员会规定的其他工程咨询业务。

2. 注册建筑师的执业范围

(1)建筑设计;
(2)建筑设计技术咨询;
(3)建筑物调查与鉴定;
(4)对本人主持设计的项目进行施工指导和监督;

(5)国务院建设行政主管部门规定的其他业务。

3. 勘察设计注册工程师的执业范围

(1)工程勘察或者本专业工程设计；

(2)本专业工程技术咨询；

(3)本专业工程招标、采购咨询；

(4)本专业工程的项目管理；

(5)对工程勘察或者本专业工程设计项目的施工进行指导和监督；

(6)国务院有关部门规定的其他业务。

4. 注册结构工程师的执业范围

(1)结构工程设计；

(2)结构工程设计技术咨询；

(3)建筑物、构筑物、工程设施等调查和鉴定；

(4)对本人主持设计的项目进行施工指导和监督；

(5)建设部和国务院有关部门规定的其他业务。

其中，一级注册结构工程师的执业范围不受工程规模及工程复杂程度的限制。

5. 注册建造师的执业范围

一级注册建造师可担任大中小型工程项目负责人，二级注册建造师可担任中小型工程项目负责人。但是，大中型工程项目负责人必须由本专业注册建造师担任。

以房屋建筑工程专业为例，一级建造师和二级建造师分别可在不同规模的一般房屋建筑工程、高耸构筑物工程、地基与基础工程、土石方工程、园林古建筑工程、钢结构工程、建筑防水工程、防腐保温工程等工程项目中担任项目负责人。

6. 注册造价工程师的执业范围

(1)建设项目建议书、可行性研究投资估算的编制和审核，项目经济评价，工程概、预、结、竣工结(决)算的编制和审核；

(2)工程量清单、标底(或者控制价)、投标报价的编制和审核，工程合同价款的签订及变更、调整、工程款支付与工程索赔费用的计算；

(3)建设项目管理过程中设计方案的优化、限额设计等工程造价分析与控制，工程保险理赔的核查；

(4)工程经济纠纷的鉴定。

7. 注册监理工程师制度

注册监理工程师可以从事工程监理、工程经济与技术咨询、工程招标与采购咨询、工程项目管理服务以及国务院有关部门规定的其他业务。

8. 注册房地产估价师制度

注册房地产估价师可以在全国范围内开展与其聘用单位业务范围相符的房地产估价活动。

9. 注册房地产经纪人制度

房地产经纪人有权依法发起设立或加入房地产经纪机构,承担房地产经纪机构关键岗位工作,指导房地产经纪人协理进行各种经纪业务,经所在机构授权订立房地产经纪合同等重要业务文书,执行房地产经纪业务并获得合理佣金。

房地产经纪人协理有权加入房地产经纪机构,协助房地产经纪人处理经纪有关事务并获得合理的报酬。

10. 注册城市规划师

注册城市规划师在执业资格许可范围内承担城市规划业务工作,并对所经办的城市规划工作成果的图件、文本以及建设用地和建设工程规划许可文件有签名盖章权,并承担相应的法律和经济责任。

11. 物业管理师

物业管理师负责:
(1)制定并组织实施物业管理方案;
(2)审定并监督执行物业管理财务预算;
(3)查验物业共用部位、共用设施设备和有关资料;
(4)负责房屋及配套设施设备和相关场地的维修、养护与管理;
(5)维护物业管理区域内环境卫生和秩序;
(6)法律、法规规定和《物业管理合同》约定的其他事项。

12. 注册安全工程师

注册安全工程师负责:
(1)安全生产管理;
(2)安全生产检查;
(3)安全评价或者安全评估;
(4)安全检测检验;
(5)安全生产技术咨询、服务;
(6)安全生产教育和培训;
(7)法律、法规规定的其他安全生产技术服务。

(五)权利和义务

工程建设专业技术人员在承担专业技术工作过程中,在享有一定权利的同时,也应履行相应的义务。不同类别专业技术人员享有的权利和履行的义务大体上相同。

1. 工程建设专业技术人员的权利

各类工程建设专业技术人员都应享有下列权利：
(1)使用注册工程师称谓；
(2)在规定范围内从事执业活动；
(3)依据本人能力从事相应的执业活动；
(4)保管和使用本人的注册证书和执业印章；
(5)对本人执业活动进行解释和辩护；
(6)接受继续教育；
(7)获得相应的劳动报酬；
(8)对侵犯本人权利的行为进行申诉。

2. 工程建设专业技术人员的义务

各类工程建设专业技术人员都应履行下列义务：
(1)遵守法律、法规和有关管理规定；
(2)执行工程建设标准规范；
(3)保证执业活动成果的质量,并承担相应责任；
(4)接受继续教育,努力提高执业水准；
(5)在本人执业活动所形成的勘察、设计文件上签字、加盖执业印章；
(6)保守在执业中知悉的国家秘密和他人的商业、技术秘密；
(7)不得涂改、出租、出借或者以其他形式非法转让注册证书或者执业印章；
(8)不得同时在两个或两个以上单位受聘或者执业；
(9)在本专业规定的执业范围和聘用单位业务范围内从事执业活动；
(10)协助注册管理机构完成相关工作。

第四节　工程施工现场人员执业资格管理

一、相关规定

《特种作业人员安全技术培训考核管理规定》,2010 年 4 月 26 日国家安全生产监督管理总局局长办公会议审议通过,2010 年 5 月 24 日国家安全监管总局令第 30 号公布,自 2010 年 7 月 1 日起施行。1999 年 7 月 12 日原国家经济贸易委员会发布的《特种作业人员安全技术培训考核管理办法》同时废止。根据 2013 年 8 月 29 日国家安全监管总局令第 63 号第一次修正,根据 2015 年 5 月 29 日国家安全监管总局令第 80 号第二次修正。

国家安全生产监督管理总局第 80 号令,《国家安全监管总局关于废止和修改劳动防护用品和安全培训等领域十部规章的决定》,2015年2月26日国家安全生产监督管理总局局长办公会议审议通过,2015年5月29日公布,自2015年7月1日起施行。"(二)对《特种作业人员安全技术培训考核管理规定》作出修改。"

(1)将第7条修改为:"国家安全生产监督管理总局(以下简称安全监管总局)指导、监督全国特种作业人员的安全技术培训、考核、发证、复审工作;省、自治区、直辖市人民政府安全生产监督管理部门指导、监督本行政区域特种作业人员的安全技术培训工作,负责本行政区域特种作业人员的考核、发证、复审工作;县级以上地方人民政府安全生产监督管理部门负责监督检查本行政区域特种作业人员的安全技术培训和持证上岗工作。

"国家煤矿安全监察局(以下简称煤矿安监局)指导、监督全国煤矿特种作业人员(含煤矿矿井使用的特种设备作业人员)的安全技术培训、考核、发证、复审工作;省、自治区、直辖市人民政府负责煤矿特种作业人员考核发证工作的部门或者指定的机构指导、监督本行政区域煤矿特种作业人员的安全技术培训工作,负责本行政区域煤矿特种作业人员的考核、发证、复审工作。

省、自治区、直辖市人民政府安全生产监督管理部门和负责煤矿特种作业人员考核发证工作的部门或者指定的机构(以下统称考核发证机关)可以委托设区的市人民政府安全生产监督管理部门和负责煤矿特种作业人员考核发证工作的部门或者指定的机构实施特种作业人员的考核、发证、复审工作。"

(2)在第10条增加一款,作为第3款:"生产经营单位委托其他机构进行特种作业人员安全技术培训的,保证安全技术培训的责任仍由本单位负责。"

(3)将第39条第1款修改为:"生产经营单位使用未取得特种作业操作证的特种作业人员上岗作业的,责令限期改正;可以处5万元以下的罚款;逾期未改正的,责令停产停业整顿,并处5万元以上10万元以下的罚款,对直接负责的主管人员和其他直接责任人员处1万元以上2万元以下的罚款。"

《国家安全监管总局关于修改〈生产经营单位安全培训规定〉等11件规章的决定》,2013年8月19日国家安全生产监督管理总局局长办公会议审议通过,2013年8月29日国家安全生产监督管理总局令第63号公布,自公布之日起施行。

其中,《特种作业人员安全技术培训考核管理规定》修改内容:

增加一条,作为第10条:"对特种作业人员的安全技术培训,具备安全培训条件的生产经营单位应当以自主培训为主,也可以委托具备安全培训条件的机构进行培训。

不具备安全培训条件的生产经营单位,应当委托具备安全培训条件的机构进行培训。"

原第10条、第11条合并为一条,作为第11条:"从事特种作业人员安全技术培训的机构(以下统称培训机构),应当制订相应的培训计划、教学安排,并按照安全监管总局、煤矿安监局制定的特种作业人员培训大纲和煤矿特种作业人员培训大纲进行特种作业人员的安全技术培训。"

删去第34条、第43条。

二、特种作业目录

电工作业,指对电气设备进行运行、维护、安装、检修、改造、施工、调试等作业(不含电力系统进网作业）。

焊接与热切割作业，指运用焊接或者热切割方法对材料进行加工的作业（不含《特种设备安全监察条例》规定的有关作业）。

高处作业，指专门或经常在坠落高度基准面 2 米及以上有可能坠落的高处进行的作业。

制冷与空调作业，指对大中型制冷与空调设备运行操作、安装与修理的作业。

煤矿安全作业

金属非金属矿山安全作业

石油天然气安全作业

冶金（有色）生产安全作业

危险化学品安全作业

烟花爆竹安全作业

安全监管总局认定的其他作业

工地升降货梯升降作业

案例分析

【案情】2011 年 3 月，被告人顾某（杭州市某农村个体建筑工匠）在没有资质承建工业厂房的情况下，超越承建范围，与某搪瓷制品有限公司法定代表人胡某签订协议，承建该公司的球磨车间。在施工过程中，被告人顾某违反规章制度，没有按照规定要求的施工图施工，且没有采取有效的安全防范措施，冒险作业，留下事故隐患。施工人员砌筑完球磨车间西墙后，在墙身顶部浇天沟时，由于墙身全部采用五斗一盖砌筑，且中间没有立柱或砖墩加固，天沟模板没有落地支撑，致使墙身失稳倒塌，造成高某被墙体压住而死亡、沈某等 3 人轻伤、韩某轻微伤的重大伤亡事故。该市法院审理认为，被告人顾某在无建筑资质的情况下承建工业厂房，超越承建范围，且在施工过程中违章作业，造成一起 1 人死亡 4 人受伤的重大伤亡事故，其行为已构成重大责任事故罪。法院同时考虑到被告人顾某在案发后认罪态度较好，且已对各受害人的经济损失作了赔偿，确有悔罪表现等情节，依法作出如下判决：被告人顾某犯重大责任事故罪，判处有期徒刑 1 年，缓刑 1 年。

【分析】我国《刑法》第 134 条规定："工厂、矿山、林场、建筑企业或者其他企业、事业单位的职工，由于不服管理、违反规章制度，或者强令工人违章冒险作业，因而发生重大伤亡事故或者造成其他严重后果的，处 3 年以下有期徒刑或者拘役；情节特别恶劣的，处 3 年以上 7 年以下有期徒刑。"重大责任事故罪的成立以行为人在生产、作业过程中违反规章制度或者强令工人违章冒险作业，发生了"重大伤亡事故"或者造成了"其他严重后果"为必备条件。本案中，被告人顾某在无建筑资质的情况下承建工业厂房，超越承建范围，且在施工过程中违章作业，造成一起 1 人死亡 4 人受伤的重大伤亡事故，其行为已构成重大责任事故罪，依法应受到刑事追究。同时，本案也警示人们，在农村个人建房以及个体工商业主建厂房时，无资质、超越承建范围、违章施工建房的现象仍时有发生，但愿本案血的教训能够引起农村建房户的关注，杜绝和远离无资质建房，避免因一时贪图小利造成无可挽回的损失。同时，有关部门要重视安全生产，加大对这方面的管理力度，从源头上遏制这类事故的发生。

思考题

1. 请简述我国执业资格管理制度。
2. 工程建设人员市场准入制度的意义。

第七章　建设工程招标投标法律制度

《招标投标法》是国家用来规范招标投标活动、调整在招标投标过程中产生的各种关系的法律规范的总称。按照法律效力的不同,招标投标法律规范分为三个层次:第一层次是由全国人大及其常委会颁发的招标投标法律;第二层次是由国务院颁发的招标投标行政法规以及有立法权的地方人大颁发的地方性招标投标法规;第三层次是由国务院有关部门颁发的有关招标投标的部门规章以及有立法权的地方人民政府颁发的地方性招标投标规章。本法所称的招标投标法,是属第一层次上的,即由全国人民代表大会常务委员会制定和颁布的招标投标法律。《招标投标法》是社会主义市场经济法律体系中非常重要的一部法律,是整个招标投标领域的基本法,一切有关招标投标的法规、规章和规范性文件都必须与《招标投标法》相一致。

第一节　概　述

一、招标投标和招标投标法规

招标投标,是市场经济条件下进行大宗货物的买卖、工程建设项目的发包以及服务项目的,采购时所采用的一种交易方式。招标投标的特点是,招标人通过招标文件设定包括功能、质量、期限为主的标的进行招标,约定若干投标人编制投标文件,通过投报价进行。招标人从中选择优胜者发出中标通知书并与其签订合同,随后按合同实现标的。

招标投标的目的是签订合同。在招标投标过程中,虽然招标文件对委托的工作内容有详细的介绍,但它缺少合同成立的重要条件——价格。因此,招标不具备要约的条件,它实际上是要约邀请,即邀请他人(投标人)向自己提出要约,而投标则是要约,中标通知则是承诺。

招标投标法,是调整在招标投标活动中产生的社会关系的法律规范的总称。一般包括法律、行政法规、部门规章等。

为了规范招标投标行为,第九届全国人大常委会第十一次会议于 1999 年 8 月 30 日通过了《中华人民共和国招标投标法》(以下简称《招标投标法》),并于 2000 年 1 月 1 日起施行。该法共 6 章 68 条,主要内容包括招标投标程序;招标人和投标人应遵循的基本规则;违反法律规定应承担的责任等。

为了规范招标投标活动,根据《中华人民共和国招标投标法》,制定《中华人民共和国招标投标法实施条例》(以下简称实施条例),2011 年 11 月 30 日国务院第 183 次常务会议通过,中华人民共和国国务院令第 613 号公布,自 2012 年 2 月 1 日起施行。《实施条例》共 7 章 85 条。包括总则、招标、投标、开标、评标和中标、投诉与处理、法律责任、附则等。

为了规范工程建设项目施工招标投标活动,根据《中华人民共和国招标投标法》《中华人民共和国招标投标法实施条例》和国务院有关部门的职责分工,国家计委、建设部、铁道部、交通部、信息产业部、水利部、中国民用航空总局 7 部委审议通过了《工程建设项目施工招标投标办法》,中华人民共和国国家发展计划委员会令第 30 号发布,自 2003 年 5 月 1 日起施行,2013年 4 月修订。

二、建设工程招标投标及其意义

建设工程招标投标是招标投标活动的一种重要类型。建设工程招标,是指招标人通过招标文件将委托的工作内容和要求告之有兴趣参与竞争的投标人,让他们按规定条件提出实施方案和价格,然后通过评审、比较选出信誉可靠、技术能力强、管理水平高、报价合理的可信赖中位,以合同形式委托其完成工作任务。建设工程投标,是指各投标人依据自身能力和管理水平,按照招标文件规定的统一要求编制并递交投标文件,争取获得实施资格。

建设工程招标投标包括建设工程监理招标投标、勘察、设计招标投标、施工招标投标等类型。

建设工程招标投标中,招标人是指既有进行某项工程建设需求,又具有该项建设工程相应的建设资金和各种准建手续,在建筑市场中发包建设工程监理、勘察、设计、施工任务,并最终获得建筑产品所有权的政府部门、企事业单位及个人。投标人是指具有一定能力、资金、机械设备,具有承包工程建设任务的营业资格,在建设市场中能够按照发包人的要求,提供不同形态的建筑产品及其相关服务,并最终得到相应的工程价款的建筑业企业。

以招标投标的方式进行建设工程项目发包与承包,是运用竞争机制来体现价值规律的科学管理模式,是具有完善的机制,科学、合理的工程承发包方法。推行建设工程招标投标具有重要的意义。

(一)有利于建筑市场的法制化和规范化

从法律意义上说,建设工程招标投标是招标、投标双方按照法定程序进行交易的法律行为,所以双方的行为都受法律的约束。这就意味着建筑市场在招标投标活动的推动下将更趋理性化、法制化和规范化。

(二)有利于形成市场定价机制

建设工程招标投标活动最明显的特点是投标人之间的竞争,其中最集中、最激烈的竞争则表现为价格的竞争。价格的竞争最终将形成市场定价机制,使工程造价更趋科学、合理,更加符合其价值。

(三)有利于促进建设工程劳动生产率的提高

在建筑市场中,不同投标人的个别劳动消耗水平是不一样的,但为了通过竞争获得实施资格,降低劳动消耗水平,自然就成为投标人取胜的主要途径。当这一途径为大家所重视时,必然要努力提高自身的劳动生产率、降低个别劳动消耗水平,推动整个工程建设领域劳动生产率的提高和平均劳动消耗水平的下降。

（四）有利于遏制建设工程领域的腐败现象

建设工程领域在许多国家被认为是腐败行为的多发区和重灾区。我国在招标投标中采取设立专门机构对招标投标活动进行监督管理和从专家人才库中选聘专家进行评标的方法，使建设工程项目承发包活动实现公开、公平、公正，有效地减少暗箱操作、徇私舞弊行为，有力地遏制了行贿受贿等腐败现象的产生。

（五）有利于保证工程质量、缩短建设周期

招标投标表现最激烈的自然是价格的竞争，但实质上是人员素质、技术水平、管理水平、技术装备的全面竞争。投标人要在竞争中获胜，就必须在报价、技术、实力、业绩等诸方面展现出优势。因此，竞争迫使投标人加大自己的投入，采用新材料、新技术、新工艺，加强企业和项目管理，从而促进全行业的技术进步和管理水平的提高，使我国工程建设项目的质量得到提高，建设周期得以合理缩短。

三、建设工程招标投标的原则

《招标投标法》规定招标投标活动必须遵循公开、公平、公正和诚实信用的原则。

（一）公开

建设工程招标投标应遵循公开原则，做到招标活动公开、开标活动公开、评标标准公开和定标结果公开。

（二）公平

建设工程招标投标应遵循公平原则，招标人要给所有的投标人以平等的竞争机会，其中包括给所有投标人同等的信息量和同等的投标资格要求，不设倾向性的评比条件。招标文件中所列合同条件的权利和义务要对等，以体现承发包双方的平等地位。投标人不得串通打压其他投标人，更不能串通起来抬高报价损害招标人的利益。

（三）公正

建设工程招标投标应遵循公正原则，招标人在执行开标程序、评标委员会在执行评标标准时都要严格照章办事，尺度相同，不能厚此薄彼。尤其是在判定废标、无效标和质疑过程中更要做到公正。

（四）诚实信用

建设工程招标投标中，招标人和投标人都要诚实守信，不得有欺骗、背信的行为。招标人不得搞内定承包人的虚假招标，也不能在招标中设圈套损害承包人的利益。投标人不得用虚假资质、虚假标书投标，投标文件的内容要真实。

第二节　建设工程招标

一、招标方式

《招标投标法》规定,招标分为公开招标和邀请招标。

(一)公开招标

公开招标,是指招标人以招标公告的方式邀请不特定的法人或者其他组织投标。招标人是依法提出招标项目、进行招标的法人或者其他组织。依法必须进行招标的项目的招标公告,应当通过国家指定的报刊、信息网络或者其他媒介发布。

国家重点建设项目,省、自治区、直辖市人民政府确定的地方重点建设项目,全部使用国有资金投资或者国有资金投资占控股或者主导地位的工程建设项目必须公开招标。

(二)邀请招标

邀请招标,是指招标人以投标邀请书的方式邀请特定的法人或者其他组织投标。为了保证邀请招标的竞争性,招标人采用邀请招标方式的,应当向 3 个以上具备承担招标项目的能力、资信良好的特定的法人或者其他组织发出投标邀请书。

对于应当公开招标的建设工程招标项目,有下列情形之一的,经批准可以进行邀请招标:

(1)项目技术复杂或有特殊要求,只有少量几家潜在投标人可供选择的;

(2)受自然地域环境限制的;

(3)涉及国家安全、国家秘密或者抢险救灾,适宜招标但不宜公开招标的;

(4)拟公开招标的费用与项目的价值相比,不值得的;

(5)法律、法规规定不宜公开招标的。

二、招标基本程序

(一)招标准备阶段主要工作

1. 工程报建

工程建设项目报建是指工程建设项目由建设单位或其代理机构在工程项目可行性研究报告或其他立项文件被批准后,须向当地建设行政主管部门或其授权机构进行报建,交验工程项目立项的批准文件,包括银行出具的资信证明以及批准的建设用地等其他有关文件的行为。

2. 选择招标方式

(1)根据工程特点和招标人的管理能力确定发包范围。

(2)依据工程建设总进度计划确定项目建设过程中的招标次数和每次招标的工作内容。

(3)按照每次招标前准备工作的完成情况,选择合同的计价方式。

(4)依据工程项目的特点、招标前准备工作的完成情况、合同类型等因素的影响程序,确定招标方式。

3.申请招标

申请招标文件应说明以下内容:招标工作范围;招标方式;计划工期;对投标人的资质要求;招标项目的前期准备工作的完成情况;自行招标还是委托代理招标等内容。

《招标投标法》规定,招标人具有编制招标文件和组织评标能力的,可以自行办理招标事宜。任何单位和个人不得强制其委托招标代理机构办理招标事宜。依法必须进行招标的项目,招标人自行办理招标事宜的,应当向有关行政监督部门备案。招标人如不具备自行组织招标的能力条件者,应当选择委托代理招标的组织形式。

招标代理机构是依法设立、从事招标代理业务并提供相关服务的社会中介组织。从事工程建设项目招标代理业务的招标代理机构,其资格由国务院或者省、自治区、直辖市人民政府的建设行政主管部门认定。

4.编制招标有关文件

招标文件一般包括下列内容:

(1)投标邀请书。

(2)投标人须知。

(3)合同主要条款。

(4)投标文件格式。

(5)采用工程量清单招标的,应当提供工程量清单。

(6)技术条款。

(7)设计图。

(8)评标标准和方法。

(9)投标辅助材料。

招标人应当在招标文件中规定实质性要求和条件,并用醒目的方式标明。

《招标投标法》规定,招标文件不得要求或者标明特定的生产供应者以及含有倾向或者排斥潜在投标人的其他内容。招标人对已发出的招标文件进行必要的澄清或者修改的,应当在招标文件要求提交投标文件截止时间至少 15 日前,以书面形式通知所有招标文件收受人。该澄清或者修改的内容为招标文件的组成部分。

招标人应当确定投标人编制投标文件所需要的合理时间。依法必须进行招标的项目,自招标文件开始发出之日起至投标人提交投标文件截止之日止,最短不得少于 20 日。

(二)招标阶段的主要工作内容

1.发布招标公告或投标邀请书

招标公告内容包括:招标单位名称,建设项目资金来源,工程项目概况和本次招标工作范围的简要介绍,购买资格预审文件的地点、时间和价格等有关事项。

招标人采用邀请招标方式的,应当向 3 个以上具备承担招标项目的能力、资信良好的特定的法人或者其他组织发出投标邀请书。投标邀请书也应当载明招标人的名称和地址,招标项目的性质、数量、实施地点和时间以及获取招标文件的办法等事项。

招标人不得向他人透露已获取招标文件的潜在投标人的名称、数量以及可能影响公平竞争的有关招标投标的其他情况。招标人设有标底的,标底必须保密。招标人根据招标项目的具体情况,可以组织潜在投标人踏勘项目现场。

2.资格审查

资格审查应主要审查潜在投标人或者投标人是否符合下列条件:①具有独立订立合同的权利;②具有履行合同的能力,包括专业、技术资格和能力,资金、设备和其他物质设施状况,管理能力,经验、信誉和相应的从业人员;③没有处于被责令停业,投标资格被取消,财产被接管、冻结,破产状态;④在最近 3 年内没有骗取中标和严重违约及重大工程质量问题;⑤法律行政法规规定的其他资格条件。

资格审查分为资格预审和资格后审。资格预审,是指在投标前对潜在投标人进行的资格审查。资格后审,是指在开标后对投标人进行的资格审查。进行资格预审的,一般不再进行资格后审,但招标文件另有规定的除外。采取资格预审的,招标人可以发布资格预审公告,在资格预审文件中载明资格预审的条件、标准和方法。采取资格后审的,招标人应当在招标文件中载明对投标人资格要求的条件、标准和方法。招标人不得改变载明的资格条件或者以没有载明的资格条件对潜在投标人或者投标人进行资格审查。

资格审查时,招标人不得以不合理的条件限制、排斥潜在投标人或者投标人,不得对潜在投标人或者投标人实行歧视待遇。任何单位和个人不得以行政手段或者其他不合理方式限制投标人的数量。

《实施条例》规定招标人有下列行为之一的,属于以不合理条件限制、排斥潜在投标人或者投标人:

(1)就同一招标项目向潜在投标人或者投标人提供有差别的项目信息。

(2)设定的资格、技术、商务条件与招标项目的具体特点和实际需要不相适应或者与合同履行无关。

(3)依法必须进行招标的项目以特定行政区域或者特定行业的业绩、奖项作为加分条件或者中标条件。

(4)对潜在投标人或者投标人采取不同的资格审查或者评标标准。

(5)限定或者指定特定的专利、商标、品牌、原产地或者供应商。

(6)依法必须进行招标的项目非法限定潜在投标人或者投标人的所有制形式或者组织形式。

(7)以其他不合理条件限制、排斥潜在投标人或者投标人。

3.资格预审

资格预审是指招标人在招标开始之前或者开始初期,由招标人对申请参加投标的潜在投标人进行资质条件、业绩、信誉、技术、资金等多方面的情况进行资格审查。主要考察该企业总体能力是否具备完成招标工作所要求的条件。

资格预审评审方法采取合格制或有限数量制。对采用有限数量制资格预审方法的,如果通过详细审查的申请人不少于 3 个且没有超过资格预审文件事先规定数量的,均为资格预审合格人,不再进行评分;如果通过详细审查的申请人数量超过资格预审文件事先规定数量的,应对通过详细审查的申请人进行评分,按照资格预审文件事先规定数量,按得分排序,由高到低确定规定数量的资格预审合格人。

关于合格申请人数量选择问题,原建设部规定依法必须公开招标的工程项目的施工招标实行资格预审,采用经评审的最低投标价法评标的,招标人必须邀请所有合格申请人参加投标,不得对投标人的数量进行限制;采用综合评估法评标的,当合格申请人数量过多时,一般采用随机抽签的方法,特殊情况也可以采用评分排名的方法选择规定数量的合格申请人参加投标。原建设部《关于加强房屋建筑和市政基础设施工程项目施工招标投标行政监督工作的若干意见》规定,工程投资额 1000 万元以上的工程项目,邀请的合格申请人应当不少于 9 个;工程投资额 1000 万元以下的工程项目,邀请的合格申请人应当不少于 7 个。

参照《标准施工招标资格预审文件》资格预审的评审工作程序为:①初步审查;②详细审查;③资格预审申请文件的澄清;④综合评议,确定通过资格预审的合格申请人名单,或采用评分排序(只适用于有限数量制)确定通过资格预审的合格申请人名单,并编写资格预审审查报告递交招标人审定;⑤招标人审核确定资格预审合格申请人;⑥发出资格预审结果的书面通知。

通过资格预审申请人的数量不足 3 个的,招标人应重新组织资格预审或不再组织资格预审而直接招标。

4. 发放招标文件

招标人应当按招标公告或者投标邀请书规定的时间、地点出售招标文件。自招标文件出售之日起至停止出售之日止,最短不得少于 5 日。对招标文件的收费应当合理,不得以营利为目的。招标人在发布招标公告、发出投标邀请书后或者售出招标文件或资格预审文件后不得擅自终止招标。

5. 组织现场考察

招标人在投标须知规定的时间组织投标人自费进行现场考察。目的在于了解工程场地和周围环境情况,以获取投标单位认为有必要的信息。为便于投标单位提出问题并得到解答,勘察现场一般安排在投标预备会的前 1~2 天。

投标人在勘察现场中如有疑问,应在投标预备会前以书面形式向招标人提出。

招标人应向投标单位介绍有关现场的以下情况:

(1)施工现场是否达到招标文件规定的条件。

(2)施工现场的地理位置和地形、地貌。

(3)施工现场的地质、土质、地下水位、水文等情况。

(4)施工现场气候条件,如气温、湿度、风力、年雨雪量等。

(5)现场环境,如交通、饮水、污水排放、生活用电、通信等。

(6)工程在施工现场中的位置或布置。

(7)临时用地、临时设施搭建等。

6. 标前会议

标前会议又称交底会、投标预备会。投标人研究招标文件和现场考察后会以书面形式提出某些质疑问题,招标人可以及时给予书面解答,也可以留待标前会议上解答。招标人(或招标代理机构)以书面文件形式给予答复,并以书面文件形式通知所有的投标人,该答疑文件成为招标文件的一个组成部分,与招标文件具有同等的法律效力。

(三)决标成交阶段的主要工作内容

1. 开标

《招标投标法》规定,开标应当在招标文件确定的提交投标文件截止时间的同一时间公开进行。开标地点应当为招标文件中预先确定的地点。

开标由招标人主持,邀请所有投标人参加。开标时,由投标人或者其推选的代表检查投标文件的密封情况,也可以由招标人委托的公证机构检查并公证。经确认无误后,由工作人员当众拆封,宣读投标人名称、投标价格和投标文件的其他主要内容。招标人在招标文件要求提交投标文件的截止时间前收到的所有投标文件,开标时都应当当众予以拆封、宣读。开标过程应当记录,并存档备查。

2. 评标

评标是评标委员会专家对各投标书优劣的比较,以便最终确定中标人。

3. 定标

中标人确定后,招标人向中标人发出中标通知书,同时将中标结果通知所有未中标的投标人并退还他们的投标保证金或保函。

中标通知书发出后 30 天内,双方应按照招标文件和投标文件订立书面合同。

第三节　建设工程投标

一、投标文件的内容要求

投标人应当按照招标文件的要求编制投标文件。投标文件应当对招标文件提出的实质性要求和条件做出响应。招标项目属于建设施工项目的,投标文件的内容应当包括拟派出的项目负责人与主要技术人员的简历、业绩和拟用于完成招标项目的机械设备等。

投标文件一般包括下列内容:投标函、商务标、技术标以及资格审查资料四部分。施工企业投标时必须提交以下资料:

(1)企业的营业执照和资质证书。

(2)企业简历。

(3)自有资金情况。

(4)全员职工人数,包括技术人员、技术工人数量及平均技术等级等。企业自有主要施工机械设备一览表。

(5)近三年承建的主要工程及质量情况。

(6)现有主要施工任务,包括在建和尚未开工工程一览表。

(7)企业自有施工机械设备一览表。

投标人根据招标文件载明的项目实际情况,拟在中标后将中标项目的部分非主体、非关键性工作进行分包的,应当在投标文件中载明。

响应招标文件的实质性要求是投标的基本前提。凡是不能满足招标文件中的任何一项实质性要求和条件的投标文件,都将被拒绝。实质性要求和条件主要是指招标文件中有关招标项目的价格、期限,技术规范、合同的主要条款等内容。

二、投标文件的修改与撤回

(1)投标人在招标文件要求提交投标文件的截止时间前,可以补充、修改或者撤回已提交的投标文件,并书面通知招标人。

(2)补充、修改的内容为投标文件的组成部分。

(3)在提交投标文件截止时间后到招标文件规定的投标有效期终止之前,投标人不得补充、修改、替代或者撤回其投标文件。投标人补充、修改、替代投标文件的,招标人不予接受。投标人撤回投标文件的,其投标保证金将被没收。

三、投标文件的送达与签收

提交投标文件的投标人少于3个的,招标人应当依法重新招标,重新招标后投标人仍少于3个的,属于必须审批的工程项目,报经原审批部门批准后可以不再进行招标。

四、投标保证金

招标人可以在招标文件中要求投标人提交投标保证金。投标人不按招标文件要求提交投标保证金的,该投标文件将被拒绝,作废标处理。

(1)投标保证金的形式与金额投标保证金除现金外,可以是银行出具的银行保函、保兑支票、银行汇票或现金支票。投标保证金一般不得超过投标总价的2%,投标保证金有效期与投标有效期一致。投标人应当按照招标文件要求的方式和金额,将投标保证金随投标文件提交给招标人。

(2)投标保证金的退还招标人与中标人签订合同后5个工作日内,应当向未中标的投标人退还投标保证金。

有以下情形之一的,投标保证金将被没收:

(1)在提交投标文件截止时间后到招标文件规定的投标有效期终止之前,投标人撤回投标文件的。

（2）中标通知书发出后，中标人放弃中标项目的，无正当理由不与招标人签订合同的，在签订合同时向招标人提出附加条件或者更改合同实质性内容的。

（3）拒不提交所要求的履约保证金的，招标人可取消其中标资格，并没收其投标保证金。

一旦招标人发出中标通知书，做出承诺，则合同成立，中标的投标人必须接受并受到约束，否则，投标人就要承担合同订立过程中的缔约过失责任，承担投标保证金被没收的法律后果。

五、禁止投标人实施不正当竞争行为的规定

在建设工程招标投标活动中，投标人的不正当竞争行为主要是：投标人相互串通投标、投标人与招标人串通投标、投标人以行贿手段谋取中标、投标人以低于成本的报价竞标、投标人以他人名义投标或者以其他方式弄虚作假骗取中标。

1. 投标人相互串通投标

有下列情形之一的，属于投标人相互串通投标：

（1）投标人之间协商投标报价等投标文件的实质性内容。

（2）投标人之间约定中标人。

（3）投标人之间约定部分投标人放弃投标或者中标。

（4）属于同一集团、协会、商会等组织成员的投标人按照该组织要求协同投标。

（5）投标人之间为谋取中标或者排斥特定投标人而采取的其他联合行动。

有下列情形之一的，视为投标人相互串通投标：

（1）不同投标人的投标文件由同一单位或者个人编制。

（2）不同投标人委托同一单位或者个人办理投标事宜。

（3）不同投标人的投标文件载明的项目管理成员为同一人。

（4）不同投标人的投标文件异常一致或者投标报价呈规律性差异。

（5）不同投标人的投标文件相互混装。

（6）不同投标人的投标保证金从同一单位或者个人的账户转出。

2. 投标人与招标人串通投标

有下列情形之一的，属于投标人与招标人串通投标：

（1）招标人在开标前开启投标文件并将有关信息泄露给其他投标人。

（2）招标人直接或者间接向投标人泄露标底、评标委员会成员等信息。

（3）招标人明示或者暗示投标人压低或者抬高投标报价。

（4）招标人授意投标人撤换、修改投标文件。

（5）招标人明示或者暗示投标人为特定投标人中标提供方便。

（6）招标人与投标人为谋求特定投标人中标而采取的其他串通行为。

3. 投标人以行贿手段谋取中标

在账外暗中给予对方单位或个人回扣的，以行贿论处。对方单位或个人在账外暗中收受

回扣的,以受贿论处。

4. 投标人以低于成本的报价竞标

《中华人民共和国反不正当竞争法》规定,经营者不得以排挤竞争对手为目的,以低于成本的价格销售商品。这是因为,低于成本的报价竞标不仅是不正当竞争行为,还容易导致中标后的偷工减料,影响工程质量。该成本是以投标人的企业定额计算的成本。

5. 投标人以他人名义投标或以其他方式弄虚作假骗取中标

投标人有下列情形之一的,属于以其他方式弄虚作假的行为:
(1)使用伪造、变造的许可证件。
(2)提供虚假的财务状况或者业绩。
(3)提供虚假的项目负责人或者主要技术人员简历、劳动关系证明。
(4)提供虚假的信用状况。
(5)其他弄虚作假的行为。

六、联合体投标的规定

联合体共同投标一般适用于大型建设项目和结构复杂的建设项目。
(1)联合体投标的特点。
1)联合体由两个或者两个以上的投标人组成,参与投标是各方的自愿行为。
2)联合体是一个临时性的组织,不具有法人资格。
3)联合体各方以一个投标人的身份共同投标,中标后,招标人与联合体各方共同签订一个承包合同,联合体各方就中标项目向招标人承担连带责任。
4)联合体各方签订共同投标协议后,不得再以自己名义单独投标,也不得组成新的联合体或参加其他联合体在同一项目中投标。
(2)联合体的资格条件。由同一专业的单位组成的联合体,按照资质等级较低的单位确定资质等级。
(3)联合体协议联合体各方应当签订共同投标协议,明确约定各方拟承担的工作和责任,并将共同投标协议连同投标文件一并提交招标人。联合体中标的,联合体各方应当共同与招标人签订合同,就中标项目向招标人承担连带责任。

联合体各方应指定一方作为联合体牵头人,授权其代表所有联合体成员负责投标和合同实施阶段的主办、协调工作,并应当向招标人提交由所有联合体成员法定代表人签署的授权书。联合体投标未附联合体各方共同投标协议的,将由评标委员会初审后按废标处理。

联合体投标的,应当以联合体各方或者联合体中牵头人的名义提交投标保证金。以联合体中牵头人名义提交的投标保证金,对联合体各成员具有约束力。

第四节　建设工程开标、评标、中标

一、开标

开标是指投标人提交投标文件截止同时,招标人依据招标文件规定的时间和地点,开启投标人提交的投标文件,公开宣布投标人的名称、投标价格及投标文件中的其他主要内容的活动。

投标文件有下列情形之一的,招标人不予受理:①逾期送达的或者未送达指定地点的;②未按招标文件要求密封的。

二、评标

《招标投标法》规定,评标由招标人依法组建的评标委员会负责。招标人应当采取必要的措施,保证评标在严格保密的情况下进行。任何单位和个人不得非法干预、影响评标的过程和结果。

（一）评标委员会

评标委员会的人员应当由招标人或其委托的招标代理机构熟悉相关业务的代表,以及有关技术、经济等方面专家组成。评标委员会成员人数应为 5 人以上单数,其中经济、技术方面的专家不得少于成员总数的 2/3。

为了保证评标委员会中专家的素质,评标专家应符合下列条件:

(1)从事相关专业领域工作满 8 年,并具有高级职称或者同等专业水平。

(2)熟悉有关招标投标的法律法规,并具有与招标项目相关的实践经验。

(3)能够认真、公正、诚实、廉洁地履行职责。

评标委员会成员有下列情形之一的,不得担任评标委员会成员:

(1)投标人或者投标主要负责人的近亲属。

(2)项目主管部门或者行政监督部门的人员。

(3)与投标人有经济利益关系,可能影响对投标公正评审的。

(4)曾因在招标、评标以及其他与招标投标有关活动中从事违法行为而受过行政或刑事处罚的。

（二）评标程序

1. 初步评审

评标委员会以招标文件为依据,审查各投标书是否为响应性投标,确定投标书的有效性。

(1)初步评审的内容。初步评审的内容包括对投标文件的符合性评审、技术性评审和商务性评审。

符合性评审:商务符合性和技术符合性鉴定。

技术性评审:方案可行性评估和关键工序评估。劳务、材料、机械设备、质量控制措施、工期保证措施、安全保证措施评估以及对施工现场周围环境污染的保护措施评估。

商务性评审:投标报价校核,审查全部报价数据计算的正确性,分析报价构成的合理性,并与标底价格进行对比分析。

(2)投标文件的澄清和说明。评标委员会可以书面方式要求投标人对投标文件中含义不明确的内容作必要的澄清、说明或补正,但是澄清、说明或补正不得超出投标文件的范围或者改变投标文件的实质性内容。对投标文件的相关内容做出澄清、说明或补正,其目的是有利于评标委员会对投标文件的审查、评审和比较。澄清、说明或补正包括投标文件中含义不明确、对同类问题表述不一致或者有明显文字和计算错误的内容。

但评标委员会不得向投标人提出带有暗示性或诱导性的问题,或向其明确投标文件中的遗漏和错误。同时,评标委员会不接受投标人主动提出的澄清、说明或补正。

投标文件不响应招标文件的实质性要求和条件的,招标人应当拒绝,并不允许投标人通过修正或撤销其不符合要求的差异或保留,使之成为具有响应性的投标。

评标委员会按以下原则对投标报价进行修正,修正的价格经投标人书面确认后具有约束力。投标人不接受修正价格的,其投标作废标处理。

投标文件中的大写金额与小写金额不一致的,以大写金额为准。

总价金额与依据单价计算出的结果不一致的,以单价金额为准修正总价,但单价金额小数点有明显错误的除外。

(3)投标偏差和废标的处理。评标委员会应当根据招标文件,审查并逐项列出投标文件的全部投标偏差。投标偏差分为重大偏差和细微偏差。

下列情况属于重大偏差,作为废标处理:①没有按照招标文件要求提供投标担保或者所提供的投标担保有瑕疵;②投标文件没有投标人授权代理人签字和加盖公章;③投标文件载明的招标项目完成期限超过招标文件规定的期限;④明显不符合技术规格、技术标准的要求;⑤投标文件载明的货物包装方式、检验标准和方法等不符合招标文件的要求;⑥投标文件附有招标人不能接受的条件;⑦不符合招标文件中规定的其他实质性要求。

《实施条例》规定,有下列情形之一的,评标委员会应当否决其投标:

1)投标文件未经投标单位盖章和单位负责人签字。

2)投标联合体没有提交共同投标协议。

3)投标人不符合国家或者招标文件规定的资格条件。

4)同一投标人提交两个以上不同的投标文件或者投标报价,但招标文件要求提交备选投标的除外。

5)投标报价低于成本或者高于招标文件设定的最高投标限价。

6)投标文件没有对招标文件的实质性要求和条件做出响应。

7)投标人有串通投标、弄虚作假、行贿等违法行为。

细微偏差是指投标文件在实质上响应招标文件要求,但在个别地方存在漏项或者提供了不完整的技术信息和数据等情况,并且补正这些遗漏或者不完整不会对其他投标人造成不公平的结果。细微偏差不影响投标文件的有效性。

2. 详细评审

详细评审是指在初步评审的基础上,对经初步评审合格的投标文件,按照招标文件确定的评标标准和方法,对其技术部分和商务部分进一步评审、比较。

(1)技术性评审。其主要包括对投标人所报的承包方案或组织设计、关键工序、进度计划、人员和机械设备的配备、技术能力、质量控制措施、安全措施、文明施工方案、临时设施的布置,以及临时用地情况、施工现场周围环境污染的保护措施等进行评审。

(2)商务性评审。指对投标文件中的报价进行评审,包括对投标报价进行校核,审查全部报价数据是否有计算上或累计上的算术错误,分析报价构成的合理性等。

评标委员会完成评标后,应向招标人提出书面评标报告。

被授权直接定标的评标委员会可直接确定中标人。

3. 评标方法

(1)经评审的最低投标价法。经评审的最低投标价法是指对符合招标文件规定的技术标准,满足招标文件实质性要求的投标,按照文件规定的评标调整方法,将投标报价以及相关商务问题的偏差作为必要的价格调整和评审,即以价格以外的有关因素折成货币或给予相应的加权计算以确定最低评标价或最佳的投标。经评审的最低投标价的投标应当推荐为中标候选人,但是投标价格低于成本的除外(此处的成本指的是企业成本,不是社会平均成本)。此方法一般适用于具有通用技术、性能标准或者招标人对其技术、性能没有特殊要求的招标的项目。这种评标方法应当是一般项目的首选评标方法。

(2)综合评估法。在工程项目评标中,除了投标价外,还有多项商务和技术方面的非价格标准,主要如工期、施工方案、施工组织、质量保证措施、以往的经验和企业的综合业绩等。这就要求在工程项目招标中,尤其是一些大型和复杂的工程项目,采用一种不仅半商务因素也加以量化和权重的评估,而且将技术因素也加以量化和权重的评估的评标的方法,以促使还处在市场经济初级阶段的投标人转变重价格轻技术的观念,重视技术和装备,提高投标和施工的质量。综合评估法是指在最大限度地满足招标文件实质性要求的前提下,按照招标文件中规定的各种因素进行综合评审后,以评标总得分最高者作为中标候选供应商的评标方法。我国目前的评标实践中,此种方法多应用于监理、勘察、设计和技术非常复杂的项目施工的招标。

4. 评标和定标期限

招标文件应当规定一个适当的投标有效期,投标有效期是指为保证招标人有足够的时间在开标后完成评标、定标、合同签订等工作而要求投标人提交的投标文件在一定时间内保持有效的期限,投标有效期从投标人提交投标文件截止之日起计算。

评标和定标应当在投标有效期截止前30日完成。不能在投标有效期截止前30日完成评标和定标的,招标人可以书面形式要求所有投标人延长投标有效期。投标人同意延长的,不得要求或被允许修改其投标文件的实质性内容,但应当相应延长其投标保证金的有效期。投标人拒绝延长的,其投标失效,但投标人有权收回其投标保证金。因延长投标有效期造成投标人损失的,招标人应当给予补偿,但因不可抗力需要延长投标有效期的除外。

三、中标

(一)中标条件

中标是确定中标人并签订合同的行为。中标人应当符合下列条件:

(1)能够最大限度地满足招标文件中规定的各项综合评价标准。

(2)能够满足招标文件的实质性要求,并且经评审的投标价格最低,但是投标价格低于成本的除外。

(二)中标程序

(1)确定中标人。招标人根据评标委员会提出的书面评标报告和推荐的中标候选人确定中标人。招标人也可以授权评标委员会直接确定中标人。

《实施条例》规定,依法必须进行招标的项目,招标人应当自收到评标报告之日起3日内公示中标候选人,公示期不得少于3日。

投标人或者其他利害关系人对依法必须进行招标的项目的评标结果有异议的,应当在中标候选人公示期间提出。招标人应当自收到异议之日起3日内作出答复。作出答复前,应当暂停招标投标活动。

(2)发出中标通知书。中标人确定后,招标人应当向中标人发出中标通知书,并同时将中标结果通知所有未中标的投标人。中标通知书对招标人和中标人具有法律效力。中标通知书发出后,招标人改变中标结果的,或者中标人放弃中标项目的,应当依法承担法律责任。

(3)招标人与中标人签订书面合同。招标人和中标人应当自中标通知书发出之日起30日内,按照招标文件和中标人的投标文件签订书面合同。招标文件要求中标人提交履约保证金的,中标人应当提交。拒绝提交的,视为放弃中标项目。

(4)招标人将招标投标情况依法备案。依法必须进行招标的项目,招标人应当自确定中标人之日起15日内,向有关行政监督部门提交招标投标情况的书面报告。

书面报告至少应包括下列内容:

1)招标范围;

2)招标方式和发布招标公告的媒介;

3)招标文件中投标人须知、技术条款、评标标准和方法、合同主要条款等内容;

4)评标委员会的组成和评标报告;

5)中标结果。

第五节 建设工程招标投标的管理与监督

一、招标投标异议

招标投标异议,是指投标人认为招标文件、招标过程和中标结果使自己的权益受到损害的,以书面形式向招标人或招标代理机构提出疑问主张权利的行为。《招标投标法》第65条规定,投标人和其他利害关系人认为招标投标活动不符合本法有关规定的,有权向招标人提出异议。按照《实施条例》的规定,对于资格预审文件有异议的,应当在递交资格预审申请文件截止时间前2日提出,招标人应当自收到异议之日起3日内作出答复;作出答复前,应当暂停招标投标活动。对于招标文件有异议的,应当在投标截止时间前10日提出,招标人应当自收到异议之日起3日内作出答复;作出答复前,应当暂停招标投标活动。对于开标的异议,应当在开标现场提出,招标人应当当场作出答复,并制作记录。对于评标结果的异议,应当在公示期内提出。招标人应当自收到异议之日起3日内作出答复;作出答复前,应当暂停招标投标活动。

二、招标投标投诉

招标投标投诉,是指投标人和其他利害关系人认为招标投标活动不符合法律、法规和规章规定,依法向有关行政监督部门提出意见并要求相关主体改正的行为。建立招标投诉制度的目的是保护国家利益、社会公共利益和招标投标当事人的合法权益,公平、公正处理招标投诉的基本要求。

工程建设项目招标投标活动的投诉和处理,主要适用《工程建设项目招标投标活动投诉处理办法》(2004年国家七部委第11号令公布,根据2013年3月11日《关于废止和修改部分招标投标规章和规范性文件的决定》2013年第23号令修正)。招标投标投诉可以在招标投标活动的各个阶段提出,包括招标、投标、开标、评标、中标以及签订合同等。

《实施条例》规定,对资格预审文件或招标文件、开标、评标结果等事项投诉的,应当先向招标人提出异议。异议答复期间不计算在相应的期限内。该规定表明前述3个事项的投诉,提出异议是前置程序,必须先提出异议,然后才能投诉。

(一)投诉人

《工程建设项目招标投标活动投诉处理办法》第3条规定,有权提出投诉的主体是投标人和其他利害关系人。投标人和其他利害关系人认为招标投标活动不符合法律、法规和规章规定的,有权依法向有关行政监督部门投诉。投诉人投诉提交投诉书。

（二）投诉受理人

招标投标投诉受理人是招标投标的行政监督部门。各级发展改革、建设、水利、交通、铁道、民航、工业与信息产业（通信、电子）等招标投标活动行政监督部门，依照国务院和地方各级人民政府规定的职责分工，受理投诉并依法做出处理决定。对国家重大建设项目（含工业项目）招标投标活动的投诉，由国家发展改革委受理并依法做出处理决定。对国家重大建设项目招标投标活动的投诉，有关行业行政监督部门已经受理的，应当通报国家发改委，国家发改委不再受理。

《实施条例》第 61 条规定：投诉人就同一事项向两个以上有权受理的行政监督部门投诉的，由最先收到投诉的行政监督部门负责处理。

（三）行政监督部门决定是否受理投诉

行政监督部门应当自收到投诉之日起 3 个工作日内决定是否受理投诉。《工程建设项目招标投标活动投诉处理办法》第 11 条规定，行政监督部门收到投诉书后，应当视情况分别做出以下处理决定：

（1）不符合投诉处理条件的，决定不予受理，并将不予受理的理由书面告知投诉人。

有下列情形之一的投诉，不予受理：

①投诉人不是所招标投标活动的参与者，或者与投诉项目无任何利害关系；②投诉事项不具体，且未提供有效线索，难以查证的；③投诉书未署具投诉人真实姓名、签字和有效联系方式的；④以法人名义投诉的，投诉书未经法定代表人签字并加盖公章的；⑤超过投诉时效的；⑥已经做出处理决定，并且投诉人没有提出新的证据的；⑦投诉事项已进入行政复议或者行政诉讼程序的。

（2）对符合投诉处理条件，但不属于本部门受理的投诉，书面告知投诉人向其他行政监督部门提出投诉。

（3）对于符合投诉处理条件并决定受理的，收到投诉书之日即为正式受理。

（四）投诉处理决定的做出

行政监督部门自受理投诉之日起 30 个工作日内做出书面处理决定：需要检验、检测、鉴定、专家评审的，所需时间不计算在内。

行政监督部门的投诉处理决定不是终局的，因此，当事人对行政监督部门的投诉处理决定不服或者行政监督部门逾期未作处理的，可以依法申请行政复议或者向人民法院提起行政诉讼。

行政监督部门对投诉处理中需要的费用，全部由财政支出，行政监督部门在处理投诉过程中，不得向投诉人和被投诉人收取任何费用。

（五）招标投标投诉中追究法律责任的规定

（1）应当建立投诉处理档案。《工程建设项目招标投标活动投诉处理办法》第 23 条规定,行政监督部门应当建立投诉处理档案,并做好保存和管理工作,接受有关方面的监督检查。

(2)被投诉人的法律责任。《工程建设项目招标投标活动投诉处理办法》第24条规定,行政监督部门在处理投诉过程中,发现被投诉人单位直接负责的主管人员和其他直接责任人员有违法、违规或者违纪行为的,应当建议其行政主管机关、纪检监察部门给予处分;情节严重构成犯罪的,移送司法机关处理。对招标代理机构有违法行为,且情节严重的,依法暂停直至取消招标代理资格。

(3)投诉人的法律责任。《工程建设项目招标投标活动投诉处理办法》第26条规定,投诉人故意捏造事实、伪造证明材料的,属于虚假恶意投诉,由行政监督部门驳回投诉,并给予警告;情节严重的,可以并处1万元以下罚款。

(4)对投诉处理的舆论和公众监督。《工程建设项目招标投标活动投诉处理办法》第29条规定,对于性质恶劣、情节严重的投诉事项,行政监督部门可以将投诉处理结果在有关媒体上公布,接受舆论和公众监督。

(六)招标投标违法的法律责任与处理

招标投标活动必须依法实施,任何违法行为都要承担法律责任,《招标投标法》在"法律责任"一章中明确规定应承担的法律责任,《实施条例》进一步细化了违法行为和法律责任。

1. 招标人违法的法律责任与处理

(1)规避招标

1)规避招标的表现。任何单位和个人不得将依法必须进行招标的项目化整为零或者以其他任何方式规避招标。按《招标投标法》和《实施条例》的规定,凡依法应公开招标的项目,采取化整为零或弄虚作假等方式不进行公开招标的,或不按照规定发布资格预审公告或者招标公告且又构成规避招标的,都属于规避招标的情况。

2)对规避招标的处理。必须进行公开招标的项目而不招标的,将必须进行公开招标的项目化整为零或者以其他任何方式规避招标的,责令限期改正,可以处项目合同金额5%以上10%以下的罚款。对全部或者部分使用国有资金的项目,可以暂停项目执行或者暂停资金拨付。对单位直接负责的主管人员和其他直接责任人员依法给予处分,是国家工作人员的,可以进行撤职、降级或开除,情节严重的,依法追究刑事责任。

(2)限制或排斥潜在投标人或者投标人

对限制或排斥潜在投标人或者投标人的处理:招标人以不合理的条件限制或者排斥潜在投标人或者投标人的,对潜在投标人或者投标人实行歧视待遇的,强制要求投标人组成联合体共同投标的,或者限制投标人之间竞争的,责令改正,可以处1万元以上5万元以下的罚款。

(3)招标人多收保证金

招标人以超过规定的比例收取投标保证金或者不按照规定退还投标保证金及银行同期存款利息的,由有关行政监督部门责令改正,可以处5万元以下的罚款。给他人造成损失的,依法承担赔偿责任。

（4）招标人不按规定与中标人订立中标合同

1）无正当理由不发出中标通知书。

2）不按照规定确定中标人。

3）在中标通知书发出后无正当理由改变中标结果。

4）无正当理由不与中标人订立合同。

5）在订立合同时向中标人提出附加条件。

对于此种情况，由有关行政监督部门责令改正，可以处中标项目金额 10％ 以下的罚款。给他人造成损失的，依法承担赔偿责任。对单位直接负责的主管人员和其他直接责任人员依法给予处分。

2. 投标人串标违法的处理

投标人相互串通投标的，投标人以向招标人或者评标委员会成员行贿的手段谋取中标的，中标无效，处中标项目金额 5％ 以上 10％ 以下的罚款，对单位直接负责的主管人员和其他直接责任人员处单位罚缴金额的 5％ 以上 10％ 以下的罚款。有违法所得的，并处没收违法所得。情节严重的，取消其 1～2 年内参加依法必须进行招标的项目的投标资格并予以公告，直至由工商行政管理机关吊销营业执照。构成犯罪的，依法追究刑事责任。给他人造成损失的，依法承担赔偿责任。

关于招标人与投标人串通投标，对招标人的处罚，无论是《招标投标法》还是《实施条例》，都没有进行具体的规定。各地有一些具体的处罚细节，而招标人和投标人串通投标，对投标人的处罚与投标人之间相互串标的处罚是一致的。

（1）投标人弄虚作假骗取中标，投标人以行贿手段谋取中标，属于《招标投标法》情节严重行为的，由有关行政监督部门取消其 1～2 年内参加依法必须进行招标的项目的投标资格。

（2）投标人以他人名义投标投标人有下列行为之一的，属于情节严重行为，由有关行政监督部门取消其 1～3 年内参加依法必须进行招标的项目的投标资格：

1）伪造或变造资格、资质证书或者其他许可证件骗取中标。

2）3 年内 2 次以上使用他人名义投标。

3）弄虚作假骗取中标。给招标人造成直接经济损失在 30 万元以上。

4）其他弄虚作假骗取中标情节严重的行为。

投标人以他人名义投标或者以其他方式弄虚作假骗取中标的，中标无效。构成犯罪的，依法追究刑事责任。尚不构成犯罪的，依照《招标投标法》第54条的规定处罚。出让或者出租资格、资质证书供他人投标的，依照法律、行政法规的规定给予行政处罚。构成犯罪的，依法追究刑事责任。

3. 招标代理机构违法的处理

招标代理机构违反规定，在所代理的招标项目中投标、代理投标或者向该项目投标人提供咨询的，接受委托编制标底的中介机构参加受托编制标底项目的投标或者为该项目的投标人编制投标文件、提供咨询的，泄露应当保密的与招标投标活动有关的情况和资料的，与招标人或投标人串通损害国家利益、社会公共利益或者他人合法权益的,处 5 万元以上 25 万元以下的罚款,对单位直接负责的主管人员和其他直接责任人员处单位罚款数额的 5% 以上 10% 以下的罚款。有违法所得的,并处没收违法所得。情节严重的,暂停直至取消招标代理资格。构成犯罪的,依法追究刑事责任。给他人造成损失的,依法承担赔偿责任。如果招标代理机构的违法行为影响中标结果,则中标无效。

4. 评标专家违法的处理

评标委员会成员有下列行为之一的,由有关行政监督部门责令改正。情节严重的,禁止其在一定期限内参加依法必须进行招标的项目的评标。情节特别严重的,取消其担任评标委员会成员的资格:

(1)应当回避而不回避。

(2)擅离职守。

(3)不按照招标文件规定的评标标准和方法评标。

(4)私下接触投标人。

(5)向招标人征询确定中标人的意向,或者接受任何单位或个人的明示或者暗示提出的倾向或者排斥特定投标人的要求。

(6)对依法应当否决的投标不提出否决意见。

(7)暗示或者诱导投标人做出澄清、说明,或者接受投标人主动提出的澄清、说明。

(8)其他不客观、不公正履行职务的行为。

评标委员会成员收受投标人的财物或者其他好处的,没收收受的财物,处 3000 元以上 5 万元以下的罚款,取消其担任评标委员会成员的资格,不得再参加依法必须进行招标的项目的评标。构成犯罪的,依法追究刑事责任。

5. 监管机构违法的处理

项目审批和核准部门不依法审批和核准项目招标范围、招标方式、招标组织形式的,对单位直接负责的主管人员和其他直接责任人员依法给予处分。

有关行政监督部门不依法履行职责,对违反《招标投标法》和《实施条例》规定的行为不依法查处,或者不按照规定处理投诉,不依法公告对招标投标当事人违法行为的行政处理决定的,对直接负责的主管人员和其他直接责任人员依法给予处分。

项目审批和核准部门以及有关行政监督部门的工作人员徇私舞弊、滥用职权、玩忽职守,构成犯罪的,依法追究刑事责任。

6. 国家工作人员违法的处理

国家工作人员利用职务便利,以直接或者间接,明示或者暗示等方式非法干涉招标投标活动,有下列情形之一的,依法给予记过或者记大过处分。情节严重的,依法给予降级或者撤职处分。情节特别严重的,依法给予开除处分。构成犯罪的,依法追究刑事责任。

(1)要求对依法必须进行招标的项目不进行招标,或者要求对依法应当公开招标的项目不进行公开招标。

（2）要求评标委员会成员或者招标人将其指定的投标人作为中标候选人或者中标人，或者以其他方式非法干涉评标活动，影响中标结果。

（3）以其他方式非法干涉招标投标活动。

案例分析

【案情】2009年9月22日，被告就某住宅项目进行邀请招标，原告与其他三家建筑公司共同参加了投标。结果由原告中标。2009年10月14日，被告就该项工程向原告发出中标通知书。其中载明：工程建筑面积74781平方米，中标价格8000万元人民币，要求于12月25日签订工程承包合同，12月28日开工。

中标通知书发出后，原告按被告的要求提出，为抓紧工期，应该先做好施工准备，后签订工程合同。被告同意了这个要求。之后，原告进入了施工现场，平整场地，将打桩桩架运入现场，并配合房地产公司在12月28日打了两根桩，完成了项目的开工仪式。

但是，工程开工后，还没有等到正式签订承包合同，双方就因为对合同内容的意见不同而发生了争议。被告要求原告将工程中的一个专项工程分包给自己信赖的公司，而原告以招标文件没有要求必须分包而拒绝。2001年3月1日，被告明确函告原告将"另行落实施工队伍"。

双方协商不成，原告只得诉至法院，在法庭上，原告指出，被告既已发出中标通知书，就表明招标过程中的要约已经承诺，按招标投标文件和《施工合同示范文本》的有关规定，签订工程承包合同是被告的法定义务。因此，原告要求被告继续履行合同。要求被告对其损失进行赔偿。但被告辩称：虽然已发了中标通知书，但这个文件并无合同效力，且双方的合同尚未签订，因此，双方还不存在合同上的权利和义务关系，被告有权另行确定合同相对人。

【分析】本案例涉及招标投标活动中要约、承诺及合同生效等条款以及招标投标活动中合同争议处理原则。招标人发出中标通知书这一行为的法律性质是承诺。因为中标通知书的发出意味着招标人接受了投标人的投标文件，即中标通知书是受要约人（招标人）同意要约（投标文件）的意思表示。发出中标通知书后，招标人不与中标人签订合同，应负法律责任，此处责任的性质，属于缔约过失责任。

缔约过失责任是指缔约一方当事人故意或者过失地违反依诚实信用原则所应承担的先合同义务，而造成对方信赖利益的损失时依法承担的民事赔偿责任。缔约过失责任一般以损害事实的存在为成立条件，只有缔约一方违反先合同义务造成相对方损失时，才能产生缔约过失责任。缔约过失责任中的损失主要是信赖利益的损失，即当事人因信赖合同的成立和有效，但合同却不成立或无效而遭受的损失。其赔偿范围主要是与订约有关的费用支出。因此，招标人和投标人在开标至定标期间所应承担责任的范围也应以此为限。例如，制作招标、投标文件等进行招标或投标行为所发生的费用。在招标投标实践中，招标人一般都要求投标人在投标时提交投标保证金或者投标保函，这时的保证金数额可以看成双方对预期损失的约定。

思考题

1. 请简要概述招标投标的基本流程。
2. 从政府的角度如何看待招标投标中的问题。

第八章　建设工程质量管理法规

第一节　质量管理体系认证制度

一、建设工程质量概述

建筑工程质量有广义和狭义之分。从狭义上说,建筑工程质量仅指工程实体质量,是指在国家现行的有关法律法规、技术标准、设计文件和合同中,对工程的安全、适用、经济、美观等的综合要求。广义上的建筑工程质量,还包括工程建设参与者的服务质量和工作质量,反映他们的服务是否及时、主动,态度是否诚恳、守信,管理水平是否先进,工作效率是否高等方面。应该说,工程实体质量的好坏是决策、计划、勘察、设计、施工等单位各方面、各环节工作质量的综合反映。现在,国内外都趋向于从广义上来理解建筑工程质量,但本书中的建筑工程质量是指狭义上的建筑工程质量,即工程本身的质量。

影响建筑工程质量的因素很多,如决策、设计、材料、机械、地形、地质、水文、气象、施工工艺、操作方法、技术措施、人员素质、管理制度等,归纳起来,可分为五大方面,即人、材料、机械、方法和环境。在工程建设全过程中严格控制好这五大因素,是保证建筑工程质量的关键。

二、建设工程质量管理体系

建筑工程质量的优劣直接关系到国民经济的发展和人民生命安全,因此,加强建筑工程质量管理,是一个十分重要的问题。目前我国现行的建筑工程质量管理体系包括纵向管理和横向管理两个方面。

纵向管理是国家对建筑工程质量所进行的监督管理,它具体由建设行政主管部门及其授权机构实施,这种管理贯穿在工程建设全过程和各个环节之中,它既对工程建设从设计、规划、土地管理、环保、消防等方面进行监督管理,又对工程建设主体从资质认定和审查,成果质量检测、奖罚等方面进行监督管理,还对工程建设中各种活动如工程建设招标投标、工程施工、验收、维修等进行监督管理。

横向管理包括两个方面。一是工程承包单位的管理,如勘察单位、设计单位、施工单位自己对所承担工作的质量管理。承包单位要按要求建立专门质检机构,配备相应的质检人员,建立相应的质量保证制度,如审核校对制、培训上岗制、质量抽检制、各级质量责任制和部门领导质量责任制等。二是建设单位对建设工程的管理。可成立相应的机构和人员,对所建工程的质量进行监督,也可委托社会监理单位对工程建设的质量进行监理。现在,世界上大多数国家都推行监理制度,我国也在推进和完善这一制度。

三、ISO 质量管理体系

(一)质量管理体系的内涵及构成

质量管理体系是组织内部建立的、为实现质量目标所必需的、系统的质量管理模式,是组织的一项战略决策。它将资源与过程结合,以过程管理方法进行系统管理,根据企业特点选用若干体系要素加以组合。一般包括与管理活动、资源提供、产品实现以及测量、分析与改进活动相关的过程组成,可以理解为涵盖了从确定顾客需求、设计研制、生产、检验、销售、交付之前全过程的策划、实施、监控、纠正与改进活动的要求。一般以文件化的方式,成为组织内部质量管理工作的要求。

针对质量管理体系的要求,质量管理体系国际标准化组织(ISO)的质量管理和质量保证技术委员会制定了 ISO9000 族系列标准,以适用于不同类型、产品、规模与性质的组织。该类标准由若干相互关联或补充的单个标准组成,其中为大家熟知的是 ISO9001《质量管理体系要求》,它提出的要求是对产品要求的补充,经过数次的改版。

2016 年 12 月 30 日,国家质量监督检验检疫总局、国家标准化管理委员会正式批准发布了 2016 版《质量管理体系 基础和术语》《质量管理体系 要求》国家标准,新版标准于 2017 年 7 月 1 日起正式实施。2016 版 ISO9000 族标准包括 4 个核心标准、1 个支持性标准、若干个技术报告和宣传性小册子,见表 8-1。

表 8-1　ISO9000 族标准的文件结构

项目	名称
核心标准 (4 个)	GB/T 19000—2016 idt ISO9000:2016 质量管理体系 基础和术语 GB/T 19001—2016 idt ISO9001:2016 质量管理体系 要求 GB/T 10994—2011 idt ISO9004:2011 质量管理体系 业绩改进指南 GB/T 19011—2013 idt ISO19001:2013 管理体系审核指南
支持性标准(1 个)	ISO 10012 测量控制系统
技术报告	ISO/TR 10005 质量计划编制指南 ISO/TR 10006 项目管理指南 ISO/TR 10007 技术状态管理指南 ISO/TR 10013 质量管理体系文件指南 ISO/TR 10014 质量经济性管理指南 ISO/TR 10015 教育和培训指南 ISO/TR 10017 统计技术在 ISO9001 中的应用指南
其他文件	质量管理原则 选择和使用指南 小型企业的应用

（二）质量管理体系的原则及特征

1. 质量管理体系的原则

为确保质量目标的实现，ISO质量管理体系明确了以下八项质量管理原则。

一是以顾客为关注焦点。组织依存于其顾客。因此，组织应理解顾客当前和未来的需求，满足顾客要求并争取超越顾客期望。

就是一切要以顾客为中心，通过确定顾客，理解顾客全部的需求和期望；保证顾客和其他受益者平衡的途径；将顾客的需求转化为要求；加强与顾客的沟通与联络；测量顾客的满意度；利用测量结果，持续改进组织的过程和产品。

二是领导作用。领导者建立组织统一的宗旨和方向。他们应当创造并保持能使员工充分参与实现组织目标的内部环境。

作为组织的最高管理层和决策层，领导者在一个组织的质量管理活动中起着关键的作用。领导者要制定适宜的质量方针和质量目标，同时还要创造一个良好的组织内部环境，激励员工积极地工作，充分参与质量管理，为实现质量方针和质量目标做出应有的贡献。

三是全员参与。各级人员都是组织之本，只有他们的充分参与，才能使他们的才干为组织带来收益。

全体职工是组织的基础。组织的质量管理不仅需要最高领导者的正确领导，还有赖于全员的参与。质量管理应以人为本。组织的质量管理是通过组织内部各级各类人员参与生产经营的各项质量活动来加以实施的，只有不断提高员工的素质，让他们参与质量管理，才能实现组织的质量方针和目标，并带来最大收益。所以，要对职工进行质量意识、职业道德、以顾客为中心的意识和敬业精神的教育，还要激发员工的积极性和责任感。

四是过程和方法。将活动和相关的资源作为过程进行管理，可以更高效地得到预期的结果。

过程是一组将输入转化为输出的相互关联或相互作用的活动。任何质量工作都是通过具体的过程来完成的。为了更高效地得到期望的结果，必须识别并管理质量工作中有关的过程。过程活动的输入是资源，输出是产品及过程的结果。因此，应对活动或相关的资源认真管理。

五是管理的系统方法。将互相关联的过程作为系统加以识别、理解和管理，有助于组织提高实现目标的有效性和效率。

任何一个组织，要想提高组织的效率和有效性，就必须采用系统管理的方法。在质量管理活动中，就要去用系统的方法建立、运行和保持质量管理体系。针对设定的目标，识别、理解并管理一个由相互关联的过程所组成的体系，有助于提高组织的有效性和效率。这样做既可以提供对过程能力及产品可靠性的信任，也可以为持续改进打好基础，还可以使顾客满意，最终使组织获得成功。

六是持续改进。持续改进总体业绩应当是组织的一个永恒目标。

任何事物都是不断发展变化的，都有一个逐步完善和不断适应更新的过程，质量管理也是一样,持续改进是组织的一个永恒目标。在质量管理体系中,改进是指产品质量、过程及体系有效性和效率的提高。持续改进的核心是提高有效性和效率,实现质量目标。

七是基于事实的决策方法。有效决策是建立在数据和信息分析的基础上。

决策是通过调查研究和分析,确定质量目标并提出实现目标的方案,对可供选择的方案进行优选做出决策的过程。正确有效的决策依赖于科学的决策方法,更依赖于符合客观事实的数据和信息。

八是与供方互利的关系。组织与供方是相互依存的,互利的关系可增强双方创造价值的能力。

通常情况下,一个组织不可能单独完成由最初的原材料开始加工直至形成最终顾客使用的产品这一过程,一个产品的形成往往是由多个组织分工协作来完成的。任何一个组织都有其供应方或合作关系的伙伴,供应方作为组织的重要资源之一,其提供的原材料、半成品、零部件或服务的好坏对产品最终的质量有着重要的影响。

2. 质量管理体系的特征

质量管理体系具有符合性、系统性、全面有效性、预防性、动态性、持续受控性等特征。

符合性。要有效开展质量管理,必须设计、建立、实施和保持质量管理体系。组织的最高管理者依据相关标准对质量管理体系的设计、建立应符合行业特点、组织规模、人员素质和能力,同时还要考虑到产品和过程的复杂性、过程的相互作用情况、顾客的特点等。

系统性。质量管理体系是相互关联和相互作用的子系统所组成的复合系统,包括:

组织结构——合理的组织结构和明确的职责、权限及其协调的关系;

程序——规定到位的形成文件的程序和作业指导书,是过程运行和进行活动的依据;

过程——质量管理体系的有效实施,是通过其过程的有效运行来实现的;

资源——必需、充分且适宜的资源包括人员、材料、设备、设施、能源、资金、技术、方法等。

全面有效性。质量管理体系的运行应是全面有效的,既能满足组织内部质量管理的要求,又能满足组织与顾客的合同要求,还能满足第二方认定、第三方认证和注册的要求。

预防性。质量管理体系应能采用适当的预防措施,有一定的防止重要质量问题发生的能力。

动态性。组织应综合考虑利益、成本和风险,通过质量管理体系持续有效运行和动态管理使其最佳化。最高管理者定期批准进行内部质量管理体系审核,定期进行管理评审,以改进质量管理体系;还要支持质量职能部门采用纠正措施和预防措施改进过程,从而完善体系。

持续受控性。质量管理体系应保持过程及其活动持续受控。

(三)质量管理体系的认证

1. 质量管理体系认证的含义

质量管理体系认证又称管理体系注册,是从产品认证中分离并发展起来的,目前已成为质量认证体系中的重要组成部分。

质量管理体系认证是证明企业的管理体系符合某一管理体系标准,具有质量保证能力的活动。必须经过体系认证机构的确认,并颁发体系认证证书或办理管理体系注册。

质量管理体系认证具有如下特征:

一是质量管理体系认证的对象是某一组织的质量保证体系;

二是实行质量管理体系认证的基本依据等同采用国际通用质量保证标准的国家标准;

三是鉴定某一组织质量管理体系是否可以认证的基本方法是质量管理体系审核,认证机构必须是与供需双方既无行政隶属关系,又无经济利害关系的第三方,才能保证审核的科学性、公正性与权威性;

四是证明某一组织质量管理体系注册资格的方式是颁发质量管理体系认证证书。

2. 质量管理体系认证与认可的区别

认可是指由授权机构依据程序对某个组织或某个人具有从事特定任务的能力予以正式承认。认可的对象是从事特定任务的团体或个人,可以是认证机构、认证人员、培训机构等。认可按规定程序进行。取得认可资格的证明方式是认可证书或注册资格证书。

认证与认可的区别如下:

一是认证是由第三方进行,认可是由授权的机构进行;

二是认证是书面保证,认可是正式承认;

三是认证是证明认证对象与认证所依据的标准符合性,认可是证明认可对象具备从事特定任务的能力。

3. 质量管理体系认证的程序

质量管理体系认证一般要经过递交申请、签订合同、体系审核、颁发证书、监督等程序。其中,质量管理体系的审核,根据 GB/T 19001 和 ISO19011 等标准文件,可以分为审核的确定、审核前准备、现场审核和审核后处理等阶段。具体认证的程序见图 8-1。

四、建设工程质量相关法律、法规

为了保证建设工程质量监督的有效进行,我国在建筑工程质量管理方面以法律、法规的形式确立了建筑工程质量标准化制度、建筑工程质量监督制度、建筑工程质量责任制、建筑工程竣工验收备案管理制度、建筑质量保修制度及竣工验收备案管理制度。

我国现行规范建设工程质量管理的法律主要有《建筑法》《标准化法》《产品质量法》;行政法规有《建设工程质量管理条例》《标准化法实施条例》;部门规章有《工程建设行业标准管理办法》《实施工程建设强制性标准监督规定》《工程建设标准强制性条文》;政策性文件有住房和城乡建设部(以下简称住建部)于 2014 年 8 月 25 日发布《建筑工程五方责任主体项目负责人质量终身责任追究暂行办法》(建质〔2014〕124 号)、住建部和财政部联合发布《建设工程质量保证金管理办法》(建质〔2017〕138 号)等。

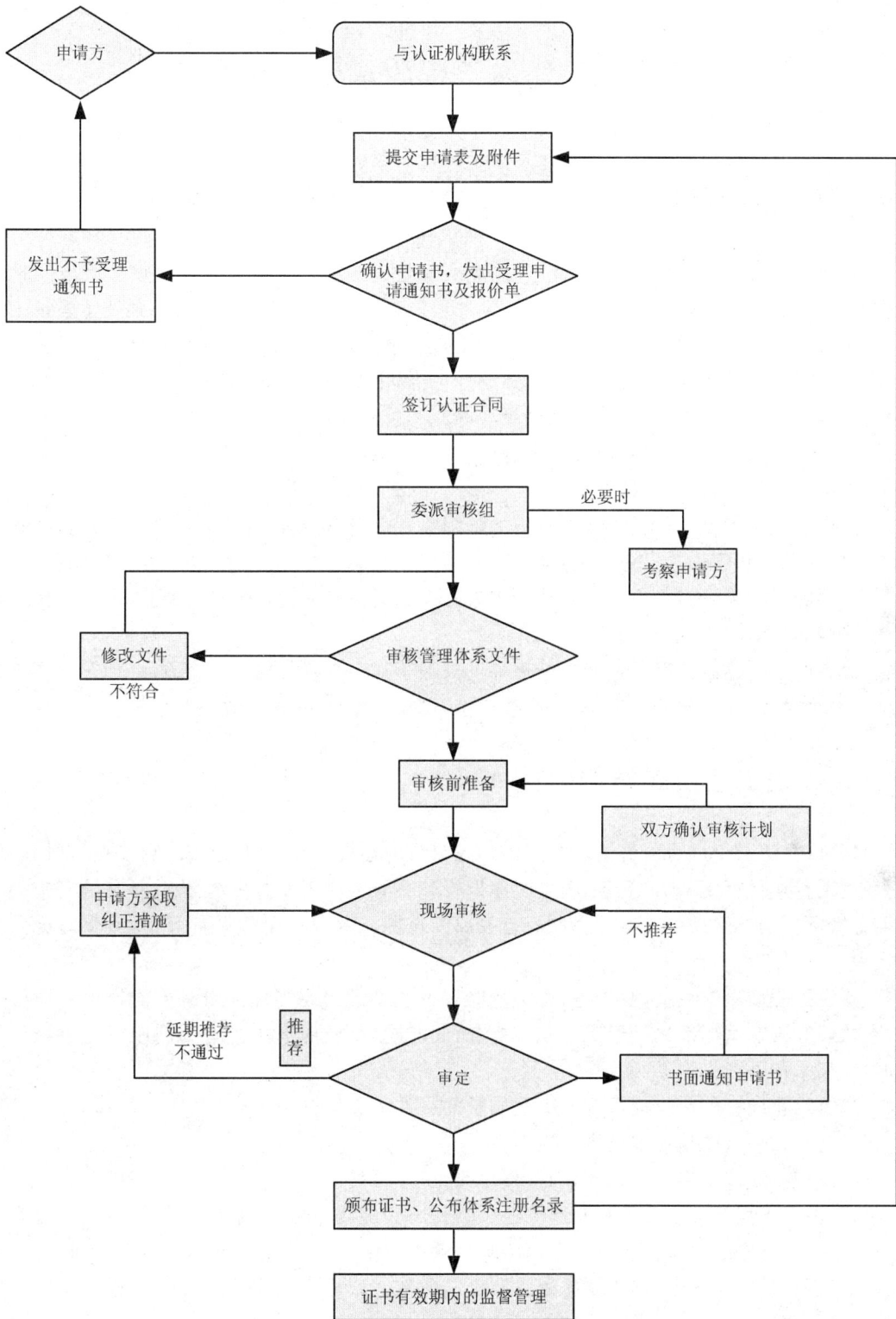

图 8-1　质量管理体系认证的一般程序

第二节　建设工程质量监督管理

一、质量监督管理概述

《建设工程质量管理条例》明确规定,国家实行建设工程质量监督管理制度。政府质量监督作为一项制度,以行政法规的性质在《建设工程质量管理条例》中加以明确,强调了建设工程质量必须实行政府监督管理。政府实行建设工程质量监督的主要目的是保证建设工程使用安全和环境质量,主要依据是法律、法规和强制性标准,主要方式是政府认可的第三方强制监督,主要内容是地基基础、主体结构、环境质量和与此相关的工程建设各方主体的质量行为,主要手段是施工许可证制度和竣工验收备案制度。

建设工程质量监督管理特点:

(1)权威性。建设工程质量监督体现的是国家意志,任何单位和个人从事工程建设活动都应当服从这种监督管理。

(2)强制性。建设工程质量监督是由国家的强制力来保证的,任何单位和个人不服从这种监督管理都将受到法律的制裁。

(3)综合性。建设工程质量监督管理并不局限于某一个阶段或某一个方面,而是贯穿于建设活动的全过程,并适用于建设单位、勘察单位、设计单位、施工单位、工程建设监理单位。

二、建设工程质量监督的主体

对建设工程质量进行监督管理的主体是各级政府建设行政主管部门和其他有关部门。根据《建设工程质量管理条例》规定,国务院建设行政主管部门对全国的建设工程质量实施统一的监督管理。国务院铁路、交通、水利等有关部门按照国务院规定的职责分工,负责对全国的有关专业建设工程质量的监督管理。

《建设工程质量管理条例》规定,各级政府有关主管部门应当加强对有关建设工程质量的法律、法规和强制性标准执行情况的监督检查;同时规定,政府有关主管部门履行监督检查职责时,有权采取下列措施:

(1)要求被检查的单位提供有关工程质量的文件和资料。

(2)进入被检查的施工现场进行检查。

(3)发现有影响工程质量的问题时,责令改正。

由于建设工程质量监督具有专业性强、周期长、程序繁杂等特点,政府部门通常不宜亲自进行日常检查工作。这就需要通过委托由政府认可的第三方,即建设工程质量监督机构,来依法代行工程质量监督职能,并对委托的政府部门负责。政府部门主要对建设工程质量监督机构进行业务指导和管理,不进行具体工程质量监督。

三、建设工程质量监督管理机构

从事房屋建筑工程和市政基础设施工程质量监督的机构,必须按照国家有关规定经国务院建设行政主管部门或者省、自治区、直辖市人民政府建设行政主管部门考核,经考核合格后方可实施质量监督。建设工程质量监督机构是经省级以上建设行政主管部门或有关专业部门考核认定的独立法人,接受县级以上地方人民政府建设行政主管部门或有关专业部门的委托,依法对建设工程质量进行强制性监督,并对委托部门负责。

建设工程质量监督机构在进行监督工作中发现有违反建设工程质量管理规定行为和影响工程质量的问题时,有权采取责令改正、局部暂停施工等强制性措施,直至问题得到改正。需要给予行政处罚的,报告委托部门批准后实施。

四、建设工程质量监督内容

(一)对责任主体和有关机构履行质量责任的行为的监督检查

监督机构对责任主体和有关机构质量行为进行监督的一般原则:①抽查责任主体和有关机构执行有关法律、法规及工程技术标准的情况;②抽查责任主体和有关机构质量管理体系的建立和实施情况;③发现存在违法违规行为的,按建设行政主管部门委托的权限对违法违规事实进行调查取证、对责任单位、责任人提出处罚建议或按委托权限实施行政处罚。

(1)对建设单位。监督机构应对建设单位下列行为进行抽查:①施工前办理质量监督注册、施工图设计文件审查、施工许可手续情况;②按规定委托监理情况;③组织图纸会审、设计交底、设计变更工作情况;④组织工程质量验收情况;⑤原设计有重大修改、变动的施工图设计文件重新报审情况;⑥及时办理工程竣工验收备案手续情况。

(2)对勘察、设计单位。监督机构应对勘察、设计单位的下列行为进行抽查:①参加地基验槽、基础、主体结构及有关重要部位工程质量验收和工程竣工验收情况;②签发设计修改变更、技术洽商通知情况;③参加有关工程质量问题的处理情况。

(3)对施工单位。监督机构应对施工单位的下列行为进行抽查:①施工单位资质、项目经理部管理人员的资格、配备及到位情况,主要专业工种操作上岗资格、配备及到位情况;②分包单位资质与对分包单位的管理情况;③施工组织设计或施工方案审批及执行情况;④施工现场施工操作技术规程及国家有关规范、标准的配置情况;⑤工程技术标准及经审查批准的施工图设计文件的实施情况;⑥检验批、分项、分部(子分部)、单位(子单位)工程质量的检验评定情况;⑦质量问题的整改和质量事故的处理情况;⑧技术资料的收集、整理情况。

(4)对监理单位。监督机构应对监理单位的下列行为进行抽查:①监理单位资质、项目监理机构的人员资格、配备及到位情况;②监理规划、监理实施细则(关键部位和工序的确定及措施)的编制审批内容的执行情况;③对材料、构配件、设备投入使用或安装前进行审查情况;④对分包单位的资质进行核查情况;⑤见证取样制度的实施情况;⑥对重点部位、关键工序实施旁站监理情况;⑦质量问题通知单签发及质量问题整改结果的复查情况;⑧组织检验批、分项、分部(子分部)工程的质量验收、参与单位(子单位)工程质量的验收情况;⑨监理资料收集整理情况。

(5)对工程质量检测单位。监督机构应对工程质量检测单位的下列行为进行抽查:①是否超越核准的类别、业务范围承接任务;②检测业务基本管理制度情况;③检测内容和方法的规范性程度;④检测报告形成程序、数据及结论的符合性程度。

(二)对工程实体质量的监督检查

监督机构对工程实体质量监督的一般原则:①对工程实体质量的监督采取抽查施工作业面的施工质量与对关键部位重点监督相结合的方式;②重点检查结构质量、环境质量和重要使用功能,其中重点监督工程地基基础、主体结构和其他涉及结构安全的关键部位;③抽查涉及结构安全和使用功能的主要材料、构配件和设备的出厂合格证、试验报告、见证取样送检资料及结构实体检测报告;④抽查结构混凝土及承重砌体施工过程的质量控制情况;⑤实体质量检查要辅以必要的监督检测,由监督人员根据结构部位的重要程度及施工现场质量情况进行随机抽检。

(1)地基基础工程。监督机构应对地基基础工程的验收进行监督,并对下列内容进行重点抽查:①桩基、地基处理的施工质量及检测报告、验收记录、验槽记录;②防水工程的材料和施工质量;③地基基础子分部、分部工程的质量验收情况。

(2)主体结构工程。监督机构应对主体结构工程的验收进行监督,并对下列内容进行重点抽查:①对混凝土预制构件及预拌混凝土质量的监督检查;②钢结构、混凝土结构等重要部位及有特殊要求部位的质量及隐蔽验收;③混凝土、钢筋及砌体等工程关键部位,必要时进行现场监督检测;④主体结构子分部、分部工程的质量验收资料。

(3)装饰装修、安装工程。监督机构应根据实际情况对有关装饰装修、安装工程的下列部分内容进行抽查:①幕墙工程、外墙粘(挂)饰面工程、大型灯具等涉及安全和使用功能的重点部位施工质量的监督抽查;②安装工程使用功能的检测及试运行记录;③工程的观感质量;④分部(子分部)工程的施工质量验收资料。

(4)有关工程使用功能和室内环境质量。监督机构应根据实际情况对有关工程使用功能和室内环境质量的下列部分内容进行抽查:①有环保要求材料的检测资料;②室内环境质量检测报告;③绝缘电阻、防雷接地及工作接地电阻的检测资料,必要时可进行现场测试;④屋面、外墙和厕所、浴室等有防水要求的房间及卫生器具防渗漏试验的记录,必要时可进行现场抽查;⑤各种承压管道系统水压试验的检测资料。

(5)其他。监督机构可对涉及结构安全、使用功能、关键部位的实体质量或材料进行监督检测,检测记录应列入质量监督报告。监督检测的项目和数量应根据工程的规模、结构形式、施工质量等因素确定。监督检测的项目宜包括:①承重结构混凝土强度;②受力钢筋数量、位置及混凝土保护层厚度;③现浇楼板厚度;④砌体结构承重墙柱的砌筑砂浆强度;⑤安装工程中涉及安全及功能的重要项目;⑥钢结构的重要连接部位;⑦其他需要检测的项目。

(三)对工程竣工验收的监督检查

监督机构应对验收组成员组成及竣工验收方案进行监督,对工程实体质量进行抽检,对观感质量进行检查,对工程竣工验收文件进行审查。

第三节　建设行为主体的质量责任与义务

一、建筑工程五方责任主体

为加强房屋建筑和市政基础设施工程(以下简称建筑工程)质量管理,提高质量责任意识,强化质量责任追究,保证工程建设质量,根据《中华人民共和国建筑法》《建设工程质量管理条例》等法律法规,住建部印发《建筑工程五方责任主体项目负责人质量终身责任追究暂行办法》(建质〔2014〕124号)。

(一)建筑工程五方责任主体项目负责人

建筑工程五方责任主体项目负责人是指承担建筑工程项目建设的建设单位项目负责人、勘察单位项目负责人、设计单位项目负责人、施工单位项目经理、监理单位总监理工程师。

建筑工程开工建设前,建设、勘察、设计、施工、监理单位法定代表人应当签署授权书,明确本单位项目负责人。

建筑工程五方责任主体项目负责人质量终身责任,是指参与新建、扩建、改建的建筑工程项目负责人按照国家法律法规和有关规定,在工程设计使用年限内对工程质量承担相应责任。

建设单位项目负责人对工程质量承担全面责任,不得违法发包、肢解发包,不得以任何理由要求勘察、设计、施工、监理单位违反法律法规和工程建设标准,降低工程质量,其违法违规或不当行为造成工程质量事故或质量问题应当承担责任。

勘察、设计单位项目负责人应当保证勘察设计文件符合法律法规和工程建设强制性标准的要求,对因勘察、设计导致的工程质量事故或质量问题承担责任。

施工单位项目经理应当按照经审查合格的施工图设计文件和施工技术标准进行施工,对因施工导致的工程质量事故或质量问题承担责任。

监理单位总监理工程师应当按照法律法规、有关技术标准、设计文件和工程承包合同进行监理,对施工质量承担监理责任。

(二)追究项目负责人的质量终身责任的情形

符合下列情形之一的,县级以上地方人民政府住房和城乡建设主管部门应当依法追究项目负责人的质量终身责任:

一是发生工程质量事故;

二是发生投诉、举报、群体性事件、媒体报道并造成恶劣社会影响的严重工程质量问题;

三是由于勘察、设计或施工原因造成尚在设计使用年限内的建筑工程不能正常使用;

四是存在其他需追究责任的违法违规行为。

(三)项目负责人质量终身责任信息档案

工程质量终身责任实行书面承诺和竣工后永久性标牌等制度。

项目负责人应当在办理工程质量监督手续前签署工程质量终身责任承诺书,连同法定代表人授权书,报工程质量监督机构备案。项目负责人如有更换的,应当按规定办理变更程序,重新签署工程质量终身责任承诺书,连同法定代表人授权书,报工程质量监督机构备案。

建筑工程竣工验收合格后,建设单位应当在建筑物明显部位设置永久性标牌,载明建设、勘察、设计、施工、监理单位名称和项目负责人姓名。

建设单位应当建立建筑工程各方主体项目负责人质量终身责任信息档案,工程竣工验收合格后移交城建档案管理部门。项目负责人质量终身责任信息档案包括下列内容:

第一,建设、勘察、设计、施工、监理单位项目负责人姓名,身份证号码,执业资格,所在单位,变更情况等。

第二,建设、勘察、设计、施工、监理单位项目负责人签署的工程质量终身责任承诺书。

第三,法定代表人授权书。

(四)责任追究

发生应当依法追究项目负责人的质量终身责任情形之一的,对五方责任主体项目负责人按以下方式进行责任追究:

(1)项目负责人为国家公职人员的,将其违法违规行为告知其上级主管部门及纪检监察部门,并建议对项目负责人给予相应的行政、纪律处分;

对勘察单位项目负责人、设计单位项目负责人为注册建筑师、勘察设计注册工程师的,施工单位项目经理、监理单位总监理工程师,对其责令停止执业1年;造成重大质量事故的,吊销执业资格证书,5年以内不予注册;情节特别恶劣的,终身不予注册。

(2)构成犯罪的,移送司法机关依法追究刑事责任。

(3)处单位罚款数额5%以上10%以下的罚款。

(4)向社会公布曝光。

住房城乡建设主管部门应当及时公布项目负责人质量责任追究情况,将其违法违规等不良行为及处罚结果记入个人信用档案,给予信用惩戒。鼓励住房城乡建设主管部门向社会公开项目负责人终身质量责任承诺等质量责任信息。

项目负责人因调动工作等原因离开原单位后,被发现在原单位工作期间违反国家法律法规、工程建设标准及有关规定,造成所负责项目发生工程质量事故或严重质量问题的,仍应按上述规定依法追究相应责任。

项目负责人已退休的,被发现在工作期间违反国家法律法规、工程建设标准及有关规定,造成所负责项目发生工程质量事故或严重质量问题的,仍应按上述规定依法追究相应责任,且不得返聘从事相关技术工作。项目负责人为国家公职人员的,根据其承担责任依法应当给予降级、撤职、开除处分的,按照规定相应降低或取消其享受的待遇。

工程质量事故或严重质量问题相关责任单位已被撤销、注销、吊销营业执照或者宣告破产的,仍应按规定依法追究项目负责人的责任。

违反法律法规规定,造成工程质量事故或严重质量问题的,除依照规定追究项目负责人终身责任外,还应依法追究相关责任单位和责任人员的责任。

《国务院办公厅关于促进建筑业持续健康发展的意见》(国办发〔2017〕19号)明确,严格落实工程质量责任。全面落实各方主体的工程质量责任,特别要强化建设单位的首要责任和勘察、设计、施工单位的主体责任。严格执行工程质量终身责任制,在建筑物明显部位设置永久性标牌,公示质量责任主体和主要责任人。对违反有关规定、造成工程质量事故的,依法给予责任单位停业整顿、降低资质等级、吊销资质证书等行政处罚并通过国家企业信用信息公示系统予以公示,给予注册执业人员暂停执业、吊销资格证书,一定时间直至终身不得进入行业等处罚。对发生工程质量事故造成损失的,要依法追究经济赔偿责任,情节严重的要追究有关单位和人员的法律责任。参与房地产开发的建筑业企业应依法合规经营,提高住宅品质。

二、建设单位的质量责任和义务

第一,依法对工程进行发包的责任。建设单位应当依法行使工程发包权,建设单位应当将工程发包给具有相应资质等级的单位,不得将建设工程肢解发包。

第二,依法对材料设备进行招标的责任。《建设工程质量管理条例》规定,建设单位应当依法对工程建设项目的勘察、设计、施工、监理以及与工程建设有关的重要设备、材料等的采购进行招标。

第三,提供原始资料的责任。建设单位必须向有关的勘察、设计、施工、工程监理等单位提供与建设工程有关的原始资料。原始资料必须真实、准确、齐全。

第四,不得干预投标人的责任。建设工程发包单位不得迫使承包方以低于成本的价格竞标。承包方主要指勘察、设计和施工单位。建设单位也不得任意压缩合理工期,不得明示或者暗示设计单位或者施工单位违反工程建设强制性标准,降低建设工程质量。

第五,送审施工图的责任。建设单位应当将施工图设计文件报县级以上人民政府建设行政主管部门或者其他有关部门审查。施工图设计文件未经审查批准的,不得使用。

第六,确保提供的物资符合要求的责任。按照合同约定,由建设单位采购建筑材料、建筑构配件和设备的,建设单位应当保证建筑材料、建筑构配件和设备符合设计文件和合同要求。如果建设单位提供的建筑材料、建筑构配件和设备不符合设计文件和合同要求,属于违约行为,应当向施工单位承担违约责任,施工单位有权拒绝接收这些货物。

第七,不得擅自改变主体和承重结构进行装修的责任。涉及建筑主体和承重结构变动的装修工程,建设单位应当在施工前委托原设计单位或者具有相应资质等级的设计单位提出设计方案;没有设计方案的,不得施工。

第八,依法组织竣工验收的责任。建设单位收到建设工程竣工报告后,应当组织设计、施工、工程监理等有关单位进行竣工验收。建设工程经竣工验收合格的,方可交付使用。如果建设单位有下列行为,根据《建设工程质量管理条例》将承担法律责任:

(1)未组织竣工验收,擅自交付使用的。

(2)验收不合格,擅自交付使用的。

(3)对不合格的建设工程按照合格工程验收的。

根据最高人民法院的有关司法解释规定,"建设工程未经竣工验收,发包人擅自使用后,又以使用部分质量不符合约定为由主张权利的,不予支持;但是承包人应当在建设工程的合理使用寿命内对地基基础工程和主体结构质量承担民事责任。"这是因为地基基础和主体结构的最低保修期限是设计的合理使用年限。

第九,移交建设项目档案的责任。建设单位还应当严格按照国家有关档案管理的规定,向建设行政主管部门或者其他有关部门移交建设项目档案。

三、勘察、设计单位的质量责任和义务

(一)勘察、设计单位共同的责任

1. 依法承揽工程的责任

从事建设工程勘察、设计的单位应当依法取得相应等级的资质证书,并在其资质等级许可的范围内承揽工程。

禁止勘察、设计单位超越其资质等级许可的范围或者以其他勘察、设计单位的名义承揽工程。禁止勘察、设计单位允许其他单位或者个人以本单位的名义承揽工程。

勘察、设计单位不得转包或者违法分包所承揽的工程。

2. 执行强制性标准的责任

勘察、设计单位必须按照工程建设强制性标准进行勘察、设计,并对其勘察、设计的质量负责。注册建筑师、注册结构工程师等注册执业人员应当在设计文件上签字,对设计文件负责。

(二)勘察单位的质量责任

由于勘察单位提供的资料会影响到后续工作的质量,因此,勘察单位提供的地质、测量、水文等勘察成果必须真实、准确。

(三)设计单位的质量责任

1. 科学设计的责任

设计单位应当根据勘察成果文件进行建设工程设计,脱离勘察成果文件的设计会为施工质量带来极大的隐患。

设计文件应当符合国家规定的设计深度要求,注明工程合理使用年限。

2. 选择材料设备的责任

设计单位在设计文件中选用的建筑材料、建筑构配件和设备,应当注明规格、型号、性能等技术指标,其质量要求必须符合国家规定的标准。除有特殊要求的建筑材料、专用设备、工艺生产线等外,设计单位不得指定生产厂、供应商。

3. 解释设计文件的责任

设计单位应当就审查合格的施工图设计文件向施工单位做出详细说明。

建设工程勘察、设计单位应当在建设工程施工前,向施工单位和监理单位说明建设工程勘察、设计意图,解释建设工程勘察、设计文件。建设工程勘察、设计单位应当及时解决施工中出现的勘察、设计问题。

4. 参与质量事故分析的责任

设计单位应当参与建设工程质量事故分析,并对因设计造成的质量事故,提出相应的技术处理方案。

四、施工单位的质量责任和义务

(一)依法承揽工程的责任

施工单位应当依法取得相应等级的资质证书,并在其资质等级许可的范围内承揽工程。禁止施工单位超越本单位资质等级许可的业务范围或者以其他施工单位的名义承揽工程。禁止施工单位允许其他单位或者个人以本单位的名义承揽工程。施工单位不得转包或者违法分包工程。

(二)建立质量保证体系的责任

施工单位对建设工程的施工质量负责。施工单位应当建立质量责任制,确定工程项目的项目经理、技术负责人和施工管理负责人。

建设工程实行总承包的,总承包单位应当对全部建设工程质量负责;建设工程勘察、设计、施工、设备采购的一项或者多项实行总承包的,总承包单位应当对其承包的建设工程或者采购的设备的质量负责。

(三)分包单位保证工程质量的责任

总承包单位依法将建设工程分包给其他单位的,分包单位应当按照分包合同的约定对其分包工程的质量向总承包单位负责,总承包单位与分包单位对分包工程的质量承担连带责任。

(四)按图施工的责任

施工单位必须按照工程设计图和施工技术标准施工,不得擅自修改工程设计,不得偷工减料。施工单位在施工过程中发现设计文件和设计图有差错的,应当及时提出意见和建议。

建设单位、施工单位、监理单位不得修改建设工程勘察、设计文件;确需修改建设工程勘察、设计文件的,应当由原建设工程勘察、设计单位修改。经原建设工程勘察、设计单位书面同意,建设单位也可以委托其他具有相应资质的建设工程勘察、设计单位修改。修改单位对修改的勘察、设计文件承担相应责任。施工单位、监理单位发现建设工程勘察、设计文件不符合工程建设强制性标准、合同约定的质量要求的,应当报告建设单位,建设单位有权要求建设工程勘察、设计单位对建设工程勘察、设计文件进行补充、修改。建设工程勘察、设计文件内容需要作重大修改的,建设单位应当报经原审批机关批准后,方可修改。

（五）对建筑材料、构配件和设备进行检验的责任

施工单位必须按照工程设计要求、施工技术标准和合同约定,对建筑材料、建筑构配件、设备和商品混凝土进行检验,检验应当有书面记录和专人签字;未经检验或者检验不合格的,不得使用。

（六）对施工质量进行检验的责任

施工单位必须建立、健全施工质量的检验制度,严格工序管理,做好隐蔽工程的质量检查和记录。隐蔽工程在隐蔽前,施工单位应当通知建设单位和建设工程质量监督机构。

（七）见证取样的责任

施工人员对涉及结构安全的试块、试件以及有关材料,应当在建设单位或者工程监理单位监督下现场取样,并送具有相应资质等级的质量检测单位进行检测。

检测机构是具有独立法人资格的中介机构。检测机构从事规定的质量检测业务,应当取得相应的资质证书。

（八）保修的责任

施工单位对施工中出现质量问题的建设工程或者竣工验收不合格的建设工程,应当负责返修。

在建设工程竣工验收合格前,施工单位应对质量问题履行返修义务;建设工程竣工验收合格后,施工单位应对保修期内出现的质量问题履行保修义务。《合同法》第281条对施工单位的返修义务也有相应规定:"因施工人原因致使建设工程质量不符合约定的,发包人有权要求施工人在合理期限内无偿修理或者返工、改建。经过修理或者返工、改建后,造成逾期交付的,施工人应当承担违约责任。"返修包括修理和返工。

五、监理单位的质量责任和义务

（一）依法承揽业务

工程监理单位应当依法取得相应等级的资质证书,并在其资质等级许可的范围内承担工程监理业务。

禁止工程监理单位超越本单位资质等级许可的范围或者以其他工程监理单位的名义承担工程监理业务。禁止工程监理单位允许其他单位或者个人以本单位的名义承担工程监理业务。工程监理单位不得转让工程监理业务。

（二）独立监理

工程监理单位与被监理工程的施工承包单位以及建筑材料、建筑构配件和设备供应单位有隶属关系或者其他利害关系的，不得承担该项建设工程的监理业务。

独立是公正的前提条件，监理单位如果不独立是不可能保持公正的。

（三）依法监理

工程监理单位应当依照法律、法规以及有关技术标准、设计文件和建设工程承包合同，代表建设单位对施工质量实施监理，并对施工质量承担监理责任。

监理工程师应当按照工程监理规范的要求，采取旁站、巡视和平行检验等形式，对建设工程实施监理。

（四）确认质量

工程监理单位应当选派具备相应资格的总监理工程师和监理工程师进驻施工现场。

未经监理工程师签字，建筑材料、建筑构配件和设备不得在工程上使用或者安装，施工单位不得进行下一道工序的施工。未经总监理工程师签字，建设单位不拨付工程款，不进行竣工验收。

六、工程质量事故报告制度

工程质量事故，是指由于建设、勘察、设计、施工、监理等单位违反工程质量有关法律法规和工程建设标准，使工程产生结构安全、重要使用功能等方面的质量缺陷，造成人身伤亡或者重大经济损失的事故。

2010年8月19日，住房和城乡建设部发布《关于做好房屋建筑和市政基础设施工程质量事故报告和调查处理工作的通知》（建质〔2010〕111号）。进一步规范房屋建筑和市政基础设施工程（以下简称工程）质量事故报告与调查处理工作。

根据工程质量事故造成的人员伤亡或者直接经济损失，工程质量事故分为4个等级：

（1）特别重大事故，指造成30人以上死亡，或者100人以上重伤，或者1亿元以上直接经济损失的事故。

（2）重大事故，指造成10人以上30人以下死亡，或者50人以上100人以下重伤，或者5000万元以上1亿元以下直接经济损失的事故。

（3）较大事故，指造成3人以上10人以下死亡，或者10人以上50人以下重伤，或者1000万元以上5000万元以下直接经济损失的事故。

（4）一般事故，指造成3人以下死亡，或者10人以下重伤，或者100万元以上1000万元以下直接经济损失的事故。

本等级划分所称的"以上"包括本数，所称的"以下"不包括本数。

建设工程发生质量事故，有关单位应当在24小时内向当地建设行政主管部门和其他有关部门报告。对重大质量事故，事故发生地的建设行政主管部门和其他有关部门应当按照事故类别和等级向当地人民政府和上级建设行政主管部门和其他有关部门报告。特别重大质量事故的调查程序按照国务院有关规定办理。

特别重大事故、重大事故逐级上报至国务院安全生产监督管理部门和负有安全生产监督管理职责的有关部门。每级上报的时间不得超过2小时。必要时,安全生产监督管理部门和负有安全生产监督管理职责的有关部门可以越级上报事故情况。

发生重大工程质量事故隐瞒不报、谎报或者拖延报告期限的,对直接负责的主管人员和其他责任人员依法给予行政处分。

国家机关工作人员在建设工程质量监督管理工作中玩忽职守、滥用职权、徇私舞弊,构成犯罪的,依法追究刑事责任;尚不构成犯罪的,依法给予行政处分。

第四节　建设工程质量保修及损害赔偿

建设工程质量保修制度是指建设工程竣工经验收后,在规定的保修期限内,因勘察、设计、施工、材料等原因造成的质量缺陷,应当由施工承包单位负责维修、返工或更换,由责任单位负责赔偿损失的法律制度。建设工程质量保修制度对于促进建设各方加强质量管理,保护用户及消费者的合法权益可起到重要的保障作用。

一、质量保修书和最低保修期限的规定

(一)建设工程质量保修书

《建设工程质量管理条例》规定,建设工程承包单位在向建设单位提交工程竣工验收报告时,应当向建设单位出具质量保修书。质量保修书中应当明确建设工程的保修范围、保修期限和保修责任等。

(1)质量保修范围。《建筑法》规定,建筑工程的保修范围应当包括地基基础工程、主体结构工程、屋面防水工程和其他土建工程,以及电气管线、上下水管线的安装工程,供热、供冷系统工程等项目。当然,不同类型的建设工程,其保修范围有所不同。

(2)质量保修期限。《建筑法》规定,保修的期限应当按照保证建筑物合理寿命年限正常使用,维护使用者合法权益的原则确定。

对具体的保修范围和最低保修期限,《建设工程质量管理条例》中做了明确规定。

(3)质量保修责任。施工单位在质量保修书中,应当向建设单位承诺保修范围、保修期限和有关具体实施保修的措施,如保修的方法、人员及联络办法,保修答复和处理时限,不履行保修责任的罚则等。

需要注意的是,施工单位在建设工程质量保修书中,应当对建设单位合理使用建设工程有所提示。如果是因建设单位或者用户使用不当或擅自改动结构、设备位置以及不当装修等造成质量问题的,施工单位不承担保修责任;由此而造成的质量受损或者其他用户损失,应当由责任人承担相应的责任。

（二）建设工程质量的最低保修期限

《建设工程质量管理条例》规定，在正常使用条件下，建设工程的最低保修期限为：①基础设施工程、房屋建筑的地基基础工程和主体结构工程，为设计文件规定的该工程的合理使用年限；②屋面防水工程、有防水要求的卫生间、房间和外墙面的防渗漏，为5年；③供热与供冷系统，为2个采暖期、供冷期；④电气管线、给水排水管道、设备安装和装修工程，为2年。其他项目的保修期限由发包方与承包方约定。

地基基础工程和主体结构的保修期。基础设施工程、房屋建筑的地基基础工程和主体结构工程的质量，直接关系到基础设施工程和房屋建筑的整体安全可靠，必须在该工程的合理使用年限内予以保修，即实行终身负责制。因此，工程合理使用年限就是该工程勘察、设计、施工等单位的质量责任年限。

屋面防水工程、供热与供冷系统等的最低保修期。在《建设工程质量管理条例》中，对屋面防水工程、供热与供冷系统、电气管线、给水排水管道、设备安装和装修工程等的最低保修期限分别做出了规定。如果建设单位与施工单位经平等协商另行签订保修合同的，其保修期限可以高于法定的最低保修期限，但不能低于法定的最低保修期限，否则视作无效。

建设工程保修期的起始日是竣工验收合格之日。《建设工程质量管理条例》规定，建设行政主管部门或者其他有关部门发现建设单位在竣工验收过程中有违反国家有关建设工程质量管理规定行为的，应当责令停止使用，重新组织竣工验收。

对于重新组织竣工验收的工程，其保修期为各方都认可的重新组织竣工验收的日期。

建设工程超过合理使用年限后需要继续使用的规定。《建设工程质量管理条例》规定，建设工程在超过合理使用年限后需要继续使用的，产权所有人应当委托具有相应资质等级的勘察、设计单位鉴定，并根据鉴定结果采取加固、维修等措施，重新界定使用期。

各类工程根据其重要程度、结构类型、质量要求和使用性能等所确定的使用年限是不同的。确定建设工程的合理使用年限，并不意味着超过合理使用年限后，建设工程就一定要报废、拆除。经过具有相应资质等级的勘察、设计单位鉴定，制定技术加固措施，在设计文件中重新界定使用期，并经有相应资质等级的施工单位进行加固、维修和补强，该建设工程能达到继续使用条件的就可以继续使用。但是，如果不经鉴定、加固等而违法继续使用的，所产生的后果由产权所有人自负。

二、质量责任的损失赔偿

《建设工程质量管理条例》规定，建设工程在保修范围和保修期限内发生质量问题的，施工单位应当履行保修义务，并对造成的损失承担赔偿责任。

（一）保修义务的责任落实与损失赔偿责任的承担

《最高人民法院关于审理建设工程施工合同纠纷案件适用法律问题的解释》规定，因保修人未及时履行保修义务，导致建筑物损毁或者造成人身、财产损害的，保修人应当承担赔偿责任。保修人与建筑物所有人或者发包人对建筑物毁损均有过错的，各自承担相应的责任。

建设工程保修的质量问题是指在保修范围和保修期限内的质量问题。对于保修义务的承担和维修的经济责任承担应当按下述原则处理：

第一，施工单位未按照国家有关标准规范和设计要求施工所造成的质量缺陷，由施工单位负责返修并承担经济责任。

第二，由于设计问题造成的质量缺陷，先由施工单位负责维修，其经济责任按有关规定通过建设单位向设计单位索赔。

第三，因建筑材料、构配件和设备质量不合格引起的质量缺陷，先由施工单位负责维修，不合格的建筑材料、构配件和设备属于施工单位采购的或经其验收同意的，由施工单位承担经济责任；属于建设单位采购的，由建设单位承担经济责任。

第四，因建设单位（含监理单位）错误管理而造成的质量缺陷，先由施工单位负责维修，其经济责任由建设单位承担；如属监理单位责任，则由建设单位向监理单位索赔。

第五，因使用单位使用不当造成的损坏问题，先由施工单位负责维修，其经济责任由使用单位自行负责。

第六，因地震、台风、洪水等自然灾害或其他不可抗拒的原因造成的损坏问题，先由施工单位负责维修，建设参与各方再根据国家具体政策分担经济责任。

（二）建设工程质量保证金

2017年6月20日，建设部、财政部联合印发《建设工程质量保证金管理办法》（建质〔2017〕138号）规定，建设工程质量保证金（保修金）（以下简称保证金）是指发包人与承包人在建设工程承包合同中约定，从应付的工程款中预留，用以保证承包人在缺陷责任期内对建设工程出现的缺陷进行维修的资金。

（1）缺陷责任期的确定。所谓缺陷，是指建设工程质量不符合工程建设强制性标准、设计文件，以及承包合同的约定。

缺陷责任期一般为1年，最长不超过2年，由发、承包双方在合同中约定。

缺陷责任期从工程通过竣工验收之日起计。由于承包人原因导致工程无法按规定期限进行竣工验收的，缺陷责任期从实际通过竣工验收之日起计。由于发包人原因导致工程无法按规定期限进行竣工验收的，在承包人提交竣工验收报告90天后，工程自动进入缺陷责任期。

（2）预留保证金。发包人应当在招标文件中明确保证金预留、返还等内容，并与承包人在合同条款中对涉及保证金的下列事项进行约定：

一是保证金预留、返还方式；

二是保证金预留比例、期限；

三是保证金是否计付利息，如计付利息，利息的计算方式；

四是缺陷责任期的期限及计算方式；

五是保证金预留、返还及工程维修质量、费用等争议的处理程序；

六是缺陷责任期内出现缺陷的索赔方式；

七是逾期返还保证金的违约金支付办法及违约责任。

（3）保证金的管理。缺陷责任期内，实行国库集中支付的政府投资项目，保证金的管理应按国库集中支付的有关规定执行。其他政府投资项目，保证金可以预留在财政部门或发包方。

缺陷责任期内,如发包方被撤销,保证金随交付使用资产一并移交使用单位管理,由使用单位代行发包人职责。

社会投资项目采用预留保证金方式的,发、承包双方可以约定将保证金交由第三方金融机构托管。

推行银行保函制度,承包人可以银行保函替代预留保证金。

在工程项目竣工前,已经缴纳履约保证金的,发包人不得同时预留工程质量保证金。采用工程质量保证担保、工程质量保险等其他保证方式的,发包人不得再预留保证金。

发包人应按照合同约定方式预留保证金,保证金总预留比例不得高于工程价款结算总额的3%。合同约定由承包人以银行保函替代预留保证金的,保函金额不得高于工程价款结算总额的3%。

缺陷责任期内,由承包人原因造成的缺陷,承包人应负责维修,并承担鉴定及维修费用。如承包人不维修也不承担费用,发包人可按合同约定从保证金或银行保函中扣除,费用超出保证金额的,发包人可按合同约定向承包人进行索赔。承包人维修并承担相应费用后,不免除对工程的损失赔偿责任。由他人原因造成的缺陷,发包人负责组织维修,承包人不承担费用,且发包人不得从保证金中扣除费用。

(4)保证金返还。缺陷责任期内,承包人认真履行合同约定的责任,到期后,承包人向发包人申请返还保证金。

发包人在接到承包人返还保证金申请后,应于14天内会同承包人按照合同约定的内容进行核实。如无异议,发包人应当按照约定将保证金返还给承包人。对返还期限没有约定或者约定不明确的,发包人应当在核实后14天内将保证金返还承包人,逾期未返还的,依法承担违约责任。发包人在接到承包人返还保证金申请后14天内不予答复,经催告后14天内仍不予答复,视同认可承包人的返还保证金申请。

发包人和承包人对保证金预留、返还以及工程维修质量、费用有争议的,按承包合同约定的争议和纠纷解决程序处理。

三、法律责任

(一)保修期内的赔偿责任

《建筑法》规定,建筑施工企业违反《建筑法》的规定,不履行保修义务的,责令改正。可以处以罚款,并对在保修期内因屋顶、墙面渗漏、开裂等质量缺陷造成的损失,承担赔偿责任。

《建设工程质量管理条例》规定,施工单位不履行保修义务或者拖延履行保修义务的,责令改正,处10万元以上20万元以下的罚款,并对在保修期内因质量缺陷造成的损失承担赔偿责任。

《建筑业企业资质管理规定》规定,取得建筑业企业资质的企业,申请资质升级、资质增项,在申请之日起前一年内,未依法履行工程质量保修义务或拖延履行保修义务,造成严重后果的,资质许可机关不予批准企业的资质升级申请和增项申请。

(二)建设工程损害赔偿

1. 赔偿的法律依据

《建筑法》对承包方资质管理、建筑施工许可、招标投标、禁止肢解发包和转包工程、建筑工程监理、工程质量监督管理、竣工验收、保修等制度做了明确的规定,也完善了我国关于建设工程质量不合格的损害赔偿制度,为受害人提出损害赔偿要求提供了明确的法律依据。

《建设工程质量管理条例》以参与建筑活动各方主体为主线,分别规定了建设单位、勘察单位、设计单位、施工单位、工程监理单位的质量责任和义务,确立了建设工程质量保修制度、工程质量监督管理制度等内容,对违法行为的种类和相应处罚做了原则规定。同时,完善了责任追究制度,加大了处罚力度,明确了建设工程的质量责任主体,明确了责任主体的质量责任和义务,明确了责任主体对受损害人的赔偿责任,进一步完善了我国关于建设工程质量不合格的损害赔偿制度。

2. 赔偿责任的性质及归责原则

(1)赔偿责任的性质。从建设单位与勘察、设计、施工、监理等单位之间的关系来看,建设工程质量责任是一种合同责任。如果由于质量不合格给建设单位造成损害,则发生侵权责任和违约责任的竞合。《合同法》第 122 条规定:"因当事人一方的违约行为,侵害对方人身、财产权益的,受损害方有权选择依照本法要求其承担违约责任或者依照其他法律要求其承担侵权责任。"所以,建设单位可以从保护自身利益的角度出发,对由于不同责任而产生的不同请求权做出选择:如果由于工程质量缺陷仅造成建设单位的财产损失,如修理、重建等,则应按合同纠纷处理;如果由于工程质量缺陷造成建设单位的人员伤亡及其精神损害,则应按侵权责任处理。因工程质量缺陷给建设单位以外的其他主体造成损害的责任则是一种特殊的侵权责任,而不是一种违反合同的责任。它不以加害人与受害人之间存在合同关系为前提,而是基于建设工程质量不合格造成他人损害这一事实而产生的,是对法律的直接违反而产生的法律责任。

(2)归责原则。单从侵权责任考虑,建设工程质量责任与一般的侵权责任是不同的。这主要表现在归责原则的适用方面。一般侵权责任适用过错责任原则,而作为特殊侵权责任的建设工程质量责任,则大多适用严格责任的归责原则。受害人无须证明加害人有无过错,而只需证明建筑产品的缺陷和受到的损害,以及有缺陷的建筑产品的使用与损害之间有因果关系,加害人即承担赔偿责任。但加害人若能够证明损害是由于受害人的过失、第三人的过失以及自然原因造成的,可以免除责任。

3. 赔偿责任主体

《建筑法》规定,在建筑物的合理使用寿命内,因建筑工程质量不合格受到损害的,有权向责任者要求赔偿。关于"责任者"的范围,该条并没有明确规定。《建设工程质量管理条例》对此做了明确规定:"建设单位、勘察单位、设计单位、施工单位、工程监理单位依法对建设工程质量负责。"可见,建设工程质量缺陷的损害赔偿责任主体包括了上述五个单位。因这些主体的原因产生的建筑质量问题,造成他人人身、财产损失的,这些单位应当承担相应的赔偿责任。

受损害人可以向上述主体中对建筑物缺陷负有责任者要求赔偿,也可以向各方共同提出赔偿要求,在查明原因的基础上由真正责任者承担赔偿责任。由于我国《城市房地产开发经营管理条例》规定,房地产开发企业应当对其开发建设的房地产开发项目的质量承担责任。勘察、设计、施工、监理等单位应当依照有关法律、法规的规定或者合同的约定,承担相应的责任。因此,因建设工程质量缺陷而受到损害的除建设单位以外的受害人,可以直接向建设单位要求损害赔偿。建设单位向受害人承担责任后,在分清责任的基础上,再由勘察、设计、施工、监理等单位对进行赔偿的问题,按相应的法律、法规或者合同的约定处理。

（三）建设单位的赔偿责任

根据《建设工程质量管理条例》的规定,建设单位承担赔偿责任的情形有:

(1)未组织竣工验收,擅自交付使用,造成损失的。

(2)验收不合格,擅自交付使用,造成损失的。

(3)对不合格的建设工程按照合格工程验收,造成损失的。

(4)涉及建筑主体或者承重结构变动的装修工程,没有设计方案擅自施工,造成损失的。

（四）勘察、设计单位的赔偿责任

根据《建筑法》和《建设工程质量管理条例》的规定,勘察、设计单位承担赔偿责任的情形有:

(1)勘察单位未按照工程建设强制性标准进行勘察,造成工程质量事故,并造成损失的。

(2)建筑设计单位未按照建筑工程质量、安全标准进行设计,造成工程质量事故,并造成损失的。

(3)设计单位未根据勘察成果文件进行工程设计,造成工程质量事故,并造成损失的。

(4)设计单位指定建筑材料、建筑构配件的生产厂、供应商,造成工程质量事故,并造成损失的。

（五）施工单位的赔偿责任

根据《建筑法》和《建设工程质量管理条例》的规定,施工单位承担赔偿责任的情形有:

(1)施工企业转让、出借资质证书或者以其他方式允许他人以本企业的名义承揽工程,对因该项承揽工程不符合规定的质量标准造成的损失。施工企业与使用本企业名义的单位或者个人承担连带赔偿责任。

(2)承包单位将承包的工程转包的,或者违反《建筑法》规定进行分包的,对因转包工程或者违法分包的工程不符合规定的质量标准造成的损失,与接受转包或者分包的单位承担连带赔偿责任。

(3)施工企业在施工中偷工减料,使用不合格的建筑材料、建筑构配件和设备,或者有其他不按照工程设计图或者施工技术标准施工的行为,造成建筑工程质量不符合规定的质量标准的,负责返工、修理,并赔偿因此而造成的损失。

(4)施工企业违反《建筑法》规定,不履行保修义务或者拖延履行保修义务的,对在保修期内因屋顶、墙面渗漏、开裂等质量缺陷造成的损失,承担赔偿责任。

(5)施工企业未对建筑材料、建筑构配件、设备和商品混凝土进行检验,或者未对涉及结构安全的试块、试件以及有关材料取样检测,造成损失的,依法承担赔偿责任。

（六）工程监理单位的赔偿责任

根据《建筑法》和《建设工程质量管理条例》的规定,工程监理单位承担赔偿责任的情形有:

(1)工程监理单位与建设单位或者建筑施工企业串通,弄虚作假、降低工程质量,造成损失的,承担连带赔偿责任。

(2)将不合格的建设工程、建筑材料、建筑构配件和设备按照合格签字,造成损失的,承担连带赔偿责任。

另外,《建筑法》还规定:"负责颁发建筑工程施工许可证的部门及其工作人员对不符合施工条件的建筑工程颁发施工许可证的,负责工程质量监督检查或者竣工验收的部门及其工作人员对不合格的建筑工程出具质量合格文件或者按合格工程验收的,造成的损失,由该部门承担相应的赔偿责任。"

最后,需要说明的是,对于建筑材料、建筑构配件和设备生产厂商的质量责任追究,适用《中华人民共和国产品质量法》和我国相应的法规、规章的规定。《建筑法》和《建设工程质量管理条例》对此没有具体规定,并不说明其无须承担质量责任。

案例分析

【案情】2005 年 7 月,某物业中心与一家节能设备科技公司签订了供热管网节能技术改造工程承包合同,约定由科技公司为物业中心的供热系统进行节能技术改造施工,并承诺达到 20% 以上的节能效果。工程总价款为 50 万元,双方约定,合同签订后物业中心支付 15 万元,在改造工程施工完毕并调试完成后,物业中心再支付 10 万元;2006 年 3 月,本供暖季末物业中心需向科技公司支付剩余的 25 万元。

合同同时还约定:本项调控(节能)工程技术改造后,在供暖季使用 30 日内,如物业中心认为科技公司设备节能效果未达到 20% 以上时通知科技公司,双方共同商订日期进行节能效果鉴定。该项鉴定工作双方任何一方皆可提请第三方到场见证或公证,以确保鉴定结果的真实性、公正性、合法性。鉴定节能效果未达到 20% 以上时,第三方到场的鉴定、见证、公证及全部费用由科技公司负责承担;反之,则由物业中心承担。如物业中心未在上述条款约定日期前提出节能效果鉴定,则视为物业中心确认科技公司供暖网调控(节能)技术已达到约定的 20% 的节能效果;若物业中心使用科技公司技术未达到约定的 20% 节能效果时,双方共同确认鉴定结果后,科技公司应退还全部工程款,损失由科技公司自行承担,物业中心未付清的工程款,物业中心有权拒付未支付的工程款。

合同签订后,物业中心支付了 15 万元,科技公司进行了智能管网供热系统装置安装,然而物业中心在使用之后,发现节能效果不佳,便在 2007 年年初委托鉴定机关对节能效果进行鉴定,得出节能效果只有 2.9% 的结论,物业中心因此不予支付工程款。科技公司便将物业中心告上了法院,要求物业中心支付剩余工程款 35 万元。

【分析】当事人双方是在协商一致的基础上,签订了关于供暖系统节能技术改造合同。双方所签订的合同是双方真实的意思表示,符合法律规定,具有法律效力。根据双方合同的约定,物业中心如果认为科技公司的设备节能效果未达到 20% 以上,应在工程技术改造后的首个供暖季使用 30 日内向科技公司提出节能效果鉴定,而物业中心在该期限内并未就节能效果问题向科技公司提出鉴定要求,直至 2006 年 10 月 18 日,物业中心才向科技公司发函提出节能系统存在的技术问题,已超过合同约定的期限,故应视为物业中心确认科技公司的节能设备已达到约定的 20% 的节能效果。为此,物业中心应当向科技公司支付尚欠的工程款 35 万元。

思考题

1. 请简要概述建设工程质量管理监督中的各项内容。

2. 鉴于质量管理的重要意义,请简述建筑施工过程中各个单位的责任和义务。

3. 为什么监理单位的主体责任在《国务院办公厅关于促进建筑业持续健康发展的意见》中被取消?试述监理单位的本质属性。

第九章　建设工程安全生产法规

第一节　工程安全法律体系

我国的工程安全法律体系涵盖法律、行政法规、部门规章等层次,工程安全不仅涉及工程本身的安全,还要涉及工程建设过程、建设人员、设备、材料、环境的安全,并且明确生产安全事故的应急预案管理、事故报告和调查等。

一、相关法律法规

我国的《中华人民共和国安全生产法》《中华人民共和国职业病防治法》《中华人民共和国劳动合同法》等法律,规定了从事生产经营活动的单位(以下统称生产经营单位)的安全生产保障、劳动者的健康及权益保护、合同当事人的合法权益保护等。

与安全生产相关的行政法规有《建设工程安全生产管理条例》《安全生产许可证条例》《危险化学品安全管理条例》《特种设备安全监察条例》《生产安全事故报告和调查处理条例》《中华人民共和国道路交通安全法实施条例》《中华人民共和国劳动合同法实施条例》《铁路安全管理条例》等。

部门规章有《建设项目职业病防护设施"三同时"监督管理办法》《生产安全事故应急预案管理办法》等。

其他政策性文件有《国务院关于进一步加强企业安全生产工作的通知》(国发〔2010〕23号文)、《国务院关于坚持科学发展安全发展促进安全生产形势持续稳定好转的意见》(国发〔2011〕40号)、《国务院办公厅关于印发突发事件应急预案管理办法的通知》(国办发〔2013〕101号等)。

重点介绍与工程建设相关的法律、行政法规和部门规章。

(一)中华人民共和国安全生产法

为了加强安全生产工作,防止和减少生产安全事故,保障人民群众生命和财产安全,促进经济社会持续健康发展,制定《中华人民共和国安全生产法》,2002年6月29日第九届全国人民代表大会常务委员会第二十八次会议通过;根据2009年8月27日第十一届全国人民代表大会常务委员会第十次会议《关于修改部分法律的决定》第一次修正;根据2014年8月31日第十二届全国人民代表大会常务委员会第十次会议《关于修改〈中华人民共和国安全生产法〉的决定》第二次修正。共7章114条,包括总则、生产经营单位的安全生产保障、从业人员的安全生产权利义务、安全生产的监督管理、生产安全事故的应急救援与调查处理、法律责任、附则等。

1. 立法目的

一是加强安全生产监督管理。安全生产关系到人民群众生命和财产安全,直接影响到社会稳定的大局。随着社会经济活动日趋活跃和复杂,特别是生产经营单位经济成分、组成形式日益多样化,已由国有生产经营单位、集体生产经营单位为主,变为国有生产经营单位、集体生产经营单位、私营生产经营单位、外商投资生产经营单位、个体工商户并存。原来的安全生产监督管理手段和方式难以适应变化了的实际情况和要求,使生产安全事故屡有发生,引起社会和广大人民群众的关注。制定安全生产法,确定有关安全生产监督管理的基本制度和要求,提出加强安全生产监督管理的针对性和可操作性较强的具体措施是为了防止和减少生产安全事故的发生,适应加强安全生产监督管理的需要,保障人民群众生命和财产安全。

二是防止和减少生产安全事故。制定安全生产法,就是要从制度上建立起有效的办法。如,明确生产经营单位的主要负责人对本单位的安全生产工作全面负责;生产经营单位的从业人员有依法获得安全生产保障的权利;生产经营单位必须建立、健全安全生产责任制度;各级人民政府有关部门必须依法对安全生产工作实施严格的监督管理;国家对生产安全事故的责任人员依法严肃追究其法律责任等,都是为减少和防止生产安全事故所确定的具体的法律制度。

三是保障人民群众生命和财产安全。人民群众的生命和财产安全,是人民群众的根本利益所在,直接关系到社会的稳定,影响到改革和发展的大局。因此,保障人民群众的生命和财产安全,是制定安全生产法最根本的目的。

四是促进经济发展。生产经营活动必须保证安全。没有安全做基础,生产经营活动无法正常进行,也会直接或者间接地给经济带来巨大的损失。每一起重大、特大生产安全事故除了直接或间接地造成巨大经济损失外,也会不同程度地影响当地经济的发展和正常的经济秩序。因此,安全生产不仅和发展经济不矛盾,而且是经济健康有序发展的必要条件。制定安全生产法,就是要从制度上保证生产经营单位健康有序地开展生产经营活动,避免和减少生产安全事故,从而促进和保障经济的发展。

2. 适用范围

"在中华人民共和国领域内,从事生产经营活动的单位(以下统称生产经营单位)的安全生产,适用本法;有关法律、行政法规对消防安全和道路交通安全、铁路交通安全、水上交通安全、民用航空安全另有规定的,适用其规定。"包括了以下几层意思:

一是本法适用于在中华人民共和国领域内从事生产经营活动的单位的安全生产。这主要是考虑到要将生产安全与国家安全和社会治安区别开来,即,将适用范围限定在生产经营领域。至于国家安全和社会治安,虽然同样是政府的职责,但与安全生产的性质不同,管理的方法、手段、制度也有很大的不同。因此,国家安全和社会治安不在本法的调整范围之内。

二是《中华人民共和国消防法》《中华人民共和国海上交通安全法》《中华人民共和国民用航空法》《中华人民共和国铁路法》《中华人民共和国道路交通管理条例》等专门的法律、行政法规对消防安全和道路交通安全、铁路交通安全、水上交通安全、民用航空安全另有规定的,适用其规定。

三是有关法律、行政法规对安全生产没有做出特别规定的,仍然适用本法。

本法适用范围的规定,既可以防止有关法律、行政法规已有的特别规定与本法产生交叉、矛盾;也可以防止有关法律、行政法规没有做出特别规定,本法又不能适用,从而造成监督管理的空缺。

安全生产工作应当以人为本,坚持安全发展,坚持安全第一、预防为主、综合治理的方针,强化和落实生产经营单位的主体责任,建立生产经营单位负责、职工参与、政府监管、行业自律和社会监督的机制。

3. 工作方针和工作机制

以人为本,坚持安全发展,是安全生产工作的新理念。"安全第一、预防为主、综合治理"是安全生产工作方针。生产经营单位的主体责任,指生产经营单位依照法律、法规规定,应当履行的安全生产法定职责和义务。强化和落实生产经营单位的主体责任,是保障经济社会协调发展的必然要求,是实现企业可持续发展的客观要求。生产经营单位负责、职工参与、政府监管、行业自律、社会监督是安全生产工作格局,其中,落实生产经营单位主体责任是根本,职工参与是基础,政府监管是关键,行业自律是发展方向,社会监督是实现预防和减少生产安全事故目标的保障。

4. 生产经营单位的义务和主体责任

生产经营单位的义务有五条。

一是遵守法律、法规的义务。生产经营单位必须遵守本法和其他有关安全生产的法律、法规,这是所有生产经营单位必须要履行的义务。

二是加强安全生产管理。安全生产管理是企业管理的重要内容,管生产必须管安全。坚持不安全不生产,加强安全生产管理。

三是建立、健全安全生产责任制和安全生产规章制度。安全生产责任制是企业岗位责任制的一个组成部分,是企业中最基本的一项安全制度,也是企业安全生产、劳动保护管理制度的核心。安全生产规章制度是以安全生产责任制为核心的,指引和约束人们在安全生产方面的行为,是安全生产的行为准则。

四是改善安全生产条件。安全生产条件既包括生产经营单位在安全生产中的设施、设备、场所、环境等"硬件"方面的条件,也包括安全生产教育、培训上岗等"软件"方面的条件。生产经营单位在符合安全生产条件的基础上,还要不断改善安全生产条件,从根本上促进安全生产水平的提高。

五是推进安全生产标准化建设。安全生产标准化包含安全目标、组织机构和人员、安全责任体系、安全生产投入、法律法规与安全管理制度、队伍建设、生产设备设施、科技创新与信息化、作业管理、隐患排查和治理、危险源辨识与风险控制、职业健康、安全文化、应急救援、事故报告和调查处理、绩效评估和持续改进等16个方面。推进安全生产标准化建设,目的是提高安全生产水平,确保安全生产。

生产经营单位的主要负责人①对安全生产工作全面负责，不仅是对本单位的责任，也是对社会应负的责任。其主要职责包括：保证本单位安全生产所需的资金投入；建立、健全本单位安全生产责任制；组织制定本单位的安全生产规章制度和操作规程；组织制定并实施本单位安全生产教育和培训计划；督促、检查本单位的安全生产工作，及时消除生产安全事故隐患；组织制定并实施本单位的生产安全事故应急救援预案；及时、如实报告生产安全事故等。生产经营单位的主要负责人应依法履行自己在安全生产方面的职责，做好本单位的安全生产工作。

生产经营单位的工会依法组织职工参加本单位安全生产工作的民主管理和民主监督，维护职工在安全生产方面的合法权益。生产经营单位制定或者修改有关安全生产的规章制度，应当听取工会的意见。

5. 生产经营单位从业人员的权利和义务

生产经营单位从业人员，指该单位从事生产经营活动各项工作的所有人员，包括管理人员、技术人员和各岗位的工作人员，也包括生产经营单位临时聘用的人员和被派遣劳动者。

(1)从业人员享有的安全保障的权利

一是有关安全生产知情权。包括获得安全生产教育和技能培训的权利，被如实告知作业场所和工作岗位存在的危险因素、防范措施及事故应急措施的权利。

二是有获得符合国家标准的劳动防护用品的权利。

三是有对安全生产问题提出批评、建议的权利。从业人员有权对本单位安全生产问题提出批评、建议、检举、控告，生产经营单位不得因此做出对从业人员不利的处分。

四是有对违章指挥的拒绝权。从业人员对管理者做出的可能危及安全的违章指挥，有权拒绝执行，并不得因此受到对自己不利的处分。

五是有采取紧急避险措施的权利。从业人员发现直接危及人身安全的紧急情况时，有权停止作业或在采取紧急措施后撤离作业场所，并不得因此受到对自己不利的处分。

六是在发生生产安全事故后，有获得及时抢救和医疗救治并获得工作保险赔付的权利等。

(2)从业人员在安全生产方面依法应当履行的义务

一是在作业过程中必须遵守本单位的安全生产规章制度和操作规程，服从管理，不得违章作业。

二是接受安全生产教育和培训，掌握本职工作所需要的安全生产知识。

三是发现事故隐患应及时向本单位安全生产管理人员或主要负责人报告。

四是正确使用和佩戴劳动防护用品。实践中许多生产安全事故发生的原因，是由于从业人员违章操作或不遵守规章制度造成的，因此，从业人员认真履行安全生产义务，是生产经营单位能够真正做到安全生产的非常重要的因素。

---

① 生产经营单位的主要负责人，对公司制的企业而言，是指有限责任公司、股份有限公司的董事长和经理(总经理、首席执行官或其他实际履行经理职责的企业负责人)；对非公司制的企业而言，是指企业的厂长、经理、矿长等企业行政"一把手"。

6. 安全设施"三同时"

第 28 条 生产经营单位新建、改建、扩建工程项目(以下统称建设项目)的安全设施,必须与主体工程同时设计、同时施工、同时投入生产和使用。安全设施投资应当纳入建设项目概算。

本条是关于生产经营单位建设项目的安全设施与主体工程"三同时"的要求以及安全设施投资纳入建设项目概算的规定。

(1)生产经营单位建设项目的安全设施与主体工程的"三同时"要求

生产经营单位建设项目是否具备安全设施,对于能否保障安全生产具有直接的影响。保证安全,首先建设项目必须有相应的安全设施,这是保证安全生产的重要基础。近年来发生的一些生产安全事故,不少都与生产经营单位建设项目的安全设施不健全有关。有的生产经营单位的建设项目不考虑必要的安全设施,有的安全设施与主体工程不配套,往往是主体工程建成投产了,安全设施还没有着落。特别是随着市场经济的发展和市场竞争的激烈、生产经营成本的提高,不少生产经营单位为了最大限度地追求经济利益,不重视安全设施建设的问题较为严重。为了确保生产经营单位建设项目安全设施的建设,本条特意规定了安全设施与主体工程的"三同时"。

安全设施与主体工程"三同时",是指生产经营单位建设项目的安全设施必须与主体工程同时设计、同时施工、同时投入生产和使用。同时设计,要求在编制建设项目的设计文件时,必须同时编制安全设施的设计,不得不编制或者迟延编制。这是保证安全设施建设的第一个环节,非常重要。安全设施设计还必须符合有关法律、法规、规章和国家标准的要求,不得随意降低要求。同时施工,要求建设项目施工过程中,必须严格按照设计要求,对安全设施同时进行施工,安全设施施工不得偷工减料,降低建设质量。同时投入生产和使用,要求安全设施必须与主体工程同时竣工并经验收合格后,同时投入生产和使用,不得只将主体工程投入生产和使用,而将安全设施摆样子,不予使用。

需要说明的是,"三同时"是一个原则性要求,并不要求在时间上完全亦步亦趋。

(2)安全设施投资应当纳入建设项目概算

建设项目概算,也称建设项目投资概算,是对工程建设预计花费的全部费用的计划。安全设施投资纳入建设项目概算,有利于保证安全设施设计、施工所需资金,对于落实安全设施与主体工程的"三同时"具有重大意义。针对目前实践中大量存在的生产经营单位不重视安全设施建设资金投入的问题,本条有针对性地规定了建设项目的安全设施投资应当纳入建设项目概算。生产经营单位必须照此办理,切实按照建设项目概算落实安全设施投资。

(二)建设工程安全生产管理条例

为了加强建设工程安全生产监督管理,保障人民群众生命和财产安全,根据《中华人民共和国建筑法》《中华人民共和国安全生产法》,制定《建设工程安全生产管理条例》,2003 年 11月 12 日国务院第 28 次常务会议通过,中华人民共和国国务院令第 393 号公布,自 2004 年 2月 1 日起施行。共 8 章 71 条,包括总则、建设单位的安全责任、勘察、设计、工程监理及其他有关单位的安全责任、施工单位的安全责任、监督管理、生产安全事故的应急救援和调查处理、法律责任、附则等。

《建设工程安全生产管理条例》是一部调整建设工程安全生产方面的重要行政法规,它所调整的社会关系只是一定社会生活领域中发生的社会关系,是在从事工程建设活动中所发生的社会关系,这些社会关系是由建设单位、勘察单位、设计单位、施工单位、工程监理单位等其他单位以及政府的主管部门参与建设工程的活动引起。

(三)安全生产许可证条例

为了严格规范安全生产条件,进一步加强安全生产监督管理,防止和减少生产安全事故,根据《中华人民共和国安全生产法》的有关规定,制定《安全生产许可证条例》,2004年1月7日国务院第34次常务会议通过;2004年1月13日中华人民共和国国务院令第397号公布;根据2013年5月31日国务院第10次常务会议通过,2013年7月18日中华人民共和国国务院令第638号《国务院关于废止和修改部分行政法规的决定》第一次修正;根据2014年7月9日国务院第54次常务会议通过,2014年7月29日中华人民共和国国务院令第653号《国务院关于修改部分行政法规的决定》第二次修正。共24条,明确国家对矿山企业、建筑施工企业和危险化学品、烟花爆竹、民用爆炸物品生产企业(以下统称企业)实行安全生产许可制度。企业未取得安全生产许可证的,不得从事生产活动。

(四)生产安全事故报告和调查处理条例

为了规范生产安全事故的报告和调查处理,落实生产安全事故责任追究制度,防止和减少生产安全事故,根据《中华人民共和国安全生产法》和有关法律,制定《生产安全事故报告和调查处理条例》,2007年3月28日国务院第172次常务会议通过,中华人民共和国国务院令第493号公布,自2007年6月1日起施行。共6章46条,包括总则、事故报告、事故调查、事故处理、法律责任、附则等。

(五)国务院关于特大安全事故行政责任追究的规定

为了有效地防范特大安全事故的发生,严肃追究特大安全事故的行政责任,保障人民群众生命、财产安全,制定《国务院关于特大安全事故行政责任追究的规定》,2001年4月21日中华人民共和国国务院令第302号公布。

(六)生产安全事故应急预案管理办法

为规范生产安全事故应急预案(以下简称应急预案)管理工作,迅速有效处置生产安全事故,依据《中华人民共和国突发事件应对法》《中华人民共和国安全生产法》等法律和《突发事件应急预案管理办法》(国办发〔2013〕101号),制定《生产安全事故应急预案管理办法》。2009年3月,国家安全监管总局令第17号公布;2016年4月15日国家安全生产监督管理总局第13次局长办公会议审议通过修订后,国家安全生产监督管理总局令第88号公布,自2016年7月1日起施行。共7章48条。包括总则、应急预案的编制、应急预案的评审、公布和备案、应急预案的实施、监督管理、法律责任、附则等。

《生产安全事故应急预案管理办法》明确规定了生产安全事故应急预案的编制、评审、公布、备案、宣传、教育、培训、演练、评估、修订及监督管理工作；我国应急预案的管理实行属地为主、分级负责、分类指导、综合协调、动态管理的原则。

（七）其他法律法规

1. 中华人民共和国职业病防治法

2001 年 10 月 27 日第九届全国人民代表大会常务委员会第二十四次会议通过；根据 2011 年 12 月 31 日第十一届全国人民代表大会常务委员会第二十四次会议《关于修改〈中华人民共和国职业病防治法〉的决定》第一次修正；根据 2016 年 7 月 2 日第十二届全国人民代表大会常务委员会第二十一次会议《关于修改〈中华人民共和国职业病防治法〉等六部法律的决定》第二次修正。共 7 章 80 条，包括总则、前期预防、劳动过程中的防护与管理、职业病诊断与职业病病人保障、监督检查、法律责任、附则。

2. 建设项目职业病防护设施"三同时"监督管理办法

为了预防、控制和消除建设项目可能产生的职业病危害，加强和规范建设项目职业病防护设施建设的监督管理，根据《中华人民共和国职业病防治法》制定。2017 年 1 月 10 日国家安全生产监督管理总局第 1 次局长办公会议审议通过，国家安全生产监督管理总局令第 90 号公布，自 2017 年 5 月 1 日起施行。

3. 《生产安全事故罚款处罚规定（试行）》

2007 年 7 月 12 日国家安全监管总局令第 13 号公布，根据 2011 年 9 月 1 日国家安全监管总局令第 42 号第一次修正，根据 2015 年 4 月 2 日国家安全监管总局令第 77 号第二次修正[①]，国家安全生产监督管理总局令第 13 号公布，自 2015 年 5 月 1 日起施行。

4. 危险化学品安全管理条例

2002 年 1 月 26 日中华人民共和国国务院令第 344 号公布，2011 年 2 月 16 日国务院第 144 次常务会议修订通过。

5. 特种设备安全监察条例

2003 年 3 月 11 日中华人民共和国国务院令第 373 号公布，根据 2009 年 1 月 24 日《国务院关于修改〈特种设备[②]安全监察条例〉的决定》修订。

6. 中华人民共和国劳动合同法实施条例

2008 年 9 月 3 日国务院第 25 次常务会议通过，中华人民共和国国务院令第 535 号公布，

---

① 对《〈生产安全事故报告和调查处理条例〉罚款处罚暂行规定》作出修改，（一）将规章的名称修改为："生产安全事故罚款处罚规定（试行）"。

② 特种设备是指涉及生命安全、危险性较大的锅炉、压力容器（含气瓶）、压力管道、电梯、起重机械、客运索道、大型游乐设施和场（厂）内专用机动车辆。

自 2008 年 9 月 18 日起施行。

7. 中华人民共和国道路交通安全法实施条例

2004 年 4 月 28 日国务院第 49 次常务会议通过,2004 年 4 月 30 日中华人民共和国国务院令第 405 号公布,自 2004 年 5 月 1 日起施行。明确要求中华人民共和国境内的车辆驾驶人、行人、乘车人以及与道路交通活动有关的单位和个人,应当遵守道路交通安全法。

二、安全生产制度

从我国的安全生产法律、法规和部门规章中可以看出,我国的安全生产管理制度有安全生产许可证制度、安全生产教育培训制度、生产安全事故报告制度、生产安全事故责任追究制度。

（一）安全生产许可证制度

《安全生产许可证条例》第二条　国家对矿山企业、建筑施工企业和危险化学品、烟花爆竹、民用爆炸物品生产企业（以下统称企业）实行安全生产许可制度。企业未取得安全生产许可证的,不得从事生产活动。

第六条　企业取得安全生产许可证,应当具备下列安全生产条件:

（一）建立、健全安全生产责任制,制定完备的安全生产规章制度和操作规程;

（二）安全投入符合安全生产要求;

（三）设置安全生产管理机构,配备专职安全生产管理人员;

（四）主要负责人和安全生产管理人员经考核合格;

（五）特种作业人员经有关业务主管部门考核合格,取得特种作业操作资格证书;

（六）从业人员经安全生产教育和培训合格;

（七）依法参加工伤保险,为从业人员缴纳保险费;

（八）厂房、作业场所和安全设施、设备、工艺符合有关安全生产法律、法规、标准和规程的要求;

（九）有职业危害防治措施,并为从业人员配备符合国家标准或者行业标准的劳动防护用品;

（十）依法进行安全评价;

（十一）有重大危险源检测、评估、监控措施和应急预案;

（十二）有生产安全事故应急救援预案、应急救援组织或者应急救援人员,配备必要的应急救援器材、设备;

（十三）法律、法规规定的其他条件。

第七条　企业进行生产前,应当依照本条例的规定向安全生产许可证颁发管理机关申请领取安全生产许可证,并提供本条例第六条规定的相关文件、资料。安全生产许可证颁发管理机关应当自收到申请之日起 45 日内审查完毕,经审查符合本条例规定的安全生产条件的,颁发安全生产许可证;不符合本条例规定的安全生产条件的,不予颁发安全生产许可证,书面通知企业并说明理由。

煤矿企业应当以矿(井)为单位,依照本条例的规定取得安全生产许可证。

第八条 安全生产许可证由国务院安全生产监督管理部门规定统一的式样。

第九条 安全生产许可证的有效期为3年。安全生产许可证有效期满需要延期的,企业应当于期满前3个月向原安全生产许可证颁发管理机关办理延期手续。

企业在安全生产许可证有效期内,严格遵守有关安全生产的法律法规,未发生死亡事故的,安全生产许可证有效期届满时,经原安全生产许可证颁发管理机关同意,不再审查,安全生产许可证有效期延期3年。

(二)安全生产教育培训制度

《中华人民共和国安全生产法》**第二十五条** 生产经营单位应当对从业人员进行安全生产教育和培训,保证从业人员具备必要的安全生产知识,熟悉有关的安全生产规章制度和安全操作规程,掌握本岗位的安全操作技能,了解事故应急处理措施,知悉自身在安全生产方面的权利和义务。未经安全生产教育和培训合格的从业人员,不得上岗作业。

生产经营单位使用被派遣劳动者的,应当将被派遣劳动者纳入本单位从业人员统一管理,对被派遣劳动者进行岗位安全操作规程和安全操作技能的教育和培训。劳务派遣单位应当对被派遣劳动者进行必要的安全生产教育和培训。

生产经营单位接收中等职业学校、高等学校学生实习的,应当对实习学生进行相应的安全生产教育和培训,提供必要的劳动防护用品。学校应当协助生产经营单位对实习学生进行安全生产教育和培训。

生产经营单位应当建立安全生产教育和培训档案,如实记录安全生产教育和培训的时间、内容、参加人员以及考核结果等情况。

第二十六条 生产经营单位采用新工艺、新技术、新材料或者使用新设备,必须了解、掌握其安全技术特性,采取有效的安全防护措施,并对从业人员进行专门的安全生产教育和培训。

第二十七条 生产经营单位的特种作业人员必须按照国家有关规定经过专门的安全作业培训,取得相应资格,方可上岗作业。

特种作业人员的范围由国务院安全生产监督管理部门会同国务院有关部门确定。

《建设工程安全生产管理条例》**第二十五条** 垂直运输机械作业人员、安装拆卸工、爆破作业人员、起重信号工、登高架设作业人员等特种作业人员,必须按照国家有关规定经过专门的安全作业培训,并取得特种作业操作资格证书后,方可上岗作业。

第三十六条 施工单位的主要负责人、项目负责人、专职安全生产管理人员应当经建设行政主管部门或者其他有关部门考核合格后方可任职。

施工单位应当对管理人员和作业人员每年至少进行一次安全生产教育培训,其教育培训情况记入个人工作档案。安全生产教育培训考核不合格的人员,不得上岗。

第三十七条 作业人员进入新的岗位或者新的施工现场前,应当接受安全生产教育培训。未经教育培训或者教育培训考核不合格的人员,不得上岗作业。

施工单位在采用新技术、新工艺、新设备、新材料时,应当对作业人员进行相应的安全生产教育培训。

（三）生产安全事故报告制度

《中华人民共和国安全生产法》**第八十条**　生产经营单位发生生产安全事故后，事故现场有关人员应当立即报告本单位负责人。单位负责人接到事故报告后，应当迅速采取有效措施，组织抢救，防止事故扩大，减少人员伤亡和财产损失，并按照国家有关规定立即如实报告当地负有安全生产监督管理职责的部门，不得隐瞒不报、谎报或者迟报，不得故意破坏事故现场、毁灭有关证据。

《建设工程安全生产管理条例》**第五十条**　施工单位发生生产安全事故，应当按照国家有关伤亡事故报告和调查处理的规定，及时、如实地向负责安全生产监督管理的部门、建设行政主管部门或者其他有关部门报告；特种设备发生事故的，还应当同时向特种设备安全监督管理部门报告。接到报告的部门应当按照国家有关规定，如实上报。实行施工总承包的建设工程，由总承包单位负责上报事故。

《生产安全事故报告和调查处理条例》对事故的报告、调查、处理有明确规定。

（四）生产安全事故责任追究制度

《中华人民共和国安全生产法》**第十四条**　国家实行生产安全事故责任追究制度，依照本法和有关法律、法规的规定，追究生产安全事故责任人员的法律责任。

每件法律、行政法规、部门规章中的"法律责任"内容均是国家实行生产安全事故责任追究制度的具体体现。有关责任追究的行政法规有《国务院关于特大安全事故行政责任追究的规定》（中华人民共和国国务院令 2001 年第 302 号）、《生产安全事故罚款处罚规定（试行）》（国家安全生产监督管理总局令 2015 年第 13 号）等。

第二节　工程安全责任与义务

工程建设活动的特殊性决定了参与建设活动主体众多，虽然建设工程安全生产的重点是施工现场，主要责任单位是施工单位，但与施工活动密切相关的单位却不少，它们的活动都影响着施工安全。《建设工程安全生产管理条例》规定了建设单位、勘察单位、设计单位、施工单位、工程监理单位及其他与建设工程安全生产有关的单位的安全责任。

一、　建设单位的安全责任

建设单位的安全责任有向施工单位提供资料、依法履行合同的责任、提供安全生产费用的责任、不得推销劣质材料设备的责任、提供安全施工措施资料的责任、对拆除工程进行备案的责任。

《建设工程安全生产管理条例》**第六条**　建设单位应当向施工单位提供施工现场及毗邻区域内供水、排水、供电、供气、供热、通信、广播电视等地下管线资料，气象和水文观测资料，相邻建筑物和构筑物、地下工程的有关资料，并保证资料的真实、准确、完整。

建设单位因建设工程需要,向有关部门或者单位查询前款规定的资料时,有关部门或者单位应当及时提供。

第七条 建设单位不得对勘察、设计、施工、工程监理等单位提出不符合建设工程安全生产法律、法规和强制性标准规定的要求,不得压缩合同约定的工期。

第八条 建设单位在编制工程概算时,应当确定建设工程安全作业环境及安全施工措施所需费用。

第九条 建设单位不得明示或者暗示施工单位购买、租赁、使用不符合安全施工要求的安全防护用具、机械设备、施工机具及配件、消防设施和器材。

第十条 建设单位在申请领取施工许可证时,应当提供建设工程有关安全施工措施的资料。

依法批准开工报告的建设工程,建设单位应当自开工报告批准之日起 15 日内,将保证安全施工的措施报送建设工程所在地的县级以上地方人民政府建设行政主管部门或者其他有关部门备案。

第十一条 建设单位应当将拆除工程发包给具有相应资质等级的施工单位。

建设单位应当在拆除工程施工 15 日前,将下列资料报送建设工程所在地的县级以上地方人民政府建设行政主管部门或者其他有关部门备案:

(一)施工单位资质等级证明;

(二)拟拆除建筑物、构筑物及可能危及毗邻建筑的说明;

(三)拆除施工组织方案;

(四)堆放、清除废弃物的措施。

实施爆破作业的,应当遵守国家有关民用爆炸物品管理的规定。

二、勘察设计单位的安全责任

《建筑法》第三十七条 建筑工程设计应当符合按照国家规定制定的建筑安全规程和技术规范,保证工程的安全性能。《建设工程勘察设计管理条例》对设计文件的编制作了明确规定。

《建设工程安全生产管理条例》第十二条 勘察单位应当按照法律、法规和工程建设强制性标准进行勘察,提供的勘察文件应当真实、准确,满足建设工程安全生产的需要。

勘察单位在勘察作业时,应当严格执行操作规程,采取措施保证各类管线、设施和周边建筑物、构筑物的安全。

第十三条 设计单位应当按照法律、法规和工程建设强制性标准进行设计,防止因设计不合理导致生产安全事故的发生。

设计单位应当考虑施工安全操作和防护的需要,对涉及施工安全的重点部位和环节在设计文件中注明,并对防范生产安全事故提出指导意见。

采用新结构、新材料、新工艺的建设工程和特殊结构的建设工程,设计单位应当在设计中提出保障施工作业人员安全和预防生产安全事故的措施建议。

设计单位和注册建筑师等注册执业人员应当对其设计负责。

三、监理单位的安全责任

工程监理是工程监理单位受建设单位的委托,根据国家批准的工程项目建设文件,依照法律、法规和建设工程监理规范的规定,对工程建设实施的监督管理。《建设工程监理规范》(GB/T 50319—2013)6.2.2规定:"在发生下列情况之一时,总监理工程师应及时签发工程暂停令""施工存在重大质量、安全事故隐患或发生质量、安全事故的。"可见,《建设工程监理规范》已经赋予了工程监理单位在建设工程安全生产中的监督权利,同样,工程监理单位也应当承担与之相适应的义务。

根据《建设工程安全生产管理条例》,工程监理单位的安全责任主要有审查施工组织设计的责任、安全隐患报告的责任、依法监理的责任。

第十四条　工程监理单位应当审查施工组织设计中的安全技术措施或者专项施工方案是否符合工程建设强制性标准。工程监理单位在实施监理过程中,发现存在安全事故隐患的,应当要求施工单位整改;情况严重的,应当要求施工单位暂时停止施工,并及时报告建设单位。施工单位拒不整改或者不停止施工的,工程监理单位应当及时向有关主管部门报告。工程监理单位和监理工程师应当按照法律、法规和工程建设强制性标准实施监理,并对建设工程安全生产承担监理责任。

四、其他相关单位

与建设工程安全生产有关的单位,是指为建设工程提供机械设备和配件的单位、出租机械设备和施工机具及配件的单位、在施工现场安装、拆卸施工起重机械和整体提升脚手架、模板等自升式架设设施的单位等。

《建设工程安全生产管理条例》第十五条　为建设工程提供机械设备和配件的单位,应当按照安全施工的要求配备齐全有效的保险、限位等安全设施和装置。

第十六条　出租的机械设备和施工机具及配件,应当具有生产(制造)许可证、产品合格证。

出租单位应当对出租的机械设备和施工机具及配件的安全性能进行检测,在签订租赁协议时,应当出具检测合格证明。

禁止出租检测不合格的机械设备和施工机具及配件。

第十七条　在施工现场安装、拆卸施工起重机械和整体提升脚手架、模板等自升式架设设施,必须由具有相应资质的单位承担。

安装、拆卸施工起重机械和整体提升脚手架、模板等自升式架设设施,应当编制拆装方案、制定安全施工措施,并由专业技术人员现场监督。

施工起重机械和整体提升脚手架、模板等自升式架设设施安装完毕后,安装单位应当自检,出具自检合格证明,并向施工单位进行安全使用说明,办理验收手续并签字。

第十八条　施工起重机械和整体提升脚手架、模板等自升式架设设施的使用达到国家规定的检验检测期限的,必须经具有专业资质的检验检测机构检测。经检测不合格的,不得继续使用。

第十九条 检验检测机构对检测合格的施工起重机械和整体提升脚手架、模板等自升式架设设施,应当出具安全合格证明文件,并对检测结果负责。

五、施工单位的安全责任

《建设工程安全生产管理条例》第 20 条~第 38 条规定了施工单位的安全责任,其中,第20 条规定,施工单位从事建设工程的新建、扩建、改建和拆除等活动,应当具备国家规定的注册资本、专业技术人员、技术装备和安全生产等条件,依法取得相应等级的资质证书,并在其资质等级许可的范围内承揽工程。规定了施工单位的建筑市场的准入条件。具体分述如下。

（一）相关人员的安全责任

1. 主要负责人和项目负责人

"主要负责人"并不仅限于施工单位的法定代表人,而是指对施工单位全面负责,有生产经营决策权的人。加强对施工单位安全生产的管理,首先要明确责任人。《建设工程安全生产管理条例》第 21 条第 1 款规定,"施工单位主要负责人依法对本单位的安全生产工作全面负责"。主要安全生产职责包括:

第一,建立健全安全生产责任制度和安全生产教育培训制度。

第二,制定安全生产规章制度和操作规程。

第三,保证本单位安全生产条件所需资金的投入。

第四,对所承建的建设工程进行定期和专项安全检查,并做好安全检查记录。

第 21 条第 2 款规定,施工单位的项目负责人应当由取得相应执业资格的人员担任,对建设工程项目的安全施工负责,落实安全生产责任制度、安全生产规章制度和操作规程,确保安全生产费用的有效使用,并根据工程的特点组织制定安全施工措施,消除安全事故隐患,及时、如实报告生产安全事故。

2. 安全生产管理机构和专职安全生产管理人员

《建设工程安全生产管理条例》第 23 条规定,"施工单位应当设立安全生产管理机构,配备专职安全生产管理人员"。

安全生产管理机构是指施工单位及其在建设工程项目中设置的负责安全生产管理工作的独立职能部门。安全生产管理机构的职责主要包括:落实国家有关安全生产法律法规和标准、编制并适时更新安全生产管理制度、组织开展全员安全教育培训及安全检查等活动。

专职安全生产管理人员是指经建设主管部门或者其他有关部门安全生产考核合格,并取得安全生产考核合格证书在企业从事安全生产管理工作的专职人员,包括施工单位安全生产管理机构的负责人及其工作人员和施工现场专职安全生产管理人员。专职安全生产管理人员的安全责任主要包括:对安全生产进行现场监督检查,发现安全事故隐患,应当及时向项目负责人和安全生产管理机构报告;对于违章指挥、违章操作的,应当立即制止。

（二）总承包单位和分包单位的安全责任

1. 总承包单位的安全责任

《建设工程安全生产管理条例》第 24 条规定，"建设工程实行施工总承包的，由总承包单位对施工现场的安全生产负总责"。建设工程实行施工总承包的，由建设单位将包括土建和安装等方面的施工任务一并发包给一家具有相应施工总承包资质的施工单位，施工总承包单位在法律规定和合同约定的范围内，全面负责施工现场的组织管理。

为了防止违法分包和转包等违法行为的发生，真正落实施工总承包单位的安全责任，《建设工程安全生产管理条例》进一步强调："总承包单位应当自行完成建设工程主体结构的施工。"

2. 总承包单位与分包单位的安全责任划分

《建设工程安全生产管理条例》第 24 条规定，"总承包单位依法将建设工程分包给其他单位的，分包合同中应当明确各自的安全生产方面的权利和义务。总承包单位和分包单位对分包工程的安全生产承担连带责任"。

施工现场往往同时有多个分包单位同时在施工现场作业，需要由总承包单位统一协调。但是，由于利益等原因，分包单位并不愿意服从总承包单位的管理，基于此，《建设工程安全生产管理条例》第 24 条规定："分包单位应当服从总承包单位的安全生产管理，分包单位不服从管理导致生产安全事故的，由分包单位承担主要责任。"

（三）安全生产教育培训的责任

1. 管理人员的考核

《建设工程安全生产管理条例》第 36 条第 1 款规定，"施工单位的主要负责人、项目负责人、专职安全生产管理人员应当经建设行政主管部门或者其他有关部门考核合格后方可任职"。

2. 作业人员的安全生产教育培训

第一，日常的安全生产教育培训。《建设工程安全生产管理条例》第 36 条第 2 款规定，"施工单位应当对管理人员和作业人员每年至少进行一次安全生产教育培训，其教育培训情况记入个人工作档案。安全生产教育培训考核不合格的人员，不得上岗"。

第二，新岗位培训。《建设工程安全生产管理条例》第 37 条规定，"作业人员进入新的岗位或者新的施工现场前，应当接受安全生产教育培训。未经教育培训或者教育培训考核不合格的人员，不得上岗作业。施工单位在采用新技术、新工艺、新设备、新材料时，应当对作业人员进行相应的安全生产教育培训"。

第三，特种作业人员的培训。特种作业人员是指从事特殊岗位作业的人员。

《建设工程安全生产管理条例》第 25 条规定："垂直运输机械作业人员、安装拆卸工、爆破作业人员、起重信号工、登高架设作业人员等特种作业人员,必须按照国家有关规定经过专门的安全作业培训,并取得特种作业操作资格证书后,方可上岗作业。"

（四）施工单位应采取的安全措施

1. 编制安全技术措施、施工现场临时用电方案和专项施工方案

《建设工程安全生产管理条例》第 26 条规定,施工单位应当在施工组织设计中编制安全技术措施和施工现场临时用电方案,对"基坑支护与降水工程、土方开挖工程、模板工程、起重吊装工程、脚手架工程、拆除工程、爆破工程、国务院建设行政主管部门或者其他有关部门规定的其他危险性较大的工程"达到一定规模的危险性较大的分部分项工程编制专项施工方案,并附具安全验算结果,经施工单位技术负责人、总监理工程师签字后实施,由专职安全生产管理人员进行现场监督。对涉及深基坑、地下暗挖工程、高大模板工程的专项施工方案,施工单位还应当组织专家进行论证、审查。

2. 安全施工技术交底

《建设工程安全生产管理条例》第 27 条规定,"建设工程施工前,施工单位负责项目管理的技术人员应当对有关安全施工的技术要求向施工作业班组、作业人员做出详细说明,并由双方签字确认"。施工前的安全施工技术交底的目的就是让所有的安全生产从业人员都对安全生产有所了解,最大限度避免安全事故的发生。交底应符合下列规定:

第一,工程开工前,项目经理部的技术负责人应向有关人员进行安全技术交底。

第二,结构复杂的分部分项工程实施前,项目经理部的技术负责人应进行安全技术交底。

第三,项目经理部应保存安全技术交底记录。

3. 施工现场安全警示标志的设置

《建设工程安全生产管理条例》第 28 条第 1 款规定,"施工单位应当在施工现场入口处、施工起重机械、临时用电设施、脚手架、出入通道口、楼梯口、电梯井口、孔洞口、桥梁口、隧道口、基坑边沿、爆破物及有害危险气体和液体存放处等危险部位,设置明显的安全警示标志。安全警示标志必须符合国家标准"。

对施工现场危险部位的一项重要管理工作是设置明显的安全警示标志。安全警示标志是提醒人们注意的各种标牌、文字、符号和灯光等。安全警示标志应当设置在明显地点、易于被看到。安全警示标志如果是文字的,应当易于读懂;如果是符号,则应当易于理解;如果是灯光,应当明亮显眼。安全警示标志不能随意设置,必须符合国家标准,即《安全标志及其使用导则》(GB 2894—2008)。

4. 施工现场的安全防护

《建设工程安全生产管理条例》第 28 条第 2 款规定,"施工单位应当根据不同施工阶段和周围环境及季节、气候的变化,在施工现场采取相应的安全施工措施。施工现场暂时停止施工的,施工单位应当做好现场防护,所需费用由责任方承担,或者按照合同约定执行"。

5. 施工现场的布置

《建设工程安全生产管理条例》第 29 条第 1 款规定,"施工单位应当将施工现场的办公、生活区与作业区分开设置,并保持安全距离;办公、生活区的选址应当符合安全性要求。职工的膳食、饮水、休息场所等应当符合卫生标准。施工单位不得在尚未竣工的建筑物内设置员工集体宿舍"。

《建设工程安全生产管理条例》第 29 条第 2 款规定,"施工现场临时搭建的建筑物应当符合安全使用要求。施工现场使用的装配式活动房屋应当具有产品合格证"。临时建筑物一般包括施工现场的办公用房、宿舍、食堂、仓库、卫生间等。这些设施虽然是临时搭建的,但由于直接用于现场工作人员的生产生活,因此必须符合安全使用要求。

6. 对周边环境采取防护措施

工程建设不能以牺牲环境为代价,施工单位在进行施工时必须要采取措施减少对周边环境的不良影响。

《建筑法》第 41 条规定:"建筑施工企业应当遵守有关环境保护和安全生产的法律、法规的规定,采取控制和处理施工现场的各种粉尘、废气、废水、固体废物以及噪声、振动对环境的污染和危害的措施。"

《建设工程安全生产管理条例》第 30 条规定,"施工单位对因建设工程施工可能造成损害的毗邻建筑物、构筑物和地下管线等,应当采取专项防护措施。

施工单位应当遵守有关环境保护法律、法规的规定,在施工现场采取措施,防止或者减少粉尘、废气、废水、固体废物、噪声、振动和施工照明对人和环境的危害和污染。

在城市市区内的建设工程,施工单位应当对施工现场实行封闭围挡"。

7. 施工现场的消防安全措施

《建设工程安全生产管理条例》第 31 条规定,"施工单位应当在施工现场建立消防安全责任制度,确定消防安全责任人,制定用火、用电、使用易燃易爆材料等各项消防安全管理制度和操作规程,设置消防通道、消防水源,配备消防设施和灭火器材,并在施工现场入口处设置明显标志"。

8. 安全防护设备管理

《建设工程安全生产管理条例》第 34 条规定,"施工单位采购、租赁的安全防护用具、机械设备、施工机具及配件,应当具有生产(制造)许可证、产品合格证,并在进入施工现场前进行查验。

施工现场的安全防护用具、机械设备、施工机具及配件必须由专人管理,定期进行检查、维修和保养,建立相应的资料档案,并按照国家有关规定及时报废。

作业人员应当遵守安全施工的强制性标准、规章制度和操作规程,正确使用安全防护用具、机械设备等"。

9. 起重机械设备管理

《建设工程安全生产管理条例》第 35 条规定,"施工单位在使用施工起重机械和整体提升脚手架、模板等自升式架设设施前,应当组织有关单位进行验收,也可以委托具有相应资质的检验检测机构进行验收;使用承租的机械设备和施工机具及配件的,由施工总承包单位、分包单位、出租单位和安装单位共同进行验收。验收合格的方可使用。

《特种设备安全监察条例》规定的施工起重机械,在验收前应当经有相应资质的检验检测机构监督检验合格。

施工单位应当自施工起重机械和整体提升脚手架、模板等自升式架设设施验收合格之日起 30 日内,向建设行政主管部门或者其他有关部门登记。登记标志应当置于或者附着于该设备的显著位置"。

10. 办理意外伤害保险

《中华人民共和国建筑法》第 48 条规定,"建筑施工企业必须为从事危险作业的职工办理意外伤害保险,支付保险费"。

《建设工程安全生产管理条例》第 38 条规定,"施工单位应当为施工现场从事危险作业的人员办理意外伤害保险。

意外伤害保险费由施工单位支付。实行施工总承包的,由总承包单位支付意外伤害保险费。意外伤害保险期限自建设工程开工之日起至竣工验收合格止"。

第三节　安全生产监督管理

国务院建设行政主管部门对全国的建筑活动实施统一监督管理。

一、建设工程安全生产监督管理部门

(一)国务院建设行政主管部门

国务院建设行政主管部门主管全国建筑安全生产的行业监督管理工作,主要职责:

第一,贯彻执行国家有关安全生产的法规和方针、政策,起草或者制定建筑安全生产管理的法规、标准。

第二,统一监督管理全国工程建设方面的安全生产工作,完善建筑安全生产的组织保证体系。

第三,制定建筑安全生产管理的中、长期规划和近期目标,组织建筑安全生产技术的开发与推广应用。

第四,指导和监督检查省、自治区、直辖市人民政府建筑行政主管部门开展建筑安全生产的行业监督管理工作。

第五,统计全国建筑职工因工伤亡人数,掌握并发布全国建筑安全生产动态。

第六,负责对申报资质等级一级企业和国家一、二级企业以及国家和部级先进建筑企业进行安全资格审查或者审批,行使安全生产否决权。

第七,组织全国建筑安全生产检查,总结交流建筑安全生产管理经验,并表彰先进。

第八,检查和督促工程建设重大事故的调查处理,组织或者参与工程建设特别重大事故的调查。

（二）县级以上地方人民政府建设行政主管部门

县级以上地方人民政府建设行政主管部门负责本行政区域建筑安全生产的行业监督管理工作,其主要职责是:

第一,贯彻执行国家和地方有关安全生产的法规、标准和方针、政策,起草或者制定本行政区域建筑安全生产管理的实施细则或者实施办法。

第二,制定本行政区域建筑安全生产管理的中、长期规划和近期目标,组织建筑安全生产技术的开发与推广应用。

第三,建立建筑安全生产的监督管理体系,制定本行政区域建筑安全生产监督管理工作制度,组织落实各级领导分工负责的建筑安全生产责任制。

第四,负责本行政区域建筑职工因工伤亡的统计和上报工作,掌握和发布本行政区域建筑安全生产动态。

第五,负责对申报晋升企业资质等级、企业升级和报评先进企业的安全资格进行审查或者审批,行使安全生产否决权。

第六,组织或者参与本行政区域工程建设中人身伤亡事故的调查处理工作,并依照有关规定上报重大伤亡事故。

第七,组织开展本行政区域建筑安全生产检查,总结交流建筑安全生产管理经验,并表彰先进。

第八,监督检查施工现场、构配件生产车间等安全管理和防护措施,纠正违章指挥和违章作业。

第九,组织开展本行政区域建筑企业的生产管理人员、作业人员的安全生产教育、培训、考核及发证工作,监督检查建筑企业对安全技术措施费的提取和使用。

第十,领导和管理建筑安全生产监督机构的工作。

二、安全生产监督管理措施

《安全生产法》第54条规定:"对安全生产负有监督管理职责的部门依照有关法律、法规的规定,对涉及安全生产的事项需要审查批准（包括批准、核准、许可、注册、认证、颁发证照等）或者验收的,必须严格依照有关法律、法规和国家标准或者行业标准规定的安全生产条件和程序进行审查;不符合有关法律、法规和国家标准或者行业标准规定的安全生产条件的,不得批准或者验收通过。

对未依法取得批准或者验收合格的单位擅自从事有关活动的,负责行政审批的部门发现或者接到举报后应当立即予以取缔,并依法予以处理。对已经依法取得批准的单位,负责行政审批的部门发现其不再具备安全生产条件的,应当撤销原批准。"

《建设工程安全生产管理条例》第42条规定,"建设行政主管部门在审核发放施工许可证时,应当对建设工程是否有安全施工措施进行审查,对没有安全施工措施的,不得颁发施工许可证。

建设行政主管部门或者其他有关部门对建设工程是否有安全施工措施进行审查时,不得收取费用"。

第四十三条 县级以上人民政府负有建设工程安全生产监督管理职责的部门在各自的职责范围内履行安全监督检查职责时,有权采取下列措施:要求被检查单位提供有关建设工程安全生产的文件和资料;进入被检查单位施工现场进行检查;纠正施工中违反安全生产要求的行为;对检查中发现的安全事故隐患,责令立即排除;重大安全事故隐患排除前或者排除过程中无法保证安全的,责令从危险区域内撤出作业人员或者暂时停止施工。

第四十四条 建设行政主管部门或者其他有关部门可以将施工现场的监督检查委托给建设工程安全监督机构具体实施。

三、安全生产监督管理部门的职权

《安全生产法》第56条规定,"负有安全生产监督管理职责的部门依法对生产经营单位执行有关安全生产的法律、法规和国家标准或者行业标准的情况进行监督检查,行使以下职权:

第一,进入生产经营单位进行检查,调阅有关资料,向有关单位和人员了解情况。

第二,对检查中发现的安全生产违法行为,当场予以纠正或者要求限期改正;对依法应当给予行政处罚的行为,依照本法和其他有关法律、行政法规的规定作出行政处罚决定。

第三,对检查中发现的事故隐患,应当责令立即排除;重大事故隐患排除前或者排除过程中无法保证安全的,应当责令从危险区域内撤出作业人员,责令暂时停产、停业或者停止使用;重大事故隐患排除后,经审查同意,方可恢复生产经营和使用。

第四,对有根据认为不符合保障安全生产的国家标准或者行业标准的设施、设备、器材予以查封或者扣押,并应当在15日内依法做出处理决定。监督检查不得影响被检查单位的正常生产经营活动"。

四、安全生产监督检查人员的义务

根据《安全生产法》第58条的规定,"安全生产监督检查人员在行使职权时,应当履行如下法定义务:

第一,应当忠于职守,坚持原则,秉公执法。

第二,执行监督检查任务时,必须出示有效的监督执法证件。

第三,对涉及被检查单位的技术秘密和业务秘密,应当对其保密。"

第四节 安全事故的处理

一、建设工程安全事故分类

《生产安全事故报告和调查处理条例》(中华人民共和国国务院令〔2007〕493号)根据生产安全事故(以下简称事故)造成的人员伤亡或者直接经济损失,事故一般分为以下等级:

第一,特别重大事故,指造成30人以上[①]死亡,或者100人以上重伤(包括急性工业中毒,下同),或者1亿元以上直接经济损失的事故;

第二,重大事故,指造成10人以上30人以下死亡,或者50人以上100人以下重伤,或者5000万元以上1亿元以下直接经济损失的事故;

第三,较大事故,指造成3人以上10人以下死亡,或者10人以上50人以下重伤,或者1000万元以上5000万元以下直接经济损失的事故;

第四,一般事故,指造成3人以下死亡,或者10人以下重伤,或者1000万元以下直接经济损失的事故。

二、建设工程安全事故处理程序

(一)事故报告

1. 事故报告程序

事故发生后,事故现场有关人员应当立即向本单位负责人报告;单位负责人接到报告后,应当于1小时内向事故发生地县级以上人民政府安全生产监督管理部门和负有安全生产监督管理职责的有关部门报告。情况紧急时,事故现场有关人员可以直接向事故发生地县级以上人民政府安全生产监督管理部门和负有安全生产监督管理职责的有关部门报告。

安全生产监督管理部门和负有安全生产监督管理职责的有关部门接到事故报告后,应当依照下列规定上报事故情况,并通知公安机关、劳动保障行政部门、工会和人民检察院:

第一,特别重大事故、重大事故逐级上报至国务院安全生产监督管理部门和负有安全生产监督管理职责的有关部门。

第二,较大事故逐级上报至省、自治区、直辖市人民政府安全生产监督管理部门和负有安全生产监督管理职责的有关部门。

第三,一般事故上报至设区的市级人民政府安全生产监督管理部门和负有安全生产监督管理职责的有关部门。

---

① 所称的"以上"包括本数,所称的"以下"不包括本数。

安全生产监督管理部门和负有安全生产监督管理职责的有关部门依照前款规定上报事故情况,应当同时报告本级人民政府。国务院安全生产监督管理部门和负有安全生产监督管理职责的有关部门以及省级人民政府接到发生特别重大事故、重大事故的报告后,应当立即报告国务院。

必要时,安全生产监督管理部门和负有安全生产监督管理职责的有关部门可以越级上报事故情况。安全生产监督管理部门和负有安全生产监督管理职责的有关部门逐级上报事故情况,每级上报的时间不得超过2小时。

事故报告后出现新情况的,应当及时上报。自事故发生之日起30日内,事故造成的伤亡人数发生变化的,应当及时上报。道路交通事故、火灾事故自发生之日起7日内,事故造成的伤亡人数发生变化的,应当及时补报。

2. 事故报告内容

事故报告内容包括:事故发生单位概况,事故发生的时间、地点以及事故现场情况,事故的简要经过,事故已经造成或者可能造成的伤亡人数(包括下落不明的人数)和初步估计的直接经济损失,已经采取的措施及其他应当报告的情况。

3. 事故报告处理

事故发生单位负责人接到事故报告后,应当立即启动事故应急预案,或者采取有效措施,组织抢救,防止事故扩大,减少人员伤亡和财产损失。

事故发生地有关地方人民政府、安全生产监督管理部门和负有安全生产监督管理职责的有关部门接到事故报告后,其负责人应当立即赶赴事故现场,组织事故救援。

事故发生后,有关单位和人员应当妥善保护事故现场以及相关证据,任何单位和个人不得破坏事故现场,毁灭相关证据。因抢救人员、防止事故扩大以及疏通交通等原因,需要移动事故现场物件的,应当做出标志,绘制现场简图并作出书面记录,妥善保存现场重要痕迹、物证。

事故发生地公安机关根据事故的情况,对涉嫌犯罪的,应当依法立案侦查,采取强制措施和侦查措施。犯罪嫌疑人逃匿的,公安机关应当迅速追捕归案。

安全生产监督管理部门和负有安全生产监督管理职责的有关部门应当建立值班制度,并向社会公布值班电话,受理事故报告和举报。

(二)事故调查

1. 事故调查部门

特别重大事故由国务院或者国务院授权有关部门组织事故调查组进行调查。重大事故、较大事故、一般事故分别由事故发生地省级人民政府、设区的市级人民政府、县级人民政府负责调查。省级人民政府、设区的市级人民政府、县级人民政府可以直接组织事故调查组进行调查,也可以授权或者委托有关部门组织事故调查组进行调查。未造成人员伤亡的一般事故,县级人民政府也可以委托事故发生单位组织事故调查组进行调查。

上级人民政府认为必要时,可以调查由下级人民政府负责调查的事故。

自事故发生之日起 30 日内(道路交通事故、火灾事故自发生之日起 7 日内),因事故伤亡人数变化导致事故等级发生变化,依照本条例规定应当由上级人民政府负责调查的,上级人民政府可以另行组织事故调查组进行调查。

特别重大事故以下等级事故,事故发生地与事故发生单位不在同一个县级以上行政区域的,由事故发生地人民政府负责调查,事故发生单位所在地人民政府应当派人参加。

2. 事故调查组

事故调查组的组成应当遵循精简、效能的原则。根据事故的具体情况,事故调查组由有关人民政府、安全生产监督管理部门、负有安全生产监督管理职责的有关部门、监察机关、公安机关以及工会派人组成,并应当邀请人民检察院派人参加。

事故调查组可以聘请有关专家参与调查。事故调查组成员应当具有事故调查所需要的知识和专长,并与所调查的事故没有直接利害关系。事故调查组组长由负责事故调查的人民政府指定。事故调查组组长主持事故调查组的工作。

事故调查组履行下列职责:

第一,查明事故发生的经过、原因、人员伤亡情况及直接经济损失。

第二,认定事故的性质和事故责任。

第三,提出对事故责任者的处理建议。

第四,总结事故教训,提出防范和整改措施。

第五,提交事故调查报告。

事故调查组有权向有关单位和个人了解与事故有关的情况,并要求其提供相关文件、资料,有关单位和个人不得拒绝。事故调查组成员在事故调查工作中应当诚信公正、恪尽职守,遵守事故调查组的纪律,保守事故调查的秘密。未经事故调查组组长允许,事故调查组成员不得擅自发布有关事故的信息。

事故调查组应当自事故发生之日起 60 日内提交事故调查报告;特殊情况下,经负责事故调查的人民政府批准,提交事故调查报告的期限可以适当延长,但延长的期限最长不超过 60 日。事故调查报告应当包括事故发生单位概况;事故发生经过和事故救援情况;事故造成的人员伤亡和直接经济损失;事故发生的原因和事故性质;事故责任的认定以及对事故责任者的处理建议;事故防范和整改措施。事故调查报告应当附具有关证据材料。事故调查组成员应当在事故调查报告上签名。事故调查报告报送负责事故调查的人民政府后,事故调查工作即告结束。事故调查的有关资料应当归档保存。

(三)事故处理

重大事故、较大事故、一般事故,负责事故调查的人民政府应当自收到事故调查报告之日起 15 日内做出批复;特别重大事故,30 日内做出批复,特殊情况下,批复时间可以适当延长,但延长的时间最长不超过 30 日。

有关机关应当按照人民政府的批复,依照法律、行政法规规定的权限和程序,对事故发生单位和有关人员进行行政处罚,对负有事故责任的国家工作人员进行处分。

事故发生单位应当按照负责事故调查的人民政府的批复,对本单位负有事故责任的人员进行处理。

三、特大安全事故行政责任追究

为了有效防范特大安全事故的发生,严肃追究特大安全事故的行政责任,保障人民群众生命、财产安全,制定《国务院关于特大安全事故行政责任追究的规定》(本节以下简称本规定),2001 年 4 月 21 日中华人民共和国国务院令第 302 号公布,自公布之日起施行。

(一)追责的情形

地方人民政府主要领导人和政府有关部门正职负责人对下列特大安全事故的防范、发生,依照法律、行政法规和本规定的规定有失职、渎职情形或者负有领导责任的,依照本规定给予行政处分;构成玩忽职守罪或者其他罪的,依法追究刑事责任:

(1)特大火灾事故;
(2)特大交通安全事故;
(3)特大建筑质量安全事故;
(4)民用爆炸物品和化学危险品特大安全事故;
(5)煤矿和其他矿山特大安全事故;
(6)锅炉、压力容器、压力管道和特种设备特大安全事故;
(7)其他特大安全事故。

地方人民政府和政府有关部门对特大安全事故的防范、发生直接负责的主管人员和其他直接责任人员,比照本规定给予行政处分;构成玩忽职守罪或者其他罪的,依法追究刑事责任。

特大安全事故肇事单位和个人的刑事处罚、行政处罚和民事责任,依照有关法律、法规和规章的规定执行。

发生特大安全事故,社会影响特别恶劣或者性质特别严重的,由国务院对负有领导责任的省长、自治区主席、直辖市市长和国务院有关部门正职负责人给予行政处分。

(二)特大安全事故发生后的处置工作

第十六条 特大安全事故发生后,有关县(市、区)、市(地、州)和省、自治区、直辖市人民政府及政府有关部门应当按照国家规定的程序和时限立即上报,不得隐瞒不报、谎报或者拖延报告,并应当配合、协助事故调查,不得以任何方式阻碍、干涉事故调查。

特大安全事故发生后,有关地方人民政府及政府有关部门违反前款规定的,对政府主要领导人和政府部门正职负责人给予降级的行政处分。

第十七条 特大安全事故发生后,有关地方人民政府应当迅速组织救助,有关部门应当服从指挥、调度,参加或者配合救助,将事故损失降到最低限度。

第十八条 特大安全事故发生后,省、自治区、直辖市人民政府应当按照国家有关规定迅速、如实发布事故消息。

第十九条 特大安全事故发生后,按照国家有关规定组织调查组对事故进行调查。事故调查工作应当自事故发生之日起 60 日内完成,并由调查组提出调查报告;遇有特殊情况的,经调查组提出并报国家安全生产监督管理机构批准后,可以适当延长时间。调查报告应当包括依照本规定对有关责任人员追究行政责任或者其他法律责任的意见。

省、自治区、直辖市人民政府应当自调查报告提交之日起 30 日内,对有关责任人员做出处理决定;必要时,国务院可以对特大安全事故的有关责任人员做出处理决定。

第二十条　地方人民政府或者政府部门阻挠、干涉对特大安全事故有关责任人员追究行政责任的,对该地方人民政府主要领导人或者政府部门正职负责人,根据情节轻重,给予降级或者撤职的行政处分。

第二十一条　任何单位和个人均有权向有关地方人民政府或者政府部门报告特大安全事故隐患,有权向上级人民政府或者政府部门举报地方人民政府或者政府部门不履行安全监督管理职责或者不按照规定履行职责的情况。接到报告或者举报的有关人民政府或者政府部门,应当立即组织对事故隐患进行查处,或者对举报的不履行、不按照规定履行安全监督管理职责的情况进行调查处理。

案例分析

【案情】2010 年 10 月 25 日上午 10 时 10 分,南京市 A 建筑公司(以下简称 A 建筑公司)承建的南京电视台演播中心裙楼工地发生一起重大职工因工伤亡事故。演播中心大演播厅舞台在浇筑顶部混凝土施工中,因模板支撑系统失稳,造成大演播厅舞台屋盖坍塌,造成正在现场施工的民工和电视台工作人员 6 人死亡,35 人受伤(其中重伤 11 人),直接经济损失 70.7815 万元。

经查明,南京电视台演播中心工程,由南京电视台投资兴建,东南大学建筑设计院设计,南京某建设监理公司(以下简称监理公司)对工程进行监理(总监理工程师韩××、副总监理工程师卞××)。

事故的直接原因具体如下:

第一,支架搭设不合理,特别是水平连系杆严重不够,三维尺寸过大以及底部未设扫地杆,从而主次梁交叉区域单杆受荷过大,引起立杆局部失稳。

第二,梁底模的木枋放置方向不妥,导致大梁的主要荷载传至梁底中央排立杆,且该排立杆的水平连系杆不够,承载力不足,因而加剧了局部失稳。

第三,屋盖下模板支架与周围结构固定与连系不足,加大了顶部晃动。

事故的间接原因具体如下:

第一,施工组织管理混乱,安全管理失去有效控制,模板支架搭设无施工图,无专项施工技术交底,施工中无自检、互检等手续,搭设完成后没有组织验收;搭设开始时无施工方案,有施工方案后未按要求进行搭设,支架搭设严重脱离原设计方案要求,致使支架承载力和稳定性不足,空间强度和刚度不足等是造成这起事故的主要原因。

第二,施工现场技术管理混乱,对大型或复杂重要的混凝土结构工程的模板施工未按程序进行,支架搭设开始后送交工地的施工方案中有关模板支架设计方案过于简单,缺乏必要的细部构造大样图和相关的详细说明,且无计算书;支架施工方案传递无记录,导致现场支架搭设时无规范可循,是造成这起事故的技术上的重要原因。

第三，监理公司驻工地总监理工程师无监理资质，工程监理组没有对支架搭设过程严格把关，在没有对模板支撑系统的施工方案审查认可的情况下即同意施工，没有监督对模板支撑系统的验收，就签发了浇捣令，工作严重失职，导致工人在存在重大事故隐患的模板支撑系统上进行混凝土浇筑施工，是造成这起事故的重要原因。

第四，在上部浇筑屋盖混凝土情况下，工人在模板支撑下部进行支架加固是造成事故伤亡人员扩大的原因之一。

第五，A建筑公司及其上海分公司领导安全生产意识淡薄，个别领导不深入基层，对各项规章制度执行情况监督管理不力，对重点部位的施工技术管理不严，有法有规不依。施工现场用工管理混乱，部分特种作业人员无证上岗作业，对农民工未认真进行三级安全教育。

第六，施工现场支架钢管和扣件在采购、租赁过程中质量管理把关不严，部分钢管和扣件不符合质量标准。

第七，建筑管理部门对该建筑工程执法监督和检查指导不力；建设管理部门对监理公司的监督管理不到位。

【分析】本案中，施工单位严重违反了安全生产责任制度的有关规定，酿成了重大安全生产事故，这个教训是十分深刻的。

安全生产责任制度是工程建设中最基本的安全管理制度，是所有安全规章制度的核心。我国《安全生产法》和《建筑法》均把安全生产责任制度作为重点内容予以明文规定。安全责任制的主要内容包括：

第一，从事建筑活动主体的负责人的责任制。比如，建筑施工企业的法定代表人要对本企业的安全负主要的安全责任。

第二，从事建筑活动主体的职能机构或职能处室负责人及其工作人员的安全生产责任制。比如，建筑企业根据需要设置的安全处室或者专职安全人员要对安全负责。

第三，岗位人员的安全生产责任制。岗位人员必须对安全负责。从事特种作业的安全人员必须进行培训，经过考试合格后方能上岗作业。

本案中，调查组建议司法机关追究总监理工程师韩××的刑事责任，这一处理意见曾引起巨大的社会反应。我国《刑法》第137条规定："建设单位、设计单位、施工单位、工程监理单位违反国家规定，降低工程质量标准，造成重大安全事故的，对直接责任人员，处五年以下有期徒刑或者拘役，并处罚金；后果特别严重的，处5年以上10年以下有期徒刑，并处罚金。"尽管韩××的行为能否构成重大安全事故罪还存在争议，但在整个事件中，韩××在主观方面存在一定的过失，应当承担相应的法律责任。这起重大安全事故也为整个监理行业敲响了警钟，监理企业及监理人员作为工程质量责任主体之一，必须严格依法履行监理职责，否则，很可能承担严重的法律后果。

思考题

1. 请简述安全生产监督管理的重点内容。
2. 请简要分析安全事故处理的流程。

第十章　水工程建设法规

第一节　概　述

水是生命之源、生产之要、生态之基。兴水利、除水害,事关人类生存、经济发展、社会进步,历来是治国安邦的大事。为合理开发、利用、节约和保护水资源,防治水害,预防和治理水土流失,加强水利工程的质量管理和水利工程建设安全生产监督管理,以及工程建设程序管理,我国制定了一系列法律、法规和部门规章和规范性、政策性文件,水法规体系不断完善。

坚持加快立法进度与提高立法质量相结合,以水利改革发展立法需求最为迫切的领域为重点,统筹推进水法规体系建设,取得重大成果。截至 2016 年,我国已颁布实施以水管理为主要内容的法律 4 件,行政法规 19 件,部门规章 55 件,地方性法规和地方政府规章 700 余件,内容涵盖了水利工作的各个方面,适合我国国情和水情的水法规体系基本建立,各项涉水事务管理基本做到有法可依,为推动水利改革发展奠定了坚实的制度基础。[①]

一、基本概念

(一)工程建设

工程建设是指为了国民经济各部门的发展和人民物质文化生活水平的提高而进行的有组织、有目的的投资兴建固定资产的经济活动,即建造、购置和安装固定资产的活动以及与之相联系的其他工作。

依据《建设工程质量管理条例》《建设工程安全生产管理条例》《工程建设项目报建管理办法》,工程建设项目,是指各类房屋建筑、土木工程、设备安装、管道线路敷设、装饰装修等固定资产投资的新建、扩建、改建以及技改项目。

工程建设的内涵从 1997 年《建筑法》立法时指代房屋建筑工程的勘察、设计、施工阶段,扩展到了现有建设法规体系的建设工程的全项目周期。

(二)水工程

《中华人民共和国水法》第 79 条规定,"水工程,是指在江河、湖泊和地下水源上开发、利

[①]　http://www.mwr.gov.cn/ztpd/2016ztbd/hgsewzwssw/sewcj/201602/t20160217_734072.html 依法治水管水迈出坚实步伐(十二五成就)。

用、控制、调配和保护水资源的各类工程"。

《水利工程建设监理规定》第2条第2款规定,"水利工程是指防洪、排涝、灌溉、水力发电、引(供)水、滩涂治理、水土保持、水资源保护等各类工程(包括新建、扩建、改建、加固、修复、拆除等项目)及其配套和附属工程"。

水工程与水利工程,是对自然界的地表水和地下水进行控制、治理、开发、利用和保护,以达到除害兴利目的而修建的工程。主要包括治河、堤防、闸坝、水电站、航运、鱼道、提水、输水、排涝、水保等建筑物。

中小型公益性水利工程建设项目,是指政府投资和使用国有资金、由县级(包括县级以下)负责实施的中小型公益性水利工程建设项目,主要包括小型病险水库(闸)除险加固、中小河流治理、农村饮水安全、中小型灌区续建配套与节水改造、中央财政补助小型农田水利设施建设、牧区水利、节水灌溉、水土保持等项目。

(三)水利基本建设项目

水利基本建设项目是通过固定资产投资形成水利固定资产并发挥社会和经济效益的水利项目。水利基本建设项目根据国家的方针政策,已批准的江河流域综合规划、专业和专项规划及水利发展中长期规划确定。水利基本建设项目按其功能和作用分为公益性、准公益性和经营性三类:

第一,公益性项目指具有防洪、排涝、抗旱和水资源管理等社会公益性管理和服务功能,自身无法得到相应经济回报的水利项目,如堤防工程、河道整治工程、蓄滞洪区安全建设、除涝、水土保持、生态建设、水资源保护、贫困地区人畜饮水、防汛通信、水文设施等。

第二,准公益性项目指既有社会效益、又有经济效益的水利项目,其中大部分是以社会效益为主。如综合利用的水利枢纽(水库)工程、大型灌区节水改造工程等。

第三,经营性项目指以经济效益为主的水利项目。如城市供水、水力发电、水库养殖、水上旅游及水利综合经营等。

水利基本建设项目按其对社会和国民经济发展的影响分为中央水利基本建设项目(以下简称中央项目)和地方水利基本建设项目(以下简称地方项目)。

(四)工程建设程序

工程建设程序,是指建设工程从策划、决策、设计、施工,到竣工验收、投入生产或交付使用的整个建设过程中,各项工作应当遵循的先后顺序[①]。

基本建设项目一般要经历以下几个阶段的工作程序:

第一,根据国民经济和社会发展长远规划,结合行业和地区发展规划的要求,提出项目建议书;

第二,在勘察、试验、调查研究及详细技术经济论证的基础上编制可行性研究报告;

第三,根据项目的咨询评估情况,对建设项目进行决策;

第四,根据可行性研究报告编制设计文件;

---

① 《建设工程监理概论》,2014年全国监理工程师培训考试用书,中国建筑工业出版社,2013年。

第五,初步设计批准后,做好施工前的各项准备工作;

第六,组织施工,并根据工程进度,做好生产准备;

第七,项目按批准的设计内容建成并经竣工验收合格后,正式投产,交付生产使用;

第八,生产运营一段时间后(一般为两年),进行项目后评价。

目前我国基本建设程序的内容和步骤主要有:前期工作阶段,主要包括项目建议书、可行性研究、设计工作;建设实施阶段,主要包括施工准备、建设实施;竣工验收阶段和后评价阶段。

水利工程建设程序,按《水利工程建设项目管理规定》[①]和《水利工程建设程序管理暂行规定》[②]明确的建设程序执行,水利工程建设程序一般分为:项目建议书、可行性研究报告、施工准备、初步设计、建设实施、生产准备、竣工验收、后评价等阶段。

二、主要法律

我国水利工程建设主要法律有《中华人民共和国水法》《中华人民共和国水污染防治法》《中华人民共和国防洪法》《中华人民共和国水土保持法》等四部。

(一)中华人民共和国水法

为了合理开发、利用、节约和保护水资源,防治水害,实现水资源的可持续利用,适应国民经济和社会发展的需要,制定《中华人民共和国水法》,1988 年 1 月 21 日第六届全国人民代表大会常务委员会第二十四次会议通过;2002 年 8 月 29 日第九届全国人民代表大会常务委员会第二十九次会议修订通过;根据 2009 年 8 月 27 日第十一届全国人民代表大会常务委员会第十次会议通过的《全国人民代表大会常务委员会关于修改部分法律的决定》修改;根据 2016 年 7 月 2 日第十二届全国人民代表大会常务委员会第二十一次会议通过的《全国人民代表大会常务委员会关于修改〈中华人民共和国节约能源法〉等六部法律的决定》修改。共 8 章 82 条。包括第一章总则,第二章水资源规划,第三章水资源开发利用,第四章水资源、水域和水工程的保护,第五章水资源配置和节约使用,第六章水事纠纷处理与执法监督检查,第七章法律责任,第八章附则。

水法第 12 条规定,国家对水资源实行流域管理与行政区域管理相结合的管理体制。

国务院水行政主管部门负责全国水资源的统一管理和监督工作。

国务院水行政主管部门在国家确定的重要江河、湖泊设立的流域管理机构(以下简称流域管理机构),在所管辖的范围内行使法律、行政法规规定的和国务院水行政主管部门授予的水资源管理和监督职责。

县级以上地方人民政府水行政主管部门按照规定的权限,负责本行政区域内水资源的统一管理和监督工作。

---

① 《水利工程建设项目管理规定》,1995 年 4 月 21 日水利部文件水建〔1995〕128 号发布,2014 年 8 月 19 日水利部令第 46 号修改,2016 年 8 月 1 日水利部令第 48 号修改。

② 《水利工程建设程序管理暂行规定》,1998 年 1 月 7 日水利部文件水建〔1998〕16 号发布,2014 年 8 月 19 日水利部令第 46 号修改,2016 年 8 月 1 日水利部令第 48 号修改。

第 14 条规定,国家制定全国水资源战略规划。

开发、利用、节约、保护水资源和防治水害,应当按照流域、区域统一制定规划。规划分为流域规划和区域规划。流域规划包括流域综合规划和流域专业规划;区域规划包括区域综合规划和区域专业规划。

前款所称综合规划,是指根据经济社会发展需要和水资源开发利用现状编制的开发、利用、节约、保护水资源和防治水害的总体部署。前款所称专业规划,是指防洪、治涝、灌溉、航运、供水、水力发电、竹木流放、渔业、水资源保护、水土保持、防沙治沙、节约用水等规划。

第 18 条要求,规划一经批准,必须严格执行。

经批准的规划需要修改时,必须按照规划编制程序经原批准机关批准。

第 20 条、第 21 条规定,要求开发、利用水资源,应当坚持兴利与除害相结合,兼顾上下游、左右岸和有关地区之间的利益,充分发挥水资源的综合效益,并服从防洪的总体安排;应当首先满足城乡居民生活用水,并兼顾农业、工业、生态环境用水以及航运等需要。在干旱和半干旱地区开发、利用水资源,应当充分考虑生态环境用水需要。

第 26 条、第 27 条规定,国家鼓励开发、利用水能资源和水运资源。

第 29 条规定,国家对水工程建设移民实行开发性移民的方针,按照前期补偿、补助与后期扶持相结合的原则,妥善安排移民的生产和生活,保护移民的合法权益。移民安置应当与工程建设同步进行。

建设单位应当根据安置地区的环境容量和可持续发展的原则,因地制宜,编制移民安置规划,经依法批准后,由有关地方人民政府组织实施。所需移民经费列入工程建设投资计划。

明确了一系列制度。如第 33 条国家建立饮用水水源保护区制度。第 39 条国家实行河道采砂许可制度。第 47 条国家对用水实行总量控制和定额管理相结合的制度。第 49 条用水应当计量,并按照批准的用水计划用水。用水实行计量收费和超定额累进加价制度。"三同时制度",第 53 条新建、扩建、改建建设项目,应当制订节水措施方案,配套建设节水设施。节水设施应当与主体工程同时设计、同时施工、同时投产。

(二)中华人民共和国水污染防治法

为了保护和改善环境,防治水污染,保护水生态,保障饮用水安全,维护公众健康,推进生态文明建设,促进经济社会可持续发展,制定《中华人民共和国水污染防治法》,1984 年 5 月 11 日第六届全国人民代表大会常务委员会第五次会议通过;根据 1996 年 5 月 15 日第八届全国人民代表大会常务委员会第十九次会议《关于修改〈中华人民共和国水污染防治法〉的决定》第一次修正;2008 年 2 月 28 日第十届全国人民代表大会常务委员会第三十二次会议修订;根据 2017 年 6 月 27 日第十二届全国人民代表大会常务委员会第二十八次会议《关于修改〈中华人民共和国水污染防治法〉的决定》第二次修正。共 8 章 103 条。包括第一章总则,第二章水污染防治的标准和规划,第三章水污染防治的监督管理,第四章水污染防治措施,第五章饮用水水源和其他特殊水体保护,第六章水污染事故处置,第七章法律责任,第八章附则。

第三条 水污染防治应当坚持预防为主、防治结合、综合治理的原则,优先保护饮用水水源,严格控制工业污染、城镇生活污染,防治农业面源污染,积极推进生态治理工程建设,预防、控制和减少水环境污染和生态破坏。

第五条　省、市、县、乡建立河长制,分级分段组织领导本行政区域内江河、湖泊的水资源保护、水域岸线管理、水污染防治、水环境治理等工作。

第六条　国家实行水环境保护目标责任制和考核评价制度,将水环境保护目标完成情况作为对地方人民政府及其负责人考核评价的内容。

第十九条　新建、改建、扩建直接或者间接向水体排放污染物的建设项目和其他水上设施,应当依法进行环境影响评价。

第二十条　国家对重点水污染物排放实施总量控制制度。

第六十三条　国家建立饮用水水源保护区制度。饮用水水源保护区分为一级保护区和二级保护区;必要时,可以在饮用水水源保护区外围划定一定的区域作为准保护区。

(三)中华人民共和国防洪法

为了防治洪水,防御、减轻洪涝灾害,维护人民的生命和财产安全,保障社会主义现代化建设顺利进行,制定《中华人民共和国防洪法》,1997年8月29日第八届全国人民代表大会常务委员会第二十七次会议通过;根据2009年8月27日第十一届全国人民代表大会常务委员会第十次会议《关于修改部分法律的决定》第一次修正;根据2015年4月24日第十二届全国人民代表大会常务委员会第十四次会议《关于修改〈中华人民共和国港口法〉等七部法律的决定》第二次修正;根据2016年7月2日第十二届全国人民代表大会常务委员会第二十一次会议通过的《全国人民代表大会常务委员会关于修改〈中华人民共和国节约能源法〉等六部法律的决定》修改。共8章65条。包括第一章总则,第二章防洪规划,第三章治理与防护,第四章防洪区和防洪工程设施的管理,第五章防汛抗洪,第六章保障措施,第七章法律责任,第八章附则。

第2条规定,防洪工作实行全面规划、统筹兼顾、预防为主、综合治理、局部利益服从全局利益的原则。

第5条明确,防洪工作按照流域或者区域实行统一规划、分级实施和流域管理与行政区域管理相结合的制度。

第38条规定,防汛抗洪工作实行各级人民政府行政首长负责制,统一指挥、分级分部门负责。

(四)中华人民共和国水土保持法

为了预防和治理水土流失,保护和合理利用水土资源,减轻水、旱、风沙灾害,改善生态环境,保障经济社会可持续发展,制定《中华人民共和国水土保持法》,1991年6月29日第七届全国人民代表大会常务委员会第二十次会议通过;2010年12月25日第十一届全国人民代表大会常务委员会第十八次会议修订。共7章60条。包括第一章总则,第二章规划,第三章预防,第四章治理,第五章监测和监督,第六章法律责任,第七章附则。

第2条、第3条规定,水土保持,是指对自然因素和人为活动造成水土流失所采取的预防和治理措施。水土保持工作实行预防为主、保护优先、全面规划、综合治理、因地制宜、突出重点、科学管理、注重效益的方针。

第20条,禁止在二十五度以上陡坡地开垦种植农作物。在二十五度以上陡坡地种植经济林的,应当科学选择树种,合理确定规模,采取水土保持措施,防止造成水土流失。

省、自治区、直辖市根据本行政区域的实际情况,可以规定小于二十五度的禁止开垦坡度。禁止开垦的陡坡地的范围由当地县级人民政府划定并公告。

第23条,在五度以上坡地植树造林、抚育幼林、种植中药材等,应当采取水土保持措施。

在禁止开垦坡度以下、五度以上的荒坡地开垦种植农作物,应当采取水土保持措施。具体办法由省、自治区、直辖市根据本行政区域的实际情况规定。

第39条,国家鼓励和支持在山区、丘陵区、风沙区以及容易发生水土流失的其他区域,采取下列有利于水土保持的措施:

(一)免耕、等高耕作、轮耕轮作、草田轮作、间作套种等;

(二)封禁抚育、轮封轮牧、舍饲圈养;

(三)发展沼气、节柴灶,利用太阳能、风能和水能,以煤、电、气代替薪柴等;

(四)从生态脆弱地区向外移民;

(五)其他有利于水土保持的措施。

三、主要行政法规

以国务院令发布的有关水利工程建设的行政法规有《水库大坝安全管理条例》《中华人民共和国防汛条例》《大中型水利水电工程建设征地补偿和移民安置条例》等。

(一)水库大坝安全管理条例

为加强水库大坝安全管理,保障人民生命财产和社会主义建设的安全,根据《中华人民共和国水法》,制定《水库大坝安全管理条例》,1991年3月22日中华人民共和国国务院令第78号发布,2010年12月29日国务院第138次常务会议《国务院关于废止和修改部分行政法规的决定》修改,2011年1月8日中华人民共和国国务院令第588号公布,自公布之日起施行。共6章34条。包括第一章总则,第二章大坝建设,第三章大坝管理,第四章险坝处理,第五章罚则,第六章附则。

第2条规定,本条例适用于中华人民共和国境内坝高十五米以上或者库容一百万立方米以上的水库大坝(以下简称大坝)。大坝包括永久性挡水建筑物以及与其配合运用的泄洪、输水和过船建筑物等。

坝高十五米以下、十米以上或者库容一百万立方米以下、十万立方米以上,对重要城镇、交通干线、重要军事设施、工矿区安全有潜在危险的大坝,其安全管理参照本条例执行。

第4条、第5条、第6条规定了大坝管理的负责制和方针。各级人民政府及其大坝主管部门对其所管辖的大坝的安全实行行政领导负责制。大坝的建设和管理应当贯彻安全第一的方针。任何单位和个人都有保护大坝安全的义务。

第18条规定,大坝主管部门应当配备具有相应业务水平的大坝安全管理人员。大坝管理单位应当建立、健全安全管理规章制度。

第22条规定,大坝主管部门应当建立大坝定期安全检查、鉴定制度。

（二）中华人民共和国防汛条例

为了做好防汛抗洪工作，保障人民生命财产安全和经济建设的顺利进行，根据《中华人民共和国水法》，制定《中华人民共和国防汛条例》，1991年6月28日国务院第87次常务会议通过；1991年7月2日中华人民共和国国务院令第86号公布；2005年7月15日中华人民共和国国务院令第441号《国务院关于修改〈中华人民共和国防汛条例〉的决定》第一次修订；2011年1月8日《国务院关于废止和修改部分行政法规的决定》第二次修订，中华人民共和国国务院令第588号公布，自公布之日起施行。共8章49条。包括第一章总则，第二章防汛组织，第三章防汛准备，第四章防汛与抢险，第五章善后工作，第六章防汛经费，第七章奖励与处罚，第八章附则。

第3条规定，防汛工作实行"安全第一，常备不懈，以防为主，全力抢险"的方针，遵循团结协作和局部利益服从全局利益的原则。

第4条，防汛工作实行各级人民政府行政首长负责制，实行统一指挥，分级分部门负责。各有关部门实行防汛岗位责任制。

（三）大中型水利水电工程建设征地补偿和移民安置条例

为了做好大中型水利水电工程建设征地补偿和移民安置工作，维护移民合法权益，保障工程建设的顺利进行，根据《中华人民共和国土地管理法》和《中华人民共和国水法》，制定《大中型水利水电工程建设征地补偿和移民安置条例》，2006年7月7日中华人民共和国国务院令第471号公布；根据2013年7月18日《国务院关于废止和修改部分行政法规的决定》第一次修订；根据2013年12月7日《国务院关于修改部分行政法规的决定》第二次修订；根据2017年4月14日《国务院关于修改〈大中型水利水电工程建设征地补偿和移民安置条例〉的决定》第三次修订。共8章63条。包括第一章总则，第二章移民安置规划，第三章征地补偿，第四章移民安置，第五章后期扶持，第六章监督管理，第七章法律责任，第八章附则。

第3条、第4条、第5条第1款规定了工作方针、原则和管理体制。

第三条　国家实行开发性移民方针，采取前期补偿、补助与后期扶持相结合的办法，使移民生活达到或者超过原有水平。

第四条　大中型水利水电工程建设征地补偿和移民安置应当遵循下列原则：

（一）以人为本，保障移民的合法权益，满足移民生存与发展的需求；

（二）顾全大局，服从国家整体安排，兼顾国家、集体、个人利益；

（三）节约利用土地，合理规划工程占地，控制移民规模；

（四）可持续发展，与资源综合开发利用、生态环境保护相协调；

（五）因地制宜，统筹规划。

第五条　移民安置工作实行政府领导、分级负责、县为基础、项目法人参与的管理体制。

移民安置规划由项目法人或项目主管部门负责编制。

第13条、第14条规定了对农村和城（集）镇移民安置规划的原则。

第十三条　对农村移民安置进行规划，应当坚持以农业生产安置为主，遵循因地制宜、有利生产、方便生活、保护生态的原则，合理规划农村移民安置点；有条件的地方，可以结合小城镇建设进行。

农村移民安置后,应当使移民拥有与移民安置区居民基本相当的土地等农业生产资料。

第十四条 对城(集)镇移民安置进行规划,应当以城(集)镇现状为基础,节约用地,合理布局。

工矿企业的迁建,应当符合国家的产业政策,结合技术改造和结构调整进行;对技术落后、浪费资源、产品质量低劣、污染严重、不具备安全生产条件的企业,应当依法关闭。

第21条和第22条规定了征地补偿及补偿费用标准。

第二十一条 大中型水利水电工程建设项目用地,应当依法申请并办理审批手续,实行一次报批、分期征收,按期支付征地补偿费。

对于应急的防洪、治涝等工程,经有批准权的人民政府决定,可以先行使用土地,事后补办用地手续。

第二十二条 大中型水利水电工程建设征收土地的土地补偿费和安置补助费,实行与铁路等基础设施项目用地同等补偿标准,按照被征收土地所在省、自治区、直辖市规定的标准执行。

被征收土地上的零星树木、青苗等补偿标准,按照被征收土地所在省、自治区、直辖市规定的标准执行。

被征收土地上的附着建筑物按照其原规模、原标准或者恢复原功能的原则补偿;对补偿费用不足以修建基本用房的贫困移民,应当给予适当补助。

使用其他单位或者个人依法使用的国有耕地,参照征收耕地的补偿标准给予补偿;使用未确定给单位或者个人使用的国有未利用地,不予补偿。

移民远迁后,在水库周边淹没线以上属于移民个人所有的零星树木、房屋等应当分别依照本条第二款、第三款规定的标准给予补偿。

四、部门规章

主要介绍《水利工程建设项目招标投标管理规定》《水利工程建设监理规定》。

(一)水利工程建设项目招标投标管理规定

为加强水利工程建设项目招标投标工作的管理,规范招标投标活动,根据《中华人民共和国招标投标法》和国家有关规定,结合水利工程建设的特点,制定《水利工程建设项目招标投标管理规定》,2001年10月29日水利部令第14号发布,自2002年1月1日起施行。共7章59条。包括第一章总则,第二章行政监督与管理,第三章招标,第四章投标,第五章评标标准与方法,第六章开标、评标和中标,第七章附则。

(二)水利工程建设监理规定

为规范水利工程建设监理活动,确保工程建设质量,根据《中华人民共和国招标投标法》《建设工程质量管理条例》《建设工程安全生产管理条例》等法律法规,结合水利工程建设实际,制定《水利工程建设监理规定》,2006年11月9日水利部部务会议审议通过,中华人民共和国水利部令第 28 号公布,自 2007 年 2 月 1 日起施行。共 6 章 39 条。包括第一章总则,第二章建立业务委托与承接,第三章监理业务实施,第四章监督管理,第五章罚则,第六章附则。

该条例规定了必须实行建设监理的水利工程建设项目和建立业务的开展工作要求。

第二节　水利工程建设项目管理制度

我国水利工程建设项目管理积极推行项目法人责任制、招标投标制和建设监理制。

一、项目法人责任制

(一)水利工程建设项目管理规定

《水利工程建设项目管理规定》第 5 条规定,水利工程建设要推行项目法人责任制、招标投标制和建设监理制,积极推行项目管理。

第十六条　对生产经营性的水利工程建设项目要积极推行项目法人责任制;其他类型的项目应积极创造条件,逐步实行项目法人责任制。

(二)关于实行建设项目法人责任制的暂行规定

为了建立投资责任制约束机制,规范项目法人行为,明确其责、权、利,提高投资效益,依据《公司法》,原国家计委印发《关于实行建设项目法人责任制的暂行规定》(计建设〔1996〕673号)。包括总则、项目法人的设立、组织形式和职责、任职条件和任免程序、考核和奖惩、附则。

要求国有单位经营性基本建设大中型项目在建设阶段必须组建项目法人。项目法人可按《公司法》的规定设立有限责任公司(包括国有独资公司)和股份有限公司形式。实行项目法人责任制,由项目法人对项目的策划、资金筹措、建设实施、生产经营、债务偿还和资产的保值增值,实行全过程负责。

第 4 条、第 5 条、第 6 条规定了项目法人组建的时间。

第四条　新上项目在项目建议书被批准后,应及时组建项目法人筹备组,具体负责项目法人的筹建工作。项目法人筹备组应主要由项目的投资方派代表组成。

第五条　有关单位在申报项目可行性研究报告时,须同时提出项目法人的组建方案。否则,其项目可行性研究报告不予审批。

第六条　项目可行性研究报告经批准后,正式成立项目法人。并按有关规定确保资本金按时到位,同时及时办理公司设立登记。

第 10 条规定了项目法人的组织形式。

第十条　国有独资公司设立董事会。董事会由投资方负责组建。国有控股或参股的有限责任公司、股份有限公司设立股东会、董事会和监事会。董事会、监事会由各投资方按照《公司法》的有关规定进行组建。

（三）关于加强中小型公益性水利工程建设项目法人管理的指导意见

为贯彻落实 2011 年中央一号文件和中央水利工作会议精神，适应大规模水利建设的需要，加强中小型公益性水利工程建设管理，整合基层技术力量，规范建设管理行为，提高项目管理水平，确保工程建设的质量、安全、进度和效益，根据国家水利工程建设项目法人组建有关规定和中小型水利工程建设实际，制定《关于加强中小型公益性水利工程建设项目法人管理的指导意见》（水建管〔2011〕627 号）。

要求中小型公益性水利工程建设项目实行项目法人责任制。中小型公益性水利工程建设项目法人（以下简称项目法人）是项目建设的责任主体，具有独立承担民事责任的能力，对项目建设的全过程负责，对项目的质量、安全、进度和资金管理负总责。水行政主管部门应加强对项目法人的指导和帮助。水行政主管部门主要负责人不得兼任项目法人的法定代表人。

规定了项目法人组建方案的主要内容、人员要求、项目法人职责和监督管理。提出试行代建制、总承包制等管理方式。

具备条件的地区，可以在中小型公益性水利工程建设管理中试行代建制，由项目法人通过招标选择专业化的项目建设管理单位（代建单位），负责组织实施工程建设。

（四）关于水利工程建设项目代建制管理的指导意见

为积极、稳妥推进水利工程建设项目代建制，规范项目代建管理，根据《中共中央国务院关于加快水利改革发展的决定》（中发〔2011〕1 号）、《国务院关于投资体制改革的决定》（国发〔2004〕20 号）等有关规定，结合水利工程建设项目的特点，制定《关于水利工程建设项目代建制管理的指导意见》（水建管〔2015〕91 号）。

水利工程建设项目代建制，是指政府投资的水利工程建设项目通过招标等方式，选择具有水利工程建设管理经验、技术和能力的专业化项目建设管理单位（以下简称代建单位），负责项目的建设实施，竣工验收后移交运行管理单位的制度。

意见提出，在水利建设项目特别是基层中小型项目中推行代建制等新型建设管理模式，发挥市场机制作用，增强基层管理力量，实现专业化的项目管理十分必要。

意见要求，代建项目应严格执行基本建设程序，落实项目法人责任制、招标投标制、建设监理制和合同管理制，遵守工程建设质量、安全、进度和资金管理有关规定。

意见明确了代建单位应具备的条件，项目管理单位和代建单位的职责等内容。

二、建筑工程招标投标制

《水利工程建设项目管理规定》规定，凡符合由国家投资、中央和地方合资、企事业单位独资、合资以及其他投资方式兴建的防洪、除涝、灌溉、发电、供水、围垦等大中型（包括新建、续建、改建、加固、修复）工程建设项目都要实行招标投标制。

《水利工程建设项目招标投标管理规定》（水利部令〔2001〕第 14 号），适用于水利工程建设项目的勘察设计、施工、监理以及与水利工程建设有关的重要设备、材料采购等的招标投标活动。明确规定符合下列具体范围并达到规模标准之一的水利工程建设项目必须进行招标。

（一）具体范围

（1）关系社会公共利益、公共安全的防洪、排涝、灌溉、水力发电、引（供）水、滩涂治理、水土保持、水资源保护等水利工程建设项目；

（2）使用国有资金投资或者国家融资的水利工程建设项目；

（3）使用国际组织或者外国政府贷款、援助资金的水利工程建设项目。

（二）规模标准

（1）施工单项合同估算价在 200 万元人民币以上的；

（2）重要设备、材料等货物的采购，单项合同估算价在 100 万元人民币以上的；

（3）勘察设计、监理等服务的采购，单项合同估算价在 50 万元人民币以上的；

（4）项目总投资额在 3000 万元人民币以上，但分标单项合同估算价低于本项第 1、2、3 目规定的标准的项目原则上都必须招标。

水利工程建设项目招标投标活动应当遵循公开、公平、公正和诚实信用的原则。

建设项目的招标工作由招标人负责，任何单位和个人不得以任何方式非法干涉招标投标活动。

三、建筑工程监理制度

《水利工程建设项目管理规定》明确，水利工程建设要全面推行建设监理制。

水利工程建设监理，是指具有相应资质的水利工程建设监理单位（以下简称监理单位），受项目法人（建设单位，下同）委托，按照监理合同对水利工程建设项目实施中的质量、进度、资金、安全生产、环境保护等进行的管理活动，包括水利工程施工监理、水土保持工程施工监理、机电及金属结构设备制造监理、水利工程建设环境保护监理。

《水利工程建设监理规定》主要相关内容摘录如下：

第三条　水利工程建设项目依法实行建设监理。

总投资 200 万元以上且符合下列条件之一的水利工程建设项目，必须实行建设监理：

（一）关系社会公共利益或者公共安全的；

（二）使用国有资金投资或者国家融资的；

（三）使用外国政府或者国际组织贷款、援助资金的。

铁路、公路、城镇建设、矿山、电力、石油天然气、建材等开发建设项目的配套水土保持工程，符合前款规定条件的，应当按照本规定开展水土保持工程施工监理。

第十一条　监理单位应当按下列程序实施建设监理：

（一）按照监理合同，选派满足监理工作要求的总监理工程师、监理工程师和监理员组建项目监理机构，进驻现场；

（二）编制监理规划，明确项目监理机构的工作范围、内容、目标和依据，确定监理工作制度、程序、方法和措施，并报项目法人备案；

（三）按照工程建设进度计划，分专业编制监理实施细则；

（四）按照监理规划和监理实施细则开展监理工作，编制并提交监理报告；

（五）监理业务完成后，按照监理合同向项目法人提交监理工作报告、移交档案资料。

第十二条 水利工程建设监理实行总监理工程师负责制。

总监理工程师负责全面履行监理合同约定的监理单位职责，发布有关指令，签署监理文件，协调有关各方之间的关系。

监理工程师在总监理工程师授权范围内开展监理工作，具体负责所承担的监理工作，并对总监理工程师负责。

监理员在监理工程师或者总监理工程师授权范围内从事监理辅助工作。

第十三条 监理单位应当将项目监理机构及其人员名单、监理工程师和监理员的授权范围书面通知被监理单位。监理实施期间监理人员有变化的，应当及时通知被监理单位。

监理单位更换总监理工程师和其他主要监理人员的，应当符合监理合同的约定。

第十四条 监理单位应当按照监理合同，组织设计单位等进行现场设计交底，核查并签发施工图。未经总监理工程师签字的施工图不得用于施工。

监理单位不得修改工程设计文件。

第十五条 监理单位应当按照监理规范的要求，采取旁站、巡视、跟踪检测和平行检测等方式实施监理，发现问题应当及时纠正、报告。

监理单位不得与项目法人或者被监理单位串通，弄虚作假、降低工程或者设备质量。

监理人员不得将质量检测或者检验不合格的建设工程、建筑材料、建筑构配件和设备按照合格签字。

未经监理工程师签字，建筑材料、建筑构配件和设备不得在工程上使用或者安装，不得进行下一道工序的施工。

第十六条 监理单位应当协助项目法人编制控制性总进度计划，审查被监理单位编制的施工组织设计和进度计划，并督促被监理单位实施。

第十七条 监理单位应当协助项目法人编制付款计划，审查被监理单位提交的资金流计划，按照合同约定核定工程量，签发付款凭证。

未经总监理工程师签字，项目法人不得支付工程款。

第十八条 监理单位应当审查被监理单位提出的安全技术措施、专项施工方案和环境保护措施是否符合工程建设强制性标准和环境保护要求，并监督实施。

监理单位在实施监理过程中，发现存在安全事故隐患的，应当要求被监理单位整改；情况严重的，应当要求被监理单位暂时停止施工，并及时报告项目法人。被监理单位拒不整改或者不停止施工的，监理单位应当及时向有关水行政主管部门或者流域管理机构报告。

第十九条 项目法人应当向监理单位提供必要的工作条件，支持监理单位独立开展监理业务，不得明示或者暗示监理单位违反法律法规和工程建设强制性标准，不得更改总监理工程师指令。

第二十条 项目法人应当按照监理合同，及时、足额支付监理单位报酬，不得无故削减或者拖延支付。

项目法人可以对监理单位提出并落实的合理化建议给予奖励。奖励标准由项目法人与监理单位协商确定。

第三节　我国工程建设的基本建设程序

工程项目建设程序是工程建设过程客观规律的反映,是建设工程项目科学决策和顺利进行的重要保证。科学的建设程序就是遵循工程建设的内在规律,严格按照工程建设的先后顺序而制定的。

一、立法概况

我国工程建设的各阶段都有相关的程序性立法。关于工程建设程序的法律规定分散于二十余部法律法规中,其中全国人民代表大会及其常务委员会颁布的法律和国务院颁布的行政法规,国务院相关部委发布的部门规章,以及地方法规为工程建设活动开展提供了有效的依据和准则。

工程建设程序法律法规包括《城乡规划法》《土地管理法》《建筑法》《环境影响评价法》《招标投标法》《合同法》等国家法律,以及《关于投资体制改革的决定》《建设工程勘察设计管理条例》等行政法规,和《工程建设项目报建管理办法》《关于基本建设程序的若干规定》《工程建设项目实施阶段程序管理暂行规定》等部门规章。

（一）法律

《中华人民共和国城乡规划法》对与工程建设相关的城乡规划编制、建设工程选址和布局、建设用地规划许可证等内容作了规定。明确"制定和实施城乡规划,应当遵循城乡统筹、合理布局、节约土地、集约发展和先规划后建设的原则,改善生态环境,促进资源、能源节约和综合利用,保护耕地等自然资源和历史文化遗产,保持地方特色、民族特色和传统风貌,防止污染和其他公害,并符合区域人口发展、国防建设、防灾减灾和公共卫生、公共安全的需要"。

"一书两证":城镇规划管理实行由县规划建设行政主管部门核发选址意见书、建设用地规划许可证、建设工程规划许可证的制度,简称"一书两证"。即《建设项目选址意见书》《建设用地规划许可证》《建设工程规划许可证》统称为"一书两证"。

《建设项目选址意见书》:①是城市规划行政主管部门审核建设项目选址的法定凭证。②是土地部门提供土地,计划部门项目立项的依据。③设计任务书(可行性研究报告)报请批准时,必须附有城市规划行政主管部门核发的选址意见书。

《建设用地规划许可证》是建设单位在向土地管理部门申请征用、划拨土地前,经城市规划行政主管部门确认建设项目位置和范围符合城市规划的法定凭证,是建设单位用地的法律凭证。没有此证的用地单位属非法用地,房地产商的售房行为也属非法,不能领取房地产权属证件。

核发的目的:确保土地利用符合城市规划,维护建设单位按照城市规划使用土地的合法权益。

《建设工程规划许可证》是有关建设工程符合城市规划要求的法律凭证,是建设单位建设工程的法律凭证,是建设活动中接受监督检查时的法定依据。没有此证的建设单位,其工程建筑是违章建筑,不能领取房地产权属证件。

核发的目的:确认有关建设活动的合法地位,保证有关建设单位和个人的合法权益。

《中华人民共和国土地管理法》对与工程建设相关的土地利用总体规划、建设用地许可、征地补偿、土地出让、土地划拨、土地使用等内容作了规定,明确任何单位和个人进行建设,需要使用土地的,必须依法申请使用国有土地。

《中华人民共和国招标投标法》对工程建设过程中的勘察、设计、施工、监理、材料供应等单位招标投标的程序进行了规定,具体包括发布招标公告、资格预审、发布招标文件、投标、评标、选定中标人、签订合同等。明确招标项目按照国家有关规定需要履行项目审批手续的,应当先履行审批手续,取得批准。

《中华人民共和国环境影响评价法》①对规划和建设项目的环境影响评价的概念、主管部门、审批程序、评价分类、评价内容等做出了规定。明确规定建设单位应当依法报批建设项目环境影响评价文件,建设项目依法应当进行环境影响评价。

(二)行政法规

《关于投资体制改革的决定》(国发〔2004〕20号)规定政府投资工程实行审批制,非政府投资工程实行核准或登记备案制。

《建设工程勘察设计管理条例》明确"从事建设工程勘察、设计活动,应当坚持先勘察、后设计、再施工的原则"。

(三)部门规章

《关于基本建设程序的若干规定》,1978年4月22日由原国家计委、国家建委、财政部共同发文,明确"一个项目从计划建设到建成投产,一般要经过下述几个阶段:根据发展国民经济长远规划和布局的要求,编制计划任务书,选定建设地点;经批准后,进行勘察设计;初步设计经过批准,列入国家年度计划后,组织施工;工程按照设计内容建成,进行验收,交付生产使用"。

《关于编制建设前期工作计划的通知》,1982年9月22日由原国家计委发布,明确了建设项目的勘测、科研、试验、可行性研究,设计任务书,初步设计三个方面的程序及基本要求,并规定了前期工作计划编制和审批的管理办法。

《关于建设项目进行可行性研究的试行管理办法》,1983年2月2日由原国家计委发布,对项目建议书、可行性研究报告的编制程序、编制内容、预审、复审、批准等内容做出了规定,明确"建设项目的决策和实施必须严格遵守国家规定的基本建设程序"。

《工程建设项目报建管理办法》,1994年8月13日由原国家建设部发布,对工程建设报建内容、报建程序、报建管理进行了规定,明确凡在我国境内投资兴建的工程建设项目,都必须实行报建制度。"凡未报建的工程建设项目,不得办理招投标手续和发放施工许可证,设计、施工

---

① 《中华人民共和国环境影响评价法》,2002年10月28日中华人民共和国第九届全国人民代表大会常务委员会第三十次会议通过,中华人民共和国主席令第77号公布,自2003年9月1日起施行。

单位不得承接该项工程的设计和施工任务。"

《工程建设项目实施阶段程序管理暂行规定》,1995 年 7 月 29 日由原建设部发布,明确"工程建设项目实施阶段程序,是指土木建筑工程,线路、管道及设备安装工程,建筑装修装饰工程等新建、扩建、改建活动的施工准备阶段、施工阶段、竣工阶段应遵循的有关工作步骤"。规定"施工准备阶段分为工程建设项目报建、委托建设监理、招标投标、施工合同签订;施工阶段分为建设工程施工许可证领取、施工;竣工阶段分为竣工验收及期内保修。工程建设项目报建表示项目前期工作结束,施工准备阶段开始;取得工程建设项目施工许可证表示施工准备阶段结束,施工阶段开始;竣工验收表示施工阶段结束,竣工阶段开始;保修期限届满,全部工程建设项目实施阶段程序结束"。

工程项目建设程序是人们长期在工程项目建设实践中得出来的经验总结,我国法律、法规对工程建设程序有详细的规定和要求,先后次序不能任意颠倒,但可以合理交叉。以世界银行贷款项目为例,其建设周期包括项目选定、项目准备、项目评估、项目谈判、项目实施和项目总结评价六个阶段。

二、基本建设程序

按照工程建设内在规律,每一项建设工程都要经过策划决策和建设实施两个发展时期[①]。这两个发展时期又可分为三个阶段。

(一)策划决策阶段的工作内容

工程建设项目策划决策阶段的主要任务是定义项目开发或建设的任务和意义,工作内容主要包括项目建议书和可行性研究报告的编报和审批。

1. 编报项目建议书

项目建议书是拟建项目单位向政府投资主管部门提出的要求建设某一工程项目的建议文件,是对工程项目建设的轮廓设想。项目建议书的主要作用是推荐一个拟建项目,论述其建设的必要性、建设条件的可行性和获利的可能性,供政府投资主管部门选择并确定是否进行下一步工作。

项目建议书的内容视工程项目的不同而有繁有简,但一般应包括以下几方面内容:

(1)项目提出的必要性和依据;

(2)产品方案、拟建规模和建设地点的初步设想;

(3)资源情况、建设条件、协作关系和设备技术引进国别、厂商的初步分析;

(4)投资估算、资金筹措及还贷方案设想;

(5)项目进度安排;

(6)经济效益和社会效益的初步估计;

(7)环境影响的初步评价。

---

① 《建设工程监理概论》,2014 年全国监理工程师培训考试用书,中国建筑工业出版社,2013 年。

对政府投资工程,项目建议书按要求编制完成后,应根据建设规模和限额划分报送有关部门审批。项目建议书经批准后,可进行可行性研究工作,但并不标明项目非上不可,批准的项目建议书不是工程项目的最终决策。

2. 编报可行性研究报告

可行性研究报告是指在工程项目决策之前,通过调查、研究、分析建设工程在技术、经济等方面的条件和情况,对可能的多种方案进行比较论证,同时对工程项目建成后的综合效益进行预测和评价的一种投资决策分析活动。

可行性研究应完成以下工作内容:

(1)进行市场研究,以解决工程项目建设的必要性问题;

(2)进行工艺技术方案研究,以解决工程项目建设的技术可行性问题;

(3)进行财务和经济分析,以解决工程项目建设的经济合理性问题。

可行性研究工作完成后,需要编写出反映其全部工作成果的"可行性研究报告"。凡可行性研究未通过的项目,不得进行下一步工作。可行性研究报告经批准,建设项目才算正式"立项"。

3. 投资项目决策管理制度

根据《国务院关于投资体制改革的决定》(国发〔2004〕20号),政府投资工程实行审批制;非政府投资工程实行核准制或登记备案制。政府投资主要用于关系国家安全和市场不能有效配置资源的经济和社会领域,包括加强公益性和公共基础设施建设等。

(1)政府投资工程

对于采用直接投资和资本金注入方式的政府投资工程,政府需要从投资决策角度审批项目建议书和可行性研究报告,除特殊情况外,不再审批开工报告,同时应严格审批其初步设计和概算(初步设计概算总投资不得超过审定的可行性研究报告的总投资的10%。确需超过的,应当按程序重新报批可行性研究报告);对于采用投资补助、转贷和贷款贴息方式的政府投资工程,则只审批资金申请报告。

政府投资工程一般都要经过符合资质要求的咨询中介机构的评估论证,特别重大的工程还应实行专家评议制度。咨询评估没有通过的不予审批。国家将逐步实行政府投资工程公示制度,以广泛听取各方面的意见和建议。

(2)非政府投资工程

对于企业不使用政府资金投资建设的工程,政府不再进行投资决策性质的审批,区别不同情况实行核准制或登记备案制。

核准制,企业投资建设《政府核准的投资项目目录》中的项目时,仅需向政府提交项目申请报告,不再经过批准项目建议书、可行性研究报告和开工报告的程序。申请报告应当由具备相应工程资质的机构编制。

备案制,对于《政府核准的投资项目目录》以外的企业投资项目,实行备案制。除国家另有规定外,由企业按照属地原则向地方政府投资主管部门(发展改革部门)备案。

为扩大大型企业集团的投资决策权,对于基本建立现代企业制度的特大型企业集团,投资建设《政府核准的投资项目目录》中的项目时，可以按项目单独申报核准，也可编制中长期发展建设规划，规划经国务院或国务院投资主管部门批准后，规划中属于《政府核准的投资项目目录》中的项目不再另行申报核准，只需办理备案手续。企业集团要及时向国务院有关部门报告规划执行和项目建设情况。

（二）建设实施阶段的工作内容

建设工程实施阶段的工作内容主要包括勘察设计、建设准备、施工安装及竣工验收。对于生产性工程项目，在施工安装后期，还需要进行生产准备工作。

1. 勘察设计

从事建设工程勘察、设计活动，应当坚持先勘察、后设计、再施工的原则。

（1）工程勘察

工程勘察通过对地形、地质及水文等要素的测绘、勘探、测试及综合评定，提供工程建设所需的基础资料。工程勘察需要对工程建设场地进行详细论证，保证建设工程合理进行，促使建设工程取得最佳的经济、社会和环境效益。

（2）工程设计

工程设计工作一般划分为两个阶段，即初步设计和施工图设计。重大工程和技术复杂工程，可根据需要增加技术设计阶段。

第一，初步设计阶段。初步设计是根据可行性研究报告的要求进行具体实施方案设计，目的是为了阐明在指定的地点、时间和投资控制数额内，拟建项目在技术上的可行性和经济上的合理性，并通过对建设工程所作出的基本技术经济规定，编制工程总概算。

初步设计不得随意改变被批准的可行性研究报告所确定的建设规模、产品方案、工程标准、建设地址和总投资等控制目标。如果初步设计提出的总概算超过可行性研究报告总投资的 10% 以上或其他主要指标需要变更时，应说明原因和计算依据，并重新向原审批单位报批可行性研究报告。

第二，技术设计阶段。技术设计应根据初步设计和更详细的调查研究资料编制，以进一步解决初步设计中的重大技术问题，如：工艺流程、建筑结构、设备选型及数量确定等，使工程设计更具体、更完善，技术指标更好。

第三，施工图设计阶段。根据初步设计或技术设计的要求，结合工程现场实际情况，完整地表现建筑物外形、内部空间分割、结构体系、构造状况以及建筑群的组成和周围环境的配合。施工图设计还包括各种运输、通信、管道系统、建筑设备的设计。在工艺方面，应具体确定各种设备的型号、规格及各种非标准设备的制造加工图。

（3）施工图设计文件的审查

2000 年 5 月 25 日，建设部印发《建筑工程施工图设计文件审查有关问题的指导意见》（建设技〔2000〕21 号）强调：建设工程施工图设计文件审查作为建设工程必须进行的基本建设程序，有关各方都应当遵循。并进一步明确了施工图审查有关各方的责任，审查机构的设置及其审查范围。

《房屋建筑和市政基础设施工程施工图设计文件审查管理办法》[①]第3条规定:国家实施施工图设计文件(含勘察文件,以下简称施工图)审查制度。施工图审查应当坚持先勘察、后设计的原则。施工图未经审查合格的,不得使用。

建设单位应当将施工图送施工图审查机构审查。施工图审查机构按照有关法律、法规,对施工图涉及公共利益、公众安全和工程建设强制性标准的内容进行审查。审查的主要内容包括:

一是是否符合工程建设强制性标准;

二是地基基础和主体结构的安全性;

三是是否符合民用建筑节能强制性标准,对执行绿色建筑标准的项目,还应当审查是否符合绿色建筑标准;

四是勘察设计企业和注册执业人员以及相关人员是否按规定在施工图上加盖相应的图章和签字;

五是其他法律、法规、规章规定必须审查的内容。

任何单位或者个人不得擅自修改审查合格的施工图。确需修改的,凡涉及上述审查内容的,建设单位应当将修改后的施工图送原审查机构审查。

省、自治区、直辖市人民政府住房城乡建设主管部门应按照《房屋建筑和市政基础设施工程施工图设计文件审查管理办法》规定的审查机构条件,结合本行政区域内的建设规模,确定相应数量的审查机构。具体办法由国务院住房城乡建设主管部门另行规定。

审查机构是专门从事施工图审查业务,不以营利为目的的独立法人。

省、自治区、直辖市人民政府住房城乡建设主管部门应当将审查机构名录报国务院住房城乡建设主管部门备案,并向社会公布。

2. 建设准备

(1)建设准备工作内容

工程项目在开工建设之前要切实做好各项准备工作,其主要内容包括:

1)征地、拆迁和场地平整;

2)完成施工用水、电、通信、道路等接通工作;

3)组织招标选择工程监理单位、施工单位及设备、材料供应商;

4)准备必要的施工图纸;

5)办理工程质量监督和施工许可手续。

(2)工程质量监督手续的办理

建设单位在领取施工许可证或者开工报告前,应当到规定的工程质量监督机构办理工程质量监督注册手续。办理质量监督注册手续时需提供下列资料:

1)施工图设计文件审查报告和批准书;

---

① 《房屋建筑和市政基础设施工程施工图设计文件审查管理办法》(住建部令第13号)自2013年8月1日起施行。原建设部2004年8月23日发布的《房屋建筑和市政基础设施工程施工图设计文件审查管理办法》(建设部令第134号)同时废止。

2）中标通知书和施工、监理合同；

3）建设单位、施工单位和监理单位工程项目的负责人和机构组成；

4）施工组织设计和监理规划（监理实施细则）；

5）其他需要的文件资料。

（3）施工许可证的办理

《建筑法》《建筑工程施工许可管理办法》[①]规定，建筑工程开工前，建设单位应当按照国家有关规定向工程所在地县级以上人民政府建设行政主管部门申请领取施工许可证；但是，国务院建设行政主管部门确定的限额以下的小型工程（工程投资额在 30 万元以下或者建筑面积在 300 平方米以下的建筑工程）除外。按照国务院规定的权限和程序批准开工报告的建筑工程，不再领取施工许可证。

申请领取施工许可证，应当具备下列条件[②]：

1）依法应当办理用地批准手续的，已经办理该建筑工程用地批准手续；

2）在城市、镇规划区的建筑工程，已经取得建设工程规划许可证；

3）施工场地已经基本具备施工条件，需要征收房屋的，其进度符合施工要求；

4）已经确定施工企业；

5）有满足施工需要的技术资料，施工图设计文件审查合格；

6）有保证工程质量和安全的具体措施；

7）按照规定应当委托监理的工程已委托监理；

8）建设资金已经落实；

9）法律、行政法规规定的其他条件。

建设行政主管部门应当自收到申请之日起 15 日内，对符合条件的申请颁发施工许可证。

3. 施工安装

从事建设工程活动，必须严格执行基本建设程序，坚持先勘察、后设计、再施工的原则。建设工程具备开工条件并取得施工许可后才能开始土建工程施工和机电设备安装。

工程新开工时间是指建设工程设计文件中规定的任何一项永久性工程第一次正式破土开槽的开始日期。不需要开槽的工程，以正式打桩的日期作为正式开工日期。铁路、公路、水库等需要进行大量土石方工程的，以开始进行土石方工程施工的日期作为正式开工日期。工程地质勘察、平整场地、旧建筑物拆除、临时建筑或设施、施工用临时道路和水、电等工程开始施工的日期不能算作正式开工日期。分期建设的工程分别按各期工程开工的日期计算，如二期工程应根据工程设计文件规定的永久性工程开工的日期计算。

施工安装活动应按照工程设计要求、施工合同及施工组织设计，在保证工程质量、工期、成

---

①　《建筑工程施工许可管理办法》（住建部令〔2014〕第 18 号）自 2014 年 10 月 25 日起施行。1999 年 10 月 15 日建设部令第 71 号发布，2001 年 7 月 4 日建设部令第 91 号修正的《建筑工程施工许可管理办法》同时废止。

②　《建筑法》（2011 年修正）和《建筑工程施工许可管理办法》（住建部令〔2014〕第 18 号）有关许可证办理条件不同，前者有 8 条，后者有 9 条，在此采用后者规定。

本及安全、环保等目标的前提下进行。

4. 生产准备

对于生产性工程项目而言,生产准备是工程项目投产前由建设单位进行的一项重要工作。生产准备是衔接建设和生产的桥梁,是工程项目建设转入生产经营的必要条件。建设单位应适时组成专门机构做好生产准备工作,确保工程项目建成后能及时投产。

生产准备的主要工作内容包括:组建生产管理机构,制定管理有关制度和规定;招聘和培训生产人员,组织生产人员参加设备的安装、调试和工程验收工作;落实原材料、协作产品、燃料、水、电、气等的来源和其他需协作配合的条件,并组织工装、器具、备品、备件等的制造或订货等。

5. 竣工验收

建设工程按设计文件的规定内容和标准全部完成,并按规定将施工现场清理完毕后,达到竣工验收条件时,建设单位即可组织工程竣工验收。工程勘察、设计、施工、监理等单位应参加工程竣工验收。工程竣工验收要审查工程建设的各个环节,审阅工程档案、实地查验建筑安装工程实体,对工程设计、施工和设备质量等进行全面评价。不合格的工程不予验收。对遗留问题要提出具体解决意见,限期落实完成。

工程竣工验收是投资成果转入生产或使用的标志,也是全面考核工程建设成果、检验设计和施工质量的关键步骤。工程竣工验收合格后,建设工程方可投入使用。

建设工程自竣工验收合格之日起即进入工程质量保修期。建设工程自办理竣工验收手续后,发现存在工程质量缺陷的,应及时修复,费用由责任方承担。

(三)项目后评价阶段的工作内容

项目后评价是项目周期最后一个环节,是项目决策管理不可缺少的重要手段。根据委托要求和项目后评价报告的主要内容,项目后评价报告的格式可有所侧重,一般项目后评价报告的格式有:报告封面(包括编号、密级、评价者名称、日期等);封面内页(包括汇率、权重指标及其他说明);项目基础数据;地图。报告正文有项目背景,是指项目的原定目标和目的、项目建设内容、项目工期、资金来源与安排;项目实施评价,是指设计与技术、合同、组织管理、投资和融资、项目进度、其他;效果评价,是指项目的运营和管理、财务状况分析、财务和经济效益评价、环境和社会效果评价;目标和可持续性评价,是指项目目标实现程度分析、项目可持续性评价;结论和经验教训,是指综合评价和结论、主要经验教训、建议和措施。

项目后评价工作程序如下:

(1)接受后评价任务、签订工作合同或评价协议。项目后评价单位接受和承揽到后评价任务委托后,首要任务就是与业主或上级签订评价合同或相关协议,以明确各自在后评价工作中的权利和义务。

(2)成立后评价小组、制定评价计划。项目后评价合同或协议签订后,后评价单位就应及时任命项目负责人,成立后评价小组,制定后评价计划。项目负责人必须保证评价工作客观、公正,因而不能由业主单位的人兼任;后评价小组的成员必须具有一定的后评价工作经验;后评价计划必须说明评价对象、评价内容、评价方法、评价时间、工作进度、质量要求、经费预算、专家名单、报告格式等。

(3)设计调查方案、聘请有关专家。调查是评价的基础,调查方案是整个调查工作的行动纲领,它对于保证调查工作的顺利进行具有重要的指导作用。一个设计良好的社会调查方案不但要有调查内容、调查计划、调查方式、调查对象、调查经费等内容,还应包括科学的调查指标体系,因为只有用科学的指标才能说明所评项目的目标、目的、效益和影响。

每个评价项目都有其自身的专业特点,评价单位不可能事事依靠内部专家,还必须从社会上聘请一定数量的专家参加调查评价工作。

(4)阅读文件、收集资料。对于一个在建或已建项目来说,业主单位在评价合同或协议签订后,都要围绕被评项目给评价单位提供材料。这些材料一般称为项目文件。评价小组应组织专家认真阅读项目文件,从中收集与未来评价有关的资料。如项目的建设资料、运营资料、效益资料、影响资料,以及国家和行业有关的规定和政策等。

(5)开展调查、了解情况。在收集项目资料的基础上,为了核实情况、进一步收集评价信息,必须去现场进行调查。一般地说,去现场调查需要了解项目的真实情况,不但要了解项目的宏观情况,而且要了解项目的微观情况。宏观情况是项目在整个国民经济发展中的地位和作用,微观情况是项目自身的建设情况、运营情况、效益情况、可持续发展以及对周围地区经济发展、生态环境的作用和影响等。

(6)分析资料、形成报告。在阅读文件和现场调查的基础上,要对已经获得的大量信息进行消化吸收,形成概念,写出报告。需要形成的概念是,项目的总体效果如何;是否按预定计划建设或建成;是否实现了预定目标;投入与产出是否成正函数关系;项目的影响和作用如何;对国家、对地区、对生态、对群众各有什么影响和作用;项目的可持续性如何;项目的经验和教训如何等。

对被评项目的认识形成概念之后,便可着手编写项目后评价报告。项目后评价报告是调查研究工作最终成果的体现,是项目实施过程阶段性或全过程的经验教训的汇总,同时又是反馈评价信息的主要文件形式。

(7)提交后评价报告、反馈信息。后评价报告草稿完成后,送项目评价执行机构高层领导审查,并向委托单位简要通报报告的主要内容,必要时可召开小型会议研讨有关分歧意见。项目后评价报告的草稿经审查、研讨和修改后定稿。正式提交的报告应有"项目后评价报告"和"项目后评价摘要报告"两种形式,根据不同对象上报或分发这些报告。

第四节　水利工程建设程序

为加强水利建设市场管理,进一步规范水利工程建设程序,推进项目法人责任制、建设监理制、招标投标制的实施,促进水利建设实现经济体制和经济增长方式的两个根本性转变,根据国家有关法律、法规,水利部制定的《水利工程建设项目管理规定(试行)》(水建〔1995〕128号)、《水利工程建设程序管理暂行规定》(水建〔1998〕16号)多次修改。

一、建设程序修改情况

(一)2017年通知

根据《全国人民代表大会常务委员会关于修改〈中华人民共和国节约能源〉等六部法律的决定》和国务院简政放权放管结合只能转变工作有关要求,结合水利建设实际,水利部印发《关于调整水利工程建设项目施工准备开工条件的通知》(水建管〔2017〕177号),决定将水利工程建设项目施工准备开工条件调整为:

项目可行性研究报告已经批准;

环境影响评价文件等已经批准;

年度投资计划已下达或建设资金已落实,项目法人即可开展施工准备,开工建设。

(二)2016年修改

2016年8月1日,中华人民共和国水利部令第48号通过《水利部关于废止和修改部分规章的决定》:

第一,将《水利工程建设项目管理规定(试行)》(1995年4月21日水利部水建〔1995〕128号发布,2014年8月19日水利部令第46号修改)第10条中的"初步设计、施工准备(包括招标设计)"修改为"施工准备、初步设计"。

第12条修改为:"水利工程建设项目可行性研究报告已经批准,年度水利投资计划下达后,项目法人即可开展施工准备。"

第二,将《水利工程建设程序管理暂行规定》(1998年1月7日水利部水建〔1998〕16号发布,2014年8月19日水利部令第46号修改)第2条中的"初步设计、施工准备(包括招标设计)"修改为"施工准备、初步设计"。

第6条改为第7条。

第7条改为第6条,修改为:"施工准备阶段。"

项目可行性研究报告已经批准,年度水利投资计划下达后,项目法人即可开展施工准备工作,其主要内容包括:

(1)施工现场的征地、拆迁;

(2)完成施工用水、电、通信、路和场地平整等工程;

(3)必需的生产、生活临时建筑工程;

(4)实施经批准的应急工程、试验工程等专项工程;

(5)组织招标设计、咨询、设备和物资采购等服务;

(6)组织相关监理招标,组织主体工程招标准备工作;

工程建设项目施工,除某些不适应招标的特殊工程项目外(须经水行政主管部门批准),均须实行招标投标。水利工程建设项目的招标投标,按有关法律、行政法规和《水利工程建设项目招标投标管理规定》等规章规定执行。"

第三,删去《水利工程建设项目验收管理规定》(2006年12月18日水利部令第30号发布,2014 年 8 月 19 日水利部令第 46 号修改)第 40 条。

同时,对相关规章的条文顺序作相应调整。

(三)2015 年通知

1. 关于精简重大水利建设项目审批程序的通知

根据国务院关于推进简政放权放管结合政府职能转变工作有关要求,以及国务院发布的《关于取消非行政许可审批事项的决定》(国发〔2015〕27 号),为进一步规范审批、优化服务、提高效率,加快推进重大水利工程建设,经研究并商水利部,2015 年 8 月 17 日,国家发展改革委下发《关于精简重大水利建设项目审批程序的通知》(发改农经〔2015〕1860 号)。通知如下:

第一,减少中央审批事项。除新建大型水库、大型引调水、大江大河(大湖)干流重点河段治理、重要蓄滞洪区建设,跨省(区、市)、需要全国统筹安排或者总量控制,以及按照投资管理有关规定应由我委审批或我委核报国务院审批的重大水利项目外,其他重大水利项目由地方审批并报我委核备。

第二,简化项目审批环节。对按规定由我委审批或我委核报国务院审批的重大水利项目,凡在国务院或我委批准的水利发展建设规划中明确工程建设必要性和开发任务的,原则上不再审批项目建议书,直接审批可行性研究报告(代项目建议书)。

第三,下放初步设计审批权限。对按规定由我委审批或我委核报国务院审批的地方重大水利项目,除库容大于 2 亿立方米或坝高大于 70 米的大型水库、大型引调水工程和涉及跨省(区、市)水事协调的工程由水利部审批初步设计外,其他项目初步设计原则上由地方负责审批,具体审批方式在可行性研究报告审批时确定。已出具技术审查意见且符合要求的项目,水利部或地方原则上要在 20 个工作日内完成初步设计审批工作。

第四,进一步优化审批服务。按规定需我委审批的重大水利项目统一纳入我委政务服务大厅受理,发布办事指南,明确受理条件,在线运行,提高效率,限时办结。在前置文件齐全并且符合要求、我委正式受理后,项目审批办理时限原则上不超过 20 个工作日。同时,充分发挥我委牵头的重大水利项目审批部际协调机制的作用,坚持问题导向,强化指导服务,加强部门、地方纵横联动和会商沟通,及时帮助解决项目推进中的困难和问题,协同加快项目审核审批进度。

第五,提高前期工作质量。按本通知要求我委不再审批项目建议书的项目,有关地方、部门和项目单位要认真按照有关技术规范和规划确定的项目开发任务、规模等深入做好项目论证,逐步加深前期工作,提高工作质量和效率,为项目科学决策创造条件。我委将会同有关部门,进一步统筹做好水利发展"十三五"规划等编制工作,适当加深相关专项规划深度,增强规划的科学性和可操作性,强化规划的指导和约束作用。

第六,强化项目监管。建立地方、部门协调沟通机制,形成纵横联动的监管体系,通过加快建设投资项目在线审批监管平台、落实项目统一代码制度、项目前期工作情况告知、建立项目库、督查、抽查、第三方评估等措施,加强项目审批和建设全过程监管,提高监管效率和水平。对按规定由地方审批的项目,地方发展改革部门和有关行业主管部门要履行主体责任,按照"权力与责任同步下放""谁承接、谁监管"的要求,明确监管主体和措施,提升业务能力和管理水平,确保接得住、管得好,保障项目科学决策实施。

2. 水利前期工作项目验收管理暂行办法

为加强和规范水利前期工作成果验收管理,提高成果质量,促进成果转化和应用,根据《水利前期工作投资计划管理办法》(水规计〔2006〕47 号),结合水利前期工作实际,制定水利部关于印发《水利前期工作项目验收管理暂行办法》(水规计〔2015〕397 号)。自 2015 年 10 月 16日起实施,《水利专题研究成果验收管理暂行办法》(办规计〔2004〕101 号)同时废止。

第二条 项目验收是水利前期工作项目管理工作的重要组成部分。本办法所称验收,是对水利前期工作项目的实施和完成情况、资金使用情况以及成果质量进行评价,提出项目验收结论和意见。

第三条 本办法适用于中央水利前期工作投资安排(含中央补助投资)的各类水利前期工作,包括水利规划、工程项目前期、专题研究和基础性工作四类。

第四条 水利前期工作项目验收应坚持程序规范、科学求实的原则,做到全面、系统、客观和公正。

第五条 水利前期工作项目验收依据是经批准的项目任务书、下达的年度水利前期工作投资计划和资金预算、项目执行过程中的项目变更批准文件以及其他相关技术标准、政策法规等。

(四)2014 年修改

2014 年 8 月 19 日,中华人民共和国水利部令第 46 号通过《水利部关于废止和修改部分规章的决定》:

第一,将《水利工程建设项目管理规定(试行)》(1995 年 4 月 21 日水利部水建〔1995〕128号印发)第 13 条修改为:"水利工程具备开工条件后,主体工程方可开工建设。项目法人或者建设单位应当自工程开工之日起 15 个工作日内,将开工情况的书面报告报项目主管单位和上一级主管单位备案。

主体工程开工,必须具备以下条件:

(1)项目法人或者建设单位已经设立;

(2)初步设计已经批准,施工详图设计满足主体工程施工需要;

(3)建设资金已经落实;

(4)主体工程施工单位和监理单位已经确定,并分别订立了合同;

(5)质量安全监督单位已经确定,并办理了质量安全监督手续;

(6)主要设备和材料已经落实来源;

(7)施工准备和征地移民等工作满足主体工程开工需要。"

第二,将《水利工程建设程序管理暂行规定》(1998 年 1 月 7 日水利部水建〔1998〕16 号印发)第 8 条第 2 项修改为:"水利工程具备《水利工程建设项目管理规定(试行)》规定的开工条件后,主体工程方可开工建设。项目法人或者建设单位应当自工程开工之日起 15 个工作日内,将开工情况的书面报告报项目主管单位和上一级主管单位备案。"

删去第 8 条第 3 项,条文顺序作相应调整。

　　第三,将《水利工程建设安全生产管理规定》(2005 年 7 月 22 日水利部令第 26 号公布)第 9 条中的"自开工报告批准之日起 15 日内"修改为"自工程开工之日起 15 个工作日内"。

　　第四,将《水利工程建设项目验收管理规定》(2006 年 12 月 18 日水利部令第 30 号公布)第 13 条中的"在开工报告批准后 60 个工作日内"修改为"自工程开工之日起 60 个工作日内"。

二、一般划分阶段

　　水利工程建设程序一般分为:项目建议书、可行性研究报告、施工准备、初步设计、建设实施、生产准备、竣工验收、后评价等阶段。

(一)项目建议书阶段

　　(1)项目建议书应根据国民经济和社会发展长远规划、流域综合规划、区域综合规划、专业规划,按照国家产业政策和国家有关投资建设方针进行编制,是对拟进行建设项目的初步说明。

　　(2)项目建议书应按照《水利水电工程项目建议书编制暂行规定》(水利部水规计〔1996〕608 号)编制。

　　(3)项目建议书编制一般由政府委托有相应资格的设计单位承担,并按国家现行规定权限向主管部门申报审批。项目建议书被批准后,由政府向社会公布,若有投资建设意向,应及时组建项目法人筹备机构,开展下一建设程序工作。

(二)可行性研究报告阶段

　　(1)可行性研究应对项目进行方案比较,在技术上是否可行和经济上是否合理进行科学的分析和论证。经过批准的可行性研究报告,是项目决策和进行初步设计的依据。可行性研究报告,由项目法人(或筹备机构)组织编制。

　　(2)可行性研究报告应按照《水利水电工程可行性研究报告编制规程》(电力部、水利部电办〔1993〕112 号)编制。

　　(3)可行性研究报告,按国家现行规定的审批权限报批。审报项目可行性研究报告,必须同时提出项目法人组建方案及运行机制、资金筹措方案、资金结构及回收资金的办法,并依照有关规定附具有管辖权的水行政主管部门或流域机构签署的规划同意书、对取水许可预申请的书面审查意见。审批部门要委托有项目相应资格的工程咨询机构对可行性研究报告进行评估,并综合行业归口主管部门、投资机构(公司)项目法人(或项目法人筹备机构)等方面的意见进行审批。

　　(4)可行性研究报告经批准后,不得随意修改和变更,在主要内容上有重要变动,应经原批准机关复审同意。项目可行性研究报告批准后,应正式成立项目法人,并按项目法人责任制实行项目管理。

(三)施工准备阶段

1.项目可行性研究报告批准后

　　年度水利投资计划下达后,项目法人即可开展施工准备工作,其主要内容包括:

(1)施工现场的征地、拆迁；

(2)完成施工用水、电、通信、路和场地平整等工程；

(3)必需的生产、生活临时建筑工程；

(4)实施经批准的应急工程、试验工程等专项工程；

(5)组织招标设计、咨询、设备和物资采购等服务；

(6)组织相关监理招标，组织主体工程招标准备工作。

2. 工程建设项目施工

除某些不适应招标的特殊工程项目外(须经水行政主管部门批准)，均须实行招标投标。水利工程建设项目的招标投标，按有关法律、行政法规和《水利工程建设项目招标投标管理规定》(水利部令〔2001〕第14号)等规章规定执行。

(四)初步设计阶段

初步设计是根据批准的可行性研究报告和必要而准确的设计资料，对设计对象进行通盘研究，阐明拟建工程在技术上的可行性和经济上的合理性，规定项目的各项基本技术参数，编制项目的总概算。初步设计任务应择优选择有项目相应资格的设计单位承担，依照有关初步设计编制规定进行编制。

初步设计报告应按照《水利水电工程初步设计报告编制规程》(电力部、水利部电办〔1993〕113号)编制。

初步设计文件报批前，一般须由项目法人委托有相应资格的工程咨询机构或组织行业各方面(包括管理、设计、施工、咨询等方面)的专家，对初步设计中的重大问题，进行咨询论证。设计单位根据咨询论证意见，对初步设计文件进行补充、修改、优化。初步设计由项目法人组织审查后，按国家现行规定权限向主管部门申报审批。

设计单位必须严格保证设计质量，承担初步设计的合同责任。初步设计文件经批准后，主要内容不得随意修改、变更，并作为项目建设实施的技术文件基础。如有重要修改、变更，须经原审批机关复审同意。

(五)建设实施阶段

建设实施阶段是指主体工程的建设实施，项目法人按照批准的建设文件，组织工程建设，保证项目建设目标的实现。

水利工程具备《水利工程建设项目管理规定(试行)》规定的开工条件后，主体工程方可开工建设。项目法人或者建设单位应当自工程开工之日起15个工作日内，将开工情况的书面报告报项目主管单位和上一级主管单位备案。

项目法人要充分发挥建设管理的主导作用为施工创造良好的建设条件。项目法人要充分授权工程监理，使之能独立负责项目的建设工期、质量，投资的控制和现场施工的组织协调。监理单位选择必须符合《水利工程建设监理规定》(水利部水建〔1996〕396号，1999年废止，所以应按2006年新规定执行)的要求。

按照"政府监督、项目法人负责、社会监理、企业保证"的要求，建立健全质量管理体系，重要建设项目,必须设立质量监督项目站,行使政府对项目建设的监督职能。

(六)生产准备阶段

生产准备是项目投产前所要进行的一项重要工作,是建设阶段转入生产经营的必要条件。项目法人应按照建管结合和项目法人责任制的要求,适时做好有关生产准备工作。

生产准备应根据不同类型的工程要求确定,一般应包括如下主要内容:

(1)生产组织准备。建立生产经营的管理机构及相应管理制度。

(2)招收和培训人员。按照生产运营的要求,配备生产 管理人员,并通过多种形式的培训,提高人员素质,使之能满足运营要求。生产管理人员要尽早介入工程的施工建设,参加设备的安装调试,熟悉情况掌握好生产技术和工艺流程,为顺利衔接基本建设和生产经营阶段做好准备。

(3)生产技术准备。主要包括技术资料的汇总、运行技术方案的制定、岗位操作规程制定和新技术准备。

(4)生产的物资准备。主要是落实投产运营所需要的原材料、协作产品、工器具、备器备件和其他协作配合条件的准备。

(5)正常的生活福利设施准备。

及时具体落实产品销售合同协议的签订,提高生产经营效益,为偿还债务和资产的保值增值创造条件。

(七)竣工验收阶段

为加强水利工程建设项目验收管理,明确验收责任,规范验收行为,结合水利工程建设项目的特点,制定《水利工程建设项目验收管理规定》,2006 年 12 月 18 日水利部令第 30 号公布,自 2007 年 4 月 1 日起施行;2014 年 8 月 19 日,水利部令第 46 号修改;2016 年 8 月 1 日,水利部令第 48 号修改。共 5 章 51 条。包括第一章总则,第二章法人验收,第三章政府验收,第四章罚则,第五章附则。

水利工程建设项目验收,按验收主持单位性质不同分为法人验收和政府验收两类。法人验收是指在项目建设过程中由项目法人组织进行的验收。法人验收是政府验收的基础。政府验收是指由有关人民政府、水行政主管部门或者其他有关部门组织进行的验收,包括专项验收、阶段验收和竣工验收。

当建设项目的建设内容全部完成,并经过单位工程验收(包括工程档案资料的验收),符合设计要求并按《水利基本建设项目(工程)档案资料管理暂行规定》(水利部水办〔1997〕275 号)的要求完成了档案资料的整理工作;完成竣工报告、竣工决算等必需文件的编制后,项目法人按《水利工程建设项目管理规定(试行)》(水利部水建〔1995〕128 号)规定,向验收主管部门,提出申请,根据国家和部颁验收规程,组织验收。

竣工决算编制完成后,须由审计机关组织竣工审计,其审计报告作为竣工验收的基本资料。

工程规模较大、技术较复杂的建设项目可先进行初步验收。不合格的工程不予验收;有遗留问题的项目,对遗留问题必须有具体处理意见,且有限期处理的明确要求并落实责任人。

（八）后评价阶段

建设项目竣工投产后,一般经过1～2年生产运营后,要进行一次系统的项目后评价,主要内容包括:影响评价——项目投产后对各方面的影响进行评价;经济效益评价——项目投资、国民经济效益、财务效益、技术进步和规模效益、可行性研究深度等进行评价;过程评价——对项目的立项、设计施工、建设管理、竣工投产、生产运营等全过程进行评价。

项目后评价一般按三个层次组织实施,即项目法人的自我评价、项目行业的评价、计划部门(或主要投资方)的评价。

建设项目后评价工作必须遵循客观、公正、科学的原则,做到分析合理、评价公正。通过建设项目的后评价以达到肯定成绩、总结经验、研究问题、吸取教训、提出建议、改进工作,不断提高项目决策水平和投资效果的目的。

案例分析

【案情】某综合楼工程,开工日期未确定具体时间,只约定以总监理工程师签发的开工令为准,工期为300天,合同约定进度款按造价的60%三个月支付一次。合同于7月3日签订,在甲方个别人员口头要求下,7月15日乙方入场开始施工(已具备开工条件),9月5日工程取得施工许可证,9月15日乙方向总监申请开工令,但总监并未签发,此后,总监和甲方也一直未要求乙方停工,10月17日,乙方要求甲方支付第一期进度款,未果,遂于10月23日停工。

上述实例一个基本事实是乙方在未经甲方及监理方书面同意且未取得施工许可证的情况下自行施工。那么,在此种情况下,工程开工日期如何认定?是7月5日还是9月5日、9月15日或是其他时间?在具备开工条件的情况下,乙方自行施工,而甲方与监理方未予制止,是否属于默许开工?

【分析】实践中,开工日期的确定存在如下几种情形:第一,以总监签发的开工令为准;第二,以实际开工日为准;第三,以合同约定的开工日期为准;第四,以施工许可证确定的日期为准。

施工许可证载明日期的意义。根据《建筑法》第64条规定:"未取得施工许可证或者开工报告未经批准擅自施工的,责令改正,对不符合开工的责令停止施工,可以处以罚款。"可以解读为,未取得施工许可证并不会必然导致工程停工,也不必然否认合同法意义上的开工日期,施工许可证只是一种行政监管措施。因此,以施工许可证来确定开工日期似乎不妥,工程实践中,一般实际开工日期要晚于施工许可证上载明的日期,但也有不少情形,为了抢工期、出形象,实际开工日期早于施工许可证上的日期。就后者而言,可以认定实际开工日即为开工日期。结合上例,9月5日应不宜确定为开工日期。

但在未符合合同约定的情形下开工如何处理?上述实例中,乙方虽有甲方个别人员口头要求,在未取得施工许可证且未经总监签发开工令的情况下擅自开工应不予认定实际开工,即7月5日开工应不予认可。乙方于取得施工许可证后于9月15日申请开工令一直施工到10月17日停工,停工后潜在的安全和质量风险由谁承担?按合同及法律规定,乙方应对其擅自施工承担全部责任,但根据《合同法》第119条规定"当事人一方违约后,对方应当采取适当措施防止损失的扩大;没有采取适当措施致使损失扩大的,不得就扩大的损失要求赔偿"。甲方及监理方一直未采取有效方式予以制止,也未及时向监管部门报告,其也应承担一定的责任,由此一旦产生纠纷,最终法官将倾向于在取得施工许可证后的合理时间段确定开工日期。

综上,一个完备、有效、合法的开工日期的确定,应符合法定和约定的要件,即一是要符合开工法定条件、取得施工许可证;二是要符合合同约定的开工方式,如开工令申请与签发、工作面的移交、图纸齐全、正式开工的标准、入场后的准备是否属于开工等都应明确。

思考题

1. 水利工程建设程序包括哪些阶段?
2. 申请建设工程施工许可证的条件是什么?
3. 工程项目在开工建设之前要切实做好哪些准备工作?
4. 我国必须实行工程监理、招标投标制的水利工程建设项目有哪些?

第十一章 环境保护与建筑节能法规

环境保护、节约能源是我国的基本国策。一切单位和个人都有保护环境的义务。任何单位和个人都应当依法履行节能义务,有权检举浪费能源的行为。

第一节 环境管理制度

我国实行环境影响评价制度、污染物排放许可制度、重点污染物排放总量控制制度、准备建立健全环境监测制度、生态保护补偿制度。

一、环境影响评价制度

为了实施可持续发展战略,预防因规划和建设项目实施后对环境造成不良影响,促进经济、社会和环境的协调发展,制定了《中华人民共和国环境影响评价法》,2002 年 10 月 28 日第九届全国人民代表大会常务委员会第三十次会议通过;根据 2016 年 7 月 2 日第十二届全国人民代表大会常务委员会第二十一次会议《关于修改〈中华人民共和国节约能源法〉等六部法律的决定》修正。

环境影响评价(Environmental Impact Assessment),简称环评(EIA),是指对规划和建设项目实施后可能造成的环境影响进行分析、预测和评估,提出预防或者减轻不良环境影响的对策和措施,进行跟踪监测的方法与制度。因此,我国的环境影响评价分为规划环境影响评价和建设项目环境影响评价。

(一)规划环境影响评价

国务院有关部门、设区的市级以上地方人民政府及其有关部门,对其组织编制的土地利用的有关规划,区域、流域、海域的建设、开发利用规划,应当在规划编制过程中组织进行环境影响评价,编写该规划有关环境影响的篇章或者说明。

规划有关环境影响的篇章或者说明,应当对规划实施后可能造成的环境影响做出分析、预测和评估,提出预防或者减轻不良环境影响的对策和措施,作为规划草案的组成部分一并报送规划审批机关。

未编写有关环境影响的篇章或者说明的规划草案,审批机关不予审批。

国务院有关部门、设区的市级以上地方人民政府及其有关部门,对其组织编制的工业、农业、畜牧业、林业、能源、水利、交通、城市建设、旅游、自然资源开发的有关专项规划(以下简称专项规划),应当在该专项规划草案上报审批前,组织进行环境影响评价,并向审批该专项规划的机关提出环境影响报告书。

　　进行环境影响评价的"一地三域十专项"规划的具体范围,由国务院环境保护行政主管部门会同国务院有关部门规定,报国务院批准。

　　专项规划的环境影响报告书应当包括下列内容:

　　①实施该规划对环境可能造成影响的分析、预测和评估;

　　②预防或者减轻不良环境影响的对策和措施;

　　③环境影响评价的结论。

　　专项规划的编制机关对可能造成不良环境影响并直接涉及公众环境权益的规划,应当在该规划草案报送审批前,举行论证会、听证会,或者采取其他形式,征求有关单位、专家和公众对环境影响报告书草案的意见。但是,国家规定需要保密的情形除外。

　　编制机关应当认真考虑有关单位、专家和公众对环境影响报告书草案的意见,并应当在报送审查的环境影响报告书中附具对意见采纳或者不采纳的说明。

　　专项规划的编制机关在报批规划草案时,应当将环境影响报告书一并附送审批机关审查;未附送环境影响报告书的,审批机关不予审批。

　　设区的市级以上人民政府在审批专项规划草案,做出决策前,应当先由人民政府指定的环境保护行政主管部门或者其他部门召集有关部门代表和专家组成审查小组,对环境影响报告书进行审查。审查小组应当提出书面审查意见。

　　审查小组的专家,应当从按照国务院环境保护行政主管部门的规定设立的专家库内的相关专业的专家名单中,以随机抽取的方式确定。

　　由省级以上人民政府有关部门负责审批的专项规划,其环境影响报告书的审查办法,由国务院环境保护行政主管部门会同国务院有关部门制定。

　　审查小组提出修改意见的,专项规划的编制机关应当根据环境影响报告书结论和审查意见对规划草案进行修改完善,并对环境影响报告书结论和审查意见的采纳情况做出说明;不采纳的,应当说明理由。设区的市级以上人民政府或者省级以上人民政府有关部门在审批专项规划草案时,应当将环境影响报告书结论以及审查意见作为决策的重要依据。

　　在审批中未采纳环境影响报告书结论以及审查意见的,应当做出说明,并存档备查。

　　对环境有重大影响的规划实施后,编制机关应当及时组织环境影响的跟踪评价,并将评价结果报告审批机关;发现有明显不良环境影响的,应当及时提出改进措施。

　　(二)建设项目环境影响评价

　　我国是最早实施建设项目环境影响评价制度的发展中国家之一。1979年,第五届全国人大常委会第十一次会议通过了《中华人民共和国环境保护法(试行)》,首次把对建设项目进行环境影响评价作为法律制度确立下来。以后陆续制定的各项环境保护法律,均含有建设项目环境影响评价的原则规定。我国环境影响评价制度的建立和实施,对于推进产业合理布局和企业的优化选址,预防开发建设活动可能产生的环境污染和破坏,发挥了不可替代的积极作用。为防止建设项目产生新的污染、破坏生态环境,国务院发布《建设项目环境保护管理条例》(1998年11月29日中华人民共和国国务院令第253号发布,根据2017年7月16日《国务院关于修改〈建设项目环境保护管理条例〉的决定》修订)。

1. 分类管理

国家根据建设项目对环境的影响程度,对建设项目的环境影响评价实行分类管理。建设单位应当按照下列规定组织编制环境影响报告书、环境影响报告表或者填报环境影响登记表(以下统称环境影响评价文件):

①可能造成重大环境影响的,应当编制环境影响报告书,对产生的环境影响进行全面评价;

②可能造成轻度环境影响的,应当编制环境影响报告表,对产生的环境影响进行分析或者专项评价;

③对环境影响很小、不需要进行环境影响评价的,应当填报环境影响登记表。

建设项目的环境影响评价分类管理名录,由国务院环境保护行政主管部门制定并公布。参见《建设项目环境影响评价分类管理名录》,名录内未作规定的建设项目,原则上不纳入环境影响评价管理。

纳入名录中的建设项目,是指在开发建设、运营和退役过程中,人类活动导致环境要素发生变化(包括有利和不利)的开发建设工程。根据建设项目特征和所在区域的环境敏感程度,综合考虑建设项目可能对环境产生的影响,对建设项目的环境影响评价实行分类管理。

环境敏感区,是指依法设立的各级各类自然、文化保护地,以及对建设项目的某类污染因子或者生态影响因子特别敏感的区域,主要包括:自然保护区、风景名胜区、世界文化和自然遗产地、饮用水水源保护区;重要湿地、天然林、珍稀濒危野生动植物天然集中分布区;重要水生生物的自然产卵场、索饵场、越冬场和洄游通道、天然渔场;水土流失重点防治区、沙化土地封禁保护区;封闭及半封闭海域、生态保护红线;以居住、医疗卫生、文化教育、科研、行政办公等为主要功能的区域。

2. 分类范围

应当编制环境影响报告书的建设项目主要包括:环境影响要素复杂,污染物种类多、产生量大或毒性大、难降解;对生态环境影响重大;涉及生态保护红线、自然保护区等环境敏感区,并可能对其造成重大影响;可能存在重大环境风险,对环境可能造成重大影响的建设项目。

应当编制环境影响报告表的建设项目主要包括:环境影响要素简单,污染物种类较少、产生量小;对生态环境影响较轻;可能对环境敏感区造成轻度影响;可能存在环境风险,对环境可能造成轻度影响的建设项目。

环境影响报告表若不能说明建设项目产生的污染及环境影响,可根据项目特点和当地环境特征,选择1～2项环境要素开展专项评价。

应当填报环境影响登记表的建设项目主要包括:对环境影响很小、不需要对环境进行影响评价的建设项目。

跨行业、复合型建设项目,按其中最高的环评类别进行环境影响评价。

对于环境影响或环境风险较大的新兴产业建设项目类别,其环境影响评价类别由省级环境保护行政主管部门根据建设项目的污染因子、生态影响因子特征及其所处环境的敏感性质和敏感程度提出建议,报国务院环境保护行政主管部门认定。

3. 环境影响评价文件内容

建设项目的环境影响报告书应当包括下列内容：

①建设项目概况；

②建设项目周围环境现状；

③建设项目对环境可能造成影响的分析、预测和评估；

④建设项目环境保护措施及其技术、经济论证；

⑤建设项目对环境影响的经济损益分析；

⑥对建设项目实施环境监测的建议；

⑦环境影响评价的结论。

环境影响报告表和环境影响登记表的内容和格式，由国务院环境保护行政主管部门制定。参见环发〔1999〕178号：关于公布《建设项目环境影响报告表（试行）》和《建设项目环境影响登记表（试行）》内容及格式的通知。

建设项目的环境影响评价，应当避免与规划的环境影响评价相重复。作为一项整体建设项目的规划，按照建设项目进行环境影响评价，不进行规划的环境影响评价。已经进行了环境影响评价的规划包含具体建设项目的，规划的环境影响评价结论应当作为建设项目环境影响评价的重要依据，建设项目环境影响评价的内容应当根据规划的环境影响评价审查意见予以简化。

4. 技术服务机构

接受委托为建设项目环境影响评价提供技术服务的机构，应当经国务院环境保护行政主管部门考核审查合格后，颁发资质证书，按照资质证书规定的等级和评价范围，从事环境影响评价服务，并对评价结论负责。为建设项目环境影响评价提供技术服务的机构的资质条件和管理办法，由国务院环境保护行政主管部门制定。

国务院环境保护行政主管部门对已取得资质证书的为建设项目环境影响评价提供技术服务的机构的名单，应当予以公布。

为建设项目环境影响评价提供技术服务的机构，不得与负责审批建设项目环境影响评价文件的环境保护行政主管部门或者其他有关审批部门存在任何利益关系。

环境影响评价文件中的环境影响报告书或者环境影响报告表，应当由具有相应环境影响评价资质的机构编制。任何单位和个人不得为建设单位指定对其建设项目进行环境影响评价的机构。

5. 公众参与

国家鼓励公众参与环境影响评价活动。

为推进和规范环境影响评价活动中的公众参与，根据《环境影响评价法》《行政许可法》《全面推进依法行政实施纲要》和《国务院关于落实科学发展观加强环境保护的决定》等法律和法规性文件有关公开环境信息和强化社会监督的规定，制定了《环境影响评价公众参与暂行办法》（环发〔2006〕28号）。明确规定了建设项目环境影响评价的公众参与的一般要求、组织形式;并对公众参与规划环境影响评价做出了具体要求。

除国家规定需要保密的情形外,对环境可能造成重大影响、应当编制环境影响报告书的建设项目,建设单位应当在报批建设项目环境影响报告书前,举行论证会、听证会,或者采取其他形式,征求有关单位、专家和公众的意见。

建设单位报批的环境影响报告书应当附具对有关单位、专家和公众的意见采纳或者不采纳的说明。

公众参与环境影响评价的技术性规范,由《环境影响评价技术导则——公众参与》规定。

为保障公民、法人和其他组织获取环境信息、参与和监督环境保护的权利,畅通参与渠道,促进环境保护公众参与依法有序发展,根据《环境保护法》及有关法律法规,环境保护部制定了《环境保护公众参与办法》(环境保护部令〔2015〕第35号)。

6. 审批

国家对环境影响登记表实行备案管理。建设项目的环境影响报告书、报告表,由建设单位按照国务院的规定报有审批权的环境保护行政主管部门审批。海洋工程建设项目的海洋环境影响报告书的审批,依照《中华人民共和国海洋环境保护法》的规定办理。

审批部门应当自收到环境影响报告书之日起60日内,收到环境影响报告表之日起30日内,分别做出审批决定并书面通知建设单位。审核、审批建设项目环境影响报告书、报告表以及备案环境影响登记表,不得收取任何费用。

国务院环境保护行政主管部门负责审批:①核设施、绝密工程等特殊性质的建设项目;②跨省、自治区、直辖市行政区域的建设项目;③由国务院审批的或者由国务院授权有关部门审批的建设项目的环境影响评价文件。以外的建设项目的环境影响评价文件的审批权限,由省、自治区、直辖市人民政府规定。

建设项目可能造成跨行政区域的不良环境影响,有关环境保护行政主管部门对该项目的环境影响评价结论有争议的,其环境影响评价文件由共同的上一级环境保护行政主管部门审批。

建设项目的环境影响评价文件经批准后,建设项目的性质、规模、地点、采用的生产工艺或者防治污染、防止生态破坏的措施发生重大变动的,建设单位应当重新报批建设项目的环境影响评价文件。建设项目的环境影响评价文件自批准之日起超过5年,方决定该项目开工建设的,其环境影响评价文件应当报原审批部门重新审核;原审批部门应当自收到建设项目环境影响评价文件之日起10日内,将审核意见书面通知建设单位。建设项目的环境影响评价文件未依法经审批部门审查或者审查后未予批准的,建设单位不得开工建设。

建设项目建设过程中,建设单位应当同时实施环境影响报告书、环境影响报告表以及环境影响评价文件审批部门审批意见中提出的环境保护对策措施。即建设项目中防治污染的设施,应当与主体工程同时设计、同时施工、同时投产使用。防治污染的设施应当符合经批准的环境影响评价文件的要求,不得擅自拆除或者闲置。

在项目建设、运行过程中产生不符合经审批的环境影响评价文件的情形的,建设单位应当组织环境影响的后评价,采取改进措施,并报原环境影响评价文件审批部门和建设项目审批部门备案;原环境影响评价文件审批部门也可以责成建设单位进行环境影响的后评价,采取改进措施。

（三）法律责任

规划编制机关违反本法规定,未组织环境影响评价,或者组织环境影响评价时弄虚作假或者有失职行为,造成环境影响评价严重失实的,对直接负责的主管人员和其他直接责任人员,由上级机关或者监察机关依法给予行政处分。

规划审批机关对依法应当编写有关环境影响的篇章或者说明而未编写的规划草案,依法应当附送环境影响报告书而未附送的专项规划草案,违法予以批准的,对直接负责的主管人员和其他直接责任人员,由上级机关或者监察机关依法给予行政处分。

建设单位未依法报批建设项目环境影响报告书、报告表,或者未依照本法第 24 条的规定重新报批或者报请重新审核环境影响报告书、报告表,擅自开工建设的,由县级以上环境保护行政主管部门责令停止建设,根据违法情节和危害后果,处建设项目总投资额百分之一以上百分之五以下的罚款,并可以责令恢复原状;对建设单位直接负责的主管人员和其他直接责任人员,依法给予行政处分。

建设项目环境影响报告书、报告表未经批准或者未经原审批部门重新审核同意,建设单位擅自开工建设的,依照前款的规定处罚、处分。

建设单位未依法备案建设项目环境影响登记表的,由县级以上环境保护行政主管部门责令备案,处 5 万元以下的罚款。海洋工程建设项目的建设单位有本条所列违法行为的,依照《中华人民共和国海洋环境保护法》的规定处罚。

接受委托为建设项目环境影响评价提供技术服务的机构在环境影响评价工作中不负责任或者弄虚作假,致使环境影响评价文件失实的,由授予环境影响评价资质的环境保护行政主管部门降低其资质等级或者吊销其资质证书,并处所收费用一倍以上三倍以下的罚款;构成犯罪的,依法追究刑事责任。

负责审核、审批、备案建设项目环境影响评价文件的部门在审批、备案中收取费用的,由其上级机关或者监察机关责令退还;情节严重的,对直接负责的主管人员和其他直接责任人员依法给予行政处分。

环境保护行政主管部门或者其他部门的工作人员徇私舞弊,滥用职权,玩忽职守,违法批准建设项目环境影响评价文件的,依法给予行政处分;构成犯罪的,依法追究刑事责任。

二、污染物排放许可制度

污染物排放许可制(以下称排污许可制)是依法规范企事业单位排污行为的基础性环境管理制度,环境保护部门通过对企事业单位发放排污许可证并依证监管实施排污许可制。近年来,各地积极探索排污许可制,取得初步成效。但总体看,排污许可制定位不明确,企事业单位治污责任不落实,环境保护部门依证监管不到位,使得管理制度效能难以充分发挥。为进一步推动环境治理基础制度改革,改善环境质量,根据《中华人民共和国环境保护法》和《生态文明体制改革总体方案》等,国务院办公厅制定了《控制污染物排放许可制实施方案》(国办发〔2016〕81 号)。

到 2020 年,完成覆盖所有固定污染源的排污许可证核发工作,全国排污许可证管理信息平台有效运转,各项环境管理制度精简合理、有机衔接,企事业单位环保主体责任得到落实,基本建立法规体系完备、技术体系科学、管理体系高效的排污许可制,对固定污染源实施全过程管理和多污染物协同控制,实现系统化、科学化、法治化、精细化、信息化的"一证式"管理①。

为落实《控制污染物排放许可制实施方案》(国办发〔2016〕81 号),环保部印发了《排污许可证管理暂行规定》(环水体〔2016〕186 号)和《关于开展火电、造纸行业和京津冀试点城市高架源排污许可管理工作的通知》(环水体〔2016〕189 号)。

(一)排污许可制的法律依据

《水污染防治法》第 20 条规定:国家实行排污许可制度。直接或者间接向水体排放工业废水和医疗污水以及其他按照规定应当取得排污许可证方可排放的废水、污水的企业事业单位,应当取得排污许可证;城镇污水集中处理设施的运营单位,也应当取得排污许可证。禁止企业事业单位无排污许可证或者违反排污许可证的规定向水体排放前款规定的废水、污水。

《大气污染防治法》第 19 条规定:排放工业废气或者本法第 78 条规定名录中所列有毒有害大气污染物的企业事业单位、集中供热设施的燃煤热源生产运营单位以及其他依法实行排污许可管理的单位,应当取得排污许可证。

《环境保护法》第 45 条规定:国家依照法律规定实行排污许可管理制度。实行排污许可管理的企业事业单位和其他生产经营者应当按照排污许可证的要求排放污染物;未取得排污许可证的,不得排放污染物。

《水污染防治法》和《大气污染防治法》均规定排污许可的具体办法和实施步骤由国务院规定。

《生态文明体制改革总体方案》(国务院公报 2015 年第 28 号)第 35 条提出"完善污染物排放许可制",要求"尽快在全国范围建立统一公平、覆盖所有固定污染源的企业排放许可制,依法核发排污许可证,排污者必须持证排污,禁止无证排污或不按许可证规定排污"。同时,第 54 条保障措施中专门提出要"完善排污许可的法律法规"。这将是环境管理制度改革的一次重要创新之举,对实施一体化环境管理模式、依法监管和有效执法固定污染源、最终实现环境质量改善目标等具有重要意义。

排污许可将是生态文明体制改革及环境管理的未来方向和着力点。

(二)基本原则

一是精简高效,衔接顺畅。排污许可制衔接环境影响评价管理制度,融合总量控制制度,为排污收费、环境统计、排污权交易等工作提供统一的污染物排放数据,减少重复申报,减轻企事业单位负担,提高管理效能。

二是公平公正,一企一证。企事业单位持证排污,按照所在地改善环境质量和保障环境安

---

① "一证式"管理既指大气和水等要素的环境管理在一个许可证中综合体现,也指大气和水等污染物的达标排放、总量控制等各项环境管理要求;新增污染源环境影响评价各项要求以及其他企事业单位应当承担的污染物排放的责任和义务均应当在许可证中规定,企业守法、部门执法和社会公众监督也都应当以此为主要或者基本依据。

全的要求承担相应的污染治理责任,多排放多担责、少排放可获益。向企事业单位核发排污许可证,作为生产运营期排污行为的唯一行政许可,并明确其排污行为依法应当遵守的环境管理要求和承担的法律责任义务。

三是权责清晰,强化监管。排污许可证是企事业单位在生产运营期接受环境监管和环境保护部门实施监管的主要法律文书。企事业单位依法申领排污许可证,按证排污,自证守法。环境保护部门基于企事业单位守法承诺,依法发放排污许可证,依证强化事中事后监管,对违法排污行为实施严厉打击。

四是公开透明,社会共治。排污许可证申领、核发、监管流程全过程公开,企事业单位污染物排放和环境保护部门监管执法信息及时公开,为推动企业守法、部门联动、社会监督创造条件。

(三)衔接整合相关环境管理制度

1. 建立健全企事业单位污染物排放总量控制制度

改变单纯以行政区域为单元分解污染物排放总量指标的方式和总量减排核算考核办法,通过实施排污许可制,落实企事业单位污染物排放总量控制要求,逐步实现由行政区域污染物排放总量控制向企事业单位污染物排放总量控制转变,控制的范围逐渐统一到固定污染源。环境质量不达标地区,要通过提高排放标准或加严许可排放量等措施,对企事业单位实施更为严格的污染物排放总量控制,推动改善环境质量。

2. 有机衔接环境影响评价制度

环境影响评价制度是建设项目的环境准入门槛,排污许可制是企事业单位生产运营期排污的法律依据,必须做好充分衔接,实现从污染预防到污染治理和排放控制的全过程监管。新建项目必须在发生实际排污行为之前申领排污许可证,环境影响评价文件及批复中与污染物排放相关的主要内容应当纳入排污许可证,其排污许可证执行情况应作为环境影响后评价的重要依据。

三、重点污染物排放总量控制制度

国家实行重点污染物排放总量控制制度。重点污染物排放总量控制指标由国务院下达,省、自治区、直辖市人民政府分解落实。企业事业单位在执行国家和地方污染物排放标准的同时,应当遵守分解落实到本单位的重点污染物排放总量控制指标。

对超过国家重点污染物排放总量控制指标或者未完成国家确定的环境质量目标的地区,省级以上人民政府环境保护主管部门应当暂停审批其新增重点污染物排放总量的建设项目环境影响评价文件。

建设产生污染的建设项目,必须遵守污染物排放的国家标准和地方标准;在实施重点污染物排放总量控制的区域内,还必须符合重点污染物排放总量控制的要求。

为规范建设项目主要污染物排放总量指标审核及管理工作,严格控制新增污染物排放量,根据《"十二五"节能减排综合性工作方案》(国发〔2011〕26号)、《大气污染防治行动计划》(国发〔2013〕37号)、《2014—2015年节能减排低碳发展行动方案》(国办发〔2014〕23号)等有关规定,环境保护部组织制定了《建设项目主要污染物排放总量指标审核及管理暂行办法》(环发〔2014〕197号)。

（一）总体要求

主要污染物是指国家实施排放总量控制的污染物("十二五"期间为化学需氧量、氨氮、二氧化硫、氮氧化物)。烟粉尘、挥发性有机物、重点重金属污染物、沿海地级及以上城市总氮和地方实施总量控制的特征污染物参照执行。

严格落实污染物排放总量控制制度,把主要污染物排放总量指标作为建设项目环境影响评价审批的前置条件。排放主要污染物的建设项目,在环境影响评价文件(以下简称环评文件)审批前,须取得主要污染物排放总量指标。

建设项目主要污染物排放总量指标审核及管理应与总量减排目标完成情况相挂钩,对未完成上一年度主要污染物总量减排目标的地区或企业,暂停新增相关污染物排放建设项目的环评审批。

建设项目环评文件应包含主要污染物总量控制内容,明确主要生产工艺、生产设施规模、资源能源消耗情况、污染治理设施建设和运行监管要求等,提出总量指标及替代削减方案,列出详细测算依据等,并附项目所在地环境保护主管部门出具的有关总量指标、替代削减方案的初审意见。

建设项目中防治污染的设施,应当与主体工程同时设计、同时施工、同时投产使用。防治污染的设施应当符合经批准的环境影响评价文件的要求,不得擅自拆除或者闲置。

（二）审核程序

建设项目主要污染物排放总量指标按照环评审批权限实行分级管理。环境保护部负责审批的建设项目,由项目所在地省级环境保护主管部门出具初审意见。省级及地市级环境保护主管部门负责审批的建设项目,由下一级环境保护主管部门出具初审意见。与国家签订总量减排目标责任书的中央企业建设项目,中央企业须同时出具总量指标、替代削减方案的初审意见。

环评文件受理后,环境保护主管部门内设总量控制、污染防治管理机构自收到环评文件之日起10个工作日内,对环评文件中总量控制内容及初审意见进行审核,出具审核意见。

环评文件作出审批决定前,建设项目主要污染物排放总量指标发生变化的,须重新提出总量指标、替代削减方案及相关文件,按有关程序重新进行审核。

四、排污收费制度

《中华人民共和国环境保护法》(1989年12月26日第七届全国人民代表大会常务委员会第十一次会议通过,2014年4月24日第十二届全国人民代表大会常务委员会第八次会议修订)第43条规定:排放污染物的企业事业单位和其他生产经营者,应当按照国家有关规定缴纳排污费。排污费应当全部专项用于环境污染防治,任何单位和个人不得截留、挤占或者挪作他用。依照法律规定征收环境保护税的,不再征收排污费[①]。居民用水水价中的污水处理费见表 11-1(以郑州市为例)。

表 11-1 郑州市市区集中供水价格 单位:元/立方米

序号	用水性质分类	阶梯水量	基本水价	随水价征收费用		综合水价
				污水处理费	水资源费	
1	居民生活用水 (阶梯式水价)	180 立方米 (第一阶梯)	3.10	0.95	0.35	4.40
		181~300 立方米 (第二阶梯)	4.65			5.95
		301 立方米以上 (第三阶梯)	9.30			10.60
	居民生活用水 (非阶梯式水价)	无	3.20			4.50
2	非居民生活用水	无	4.15	1.40	0.40	5.95
3	特种用水	无	14.75	1.40	0.80	16.95

注:上述表格综合水价包含郑价公〔2015〕36 号、郑价公〔2015〕41 号和郑价公〔2016〕17 号的价格及费用。

五、环境影响后评价制度

环境影响后评价,是指编制环境影响报告书的建设项目在通过环境保护设施竣工验收且稳定运行一定时期后,对其实际产生的环境影响以及污染防治、生态保护和风险防范措施的有效性进行跟踪监测和验证评价,并提出补救方案或者改进措施,提高环境影响评价有效性的方法与制度。

为规范建设项目环境影响后评价工作,根据《中华人民共和国环境影响评价法》,制定了《建设项目环境影响后评价管理办法(试行)》(环境保护部令〔2015〕第 37 号)。

(一)后评价范围

建设项目运行过程中产生不符合经审批的环境影响报告书情形的,应当开展环境影响后评价:

①水利、水电、采掘、港口、铁路行业中实际环境影响程度和范围较大,且主要环境影响在项目建成运行一定时期后逐步显现的建设项目,以及其他行业中穿越重要生态环境敏感区的

---

① 《中华人民共和国环境保护税法》,2016 年 12 月 25 日第十二届全国人民代表大会常务委员会第二十五次会议通过,中华人民共和国主席令第 61 号公布,自 2018 年 1 月 1 日起施行。

建设项目；

②冶金、石化和化工行业中有重大环境风险，建设地点敏感，且持续排放重金属或者持久性有机污染物的建设项目；

③审批环境影响报告书的环境保护主管部门认为应当开展环境影响后评价的其他建设项目。

(二)后评价管理

环境影响后评价应当遵循科学、客观、公正的原则，全面反映建设项目的实际环境影响，客观评估各项环境保护措施的实施效果。

建设项目环境影响后评价的管理，由审批该建设项目环境影响报告书的环境保护主管部门负责。

环境保护部组织制定环境影响后评价技术规范，指导跨行政区域、跨流域和重大敏感项目的环境影响后评价工作。

建设单位或者生产经营单位负责组织开展环境影响后评价工作，编制环境影响后评价文件，并对环境影响后评价结论负责。

建设单位或者生产经营单位可以委托环境影响评价机构、工程设计单位、大专院校和相关评估机构等编制环境影响后评价文件。编制建设项目环境影响报告书的环境影响评价机构，原则上不得承担该建设项目环境影响后评价文件的编制工作。

建设单位或者生产经营单位应当将环境影响后评价文件报原审批环境影响报告书的环境保护主管部门备案，并接受环境保护主管部门的监督检查。

(三)后评价内容

建设项目环境影响后评价文件应当包括以下内容：

①建设项目过程回顾，包括环境影响评价、环境保护措施落实、环境保护设施竣工验收、环境监测情况，以及公众意见收集调查情况等；

②建设项目工程评价，包括项目地点、规模、生产工艺或者运行调度方式，环境污染或者生态影响的来源、影响方式、程度和范围等；

③区域环境变化评价，包括建设项目周围区域环境敏感目标变化、污染源或者其他影响源变化、环境质量现状和变化趋势分析等；

④环境保护措施有效性评估，包括环境影响报告书规定的污染防治、生态保护和风险防范措施是否适用、有效，能否达到国家或者地方相关法律、法规、标准的要求等；

⑤环境影响预测验证，包括主要环境要素的预测影响与实际影响差异，原环境影响报告书内容和结论有无重大漏项或者明显错误，持久性、累积性和不确定性环境影响的表现等；

⑥环境保护补救方案和改进措施；

⑦环境影响后评价结论。

(四)后评价时间

建设项目环境影响后评价应当在建设项目正式投入生产或者运营后三至五年内开展。原审批环境影响报告书的环境保护主管部门也可以根据建设项目的环境影响和环境要素变化特征,确定开展环境影响后评价的时限。

建设单位或者生产经营单位可以对单个建设项目进行环境影响后评价,也可以对在同一行政区域、流域内存在叠加、累积环境影响的多个建设项目开展环境影响后评价。

建设单位或者生产经营单位完成环境影响后评价后,应当依法公开环境影响评价文件,接受社会监督。

对未按规定要求开展环境影响后评价,或者不落实补救方案、改进措施的建设单位或者生产经营单位,审批该建设项目环境影响报告书的环境保护主管部门应当责令其限期改正,并向社会公开。

环境保护主管部门可以依据环境影响后评价文件,对建设项目环境保护提出改进要求,并将其作为后续建设项目环境影响评价管理的依据。

第二节　污染防治法

我国现行的污染防治法有《中华人民共和国水污染防治法》《中华人民共和国大气污染防治法》《中华人民共和国固体废物污染环境防治法》《中华人民共和国环境噪声污染防治法》四部法律。截至 2017 年 8 月底,现行国家环境质量标准 21 项,覆盖空气、水、环境噪声与振动、土壤等主要环境要素;现行国家污染物排放(控制)标准 169 项,其中大气污染物排放标准 75 项,控制项目 120 项;水污染物排放标准 68 项,控制项目 158 项①。

一、水污染防治

(一)水污染防治法

为了保护和改善环境,防治水污染,保护水生态,保障饮用水安全,维护公众健康,推进生态文明建设,促进经济社会可持续发展,1984 年 5 月 11 日第六届全国人民代表大会常务委员会第五次会议通过《中华人民共和国水污染防治法》;根据 1996 年 5 月 15 日第八届全国人民代表大会常务委员会第十九次会议《关于修改〈中华人民共和国水污染防治法〉的决定》第一次修正;2008 年 2 月 28 日第十届全国人民代表大会常务委员会第三十二次会议修订;根据 2017 年 6 月 27 日第十二届全国人民代表大会常务委员会第二十八次会议《关于修改〈中华人民共和国水污染防治法〉的决定》第二次修正,自 2018 年 1 月 1 日起施行。

《水污染防治法》包括 8 章 103 条,主要涵盖水污染防治的标准和规划、水污染防治的监督管理、水污染防治措施、饮用水水源和其他特殊水体保护、水污染事故处置、法律责任等。

更加明确了各级政府的水环境质量责任。第 4 条:"地方各级人民政府对本行政区域的水

---

① 数据来源:中华人民共和国环境保护部,环境保护标准 http://kjs.mep.gov.cn/hjbhbz/统计整理。

环境质量负责,应当及时采取措施防治水污染";"省、市、县、乡建立河长制,分级分段组织领导本行政区域内江河、湖泊的水资源保护、水域岸线管理、水污染防治、水环境治理等工作""有关市、县级人民政府应当按照水污染防治规划确定的水环境质量改善目标的要求,制定限期达标规划,采取措施按期达标"等内容。同时规定,"市、县级人民政府每年在向本级人民代表大会或者其常务委员会报告环境状况和环境保护目标完成情况时,应当报告水环境质量限期达标规划执行情况,并向社会公开"。

总量控制制度和排污许可制度是另一项重要内容。水污染防治法规定:"国家对重点水污染物排放实施总量控制制度。""对超过重点水污染物排放总量控制指标或者未完成水环境质量改善目标的地区,省级以上人民政府环境保护主管部门应当会同有关部门约谈该地区人民政府的主要负责人,并暂停审批新增重点水污染物排放总量的建设项目的环境影响评价文件。约谈情况应当向社会公开。"第21条:"直接或者间接向水体排放工业废水和医疗污水以及其他按照规定应当取得排污许可证方可排放的废水、污水的企业事业单位和其他生产经营者,应当取得排污许可证;城镇污水集中处理设施的运营单位,也应当取得排污许可证。排污许可证应当明确排放水污染物的种类、浓度、总量和排放去向等要求。排污许可的具体办法由国务院规定。"

对于环境保护主管部门的工作职责,第25条规定:"国家建立水环境质量监测和水污染物排放监测制度。国务院环境保护主管部门负责制定水环境监测规范,统一发布国家水环境状况信息,会同国务院水行政等部门组织监测网络,统一规划国家水环境质量监测站(点)的设置,建立监测数据共享机制,加强对水环境监测的管理。"并规定,"国务院环境保护主管部门应当会同国务院水行政等部门和有关省、自治区、直辖市人民政府,建立重要江河、湖泊的流域水环境保护联合协调机制,实行统一规划、统一标准、统一监测、统一的防治措施";"国务院环境保护主管部门和省、自治区、直辖市人民政府环境保护主管部门应当会同同级有关部门根据流域生态环境功能需要,明确流域生态环境保护要求,组织开展流域环境资源承载能力监测、评价,实施流域环境资源承载能力预警"。

建设项目的水污染防治设施,应当与主体工程同时设计、同时施工、同时投入使用。水污染防治设施应当符合经批准的环境影响评价文件的要求。

此外,针对公众健康和生态环境影响、打击非法排污行为和数据造假、城镇污水处理厂的运营、畜禽养殖污染防治、饮用水水源地保护和管理等内容,水污染防治法也做出了规定。

(二)水污染防治行动计划

水环境保护事关人民群众切身利益,事关全面建成小康社会,事关实现中华民族伟大复兴中国梦。当前,我国一些地区水环境质量差、水生态受损重、环境隐患多等问题十分突出,影响和损害群众健康,不利于经济社会持续发展。为切实加大水污染防治力度,保障国家水安全,国务院印发《水污染防治行动计划》(国发〔2015〕17号),以下称"水十条"。大力推进生态文明建设,以改善水环境质量为核心,按照"节水优先、空间均衡、系统治理、两手发力"原则,贯彻"安全、清洁、健康"方针,强化源头控制,水陆统筹、河海兼顾,对江河湖海实施分流域、分区域、分阶段科学治理,系统推进水污染防治、水生态保护和水资源管理。具体行动措施见图11-1系列。

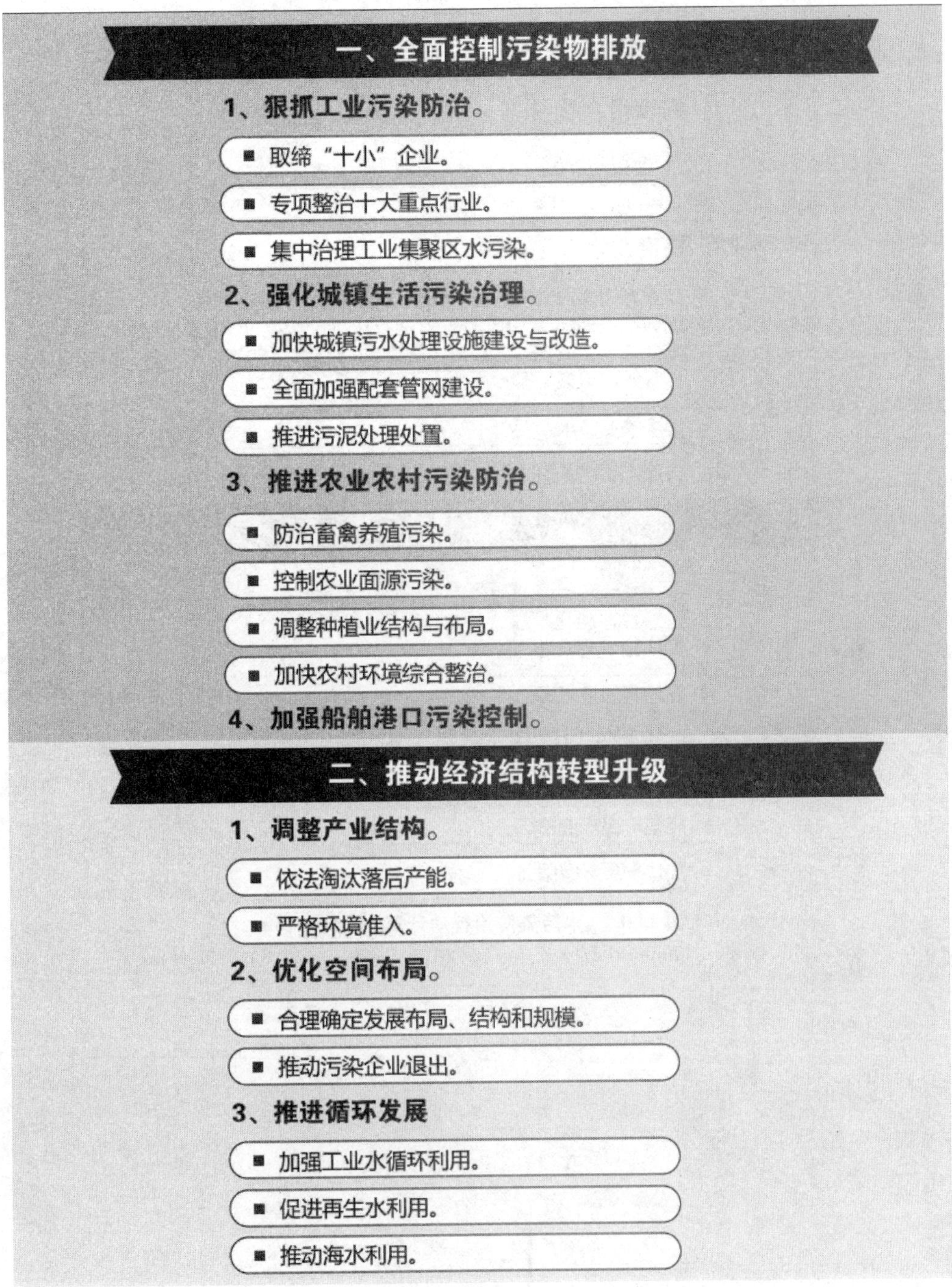

一、全面控制污染物排放

1、狠抓工业污染防治。

- 取缔"十小"企业。
- 专项整治十大重点行业。
- 集中治理工业集聚区水污染。

2、强化城镇生活污染治理。

- 加快城镇污水处理设施建设与改造。
- 全面加强配套管网建设。
- 推进污泥处理处置。

3、推进农业农村污染防治。

- 防治畜禽养殖污染。
- 控制农业面源污染。
- 调整种植业结构与布局。
- 加快农村环境综合整治。

4、加强船舶港口污染控制。

二、推动经济结构转型升级

1、调整产业结构。

- 依法淘汰落后产能。
- 严格环境准入。

2、优化空间布局。

- 合理确定发展布局、结构和规模。
- 推动污染企业退出。

3、推进循环发展

- 加强工业水循环利用。
- 促进再生水利用。
- 推动海水利用。

图 11-1　《水污染防治行动计划》十措施(1)

(http://www.zhb.gov.cn/home/ztbd/rdzl/gwy/qt/201504/t20150417_299187.shtml.)

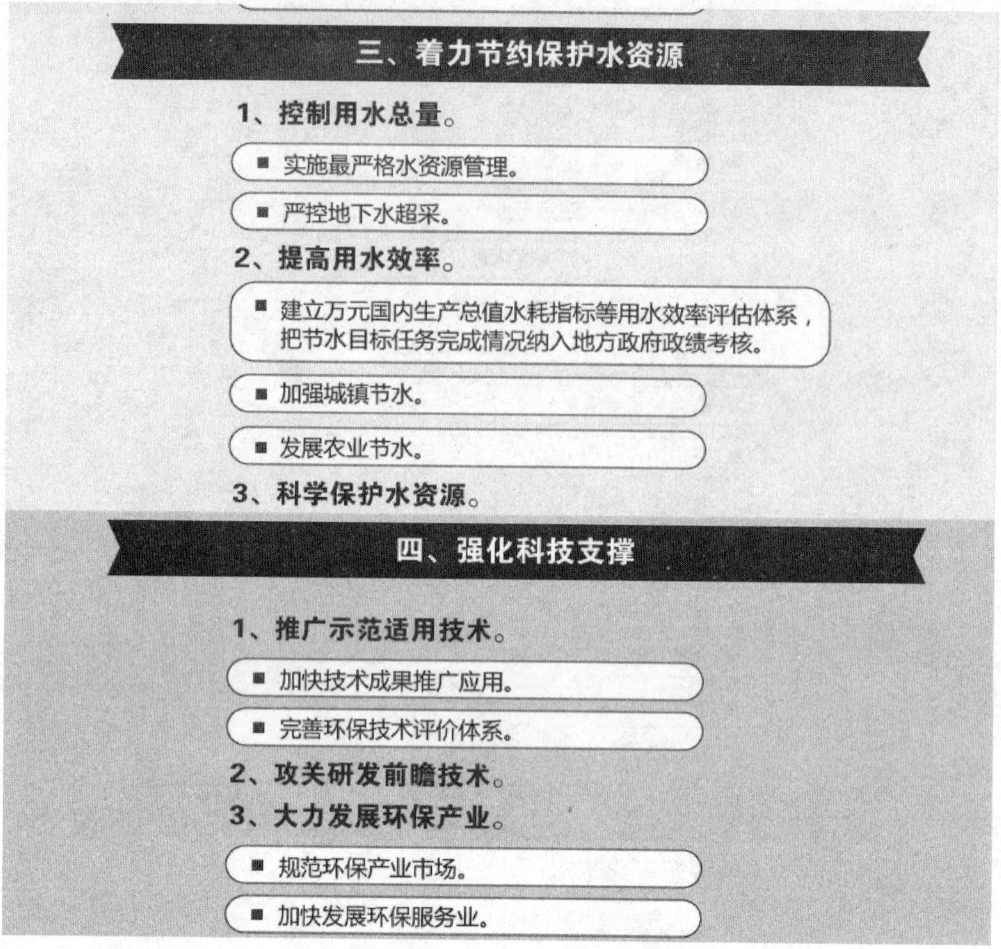

三、着力节约保护水资源

1、控制用水总量。

- 实施最严格水资源管理。
- 严控地下水超采。

2、提高用水效率。

- 建立万元国内生产总值水耗指标等用水效率评估体系，把节水目标任务完成情况纳入地方政府政绩考核。
- 加强城镇节水。
- 发展农业节水。

3、科学保护水资源。

四、强化科技支撑

1、推广示范适用技术。

- 加快技术成果推广应用。
- 完善环保技术评价体系。

2、攻关研发前瞻技术。

3、大力发展环保产业。

- 规范环保产业市场。
- 加快发展环保服务业。

图 11-1 《水污染防治行动计划》十措施(2)

(http://www.zhb.gov.cn/home/ztbd/rdzl/gwy/qt/201504/t20150417_299187.shtml.)

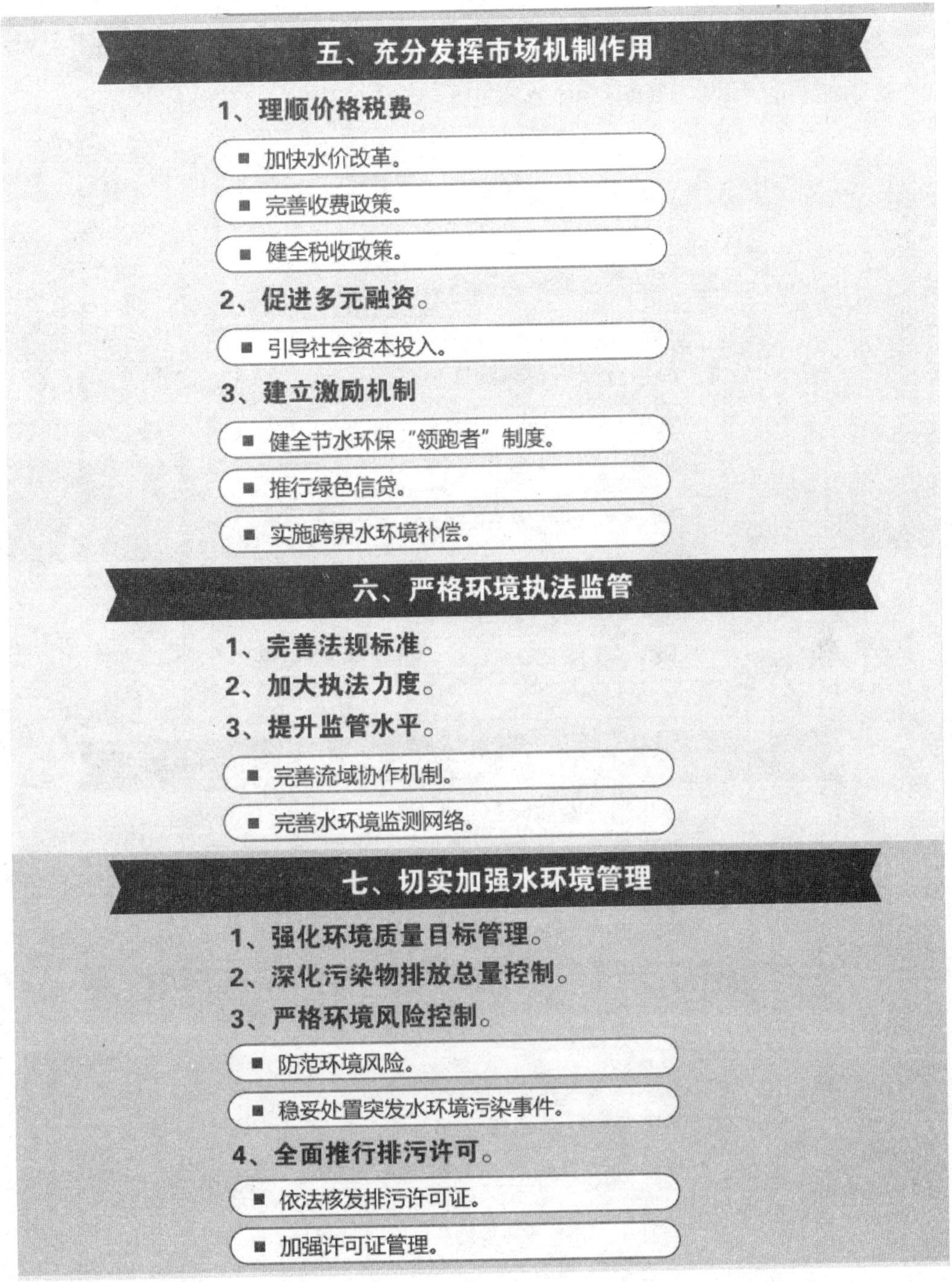

五、充分发挥市场机制作用

1、理顺价格税费。

- 加快水价改革。
- 完善收费政策。
- 健全税收政策。

2、促进多元融资。

- 引导社会资本投入。

3、建立激励机制

- 健全节水环保"领跑者"制度。
- 推行绿色信贷。
- 实施跨界水环境补偿。

六、严格环境执法监管

1、完善法规标准。

2、加大执法力度。

3、提升监管水平。

- 完善流域协作机制。
- 完善水环境监测网络。

七、切实加强水环境管理

1、强化环境质量目标管理。

2、深化污染物排放总量控制。

3、严格环境风险控制。

- 防范环境风险。
- 稳妥处置突发水环境污染事件。

4、全面推行排污许可。

- 依法核发排污许可证。
- 加强许可证管理。

图 11-1 《水污染防治行动计划》十措施(3)
(http://www.zhb.gov.cn/home/ztbd/rdzl/gwy/qt/201504/t20150417_299187.shtml.)

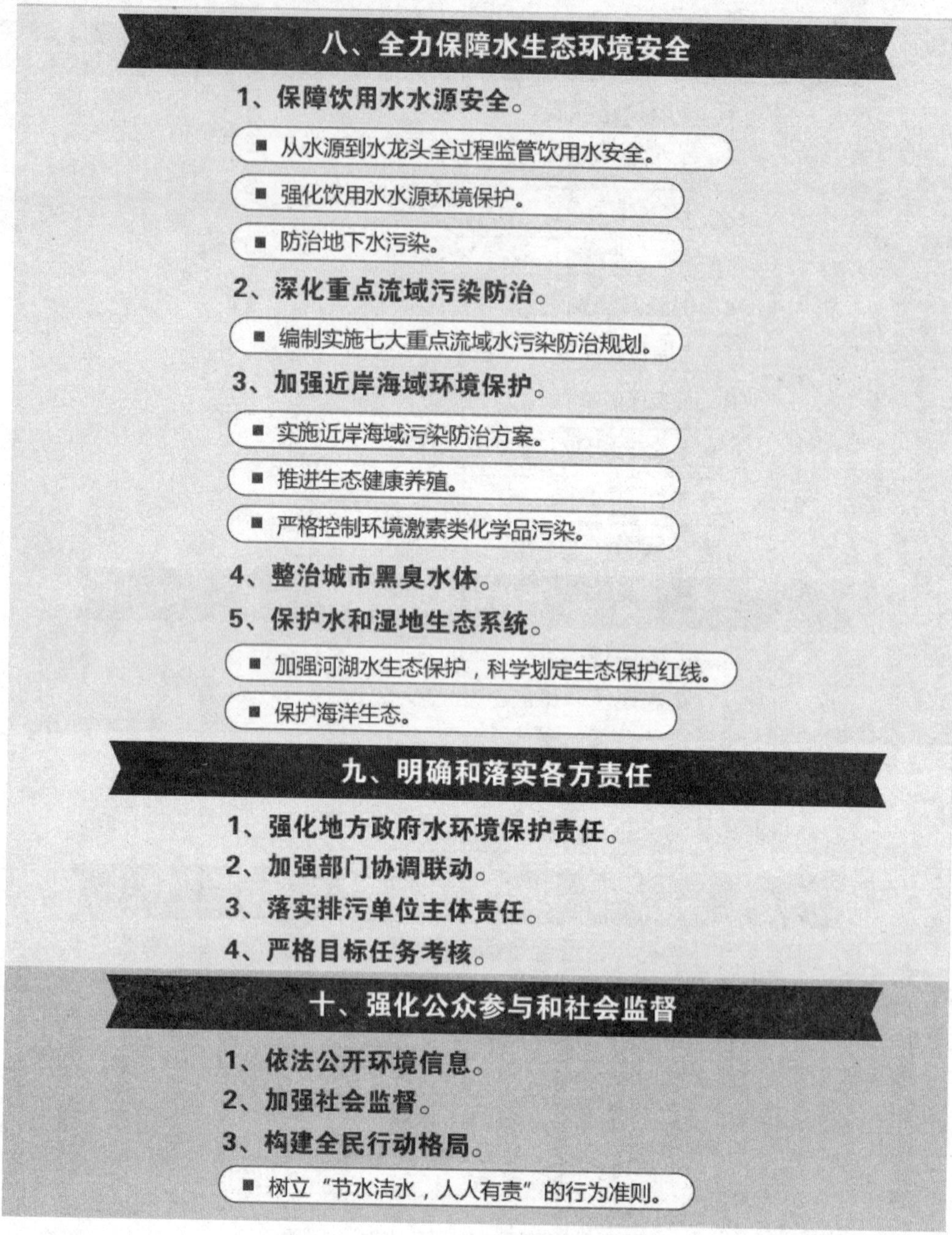

八、全力保障水生态环境安全

1、保障饮用水水源安全。

- 从水源到水龙头全过程监管饮用水安全。
- 强化饮用水水源环境保护。
- 防治地下水污染。

2、深化重点流域污染防治。

- 编制实施七大重点流域水污染防治规划。

3、加强近岸海域环境保护。

- 实施近岸海域污染防治方案。
- 推进生态健康养殖。
- 严格控制环境激素类化学品污染。

4、整治城市黑臭水体。

5、保护水和湿地生态系统。

- 加强河湖水生态保护，科学划定生态保护红线。
- 保护海洋生态。

九、明确和落实各方责任

1、强化地方政府水环境保护责任。
2、加强部门协调联动。
3、落实排污单位主体责任。
4、严格目标任务考核。

十、强化公众参与和社会监督

1、依法公开环境信息。
2、加强社会监督。
3、构建全民行动格局。

- 树立"节水洁水，人人有责"的行为准则。

图 11-1 《水污染防治行动计划》十措施 (4)

(http://www.zhb.gov.cn/home/ztbd/rdzl/gwy/qt/201504/t20150417_299187.shtml.)

"水十条"行动目标,是到 2030 年全国七大重点流域水质优良比例总体达到 75％以上,城市建成区黑臭水体总体得到消除,城市集中式饮用水水源水质达到或优于Ⅲ类比例总体为 95％左右。

(三)河长制

河长制是河湖管理工作的一项制度创新,也是我国水环境治理体系和保障国家水安全的制度创新。《水污染防治法》第 5 条规定:"省、市、县、乡建立河长制,分级分段组织领导本行政区域内江河、湖泊的水资源保护、水域岸线管理 水污染防治、水环境治理工作。"2016 年 12 月,中共中央办公厅、国务院办公厅印发了《关于全面推行河长制的意见》(厅字〔2016〕42 号),要求全面建立省、市、县、乡四级河长体系。各省(自治区、直辖市)设立总河长,由党委或政府主要负责同志担任,提出到 2018 年年底前全面建立河长制。

河湖管理保护是一项复杂的系统工程,涉及上下游、左右岸、不同行政区域和行业。推行河长制,由党政领导担任河长,依法依规落实地方主体责任,协调整合各方力量,有力促进了水资源保护、水域岸线管理、水污染防治、水环境治理等工作。全面推行河长制是落实绿色发展理念、推进生态文明建设的内在要求,是解决我国复杂水问题、维护河湖健康生命的有效举措,是完善水治理体系、保障国家水安全的制度创新。

1. 基本原则

——坚持生态优先、绿色发展。牢固树立尊重自然、顺应自然、保护自然的理念,处理好河湖管理保护与开发利用的关系,强化规划约束,促进河湖休养生息、维护河湖生态功能。

——坚持党政领导、部门联动。建立健全以党政领导负责制为核心的责任体系,明确各级河长职责,强化工作措施,协调各方力量,形成一级抓一级、层层抓落实的工作格局。

——坚持问题导向、因地制宜。立足不同地区不同河湖实际,统筹上下游、左右岸,实行一河一策、一湖一策,解决好河湖管理保护的突出问题。

——坚持强化监督、严格考核。依法治水管水,建立健全河湖管理保护监督考核和责任追究制度,拓展公众参与渠道,营造全社会共同关心和保护河湖的良好氛围。

2. 组织形式

全面建立省、市、县、乡四级河长体系。各省(自治区、直辖市)设立总河长,由党委或政府主要负责同志担任;各省(自治区、直辖市)行政区域内主要河湖设立河长,由省级负责同志担任;各河湖所在市、县、乡均分级分段设立河长,由同级负责同志担任。县级及以上河长设置相应的河长制办公室,具体组成由各地根据实际确定。

3. 工作职责

各级河长负责组织领导相应河湖的管理和保护工作,包括水资源保护、水域岸线管理、水污染防治、水环境治理等,牵头组织对侵占河道、围垦湖泊、超标排污、非法采砂、破坏航道、电毒炸鱼等突出问题依法进行清理整治,协调解决重大问题;对跨行政区域的河湖明晰管理责任,协调上下游、左右岸实行联防联控;对相关部门和下一级河长履职情况进行督导,对目标任务完成情况进行考核,强化激励问责。河长制办公室承担河长制组织实施具体工作,落实河长确定的事项。各有关部门和单位按照职责分工,协同推进各项工作。

4. 主要任务

一是加强水资源保护。落实最严格水资源管理制度,严守水资源开发利用控制、用水效率控制、水功能区限制纳污三条红线,强化地方各级政府责任,严格考核评估和监督。实行水资源消耗总量和强度双控行动,防止不合理新增取水,切实做到以水定需、量水而行、因水制宜。坚持节水优先,全面提高用水效率,水资源短缺地区、生态脆弱地区要严格限制发展高耗水项目,加快实施农业、工业和城乡节水技术改造,坚决遏制用水浪费。严格水功能区管理监督,根据水功能区划确定的河流水域纳污容量和限制排污总量,落实污染物达标排放要求,切实监管入河湖排污口,严格控制入河湖排污总量。

二是加强河湖水域岸线管理保护。严格水域岸线等水生态空间管控,依法划定河湖管理范围。落实规划岸线分区管理要求,强化岸线保护和节约集约利用。严禁以各种名义侵占河道、围垦湖泊、非法采砂,对岸线乱占滥用、多占少用、占而不用等突出问题开展清理整治,恢复河湖水域岸线生态功能。

三是加强水污染防治。落实《水污染防治行动计划》,明确河湖水污染防治目标和任务,统筹水上、岸上污染治理,完善入河湖排污管控机制和考核体系。排查入河湖污染源,加强综合防治,严格治理工矿企业污染、城镇生活污染、畜禽养殖污染、水产养殖污染、农业面源污染、船舶港口污染,改善水环境质量。优化入河湖排污口布局,实施入河湖排污口整治。

四是加强水环境治理。强化水环境质量目标管理,按照水功能区确定各类水体的水质保护目标。切实保障饮用水水源安全,开展饮用水水源规范化建设,依法清理饮用水水源保护区内违法建筑和排污口。加强河湖水环境综合整治,推进水环境治理网格化和信息化建设,建立健全水环境风险评估排查、预警预报与响应机制。结合城市总体规划,因地制宜建设亲水生态岸线,加大黑臭水体治理力度,实现河湖环境整洁优美、水清岸绿。以生活污水处理、生活垃圾处理为重点,综合整治农村水环境,推进美丽乡村建设。

五是加强水生态修复。推进河湖生态修复和保护,禁止侵占自然河湖、湿地等水源涵养空间。在规划的基础上稳步实施退田还湖还湿、退渔还湖,恢复河湖水系的自然连通,加强水生生物资源养护,提高水生生物多样性。开展河湖健康评估。强化山水林田湖系统治理,加大江河源头区、水源涵养区、生态敏感区保护力度,对三江源区、南水北调水源区等重要生态保护区实行更严格的保护。积极推进建立生态保护补偿机制,加强水土流失预防监督和综合整治,建设生态清洁型小流域,维护河湖生态环境。

六是加强执法监管。建立健全法规制度,加大河湖管理保护监管力度,建立健全部门联合执法机制,完善行政执法与刑事司法衔接机制。建立河湖日常监管巡查制度,实行河湖动态监管。落实河湖管理保护执法监管责任主体、人员、设备和经费。严厉打击涉河湖违法行为,坚决清理整治非法排污、设障、捕捞、养殖、采砂、采矿、围垦、侵占水域岸线等活动。

5. 保障措施

一是加强组织领导。地方各级党委和政府要把推行河长制作为推进生态文明建设的重要举措,切实加强组织领导,狠抓责任落实,抓紧制定出台工作方案,明确工作进度安排,到 2018 年年底前全面建立河长制。

二是健全工作机制。建立河长会议制度、信息共享制度、工作督察制度,协调解决河湖管理保护的重点难点问题,定期通报河湖管理保护情况,对河长制实施情况和河长履职情况进行督察。各级河长制办公室要加强组织协调,督促相关部门单位按照职责分工,落实责任,密切配合,协调联动,共同推进河湖管理保护工作。

三是强化考核问责。根据不同河湖存在的主要问题,实行差异化绩效评价考核,将领导干部自然资源资产离任审计结果及整改情况作为考核的重要参考。县级及以上河长负责组织对相应河湖下一级河长进行考核,考核结果作为地方党政领导干部综合考核评价的重要依据。实行生态环境损害责任终身追究制,对造成生态环境损害的,严格按照有关规定追究责任。

四是加强社会监督。建立河湖管理保护信息发布平台,通过主要媒体向社会公告河长名单,在河湖岸边显著位置竖立河长公示牌,标明河长职责、河湖概况、管护目标、监督电话等内容,接受社会监督。聘请社会监督员对河湖管理保护效果进行监督和评价。进一步做好宣传舆论引导,提高全社会对河湖保护工作的责任意识和参与意识。

二、大气污染防治

(一)大气污染防治法

为保护和改善环境,防治大气污染,保障公众健康,推进生态文明建设,促进经济社会可持续发展,1987 年 9 月 5 日第六届全国人民代表大会常务委员会第二十二次会议通过《中华人民共和国大气污染防治法》;根据 1995 年 8 月 29 日第八届全国人民代表大会常务委员会第十五次会议《关于修改〈中华人民共和国大气污染防治法〉的决定》修正;2000 年 4 月 29 日第九届全国人民代表大会常务委员会第十五次会议第一次修订;2015 年 8 月 29 日第十二届全国人民代表大会常务委员会第十六次会议第二次修订,自 2016 年 1 月 1 日起施行。

《大气污染防治法》包括 8 章 129 条,包括大气污染防治标准和限期达标规划、大气污染防治的监督管理、大气污染防治措施、重点区域大气污染联合防治、重污染天气应对、法律责任等内容。

防治大气污染,应当以改善大气环境质量为目标,坚持源头治理,规划先行,转变经济发展方式,优化产业结构和布局,调整能源结构。

防治大气污染,应当加强对燃煤、工业、机动车船、扬尘、农业等大气污染的综合防治,推行区域大气污染联合防治,对颗粒物、二氧化硫、氮氧化物、挥发性有机物、氨等大气污染物和温室气体实施协同控制。

第七条 企业事业单位和其他生产经营者应当采取有效措施,防止、减少大气污染,对所造成的损害依法承担责任。公民应当增强大气环境保护意识,采取低碳、节俭的生活方式,自觉履行大气环境保护义务。

第十八条 企业事业单位和其他生产经营者建设对大气环境有影响的项目,应当依法进行环境影响评价、公开环境影响评价文件;向大气排放污染物的,应当符合大气污染物排放标准,遵守重点大气污染物排放总量控制要求。

第十九条 排放工业废气或者有毒有害大气污染物的企业事业单位、集中供热设施的燃煤热源生产运营单位以及其他依法实行排污许可管理的单位,应当取得排污许可证。

第二十一条 国家对重点大气污染物排放实行总量控制。

第五十一条 机动车船、非道路移动机械不得超过标准排放大气污染物。禁止生产、进口或者销售大气污染物排放超过标准的机动车船、非道路移动机械。

第五十七条 国家倡导环保驾驶,鼓励燃油机动车驾驶人在不影响道路通行且需停车三分钟以上的情况下熄灭发动机,减少大气污染物的排放。

《大气污染防治法》第四章"大气污染防治措施"之第四节"扬尘污染防治"与工程建设关系密切,重点介绍。

第六十八条 地方各级人民政府应当加强对建设施工和运输的管理,保持道路清洁,控制料堆和渣土堆放,扩大绿地、水面、湿地和地面铺装面积,防治扬尘污染。

住房城乡建设、市容环境卫生、交通运输、国土资源等有关部门,应当根据本级人民政府确定的职责,做好扬尘污染防治工作。

第六十九条 建设单位应当将防治扬尘污染的费用列入工程造价,并在施工承包合同中明确施工单位扬尘污染防治责任。施工单位应当制定具体的施工扬尘污染防治实施方案。

从事房屋建筑、市政基础设施建设、河道整治以及建筑物拆除等施工单位,应当向负责监督管理扬尘污染防治的主管部门备案。

施工单位应当在施工工地设置硬质围挡,并采取覆盖、分段作业、择时施工、洒水抑尘、冲洗地面和车辆等有效防尘降尘措施。建筑土方、工程渣土、建筑垃圾应当及时清运;在场地内堆存的,应当采用密闭式防尘网遮盖。工程渣土、建筑垃圾应当进行资源化处理。施工单位应当在施工工地公示扬尘污染防治措施、负责人、扬尘监督管理主管部门等信息。

暂时不能开工的建设用地,建设单位应当对裸露地面进行覆盖;超过三个月的,应当进行绿化、铺装或者遮盖。

第七十条 运输煤炭、垃圾、渣土、砂石、土方、灰浆等散装、流体物料的车辆应当采取密闭或者其他措施防止物料遗撒造成扬尘污染,并按照规定路线行驶。装卸物料应当采取密闭或者喷淋等方式防治扬尘污染。城市人民政府应当加强道路、广场、停车场和其他公共场所的清扫保洁管理,推行清洁动力机械化清扫等低尘作业方式,防治扬尘污染。

第七十一条 市政河道以及河道沿线、公共用地的裸露地面以及其他城镇裸露地面,有关部门应当按照规划组织实施绿化或者透水铺装。

第七十二条 贮存煤炭、煤矸石、煤渣、煤灰、水泥、石灰、石膏、砂土等易产生扬尘的物料应当密闭;不能密闭的,应当设置不低于堆放物高度的严密围挡,并采取有效覆盖措施防治扬尘污染。码头、矿山、填埋场和消纳场应当实施分区作业,并采取有效措施防治扬尘污染。

(二)大气污染防治行动计划

大气环境保护事关人民群众根本利益,事关经济持续健康发展,事关全面建成小康社会,事关实现中华民族伟大复兴中国梦。当前,我国大气污染形势严峻,以可吸入颗粒物(PM10)、细颗粒物(PM2.5)为特征污染物的区域性大气环境问题日益突出,损害人民群众身体健康,影响社会和谐稳定。随着我国工业化、城镇化的深入推进,能源资源消耗持续增加,大气污染防治压力继续加大。为切实改善空气质量,国务院印发《大气污染防治行动计划》(国发〔2013〕37 号),以下称"大气十条"。

具体行动措施见图 11-2。

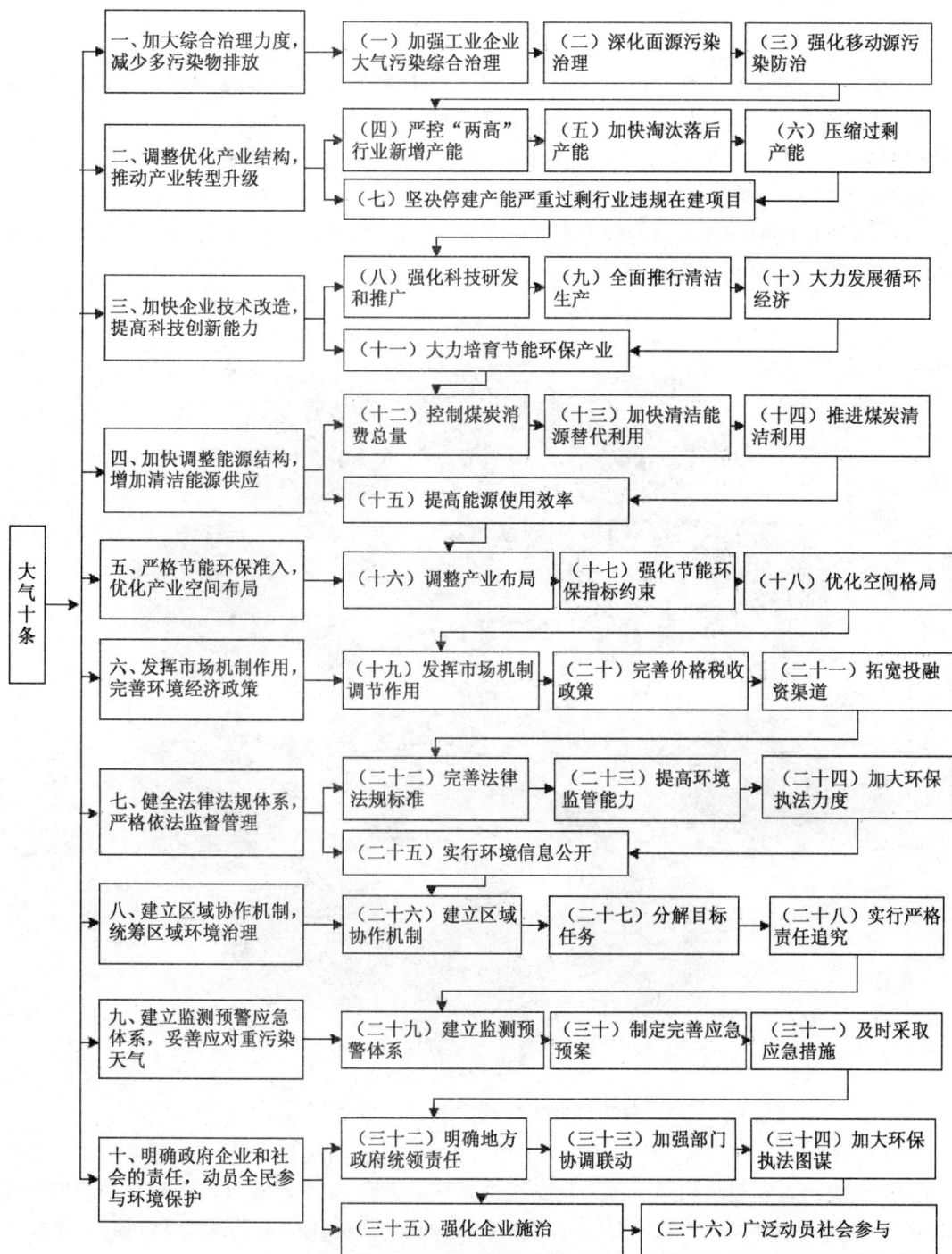

大气十条				
	一、加大综合治理力度,减少多污染物排放	(一)加强工业企业大气污染综合治理	(二)深化面源污染治理	(三)强化移动源污染防治
	二、调整优化产业结构,推动产业转型升级	(四)严控"两高"行业新增产能	(五)加快淘汰落后产能	(六)压缩过剩产能
		(七)坚决停建产能严重过剩行业违规在建项目		
	三、加快企业技术改造,提高科技创新能力	(八)强化科技研发和推广	(九)全面推行清洁生产	(十)大力发展循环经济
		(十一)大力培育节能环保产业		
	四、加快调整能源结构,增加清洁能源供应	(十二)控制煤炭消费总量	(十三)加快清洁能源替代利用	(十四)推进煤炭清洁利用
		(十五)提高能源使用效率		
	五、严格节能环保准入,优化产业空间布局	(十六)调整产业布局	(十七)强化节能环保指标约束	(十八)优化空间格局
	六、发挥市场机制作用,完善环境经济政策	(十九)发挥市场机制调节作用	(二十)完善价格税收政策	(二十一)拓宽投融资渠道
	七、健全法律法规体系,严格依法监督管理	(二十二)完善法律法规标准	(二十三)提高环境监管能力	(二十四)加大环保执法力度
		(二十五)实行环境信息公开		
	八、建立区域协作机制,统筹区域环境治理	(二十六)建立区域协作机制	(二十七)分解目标任务	(二十八)实行严格责任追究
	九、建立监测预警应急体系,妥善应对重污染天气	(二十九)建立监测预警体系	(三十)制定完善应急预案	(三十一)及时采取应急措施
	十、明确政府企业和社会的责任,动员全民参与环境保护	(三十二)明确地方政府统领责任	(三十三)加强部门协调联动	(三十四)加大环保执法图谋
		(三十五)强化企业施治	(三十六)广泛动员社会参与	

图 11-2 《大气污染防治行动计划》十措施

我国仍然处于社会主义初级阶段,大气污染防治任务繁重艰巨,要坚定信心、综合治理,突出重点、逐步推进,重在落实、务求实效。

三、土壤污染防治

土壤是经济社会可持续发展的物质基础,关系人民群众身体健康,关系美丽中国建设,保护好土壤环境是推进生态文明建设和维护国家生态安全的重要内容。当前,我国土壤环境总体状况堪忧,部分地区污染较为严重,已成为全面建成小康社会的突出短板之一。为切实加强土壤污染防治,逐步改善土壤环境质量,国务院印发《土壤污染防治行动计划》(国发〔2016〕31号),以下称"土十条"。制定本行动计划。对今后一个时期我国土壤污染防治工作做出了全面战略部署。具体行动措施见图11-3。

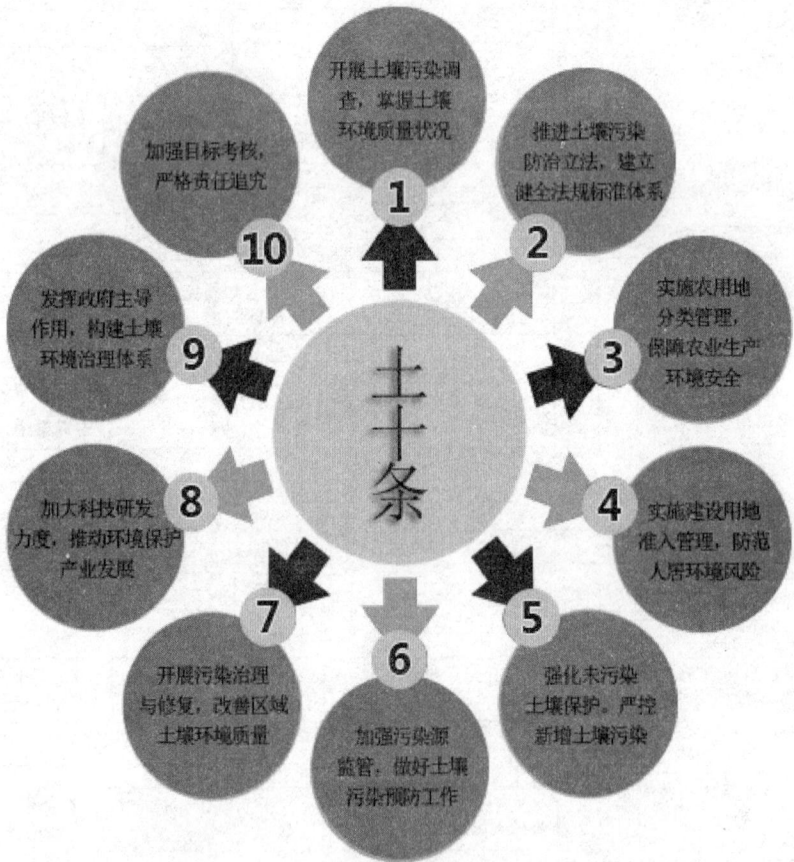

图11-3 《土壤污染防治行动计划》十措施

"土十条"工作目标:到2020年,全国土壤污染加重趋势得到初步遏制,土壤环境质量总体保持稳定,农用地和建设用地土壤环境安全得到基本保障,土壤环境风险得到基本管控。到2030年,全国土壤环境质量稳中向好,农用地和建设用地土壤环境安全得到有效保障,土壤环境风险得到全面管控。到20世纪中叶,土壤环境质量全面改善,生态系统实现良性循环。

主要指标:到 2020 年,受污染耕地安全利用率达到 90％左右,污染地块安全利用率达到 90％以上。到 2030 年,受污染耕地安全利用率达到 95％以上,污染地块安全利用率达到 95％以上。

目前我国尚没有土壤污染防治的专门法律法规,现有土壤污染防治的相关规定主要分散体现在环境污染防治、自然资源保护和农业类法律法规之中,如《环境保护法》《固体废物污染环境防治法》《农业法》《草原法》《土地管理法》《农产品质量安全法》等。由于这些规定缺乏系统性、针对性,亟须制定土壤污染防治专门法律,以满足土壤污染防治工作需要。中国人大网 2017 年 6 月,面向社会公众公开征求《中华人民共和国土壤污染防治法(草案)》意见。

四、环境噪声污染防治

为防治环境噪声污染,保护和改善生活环境,保障人体健康,促进经济和社会发展,《中华人民共和国环境噪声污染防治法》,中华人民共和国第八届全国人民代表大会常务委员会第二十次会议于 1996 年 10 月 29 日通过,主席令第 77 号公布,自 1997 年 3 月 1 日起施行。《中华人民共和国环境噪声污染防治法》包括 8 章 64 条。

环境噪声,是指在工业生产、建筑施工、交通运输和社会生活中所产生的干扰周围生活环境的声音。环境噪声污染,是指所产生的环境噪声超过国家规定的环境噪声排放标准,并干扰他人正常生活、工作和学习的现象。不适用因从事本职生产、经营工作受到噪声危害的防治。

第十四条　建设项目的环境噪声污染防治设施必须与主体工程同时设计、同时施工、同时投产使用。

建设项目在投入生产或者使用之前,其环境噪声污染防治设施必须经原审批环境影响报告书的环境保护行政主管部门验收;达不到国家规定要求的,该建设项目不得投入生产或者使用。

第十五条　产生环境噪声污染的企业事业单位,必须保持防治环境噪声污染的设施的正常使用;拆除或者闲置环境噪声污染防治设施的,必须事先报经所在地的县级以上地方人民政府环境保护行政主管部门批准。

第十六条　产生环境噪声污染的单位,应当采取措施进行治理,并按照国家规定缴纳超标准排污费。

征收的超标准排污费必须用于污染的防治,不得挪作他用。

《中华人民共和国环境噪声污染防治法》第四章"建筑施工噪声污染防治"重点介绍。

第二十七条　本法所称建筑施工噪声,是指在建筑施工过程中产生的干扰周围生活环境的声音。

第二十八条　在城市市区范围内向周围生活环境排放建筑施工噪声的,应当符合国家规定的建筑施工场界环境噪声排放标准。

第二十九条　在城市市区范围内,建筑施工过程中使用机械设备,可能产生环境噪声污染的,施工单位必须在工程开工 15 日以前向工程所在地县级以上地方人民政府环境保护行政主管部门申报该工程的项目名称、施工场所和期限、可能产生的环境噪声值以及所采取的环境噪声污染防治措施的情况。

第三十条 在城市市区噪声敏感建筑物集中区域内①,禁止夜间②进行产生环境噪声污染的建筑施工作业,但抢修、抢险作业和因生产工艺上要求或者特殊需要必须连续作业的除外。

因特殊需要必须连续作业的,必须有县级以上人民政府或者其有关主管部门的证明。

前款规定的夜间作业,必须公告附近居民。

五、固体废物污染环境防治

为了防治固体废物污染环境,保障人体健康,维护生态安全,促进经济社会可持续发展,《中华人民共和国固体废物污染环境防治法》,1995 年 10 月 30 日第八届全国人民代表大会常务委员会第十六次会议通过;2004 年 12 月 29 日第十届全国人民代表大会常务委员会第十三次会议修订;根据 2013 年 6 月 29 日第十二届全国人民代表大会常务委员会第三次会议《关于修改〈中华人民共和国文物保护法〉等十二部法律的决定》修正,2015 年 4 月 24 日第十二届全国人民代表大会常务委员会第十四次会议通过全国人民代表大会常务委员会《关于修改〈中华人民共和国港口法〉等七部法律的决定》修订。

《中华人民共和国固体废物污染环境防治法》共 6 章 91 条。主要包括:固体废物污染环境防治的监督管理、固体废物污染环境的防治(一般规定、工业固体废物污染环境的防治、生活垃圾污染环境的防治)、危险废物污染环境防治的特别规定和法律责任等内容。

(一)基本概念

固体废物,是指在生产、生活和其他活动中产生的丧失原有利用价值或者虽未丧失利用价值但被抛弃或者放弃的固态、半固态和置于容器中的气态的物品、物质以及法律、行政法规规定纳入固体废物管理的物品、物质。

工业固体废物,是指在工业生产活动中产生的固体废物。

生活垃圾,是指在日常生活中或者为日常生活提供服务的活动中产生的固体废物以及法律、行政法规规定视为生活垃圾的固体废物。

危险废物,是指列入国家危险废物名录或者根据国家规定的危险废物鉴别标准和鉴别方法认定的具有危险特性的固体废物。

(二)相关条款

第五条 国家对固体废物污染环境防治实行污染者依法负责的原则。

产品的生产者、销售者、进口者、使用者对其产生的固体废物依法承担污染防治责任。

第七条 国家鼓励单位和个人购买、使用再生产品和可重复利用产品。

第十三条 建设产生固体废物的项目以及建设贮存、利用、处置固体废物的项目,必须依法进行环境影响评价,并遵守国家有关建设项目环境保护管理的规定。

---

① "噪声敏感建筑物"是指医院、学校、机关、科研单位、住宅等需要保持安静的建筑物。"噪声敏感建筑物集中区域"是指医疗区、文教科研区和以机关或者居民住宅为主的区域。

② "夜间"是指晚 22:00~晨 6:00 的一段时间。

第十四条　建设项目的环境影响评价文件确定需要配套建设的固体废物污染环境防治设施,必须与主体工程同时设计、同时施工、同时投入使用。固体废物污染环境防治设施必须经原审批环境影响评价文件的环境保护行政主管部门验收合格后,该建设项目方可投入生产或者使用。对固体废物污染环境防治设施的验收应当与对主体工程的验收同时进行。

第三十二条　国家实行工业固体废物申报登记制度。

产生工业固体废物的单位必须按照国务院环境保护行政主管部门的规定,向所在地县级以上地方人民政府环境保护行政主管部门提供工业固体废物的种类、产生量、流向、贮存、处置等有关资料。

第三节　建筑节能法规

一、节约能源法

为了推动全社会节约能源,提高能源利用效率,保护和改善环境,促进经济社会全面协调可持续发展,制定《中华人民共和国节约能源法》。1997 年 11 月 1 日第八届全国人民代表大会常务委员会第二十八次会议通过;2007 年 10 月 28 日第十届全国人民代表大会常务委员会第三十次会议修订;根据 2016 年 7 月 2 日第十二届全国人民代表大会常务委员会第二十一次会议通过的《全国人民代表大会常务委员会关于修改〈中华人民共和国节约能源法〉等六部法律的决定》修改。

《中华人民共和国节约能源法》共 7 章 87 条。主要包括:总则、节能管理、合理使用与节约能源(一般规定、工业节能、建筑节能、交通运输节能、公共机构节能、重点用能单位节能)、节能技术进步、激励措施、法律责任、附则等。

(一)基本概念

能源,是指煤炭、石油、天然气、生物质能和电力、热力以及其他直接或者通过加工、转换而取得有用能的各种资源。

节约能源(以下简称节能),是指加强用能管理,采取技术上可行、经济上合理以及环境和社会可以承受的措施,从能源生产到消费的各个环节,降低消耗、减少损失和污染物排放、制止浪费,有效、合理地利用能源。

公共机构,是指全部或者部分使用财政性资金的国家机关、事业单位和团体组织。

(二)相关条款

第十五条　国家实行固定资产投资项目节能评估和审查制度。不符合强制性节能标准的项目,建设单位不得开工建设;已经建成的,不得投入生产、使用。政府投资项目不符合强制性节能标准的,依法负责项目审批的机关不得批准建设。具体办法由国务院管理节能工作的部门会同国务院有关部门制定。

第十八条 国家对家用电器等使用面广、耗能量大的用能产品,实行能源效率标识管理。实行能源效率标识管理的产品目录和实施办法,由国务院管理节能工作的部门会同国务院产品质量监督部门制定并公布。

第二十二条 国家鼓励节能服务机构的发展,支持节能服务机构开展节能咨询、设计、评估、检测、审计、认证等服务。

国家支持节能服务机构开展节能知识宣传和节能技术培训,提供节能信息、节能示范和其他公益性节能服务。

第二十八条 能源生产经营单位不得向本单位职工无偿提供能源。任何单位不得对能源消费实行包费制。

第三章 合理使用与节约能源

第三节 建筑节能

第三十四条 国务院建设主管部门负责全国建筑节能的监督管理工作。

县级以上地方各级人民政府建设主管部门负责本行政区域内建筑节能的监督管理工作。

县级以上地方各级人民政府建设主管部门会同同级管理节能工作的部门编制本行政区域内的建筑节能规划。建筑节能规划应当包括既有建筑节能改造计划。

第三十五条 建筑工程的建设、设计、施工和监理单位应当遵守建筑节能标准。

不符合建筑节能标准的建筑工程,建设主管部门不得批准开工建设;已经开工建设的,应当责令停止施工、限期改正;已经建成的,不得销售或者使用。

建设主管部门应当加强对在建建筑工程执行建筑节能标准情况的监督检查。

第三十六条 房地产开发企业在销售房屋时,应当向购买人明示所售房屋的节能措施、保温工程保修期等信息,在房屋买卖合同、质量保证书和使用说明书中载明,并对其真实性、准确性负责。

第三十七条 使用空调采暖、制冷的公共建筑应当实行室内温度控制制度。具体办法由国务院建设主管部门制定。

第三十八条 国家采取措施,对实行集中供热的建筑分步骤实行供热分户计量、按照用热量收费的制度。新建建筑或者对既有建筑进行节能改造,应当按照规定安装用热计量装置、室内温度调控装置和供热系统调控装置。具体办法由国务院建设主管部门会同国务院有关部门制定。

第三十九条 县级以上地方各级人民政府有关部门应当加强城市节约用电管理,严格控制公用设施和大型建筑物装饰性景观照明的能耗。

第四十条 国家鼓励在新建建筑和既有建筑节能改造中使用新型墙体材料等节能建筑材料和节能设备,安装和使用太阳能等可再生能源利用系统。

二、民用建筑节能条例

为了加强民用建筑节能管理,降低民用建筑使用过程中的能源消耗,提高能源利用效率,制定《民用建筑节能条例》。2008 年 7 月 23 日国务院第 18 次常务会议通过,中华人民共和国国务院令第 530 号公布,自 2008 年 10 月 1 日起施行。

《民用建筑节能条例》共 5 章 45 条。包括总则、新建建筑节能、既有建筑节能、建筑用能系统运行节能、法律责任、附则等。

（一）基本概念

民用建筑，是指居住建筑、国家机关办公建筑和商业、服务业、教育、卫生等其他公共建筑。

民用建筑节能，是指在保证民用建筑使用功能和室内热环境质量的前提下，降低其使用过程中能源消耗的活动。

大型公共建筑，是指单体建筑面积 2 万平方米以上的公共建筑。

（二）相关条款

第二章　新建建筑节能

第十一条　国家推广使用民用建筑节能的新技术、新工艺、新材料和新设备，限制使用或者禁止使用能源消耗高的技术、工艺、材料和设备。国务院节能工作主管部门、建设主管部门应当制定、公布并及时更新推广使用、限制使用、禁止使用目录。

国家限制进口或者禁止进口能源消耗高的技术、材料和设备。

建设单位、设计单位、施工单位不得在建筑活动中使用列入禁止使用目录的技术、工艺、材料和设备。

第十二条　编制城市详细规划、镇详细规划，应当按照民用建筑节能的要求，确定建筑的布局、形状和朝向。

城乡规划主管部门依法对民用建筑进行规划审查，应当就设计方案是否符合民用建筑节能强制性标准征求同级建设主管部门的意见；建设主管部门应当自收到征求意见材料之日起10 日内提出意见。征求意见时间不计算在规划许可的期限内。

对不符合民用建筑节能强制性标准的，不得颁发建设工程规划许可证。

第十三条　施工图设计文件审查机构应当按照民用建筑节能强制性标准对施工图设计文件进行审查；经审查不符合民用建筑节能强制性标准的，县级以上地方人民政府建设主管部门不得颁发施工许可证。

第十四条　建设单位不得明示或者暗示设计单位、施工单位违反民用建筑节能强制性标准进行设计、施工，不得明示或者暗示施工单位使用不符合施工图设计文件要求的墙体材料、保温材料、门窗、采暖制冷系统和照明设备。

按照合同约定由建设单位采购墙体材料、保温材料、门窗、采暖制冷系统和照明设备的，建设单位应当保证其符合施工图设计文件要求。

第十五条　设计单位、施工单位、工程监理单位及其注册执业人员，应当按照民用建筑节能强制性标准进行设计、施工、监理。

第十六条　施工单位应当对进入施工现场的墙体材料、保温材料、门窗、采暖制冷系统和照明设备进行查验；不符合施工图设计文件要求的，不得使用。

工程监理单位发现施工单位不按照民用建筑节能强制性标准施工的，应当要求施工单位改正；施工单位拒不改正的，工程监理单位应当及时报告建设单位，并向有关主管部门报告。

墙体、屋面的保温工程施工时，监理工程师应当按照工程监理规范的要求，采取旁站、巡视和平行检验等形式实施监理。

未经监理工程师签字,墙体材料、保温材料、门窗、采暖制冷系统和照明设备不得在建筑上使用或者安装,施工单位不得进行下一道工序的施工。

第十七条 建设单位组织竣工验收,应当对民用建筑是否符合民用建筑节能强制性标准进行查验;对不符合民用建筑节能强制性标准的,不得出具竣工验收合格报告。

第十八条 实行集中供热的建筑应当安装供热系统调控装置、用热计量装置和室内温度调控装置;公共建筑还应当安装用电分项计量装置。居住建筑安装的用热计量装置应当满足分户计量的要求。

计量装置应当依法检定合格。

第十九条 建筑的公共走廊、楼梯等部位,应当安装、使用节能灯具和电气控制装置。

第二十条 对具备可再生能源利用条件的建筑,建设单位应当选择合适的可再生能源,用于采暖、制冷、照明和热水供应等;设计单位应当按照有关可再生能源利用的标准进行设计。

建设可再生能源利用设施,应当与建筑主体工程同步设计、同步施工、同步验收。

第二十一条 国家机关办公建筑和大型公共建筑的所有权人应当对建筑的能源利用效率进行测评和标识,并按照国家有关规定将测评结果予以公示,接受社会监督。

国家机关办公建筑应当安装、使用节能设备。

第二十二条 房地产开发企业销售商品房,应当向购买人明示所售商品房的能源消耗指标、节能措施和保护要求、保温工程保修期等信息,并在商品房买卖合同和住宅质量保证书、住宅使用说明书中载明。

第二十三条 在正常使用条件下,保温工程的最低保修期限为 5 年。保温工程的保修期,自竣工验收合格之日起计算。

保温工程在保修范围和保修期内发生质量问题的,施工单位应当履行保修义务,并对造成的损失依法承担赔偿责任。

三、公共机构节能条例

为了推动公共机构节能,提高公共机构能源利用效率,发挥公共机构在全社会节能中的表率作用,根据《中华人民共和国节约能源法》,制定《公共机构节能条例》。2008 年 7 月 23 日国务院第 18 次常务会议通过,中华人民共和国国务院令第 531 号公布,自 2008 年 10 月 1 日起施行。

《公共机构节能条例》共 6 章 43 条。包括总则、节能规划、节能管理、节能措施、监督和保障、附则等。

第二十条第二款 国务院和县级以上地方各级人民政府负责审批或者核准固定资产投资项目的部门,应当严格控制公共机构建设项目的建设规模和标准,统筹兼顾节能投资和效益,对建设项目进行节能评估和审查;未通过节能评估和审查的项目,不得批准或者核准建设。

第二十二条 公共机构应当按照规定进行能源审计,对本单位用能系统、设备的运行及使用能源情况进行技术和经济性评价,根据审计结果采取提高能源利用效率的措施。具体办法由国务院管理节能工作的部门会同国务院有关部门制定。

第二十三条 能源审计的内容包括：

（一）查阅建筑物竣工验收资料和用能系统、设备台账资料，检查节能设计标准的执行情况；

（二）核对电、气、煤、油、市政热力等能源消耗计量记录和财务账单，评估分类与分项的总能耗、人均能耗和单位建筑面积能耗；

（三）检查用能系统、设备的运行状况，审查节能管理制度执行情况；

（四）检查前一次能源审计合理使用能源建议的落实情况；

（五）查找存在节能潜力的用能环节或者部位，提出合理使用能源的建议；

（六）审查年度节能计划、能源消耗定额执行情况，核实公共机构超过能源消耗定额使用能源的说明；

（七）审查能源计量器具的运行情况，检查能耗统计数据的真实性、准确性。

第二十九条 公共机构应当减少空调、计算机、复印机等用电设备的待机能耗，及时关闭用电设备。

第三十条 公共机构应当严格执行国家有关空调室内温度控制的规定，充分利用自然通风，改进空调运行管理。

第三十一条 公共机构电梯系统应当实行智能化控制，合理设置电梯开启数量和时间，加强运行调节和维护保养。

第三十二条 公共机构办公建筑应当充分利用自然采光，使用高效节能照明灯具，优化照明系统设计，改进电路控制方式，推广应用智能调控装置，严格控制建筑物外部泛光照明以及外部装饰用照明。

第三十三条 公共机构应当对网络机房、食堂、开水间、锅炉房等部位的用能情况实行重点监测，采取有效措施降低能耗。

案例分析

一、天津春发生物科技集团有限公司恶臭污染物超标排放案

2015年8月21日，东丽区环保局执法人员对天津春发生物科技集团有限公司进行了现场检查，经检测，发现该单位排放恶臭污染物超过了《恶臭污染物排放标准》规定的排放限值。上述行为违反了《天津市大气污染防治条例》第12条第2款"排放大气污染物不得超过国家或地方标准"的规定。2015年9月10日，东丽区环保局对该单位下达了责令改正违法行为决定书，责令该单位立即改正违法行为。同时，依据《天津市大气污染防治条例》第75条第1款"超标排放污染物的，责令限期改正，并处10万元以上100万元以下罚款"的规定，2015年10月23日，东丽区环保局对该单位下达了行政处罚决定书，罚款13万元。

二、倍耐力（天津）橡塑有限公司违反建设项目"三同时"制度案

2015年10月20日，宝坻区环保局执法人员对位于宝坻区潮阳街工业园区的倍耐力（天津）橡塑有限公司进行了现场检查，发现该单位橡胶制品制造项目未建设配套的环保设施，主体工程擅自投入生产。上述行为违反了《建设项目环境保护管理条例》第16条"建设项目需要配套建设的环境保护设施，必须与主体工程同时设计、同时施工、同时投产使用"的规定，依据

《建设项目环境保护管理条例》第 28 条"建设项目需要配套建设的环境保护设施未建成,主体工程投入生产或者使用的,应责令停止生产或使用,可以处 10 万元以下罚款"的规定。2015 年 11 月 2 日,宝坻区环保局对该单位下达了行政处罚决定书,责令该单位立即停止生产,并处罚款 10 万元。

三、天津市静海县振兴镀锌管有限公司炉前煤煤质超标案

2015 年 7 月 29 日,静海县环保局执法人员对天津市静海县振兴镀锌管有限公司进行了现场检查。经检测,发现该单位 1 号锅炉传送带上正在使用的炉前煤全硫量为 0.86%,超过《工业和民用煤质量》(DB 12/106—2013)规定的标准。上述行为违反了《天津市大气污染防治条例》第 38 条"禁止使用不符合规定标准的燃煤"的规定,依据《天津市大气污染防治条例》第 83 条第 3 项"使用不符合标准的燃煤,责令限期改正,处 1 万以上 5 万以下罚款"的规定。2015 年 10 月 27 日,静海县环保局对该单位下达了行政处罚决定书,责令该单位立即停止使用劣质煤改用低硫优质煤,并处罚款 1 万元。

思考题

1. 了解《建设项目环境影响评价分类管理名录》的颁布、实施、修订、完善过程。
2. 通过查阅资料,简要阐述我国建设项目竣工环保验收制度。
3. 简要描述我国环境影响评价(环评)和能源评估(能评)制度。

第十二章 工程建设标准法律制度

第一节 概 述

一、工程建设标准的概念和特点

(一)工程建设标准的概念

标准,是对重复性事物和概念所做的统一规定。它以科学、技术和实践经验的综合成果为基础,经有关方面协商一致,由主管机构批准,以特定形式发布,作为共同遵守的准则和依据。工程建设标准是为在工程建设领域内获得最佳秩序,对工程建设活动或其结果规定共同的和重复使用的规则、导则或特性的文件。

在我国,工程建设标准一般是由政府机关颁布的,对新建工程项目所做最低限度技术要求的规定,是建设法律、法规体系的重要组成部分。工程建设标准侧重于单项技术要求,主要包括工程项目的分类等级、允许使用荷载、建筑面积及层高层数的限制、防火与疏散以及结构、材料、供暖、通风、照明、给水排水、消防、电梯、通信、动力等的基本要求。

工程建设标准是从事各类工程建设活动的技术依据和准则,是政府运用技术手段实现对建设市场宏观调控、推动科技进步和提高建设水平的重要途径。

《中华人民共和国标准化法》,1988年12月29日中华人民共和国第七届全国人民代表大会常务委员会第五次会议通过,1988年12月29日中华人民共和国主席令第11号公布,自1989年4月1日起施行。《标准化法》主要内容包括标准的制定、实施、法律责任。

《中华人民共和国标准化法实施条例》,中华人民共和国国务院令1990年第53号颁布。

工程建设标准与规范、规程等概念有密切的关系。标准、规范、规程都是标准的一种表现形式,习惯上统称为标准,只有针对具体对象才加以区别。当针对工程勘察、规划、设计、施工等技术事项所做的规定时,通常采用规范;当针对操作、工艺、管理等技术要求时,一般采用规程。举例见图12-1。标准,是针对产品、方法、符号、概念等做出的规定,如《土工试验方法标准》《建筑抗震鉴定标准》《建筑工程施工质量验收统一标准》等;所谓规范,是指对建设工程设计、施工、安装、检验等技术、管理事项所做出的一系列规定,如《混凝土设计规范》《建筑设计防火规范》《建设工程监理规范》《建设工程项目管理规范》等;所谓规程,是指对作业、安装、鉴定、安全、管理等技术要求和实施程序所做出的统一规定,如《钢筋气压焊接规程》《建筑安装工程工艺及操作规程》等。

质量管理技术标准体系

国家标准

设计规范
① 《混凝土结构设计规范》（GB50010—2002）
② 《水利工程工程量清单计价规范》（GB50501—2007）
③ 《土工合成材料应用技术规范》（GB50290—98）
……

施工安装规范
① 《混凝土结构工程施工质量验收规范》（GB50204—2002）
② 《起重设备安装工程施工及验收规范》（GB50278）
③ 《电气装置安装工程施工及验收规范》（GBJ202）
……

质量检验与评定规程
① 《电气装置安装工程施工质量检验评定标准》（GBJ303）
② 《混凝土强度检验评定标准》（GBJ107—87）
③ 《预制混凝土构件质量检验评定标准》（GBJ321—90）
……

验收规范
① 《建筑工程施工质量验收统一标准》（GB50300—2001）
② 《土方与爆破工程施工及验收规范》（GBJ201—83）
③ 《混凝土结构工程施工及验收规范》（GB50204—92）
……

行业标准

设计规范
① 《水利水电工程设计工程量计算规定》（SL328—2005）
② 《水工混凝土结构设计规范》（SL191—2008）
③ 《水工建筑物抗冻设计规范》（SL211—98）
……

施工安装规范
① 《水工建筑物地下开挖工程施工技术规范》（SL378—2007）
② 《水工混凝土试验规程》（SL352—2006）
③ 《机械设备安装工程施工及验收规范》（TJ231）
……

质量检验与评定规程
① 《水利水电基本建设工程单元工程质量等级评定标准》（SDJ249—88）
② 《水利水电工程施工质量评定规程》（SL176—1996）
③ 《堤防工程施工质量评定与验收规程（试行）》（SL239—1999）
……

验收规范
① 《水利水电建筑安装技术工作规程》（SD267）
② 《水利基本建设工程验收规程》（SD184）
③ 《水电站基本建设工程验收规程》（SDJ275）
……

南水北调专用标准

设计规范
① 《南水北调中线干线工程招标设计及施工图设计阶段勘测设计管理办法》
② 《南水北调中线一期工程总干渠初步设计技术规定》
……

施工安装规范
① 《南水北调中线一期穿黄工程输水隧洞施工技术规程》
② 《渠道混凝土衬砌机械化施工技术规程》
③ 《南水北调中线干线工程施工测量实施规定（试行）》
……

质量检验与评定规程
① 《南水北调中线一期工程渠道工程施工质量评定验收标准》
② 《渠道混凝土衬砌机械化施工单元工程质量检验评定标准》
③ 《南水北调工程外观质量评定标准（试行）》
……

验收规范
① 《南水北调工程验收工作导则》（NSBD10—2007）
② 《南水北调工程验收安全评估导则》（NSBD9—2007）
③ 《南水北调工程验收管理规定》（国调办建管(2006)13号）
……

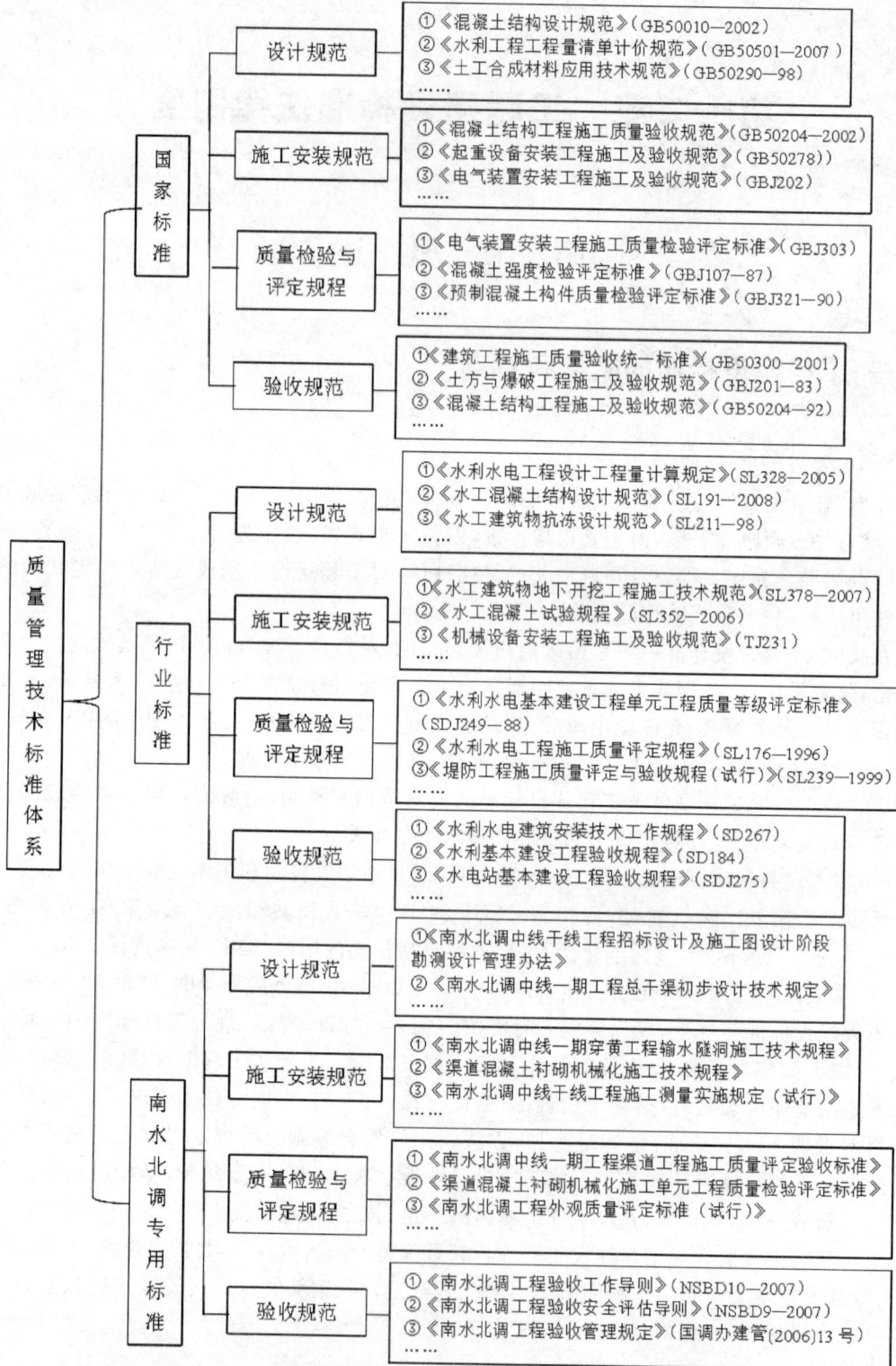

图 12-1 南水北调中线干线工程建设管理局质量管理技术标准体系

（二）工程建设标准的特点

工程建设标准具有前瞻性、科学性、民主性和权威性四个方面的特性。

1．前瞻性

工程建设标准是工程建设中共同的和重复使用的规则、导则或特性的文件，因此，工程建设标准将决定未来工程的要求，具有一定的前瞻性。

2．科学性

工程建设标准是以科学、技术和实践经验的综合成果为基础制定出来的，揭示了工程建设活动的规律。工程建设标准的制定过程反映了标准的严格的科学性。

3．民主性

在制定标准的过程中，标准涉及各个方面对标准中规定的内容，要征求各方的意见，对于不同的意见要有一个合理的解释。标准的民主性越突出，标准的执行就越顺利，标准就越有生命力。

4．权威性

标准需要经过一个具有公信力的公认机构批准。在我国，工程建设标准一般是由政府机关颁布的。

二、工程建设标准的范围

按适用范围分，工程建设标准可以划分为：国家标准、行业标准、地方标准、企业标准、国际标准，如国际标准化组织 ISO(International Organization for Standardization)。

按照标准的性质可分为强制性标准和推荐性标准：

根据内容可分为设计标准、施工及验收标准、建设定额。设计标准是指从事工程设计所依据的技术文件。施工标准是指施工操作程序及其技术要求的标准；验收标准是指检验、接收竣工工程项目的规程、办法与标准。建设定额是指国家规定的消耗在单位建筑产品上活劳动和物化劳动的数量标准，以及用货币表现的某些必要费用的额度。

按属性划分，可以分为技术标准、管理标准、工作标准。技术标准是指对标准化领域中需要协调统一的技术事项所制定的标准。管理标准是指对标准化领域中需要协调统一的管理事项所制定的标准。工作标准是指对标准化领域中需要协调统一的工作事项所制定的标准。一般包括部门工作标准和岗位(个人)工作标准。

（一）工程建设国家标准

国家标准是对需要在全国范围内统一的下列技术要求制定的标准：

①工程建设勘察、规划、设计、施工(包括安装)及验收等通用的质量要求；

②工程建设通用的有关安全、卫生和环境保护的技术要求；

③工程建设通用的术语、符号、代号、量与单位、建筑模数和制图方法；

④工程建设通用的试验、检验和评定等方法；

⑤工程建设通用的信息技术要求；

⑥国家需要控制的其他工程建设通用的技术要求。

法律另有规定的，依照法律的规定执行。

（二）工程建设行业标准

行业标准是对没有国家标准而又需要在全国某个行业范围内统一的技术要求所制定的标准。行业标准由国务院有关行政主管部门制定，并报国务院标准化行政主管部门备案。当同一内容的国家标准公布后，则该内容的行业标准即行废止。

67种行业，例如：AQ安全行业，DA档案行业标准，SL水利行业，HJ环境保护，DB地震行业标准，DL电力行业标准，DZ地质矿产行业标准，EJ核工业行业标准，FZ纺织行业标准等。示例见图12-2。

2014版体系表号	标准名称	英文名称	标准编号	发布日期	实施日期	状态	业务司局
115	水道观测规范	Specifications for waterway survey	SL257-2017	2017-4-6	2017-07-06	已颁	水文局
630	透水板校验方法	Code for calibration of porous plate	SL111-2017	2017-4-6	2017-07-06	已颁	建管司
5	湖泊代码	Code forlakes	SL261-2017	2017-4-6	2017-07-06	已颁	水文局
631	击实仪校验方法	Code for calibration of compaction apparatus	SL112-2017	2017-4-6	2017-07-06	已颁	建管司
3	水文测站考证技术规范	Technical Specification for textual research of hydrometrical station	SL742-2017	2017-4-6	2017-07-06	已颁	水文局
135	翻斗式雨量计	Tipping—Bucket Rainfall Gauge	JJG（水利）005-2017	2017-4-6	2017-07-06	已颁	水文局
722	水利水电建设用缆索起重机技术条件	Technical requirements of cable crane for water and hydropower construction	SL375-2017	2017-3-24	2017-06-24	已颁	综合局
644	水泥胶砂试模校验方法	Calibration method for cement mortar mould	SL125-2017	2017-3-8	2017-06-08	已颁	建管司
656	砂浆和混凝土测长仪校验方法	Calibration method for apparatus measuring length change of mortar and concrete specimens	SL137-2017	2017-3-8	2017-06-08	已颁	建管司
655	混凝土热学参数测定仪校验方法	Calibration method for apparatus testing thermal parameters of concrete	SL136-2017	2017-3-8	2017-06-08	已颁	建管司

序号	标准号	中文标准名称	发布日期	实施日期	业务领域	
1	DB/T 1-2008	地震行业标准体系表	2008-06-20	2008-09-01	基础	全文阅读 信息摘要
2	DB/T 2-2003	地震波形数据交换格式	2003-06-13	2003-12-01	基础	全文阅读 信息摘要
3	DB/T 3-2011	地震测项分类与代码	2011-06-19	2011-10-01	基础	全文阅读 信息摘要
4	DB/T 4-2003	地震台站代码	2003-09-05	2004-02-01	基础	全文阅读 信息摘要
5	DB/T 5-2003	地震地形变数字水准测量技术规范	2003-09-05	2004-02-01	监测	全文阅读 信息摘要

图 12-2　现行部分水利行业和地震行业标准

（来源：水利部和地震局网站。）

（三）工程建设地方标准

地方标准是对没有国家标准和行业标准而又需要在该地区范围内统一的技术要求所制定的标准。行政区域内统一规定是 DB。

（四）工程建设企业标准

企业标准是对企业范围内需要协调、统一的技术要求、管理事项和工作事项所制定的标准。工程建设企业标准可以覆盖本企业生产、经营活动各个环节。一般包括企业的技术标准、管理标准和工作标准。

鼓励企业制定高于上级标准的企业标准。

第二节　工程建设标准的制定

工程建设标准的制定,是指标准制定部门对需要制定工程建设标准的项目,编制计划,组织草拟、审批、编号、发布的活动。

重要部门法规有《工程建设国家标准管理办法》(中华人民共和国建设部令〔1992〕第 24 号)、《工程建设行业标准管理办法》(中华人民共和国建设部令〔1992〕第 25 号)。

在工程建设标准的条文中,使用"必须""严禁""应""不应""不得"等属于强制性标准的用词,而使用"宜""不宜""可""暂"一般不是强制性标准的规定。但在工作实践中,强制性标准与推荐性标准的划分仍然存在一些困难。

一、工程建设国家标准

（一）国家标准的制定

1. 总体要求

制定国家标准必须贯彻执行国家的有关法律、法规和方针、政策,密切结合自然条件,合理利用资源,充分考虑使用和维修的要求,做到安全适用、技术先进、经济合理。

制定国家标准,对需要进行科学试验或测试验证的项目,应当纳入各级主管部门的科研计划,认真组织实施,写出成果报告。凡经过行政主管部门或受委托单位鉴定,技术上成熟,经济上合理的项目应当纳入标准。

制定国家标准应当积极采用新技术、新工艺、新设备、新材料。纳入标准的新技术、新工艺、新设备、新材料,应当经有关主管部门或受委托单位鉴定,有完整的技术文件,且经实践检验行之有效。

制定国家标准要积极采用国际标准和国外先进标准,凡经过认真分析论证或测试验证,并且符合我国国情的,应当纳入国家标准。

制定国家标准,其条文规定应当严谨明确,文句简练,不得模棱两可;其内容深度、术语、符号、计量单位等应当前后一致,不得矛盾。

制定国家标准必须做好与现行相关标准之间的协调工作。对需要与现行工程建设国家标准协调的,应当遵守现行工程建设国家标准的规定;确有充分依据对其内容进行更改的,必须经过国务院工程建设行政主管部门审批,方可另行规定。凡属于产品标准方面的内容,不得在工程建设国家标准中加以规定。

制定国家标准必须充分发扬民主。对国家标准中有关政策性问题,应当认真研究、充分讨论、统一认识;对有争论的技术性问题,应当在调查研究、试验验证或专题讨论的基础上,经过充分协商,恰如其分地做出结论。

2. 制定工作程序

制定国家标准的工作程序按准备、征求意见、送审和报批四个阶段进行。

(1)准备阶段

主编单位根据年度计划的要求,进行编制国家标准的筹备工作。落实国家标准编制组成员,草拟制订国家标准的工作大纲。工作大纲包括国家标准的主要章节内容、需要调查研究的主要问题、必要的测试验证项目、工作进度计划及编制组成员分工等内容。

主编单位筹备工作完成后,由主编部门或由主编部门委托主编单位主持召开编制组第一次工作会议。其内容包括:宣布编制组成员、学习工程建设标准化工作的有关文件、讨论通过工作大纲和会议纪要。会议纪要印发国家标准的参编部门和单位,并报国务院工程建设行政主管部门备案。

(2)征求意见阶段

编制组根据制定国家标准的工作大纲开展调查研究工作。调查对象应当具有代表性和典型性。调查研究工作结束后,应当及时提出调查研究报告,并将整理好的原始调查记录和收集到的国内外有关资料由编制组统一归档。

测试验证工作在编制组统一计划下进行,落实负责单位、制订测试验证工作大纲、确定统一的测试验证方法等。测试验证结果,应当由项目的负责单位组织有关专家进行鉴定。鉴定成果及有关的原始资料由编制组统一归档。

编制组对国家标准中的重大问题或有分歧的问题,应当根据需要召开专题会议。专题会议邀请有代表性和有经验的专家参加,并应当形成会议纪要。会议纪要及会议记录等由编制组统一归档。

编制组在做好上述各项工作的基础上,编写标准征求意见稿及其条文说明。主编单位对标准征求意见稿及其条文说明的内容全面负责。

主编部门对主编单位提出的征求意见稿及其条文说明根据本办法制订标准的原则进行审核。审核的主要内容:国家标准的适用范围与技术内容协调一致;技术内容体现国家的技术经济政策;准确反映生产、建设的实践经验;标准的技术数据和参数有可靠的依据,并与相关标准相协调;对有分歧和争论的问题,编制组内取得一致意见;国家标准的编写符合工程建设国家标准编写的统一规定。

征求意见稿及其条文说明应由主编单位印发国务院有关行政主管部门、各有关省、自治区、直辖市工程建设行政主管部门和各单位征求意见。征求意见的期限一般为两个月。必要时,对其中的重要问题,可以采取走访或召开专题会议的形式征求意见。

(3)送审阶段

编制组将征求意见阶段收集到的意见,逐条归纳整理,在分析研究的基础上提出处理意见,形成国家标准送审稿及其条文说明。对其中有争议的重大问题可以视具体情况进行补充调查研究、测试验证或召开专题会议,提出处理意见。

当国家标准需要进行全面的综合技术经济比较时,编制组要按国家标准送审稿组织试设计或施工试用。试设计或施工试用应当选择有代表性的工程进行。试设计或施工试用结束后应当提出报告。

国家标准送审的文件一般应当包括:国家标准送审稿及其条文说明、送审报告、主要问题的专题报告、试设计或施工试用报告等。送审报告的内容主要包括:制定标准任务的来源、制定标准过程中所做的主要工作、标准中重点内容确定的依据及其成熟程度、与国外相关标准水平的对比、标准实施后的经济效益和社会效益以及对标准的初步总评价、标准中尚存在的主要问题和今后需要进行的主要工作等。

国家标准送审文件应当在开会之前一个半月发至各主管部门和相关单位。

国家标准送审稿的审查,一般采取召开审查会议的形式。经国务院工程建设行政主管部门同意后,也可以采取函审和小型审定会议的形式。

审查会议应由主编部门主持召开。参加会议的代表应包括国务院有关行政主管部门的代表、有经验的专家代表、相关的国家标准编制组或管理组的代表。

审查会议可以成立会议领导小组,负责研究解决会议中提出的重大问题。会议由代表和编制组成员共同对标准送审稿进行审查,对其中重要的或有争议的问题应当进行充分讨论和协商,集中代表的正确意见;对有争议并不能取得一致意见的问题,应提出倾向性审查意见。

审查会议应当形成会议纪要。其内容一般包括:审查会议概况、标准送审稿中的重点内容及分歧较大问题的审查意见、对标准送审稿的评价、会议代表和领导小组成员名单等。

采取函审和小型审定会议对标准送审稿进行审查时,由主编部门印发通知。参加函审的单位和专家,应经国务院工程建设行政主管部门审查同意、主编部门在函审的基础上主持召开小型审定会议,对标准中的重大问题和有分歧的问题提出审查意见,形成会议纪要,印发各有关部门和单位并报国务院工程建设行政主管部门。

(4)报批阶段

编制组根据审查会议或函审和小型审定会议的审查意见,修改标准送审稿及其条文说明,形成标准报批稿及其条文说明。标准的报批文件经主编单位审查后报主编部门。报批文件一般包括标准报批稿及其条文说明、报批报告、审查或审定会议纪要、主要问题的专题报告、试设计或施工试用报告等。

主编部门应当对标准报批文件进行全面审查,并会同国务院工程建设行政主管部门共同对标准报批稿进行审核。主编部门将共同确认的标准报批文件一式三份报国务院工程建设行政主管部门审批。

（二）标准编号与发布

国家标准由国务院工程建设行政主管部门审查批准，由国务院标准化行政主管部门统一编号，由国务院标准化行政主管部门和国务院工程建设行政主管部门联合发布。

国家标准的编号由国家标准代号、发布标准的顺序号和发布标准的年号组成，并应当符合下列统一格式：

强制性国家标准的编号为：

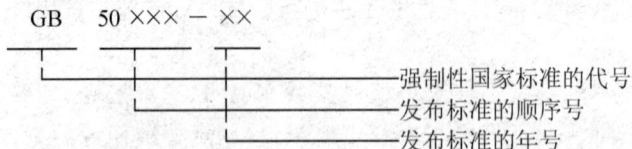

GB　　50×××—××

　　　　　　　　　　强制性国家标准的代号
　　　　　　　　　　发布标准的顺序号
　　　　　　　　　　发布标准的年号

推荐性国家编号为：

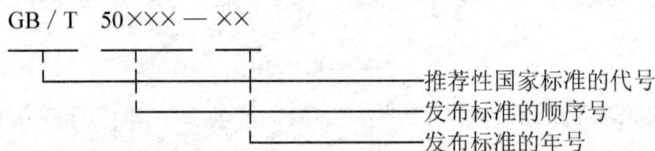

GB／T　50×××—××

　　　　　　　　　　推荐性国家标准的代号
　　　　　　　　　　发布标准的顺序号
　　　　　　　　　　发布标准的年号

国家标准的出版由国务院工程建设行政主管部门负责组织。国家标准的出版印刷应当符合工程建设标准出版印刷的统一要求。

国家标准属于科技成果。对技术水平高、取得显著经济效益或社会效益的国家标准，应当纳入各级科学技术进步奖励范围，予以奖励。

（三）国家标准的复审与修订

1. 国家标准的复审

国家标准实施后，应当根据科学技术的发展和工程建设的需要，由该国家标准的管理部门适时组织有关单位进行复审。复审一般在国家标准实施后五年进行一次。国家标准复审的具体工作由国家标准管理单位负责。复审可以采取函审或会议审查，一般由参加过该标准编制或审查的单位或个人参加。

国家标准复审后，标准管理单位应当提出其继续有效或者予以修订、废止的意见，经该国家标准的主管部门确认后报国务院工程建设行政主管部门批准。

对确认继续有效的国家标准，当再版或汇编时，应在其封面或扉页上的标准编号下方增加"××××年×月确认继续有效"。对确认继续有效或予以废止的国家标准，由国务院工程建设行政主管部门在指定的报刊上公布。

对需要全面修订的国家标准，由其管理单位做好前期工作。国家标准修订的准备阶段工作应在管理阶段进行，其他有关的要求应当符合制定国家标准的有关规定。

2. 国家标准的修订

凡属下列情况之一的国家标准应当进行局部修订：①国家标准的部分规定已制约了科学

技术新成果的推广应用;②国家标准的部分规定经修订后可取得明显的经济效益、社会效益、环境效益;③国家标准的部分规定有明显缺陷或与相关的国家标准相抵触;④需要对现行的国家标准做局部补充规定。

国家标准局部修订的计划和编制程序,应符合工程建设技术标准局部修订的统一规定。

(四)国家标准的日常管理

国家标准发布后,由其管理单位组建国家标准管理组,负责国家标准的日常管理工作。

国家标准管理组设专职或兼职若干人。其人员组成经国家标准管理单位报该国家标准管理部门审定后报国务院工程建设行政主管部门备案。

国家标准日常管理的主要任务是:根据主管部门的授权负责国家标准的解释;对国家标准中遗留的问题,负责组织调查研究、必要的测试验证和重点科研工作;负责国家标准的宣传贯彻工作;调查了解国家标准的实施情况,收集和研究国内外有关标准、技术信息资料和实践经验,参加相应的国际标准化活动;参与有关工程建设质量事故的调查和咨询;负责开展标准的研究和学术交流活动;负责国家标准的复审、局部修订和技术档案工作。

国家标准管理人员在该国家标准管理部门和管理单位的领导下工作。管理单位应当加强对其领导,进行经常性的督促检查,定期研究和解决国家标准日常管理工作中的问题。

二、工程建设行业标准

为加强工程建设行业标准的管理,根据《中华人民共和国标准化法》《中华人民共和国标准化法实施条例》和国家有关工程建设的法律、行政法规,制定了《工程建设行业标准管理办法》。1992年12月30日中华人民共和国建设部令第25号发布,自发布之日起施行。

对没有国家标准而需要在全国某个行业范围内统一的下列技术要求,可以制定行业标准:①工程建设勘察、规划、设计、施工(包括安装)及验收等行业专用的质量要求;②工程建设行业专用的有关安全、卫生和环境保护的技术要求;③工程建设行业专用的术语、符号、代号、量与单位和制图方法;④工程建设行业专用的试验、检验和评定等方法;⑤工程建设行业专用的信息技术要求;⑥其他工程建设行业专用的技术要求。

行业标准分为强制性标准和推荐性标准。

下列标准属于强制性标准:①工程建设勘察、规划、设计、施工(包括安装)及验收等行业专用的综合性标准和重要的行业专用的质量标准;②工程建设行业专用的有关安全、卫生和环境保护的标准;③工程建设重要的行业专用的术语、符号、代号、量与单位和制图方法标准;④工程建设重要的行业专用的试验、检验和评定方法等标准;⑤工程建设重要的行业专用的信息技术标准;⑥行业需要控制的其他工程建设标准。

强制性标准以外的标准是推荐性标准。

国务院有关行政主管部门根据《中华人民共和国标准化法》和国务院工程建设行政主管部门确定的行业标准管理范围,履行行业标准的管理职责。行业标准的计划根据国务院工程建设行政主管部门的统一部署由国务院有关行政主管部门组织编制和下达,并报国务院工程建设行政主管部门备案。与两个以上国务院行政主管部门有关的行业标准,其主编部门由相关的行政主管部门协商确定或由国务院工程建设行政主管部门协调确定,其计划由被确定的主编部门下达。

行业标准不得与国家标准相抵触。有关行业标准之间应当协调、统一,避免重复。

制定、修订行业标准的工作程序,可以按准备、征求意见、送审和报批四个阶段进行。行业标准的编写应当符合工程建设标准编写的统一规定。

行业标准由国务院有关行政主管部门审批、编号和发布。其中,两个以上部门共同制定的行业标准,由有关的行政主管部门联合审批、发布,并由其主编部门负责编号。

行业标准的某些规定与国家标准不一致时,必须有充分的科学依据和理由,并经国家标准的审批部门批准。

行业标准在相应的国家标准实施后,应当及时修订或废止。

行业标准实施后,该标准的批准部门应当根据科学技术的发展和工程建设的实际需要适时进行复审,确认其继续有效或予以修订、废止。一般五年复审一次,复审结果报国务院工程建设行政主管部门备案。

行业标准的编号由行业标准的代号、标准发布的顺序号和批准标准的年号组成。

强制性行业标准的编号为:

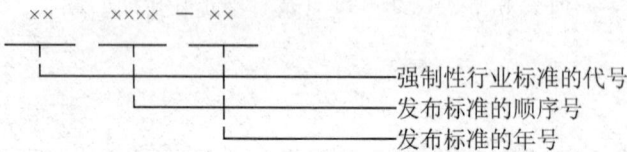

推荐性行业编号为:

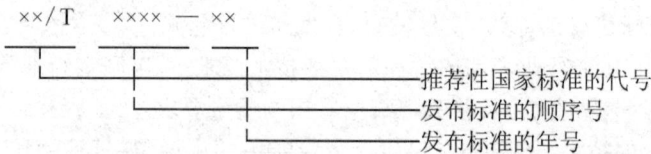

行业标准发布后,应当报国务院工程建设行政主管部门备案。

行业标准由标准的批准部门负责组织出版,并应当符合工程建设标准出版印刷的统一规定。行业标准属于科技成果。对技术水平高,取得显著经济效益、社会效益和环境效益的行业标准,应当纳入各级科学技术进步奖励范围,并予以奖励。

三、工程建设地方标准

为了加强地方标准的管理,根据《中华人民共和国标准化法》和《中华人民共和国标准化法实施条例》有关规定,制定了《地方标准管理办法》,1990 年 9 月 6 日国家技术监督局令第 15 号发布,自发布之日起施行。

对没有国家标准和行业标准而又需要在省、自治区、直辖市范围内统一的工业产品的安全、卫生要求,药品、兽药、食品卫生、环境保护、节约能源、种子等法律、法规规定的要求,其他法律、法规规定的要求,可以制定地方标准(含标准样品的制作)。制定地方标准的项目,由省、自治区、直辖市人民政府标准化行政主管部门确定。

法律、法规规定强制执行的地方标准，为强制性标准；规定非强制执行的地方标准，为推荐性标准。

（一）制定地方标准的工作程序

地方标准由省、自治区、直辖市标准化行政主管部门统一编制计划、组织制定、审批、编号和发布。

省、自治区、直辖市标准化行政主管部门，向同级有关行政主管部门和省辖市（含地区）标准化行政主管部门，部署制定地方标准年度计划的要求，由同级有关行政主管部门和省辖市标准化行政主管部门根据年度计划的要求提出计划建议；省、自治区、直辖市标准化行政主管部门对计划建议进行协调、审查，制定出年度计划。

省、自治区、直辖市标准化行政主管部门，根据制定地方标准的年度计划，组织起草小组或委托同级有关行政主管部门、省辖市标准化行政主管部门负责起草。

负责起草地方标准的单位或起草小组，进行调查研究、综合分析、试验验证后，编写出地方标准征求意见稿与编制说明，经征求意见后编写成标准送审稿。

地方标准送审稿由省、自治区、直辖市标准化行政主管部门组织审查，或委托同级有关行政主管部门、省辖市标准化行政主管部门组织审查。

审查工作可由标准化行政主管部门批准建立的标准化技术委员会或组织生产、使用、经销、科研、检验、标准、学术团体等有关单位的专业技术人员进行审查。审查形式可会审，也可以函审。

组织起草地方标准的单位将审查通过的地方标准送审稿，修改成报批稿，连同附件，包括编制说明、审查会议纪要或函审结论、验证材料、参加审查人员名单，报送省、自治区、直辖市标准化行政主管部门审批、编号、发布。

药品、兽药地方标准的制定、审批、编号、发布，按法律、法规的规定执行；食品卫生和环境保护地方标准，由法律、法规规定的部门制定、审批，报省、自治区、直辖市标准化行政主管部门统一编号、发布。

地方标准发布后，省、自治区、直辖市标准化行政主管部门在 30 日内，应分别向国务院标准化行政主管部门和有关行政主管部门备案。备案材料包括地方标准批文、地方标准文本及编制说明各一份。

受理备案的部门，当发现备案的地方标准有违反有关法律、法规和强制性标准规定时，由国务院标准化行政主管部门会同国务院有关行政主管部门责成申报备案的部门限期改正或停止实施。

地方标准的编写、出版，参照国家标准 GB/T1《标准化工作导则》的规定执行。

（二）地方标准的代号、编号

1. 地方标准的代号

汉语拼音字母"DB"加上省、自治区、直辖市行政区划代码前两位数再加斜线，组成强制性地方标准代号。再加"T",组成推荐性地方标准代号。

示例:河南省强制性地方标准代号:DB41/   河南省推荐性地方标准代号:DB41/T

省、自治区、直辖市代码见表12-1。

表 12-1   省、自治区、直辖市代码

名称	代码	名称	代码	名称	代码
北京市	110000	安徽省	340000	四川省	510000
天津市	120000	福建省	350000	贵州省	520000
河北省	130000	江西省	360000	云南省	530000
山西省	140000	山东省	370000	西藏自治区	540000
内蒙古自治区	150000	河南省	410000	陕西省	610000
辽宁省	210000	湖北省	420000	甘肃省	620000
吉林省	220000	湖南省	430000	青海省	630000
黑龙江省	230000	广东省	440000	宁夏回族自治区	640000
上海市	310000	广西壮族自治区	450000	新疆维吾尔自治区	650000
江苏省	320000	海南省	460000	台湾省	710000
浙江省	330000				

2. 地方标准的编号

地方标准的编号,由地方标准代号、地方标准顺序号和年号三部分组成。

强制性行业标准的编号为:

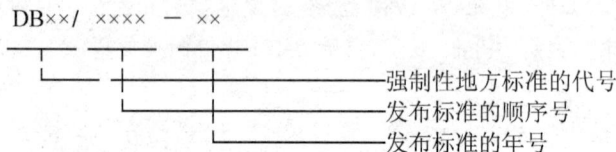

```
DB××/ ×××× — ××
```
                ├─────────── 强制性地方标准的代号
                ├─────────── 发布标准的顺序号
                └─────────── 发布标准的年号

推荐性行业编号为:

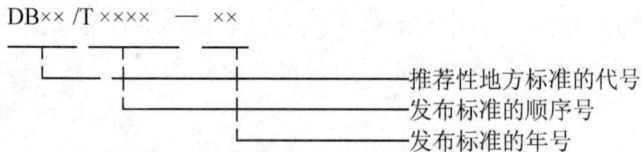

```
DB×× /T ×××× — ××
```
                ├─────────── 推荐性地方标准的代号
                ├─────────── 发布标准的顺序号
                └─────────── 发布标准的年号

地方标准实施后,应根据科学技术的发展和经济建设的需要,适时进行复审,复审周期一般不超过五年,并确定其继续有效、修订或废止。

地方标准的出版、发行办法,由各省、自治区、直辖市标准化行政主管部门规定。

地方标准在相应的国家标准或行业标准实施后,即行废止。

地方标准属于科技成果,对技术水平高、取得显著效益的地方标准应当纳入当地科技进步

奖励范围,予以奖励。

（三）地方标准的管理

省、自治区、直辖市人民政府标准化行政主管部门统一管理本行政区域的标准化工作,履行下列职责:①贯彻国家标准化工作的法律、法规、方针、政策,并制定在本行政区域实施的具体办法;②制定地方标准化工作规划、计划;③组织制定地方标准;④指导本行政区域有关行政主管部门的标准化工作,协调和处理有关标准化工作问题;⑤在本行政区域组织实施标准;⑥对标准实施情况进行监督检查。

省、自治区、直辖市有关行政主管部门分工管理本行政区域内本部门、本行业的标准化工作,履行下列职责:①贯彻国家和本部门、本行业、本行政区域标准化工作的法律、法规、方针、政策,并制定实施的具体办法;②制定本行政区域内本部门、本行业的标准化工作规划、计划;③承担省、自治区、直辖市人民政府下达的草拟地方标准的任务;④在本行政区域内组织本部门、本行业实施标准;⑤对标准实施情况进行监督检查。

市、县标准化行政主管部门和有关行政主管部门的职责分工,由省、自治区、直辖市人民政府规定。

地方标准由省、自治区、直辖市人民政府标准化行政主管部门编制计划,组织草拟,统一审批、编号、发布,并报国务院标准化行政主管部门和国务院有关行政主管部门备案。法律对地方标准的制定另有规定的,依照法律的规定执行。地方标准在相应的国家标准或行业标准实施后,自行废止。

四、工程建设企业标准

企业标准化是企业科学管理的基础。为了加强企业标准化工作,根据《中华人民共和国标准化法》和《中华人民共和国标准化法实施条例》及有关规定,制定了《企业标准化管理办法》。

企业标准化工作的基本任务,是执行国家有关标准化的法律、法规,实施国家标准、行业标准和地方标准,制定和实施企业标准,并对标准的实施进行检查。

企业标准是对企业范围内需要协调、统一的技术要求、管理要求和工作要求所制定的标准。企业标准是企业组织生产、经营活动的依据。

企业的标准化工作,应当纳入企业的发展规划和计划。

企业生产的产品没有国家标准、行业标准和地方标准的,应当制定相应的企业标准,作为组织生产的依据。企业标准由企业组织制定(农业企业标准制定办法另定),并按省、自治区、直辖市人民政府的规定备案。

对已有国家标准、行业标准或者地方标准的,鼓励企业制定严于国家标准、行业标准或者地方标准要求的企业标准,在企业内部适用。

（一）企业标准的制定

企业标准由企业制定,由企业法人代表或法人代表授权的主管领导批准、发布,由企业法人代表授权的部门统一管理。

1．企业标准分类

企业标准有以下几种：

①企业生产的产品，没有国家标准、行业标准和地方标准的，制定的企业产品标准；

②为提高产品质量和技术进步，制定的严于国家标准、行业标准或地方标准的企业产品标准；

③对国家标准、行业标准的选择或补充的标准；

④工艺、工装、半成品和方法标准；

⑤生产、经营活动中的管理标准和工作标准。

2．制定企业标准的原则

制定企业标准的原则有：

①贯彻国家和地方有关的方针、政策、法律、法规，严格执行强制性国家标准、行业标准和地方标准；

②保证安全、卫生，充分考虑使用要求，保护消费者利益，保护环境；

③有利于企业技术进步，保证和提高产品质量，改善经营管理和增加社会经济效益；

④积极采用国际标准和国外先进标准；

⑤有利于合理利用国家资源、能源，推广科学技术成果，有利于产品的通用互换，符合使用要求，技术先进，经济合理；

⑥有利于对外经济技术合作和对外贸易；

⑦本企业内的企业标准之间应协调一致。

（二）工作程序

制定企业标准的一般程序是：编制计划、调查研究，起草标准草案、征求意见，对标准草案进行必要的验证，审查、批准、编号、发布。

1．审查

审查企业标准时，根据需要，可邀请企业外有关人员参加。审批企业标准时，一般需备有以下材料：

①企业标准草案（报批稿）；

②企业标准草案编制说明（包括对不同意见的处理情况等）；

③必要的验证报告。

企业标准的编写和印刷，参照国家标准 GB/T1《标准化工作导则》的规定执行。

2．企业产品标准的代号、编号

企业代号可用汉语拼音字母或阿拉伯数字或两者兼用组成。

企业代号，按中央所属企业和地方企业分别由国务院有关行政主管部门和省、自治区、直辖市政府标准化行政主管部门会同同级有关行政主管部门规定。

企业标准应定期复审,复审周期一般不超过三年。当有相应国家标准、行业标准和地方标准发布实施后,应及时复审,并确定其继续有效、修订或废止。

3. 企业产品标准的备案

企业产品标准,应在发布后30日内办理备案。一般按企业的隶属关系报当地政府标准化行政主管部门和有关行政主管部门备案。国务院有关行政主管部门所属企业的企业产品标准,报国务院有关行政主管部门和企业所在省、自治区、直辖市标准化行政主管部门备案。国务院有关行政主管部门和省、自治区、直辖市双重领导的企业,企业产品标准还要报省、自治区、直辖市有关行政主管部门备案。

受理备案的部门收到备案材料后即予登记。当发现备案的企业产品标准,违反有关法律、法规和强制性标准规定时,标准化行政主管部门会同有关行政主管部门责令申报备案的企业限期改正或停止实施。

企业产品标准复审后,应及时向受理备案部门报告复审结果。修订的企业产品标准,重新备案。

报送企业产品标准备案的材料有:备案申报文、标准文本和编制说明等。

具体备案办法,按省、自治区、直辖市人民政府的规定办理。

(三)标准的实施

国家标准、行业标准和地方标准中的强制性标准,企业必须严格执行;不符合强制性标准的产品,禁止出厂和销售。推荐性标准,企业一经采用,应严格执行;企业已备案的企业产品标准,也应严格执行。

企业生产的产品,必须按标准组织生产,按标准进行检验。经检验符合标准的产品,由企业质量检验部门签发合格证书。

企业生产执行国家标准、行业标准、地方标准或企业产品标准,应当在产品或其说明书、包装物上标注所执行标准的代号、编号、名称。

企业研制新产品、改进产品、进行技术改造和技术引进,都必须进行标准化审查。

企业应当接受标准化行政主管部门和有关行政主管部门,依据有关法律、法规,对企业实施标准情况进行的监督检查。

(四)企业的标准化管理

企业根据生产、经营需要设置的标准化工作机构,配备的专、兼职标准化人员,负责管理企业标准化工作。其任务是:

①贯彻国家的标准化工作方针、政策、法律、法规,编制本企业标准化工作计划;

②组织制定、修订企业标准;

③组织实施国家标准、行业标准、地方标准和企业标准;

④对本企业实施标准的情况,负责监督检查;

⑤参与研制新产品、改进产品,技术改造和技术引进中的标准化工作,提出标准化要求,做好标准化审查;

⑥做好标准化效果的评价与计算,总结标准化工作经验;

⑦统一归口管理各类标准,建立档案,搜集国内外标准化情报资料;

⑧对本企业有关人员进行标准化宣传教育,对本企业有关部门的标准化工作进行指导;

⑨承担上级标准化行政主管部门和有关行政主管部门委托的标准化工作任务。

企业标准化人员对违反标准化法规定的行为,有权制止,并向企业负责人提出处理意见,或向上级部门报告。对不符合有关标准化法要求的技术文件,有权不予签字。

企业标准属科技成果,企业或上级主管部门,对取得显著经济效果的企业标准,以及对企业标准化工作做出突出成绩的单位和人员,应给予表扬或奖励;对贯彻标准不力,造成不良后果的,应给予批评教育;对违反标准规定,造成严重后果的,按有关法律、法规的规定,追究法律责任。

第三节 工程建设标准的实施

工程建设标准制定的目的在于实施。否则,再好的标准也是一纸空文。我国工程建设领域所出现的各类工程质量事故,大都是没有贯彻或没有严格贯彻强制性标准的结果。因此,《标准化法》规定,强制性标准,必须执行。《建筑法》规定,建筑活动应当确保建筑工程质量和安全,符合国家的建设工程安全标准。

《建筑法》和《建设工程质量管理条例》规定,建设单位不得以任何理由,要求建筑设计单位或者建筑施工企业在工程设计或者施工作业中,违反法律、行政法规和建筑工程质量、安全标准,降低工程质量。建设单位不得明示或者暗示设计单位或者施工单位违反工程建设强制性标准,降低建设工程质量。建筑设计单位和建筑施工企业对建设单位违反规定提出的降低工程质量的要求,应当予以拒绝。

勘察、设计单位必须按照工程建设强制性标准进行勘察、设计,并对其勘察、设计的质量负责。建筑工程设计应当符合按照国家规定制定的建筑安全规程和技术规范,保证工程的安全性能。勘察、设计文件应当符合有关法律、行政法规的规定和建筑工程质量、安全标准、建筑工程勘察、设计技术规范以及合同的约定。设计文件选用的建筑材料、建筑构配件和设备,应当注明其规格、型号、性能等技术指标,其质量要求必须符合国家规定的标准。

施工单位必须按照工程设计图纸和施工技术标准施工,不得擅自修改工程设计,不得偷工减料。施工单位必须按照工程设计要求、施工技术标准和合同约定,对建筑材料、建筑构配件、设备和商品混凝土进行检验,检验应当有书面记录和专人签字;未经检验或者检验不合格的,不得使用。

第四节 法律责任

建设单位有下列行为之一的,责令改正,处 20 万元以上 50 万元以下的罚款:①明示或者暗示设计单位或者施工单位违反工程建设强制性标准,降低工程质量的;②明示或者暗示施工单位使用不合格的建筑材料、建筑构配件和设备的。

勘察、设计单位违反工程建设强制性标准进行勘察、设计的,责令改正,并处以 10 万元以上 30 万元以下的罚款。如果造成工程质量事故的,责令停业整顿,降低资质等级;情节严重的,吊销资质证书;造成损失的,依法承担赔偿责任。

施工单位违反工程建设强制性标准的,责令改正,处工程合同价款 2％以上 4％以下的罚款;造成建设工程质量不符合规定的质量标准的,负责返工、修理,并赔偿因此造成的损失;情节严重的,责令停业整顿,降低资质等级或者吊销资质证书。

工程监理单位违反强制性标准规定,将不合格的建设工程以及建筑材料、建筑构配件和设备按照合格签字的,责令改正,处 50 万元以上 100 万元以下的罚款,降低资质等级或者吊销资质证书;有违法所得的,予以没收;造成损失的,承担连带赔偿责任。

建设行政主管部门和有关行政主管部门工作人员,玩忽职守、滥用职权、徇私舞弊的,给予行政处分;构成犯罪的,依法追究刑事责任。

违反工程建设强制性标准造成工程质量、安全隐患或者工程事故的,按照《建设工程质量管理条例》有关规定,对事故责任单位和责任人进行处罚。

有关责令停业整顿、降低资质等级和吊销资质证书的行政处罚,由颁发资质证书的机关决定;其他行政处罚,由建设行政主管部门或者有关部门依照法定职权决定。

案例分析

中新网 2014 年 9 月 26 日电:据住房和城乡建设部网站消息,住房城乡建设部通报关于工程质量治理两年行动 6 个违法违规典型案例,涉及施工单位存在转包行为、施工违法强制性标准等问题。住建部要求存在工程质量问题和市场违法行为的单位进行整改,工程所在地住房城乡建设主管部门要对其整改情况进行跟踪检查,省级住房城乡建设主管部门要组织检查,并将检查情况、整改情况和处理意见逐级上报住房城乡建设部。

2014 年 9 月,住房城乡建设部工程质量治理两年行动督查组对部分省市工程质量和建筑市场进行了执法检查,现将检查发现的违法违规典型案例通报如下:

案例一:河北中建工程有限公司施工的河北省邯郸市金百合小区 4 号楼工程,项目经理冯杰;建设单位为邯郸市腾易房地产开发有限公司,项目负责人王森;监理单位为邯郸市四方建设监理有限公司,项目总监李义平。

主要违法违规事实:一是自然人高国辉存在挂靠行为,其以施工单位名义承揽工程;二是施工单位存在出借资质证书行为,其允许高国辉以施工单位名义承揽工程;三是 LL15 梁抗扭钢筋不符合设计文件要求;四是约束边缘构件在连梁高度范围未设置箍筋,违反强制性标准。

案例二:辽宁东亿建筑(集团)有限公司施工的辽宁省本溪市汤河福湾小区 B-18 号楼工程,项目经理刘德刚;建设单位为本溪县建六房屋开发有限公司,项目负责人孟祥宝;监理单位为沈阳方正建设监理有限公司,项目总监魏淑晶。

主要违法违规事实:一是施工单位存在转包行为,其项目主要建筑材料、构配件及工程设备的采购交由个人实施,项目经理没有到岗履行项目管理义务;二是抽测部分楼板厚度、钢筋保护层厚度不满足设计要求,违反强制性标准。

案例三：内蒙古广厦建安工程有限责任公司施工的内蒙古包头市裕民新城一期 10 号楼工程，项目经理王蒙生；建设单位为包头市裕民置业有限责任公司，项目负责人董秉刚；监理单位为包头诚信达工程咨询监理有限责任公司，项目总监王振飞。

主要违法违规事实：一是多个剪力墙边缘构件少设箍筋，违反强制性标准；二是剪力墙主要受力部位有孔洞、蜂窝、露筋等外观质量严重缺陷，违反强制性标准。

案例四：陇海建设集团有限公司施工的山西省临汾市洪洞县山焦棚改广泉小区四期 E-1 号楼工程，项目经理王广庆；建设单位为洪洞县峰兴建设有限公司，项目负责人王生林；监理单位为洪洞县泽泰建设监理有限公司，项目总监石银海。

主要违法违规事实：一是钢筋焊接无工艺性检测报告，违反强制性标准；二是抽测部分楼板上部钢筋保护层厚度不满足要求；三是作业层钢筋连接质量差，电渣压力焊焊包不饱满。

案例五：南通市达欣工程股份有限公司施工的河北省邯郸市玉如意小区 4 号楼工程，项目经理王利强；建设单位为邯郸市嘉大房地产开发有限公司，项目负责人温艳丽；监理单位为邯郸市新和建设工程项目管理有限公司，项目总监英脉。

主要违法违规事实：抽测部分混凝土强度推定值不满足设计要求。

案例六：新蒲建设集团有限公司施工的河南省新乡市中心医院全科医师临床培养基地综合楼工程，项目经理姜兵强；建设单位为新乡市中心医院，项目负责人刘天存；监理单位为河南卓越工程管理有限公司，项目总监李贤怀。

主要违法违规事实：一是钢筋焊接工艺试验报告不完整，未见焊接工艺参数记录，违反强制性标准；二是楼梯施工缝留置在端部剪力最大处，且无施工技术方案。

思考题

1. 简要概述我国建设工程质量标准的类型。
2. 违反我国工程建设强制性标准的法律责任有哪些？

第十三章　建设工程纠纷解决的法律途径

第一节　建筑工程纠纷的民间解决方式

一、和解

和解是指当事人在自愿互谅的基础上,就已经发生的争议进行协商并达成协议,自行解决争议的一种方式。

和解达成的协议不具有强制执行的效力。但是可以成为原合同的补充部分。当事人不按照和解达成的协议执行,另一方当事人不可以申请强制执行,但是却可以追究其违约责任。

二、调解

（一）调解的概念

调解,是指第三人（即调解人）应纠纷当事人的请求,依法或依合同约定,对双方当事人进行说服教育,居中调停,使其在互相谅解、互相让步的基础上解决其纠纷的一种途径。

（二）调解的形式

（1）民间调解,这类调解即在当事人以外的第三人或组织的主持下,通过相互谅解,使纠纷得到解决的方式。民间调解达成的协议不具有强制约束力。

（2）行政调解,这类调解是指在有关行政机关的主持下,依据相关法律、行政法规、规章及政策,处理纠纷的方式。行政调解达成的协议也不具有强制约束力。

（3）法院调解,法院调解是指在人民法院的主持下,在双方当事人自愿的基础上,以制作调解书的形式,从而解决纠纷的方式。调解书经双方当事人签收后,即具有法律效力。

（4）仲裁调解,仲裁庭在做出裁决前进行调解的解决纠纷的方式。当事人自愿调解的,仲裁庭应当调解。仲裁的调解达成协议,仲裁庭应当制作调解书或者根据协议的结果制作裁决书。调解书与裁决书具有同等法律效力,调解书经当事人签收后即发生法律效力。

三、争议评审

建设工程争议评审（以下称争议评审）,是指在工程开始时或工程进行过程中当事人选择的独立于任何一方当事人的争议评审专家(通常是 3 人,小型工程 1 人)组成评审小组,就当事人发生的争议及时提出解决问题的建议或者做出决定的实时争议解决方式。

争议评审制度起于美国,其概念在 20 世纪 60 年代美国华盛顿州 Boundary 大坝工程中首次应用,当时的联合国技术咨询组针对一些争议问题提出了建议。建设工程争议评审委员会(现称 DRB)制度最早在 1975 年美国科罗拉多州艾森豪威尔隧道工程中采用,取得成功。美国由 14 个建筑业有关机构和代表组成的美国建筑业争议解决委员会,协助美国仲裁委员会(AAA)制定了一种可供建筑业选择使用的非诉讼纠纷解决程序(简称 ADR)。

1995 年 1 月,世界银行开始在其招标文件中强制要求有其贷款的项目必须采用争议评审制度。同年,国际咨询工程师协会在《设计—建造与交钥匙工程合同条件》中提出了"评审争议"的概念,并相继在其他类型合同条件中引入"评审争议"机制。

2007 年 11 月 1 日,国家发改委、建设部、信息产业部等 9 部门联合颁布了《中华人民共和国标准施工招标文件》,其中"通用合同条款"的争议解决条款部分规定了争议评审内容,即当事人之间的争议在提交仲裁或者在诉讼前可以申请专家组成的评审组进行评审。

《中华人民共和国标准施工招标文件》中规定,"采用争议评审的,发包人和承包人应在开工日后的 28 天内或在争议发生后,协商成立争议评审组。争议评审组由有合同管理和工程实践经验的专家组成"。

发包人和承包人接受评审意见的,由监理人根据评审意见拟定执行协议。经争议双方签字后作为合同的补充文件,并遵照执行。发包人或承包人不接受评审意见,并要求提交仲裁或提起诉讼的,应在收到评审意见后的 14 天内将仲裁或起诉意向书面通知另一方,并抄送监理人。但在仲裁或诉讼结束前应暂按总监理工程师的确定执行。

2013 年新版《建设工程施工合同(示范文本)》参照 FIDIC 合同条件中的"争端裁决委员会"(DAB)和"争议评审委员会"(DRB)制度,并结合我国工程管理实际,提出了专家解决工程争端的"争议评审"制度。通用条款约定,合同当事人可以共同选择一名或三名争议评审员,组成争议评审小组。合同当事人可在任何时间将与合同有关的任何争议共同提请争议评审小组进行评审。争议评审小组做出的书面决定经合同当事人签字确认后,对双方具有约束力,双方应遵照执行。任何一方当事人不接受争议评审小组决定或不履行争议评审小组决定的,双方可选择采用其他争议解决方式。

第二节　仲裁制度

一、仲裁的概念

仲裁指发生争议的当事人(申请人与被申请人),根据其达成的仲裁协议,自愿将该争议提交中立的第三者(仲裁机构)进行裁判的争议解决的方式。仲裁也是解决民事纠纷的重要途径,由于仲裁本身的特点,在建设工程纠纷的解决过程中更是被广泛选用。仲裁可使得纠纷解决得更及时、快捷、高效,也有利于争议双方继续合作。

为保证公正、及时地仲裁经济纠纷,保护当事人的合法权益,保障社会主义市场经济健康发展,制定《中华人民共和国仲裁法》,1994 年 8 月 31 日第八届全国人民代表大会常务委员会第九次会议通过;根据 2009 年 8 月 27 日第十一届全国人民代表大会常务委员会第十次会议《关于修改部分法律的决定》第一次修正;根据 2017 年 9 月 1 日第十二届全国人民代表大会常务委员会第二十九次会议《关于修改〈中华人民共和国法官法〉等八部法律的决定》第二次修正。

在我国,《中华人民共和国仲裁法》(以下简称《仲裁法》)是调整和规范仲裁制度的基本法律,但《仲裁法》的调整范围仅限于民商事仲裁,即"平等主体的公民、法人和其他组织之间发生的合同纠纷和其他财产权纠纷"仲裁,劳动争议仲裁和农业承包合同纠纷仲裁不受《仲裁法》的调整。此外,根据《仲裁法》第 3 条的规定下列纠纷不能仲裁:

(1)婚姻、收养、监护、扶养、继承纠纷。

(2)依法应当由行政机关处理的行政争议。

二、仲裁的特点

作为一种解决财产权益纠纷的民间性裁判制度,仲裁既不同于解决同类争议的司法、行政途径,也不同于人民调解委员会的调解和当事人的自行和解。具有以下特点:

(1)自愿性。当事人的自愿性是仲裁最突出的特点。仲裁以双方当事人的自愿为前提,即当事人之间的纠纷是否提交仲裁,交与谁仲裁,仲裁庭如何组成,由谁组成,以及仲裁的审理方式、开庭形式等都是在当事人自愿的基础上,由双方当事人协商确定的。因此,仲裁是最能充分体现当事人意思自治原则的争议解决方式。

(2)专业性。民商事纠纷往往涉及特殊的知识领域,会遇到许多复杂的法律、经济贸易和有关的技术性问题,故专家裁判更能体现专业权威性。因此,具有一定专业水平和能力的专家担任仲裁员,对当事人之间的纠纷进行裁决是仲裁公正性的重要保障。专家仲裁是民商事仲裁的重要特点之一。

(3)灵活性。由于仲裁充分体现当事人的意思自治,仲裁中的许多具体程序都是由当事人协商确定和选择的,因此,与诉讼相比,仲裁程序更加灵活,更具弹性。

(4)保密性。仲裁以不公开审理为原则。有关的仲裁法律和仲裁规则也同时规定了仲裁员及仲裁秘书人员的保密义务。仲裁的保密性较强。

(5)快捷性。仲裁实行一裁终局制,仲裁裁决一经仲裁庭做出即发生法律效力。这使当事人之间的纠纷能够迅速得以解决。

(6)经济性。时间上的快捷性使得仲裁所需费用相对减少;仲裁无须多审级收费,使得仲裁费往往低于诉讼费;仲裁的自愿性、保密性使当事人之间通常没有激烈的对抗,且商业秘密不必公之于世,对当事人之间今后的商业机会影响较小。

(7)独立性。仲裁机构独立于行政机构,仲裁机构之间也无隶属关系,仲裁庭独立进行仲裁,不受任何机关、社会团体和个人的干涉。显示出最大的独立性。

三、仲裁协议

仲裁协议是仲裁的前提,没有仲裁协议,就不存在有效的仲裁。

（一）仲裁协议的概念

仲裁协议是指当事人自愿将他们之间已经发生或者可能发生的争议提交仲裁解决的协议。

仲裁协议法律效力表现为以下几个方面：

（1）对双方当事人的法律效力。仲裁协议是双方当事人就纠纷解决方式达成的一致意思表示。发生纠纷后，当事人只能通过向仲裁协议中所确定的仲裁机构申请仲裁的方式解决纠纷，而丧失了就该纠纷提起诉讼的权利。如果一方当事人违背仲裁协议就该争议起诉的，另一方当事人有权要求法院停止诉讼，法院也应当驳回当事人的起诉。

（2）对法院的法律效力。有效的仲裁协议可以排除法院对订立了仲裁协议中的争议事项的司法管辖权。这是仲裁协议法律效力的重要体现。

（3）对仲裁机构的效力。仲裁协议是仲裁委员会受理仲裁案件的依据，没有仲裁协议就没有仲裁机构对案件的管辖权。同时，仲裁机构的管辖权又受到仲裁协议的严格限制。仲裁庭只能对当事人在仲裁协议中约定的争议事项进行仲裁，而对仲裁协议约定范围之外的其他争议无权仲裁。

（二）仲裁协议的内容

合法有效的仲裁协议应当具备以下法定内容：
（1）请求仲裁的意思表示。
（2）仲裁事项。
（3）选定的仲裁委员会。

（三）仲裁程序

仲裁程序即仲裁委员会对当事人提请仲裁的争议案件进行审理并做出仲裁裁决，以及当事人为解决争议案件进行仲裁活动所遵守的程序规定。

1. 申请与受理

当事人申请仲裁必须符合下列条件：①存在有效的仲裁协议；②有具体的仲裁请求、事实和理由；③属于仲裁委员会的受理范围。

当事人申请仲裁，应当向仲裁委员会递交仲裁协议、仲裁申请书及副本。

仲裁委员会收到仲裁申请书之日起5日内经审查认为符合受理条件的，应当受理，并通知当事人；认为不符合受理条件的，应当书面通知当事人不予受理，并说明理由。

2. 组成仲裁庭

仲裁庭是行使仲裁权的主体。在我国，仲裁庭的组成形式有两种，即合议仲裁庭和独任仲裁庭。仲裁庭的组成必须按照法定程序进行。

根据《仲裁法》，当事人约定由3名仲裁员组成仲裁庭的，应当各自选定或者各自委托仲裁委员会主任指定1名仲裁员，第三名仲裁员由当事人共同选定或者共同委托仲裁委员会主任指定。第三名仲裁员是首席仲裁员。

独任仲裁员应当由当事人共同选定或者共同委托仲裁委员会主任指定。当事人没有在规定期限内选定的,由仲裁委员会主任指定。

3. 仲裁审理

仲裁审理的主要任务是审查、核实证据,查明案件事实,分清是非责任,正确适用法律,确认当事人之间的权利义务关系,解决当事人之间的纠纷。

4. 仲裁和解、调解

仲裁和解,是指仲裁当事人通过协商,自行解决已提交仲裁的争议事项的行为。《仲裁法》规定,当事人申请仲裁后,可以自行和解。当事人达成和解协议的,可以请求仲裁庭根据和解协议做出裁决书,也可以撤回仲裁申请。如果当事人撤回仲裁申请后反悔的,则可以仍根据原仲裁协议申请仲裁。

仲裁调解,是指在仲裁庭的主持下,仲裁当事人在自愿协商、互谅互让基础上达成协议从而解决纠纷的一种制度。《仲裁法》规定,在做出裁决前可以先行调解。当事人自愿调解的,仲裁庭应当调解。调解不成的,应当及时做出裁决。

经仲裁庭调解,双方当事人达成协议的,仲裁庭应当制作调解书,经双方当事人签收后即发生法律效力。如果在调解书签收前当事人反悔的,仲裁庭应当及时做出裁决。仲裁庭除了可以制作仲裁调解书之外,也可以根据协议的结果制作裁决书。调解书与裁决书具有同等的法律效力。

5. 仲裁裁决

仲裁裁决是指仲裁庭对当事人之间所争议的事项进行审理后所作出的终局的权威性判定。仲裁裁决的做出,标志着当事人之间的纠纷的最终解决。

仲裁裁决是由仲裁庭做出的。独任仲裁庭审理的案件由独任仲裁员做出仲裁裁决;合议仲裁庭审理的案件由3名仲裁员集体做出仲裁裁决。当仲裁庭成员不能形成一致意见时,按多数仲裁员的意见作出仲裁裁决;在仲裁庭无法形成多数意见时,按首席仲裁员的意见做出裁决。

仲裁裁决从裁决书做出之日起发生法律效力。其效力体现在以下几点:

(1)当事人不得就已经裁决的事项再行申请仲裁,也不得就此提起诉讼;

(2)仲裁机构不得随意变更已经生效的仲裁裁决;

(3)其他任何机关或个人均不得变更仲裁裁决;

(4)仲裁裁决具有执行力。

6. 仲裁裁决的执行

在裁决履行期限内。若义务方不履行仲裁裁决,权利方可申请人民法院强制执行。

第三节 民事诉讼制度

一、民事诉讼的概念

民事诉讼,是指人民法院在当事人和其他诉讼参与人的参加下,以审理、裁判、执行等方式解决民事纠纷的活动。民事诉讼是以司法方式解决平等主体之间的纠纷,是由法院代表国家行使审判权解决民事争议的方式。民事诉讼是解决民事纠纷的最终方式,只要没有仲裁协议的民事纠纷最终都是可以通过民事诉讼解决的。

《中华人民共和国民事诉讼法》,1991 年 4 月 9 日第七届全国人民代表大会第四次会议通过;根据 2007 年 10 月 28 日第十届全国人民代表大会常务委员会第三十次会议《关于修改〈中华人民共和国民事诉讼法〉的决定》第一次修正;根据 2012 年 8 月 31 日第十一届全国人民代表大会常务委员会第二十八次会议《关于修改〈中华人民共和国民事诉讼法〉的决定》第二次修正;根据 2017 年 6 月 27 日第十二届全国人民代表大会常务委员会第二十八次会议《关于修改〈中华人民共和国民事诉讼法〉和〈中华人民共和国行政诉讼法〉的决定》第三次修正。

在我国,《中华人民共和国民事诉讼法》(以下简称《民事诉讼法》)是调整和规范法院和诉讼参与人的各种民事诉讼活动的基本法律。

诉讼参与人包括原告、被告、第三人、证人、鉴定人、勘验人等。

二、民事诉讼的基本特点

与调解、仲裁这些非诉讼解决纠纷的方式相比,民事诉讼有如下特征:

1. 公权性

民事诉讼是由法院代表国家行使审判权解决民事争议。它既不同于群众自治组织性质的人民调解委员会以调解方式解决纠纷,也不同于由民间性质的仲裁委会以仲裁方式解决纠纷。

2. 强制性

民事诉讼的强制性表现在案件的受理上和判决的执行上。调解、仲裁均建立在当事人自愿的基础上,只要有一方不愿意选择上述方式解决争议,调解、仲裁就无从进行。而民事诉讼的特点是,只要原告起诉符合民事诉讼法规定的条件,无论被告是否愿意,诉讼均会发生。同时,若当事人不自动履行生效裁判所确定的义务,法院可以依法强制执行。

3. 程序性

民事诉讼是依照法定程序进行的诉讼活动,无论是法院还是当事人或者其他诉讼参与人,都应按照《民事诉讼法》设定的程序实施诉讼行为,违反诉讼程序常常会引起一定的法律后果。而人民调解没有严格的程序规则,仲裁虽然也需要按预先设定的程序进行,但其程序相当灵活,当事人对程序的选择权也较大。

三、民事诉讼基本制度

民事诉讼基本制度包括:

1. 公开审判制度

公开审判制度是指人民法院审理民事案件,除法律规定的情况外,审判过程及结果应当向社会公开的制度。

2. 回避制度

回避制度是指为了保证案件的公正审判而要求与案件有一定利害关系的审判人员或其他有关人员不得参与本案的审理活动或诉讼活动的审判制度。

3. 合议制度

合议制度是指由 3 人以上单数人员组成合议庭,对民事案件进行集体审理和评议裁判的制度。合议庭评议案件,实行少数服从多数的原则。在民事诉讼过程中,除适用简易程序由审判员一人独任审判以外,均采用合议制度。

4. 两审终审制度

两审终审制度是指一个民事案件经过两级法院审理就宣告终结的制度。

四、诉讼参加人

诉讼参加人包括当事人和诉讼代理人。

(一)当事人

当事人,是指因民事权利和义务发生争议,以自己的名义进行诉讼,请求人民法院进行裁判的公民、法人或其他组织。民事诉讼当事人主要包括原告和被告。

建设工程纠纷案诉讼主体的选择:

(1)建设单位内部不具备法人条件的职能部门或下属机构签订的建筑承包合同,产生纠纷后,应以该建设单位为诉讼主体,起诉或应诉。

(2)建筑施工企业的分支机构(分公司、工程处、工区、项目经理部、建筑队等)签订的建筑承包合同,产生纠纷后,一般以该分支机构作为诉讼主体,如该分支机构不具有独立的财产,则应追加该建筑企业为共同诉讼人。

(3)借用营业执照、资质证书及他人名义签订的建筑承包合同,涉诉后,由借用人和出借人为共同诉讼人,起诉或应诉。

(4)共同承包或联合承包的建筑工程项目,产生纠纷后,应以共同承包人为共同诉讼人,起诉或应诉;如共同承包人组成联营体,且具备法人资格的,则以该联营体为诉讼主体。两个以上的法人、其他经济组织或个人合作建设工程并对合作建设工程享有共同权益的,其中合作一方因与工程的承包人签订建设工程合同发生纠纷的,其他合作建设方应列为共同原、被告。

(5)实行总分包办法的建筑工程,因分包工程产生纠纷后,总承包人和分包人作为共同诉讼人起诉或应诉;如果分包人起诉总承包人,则以分包合同主体做诉讼主体,是否列建设单位为第三人,视具体案情而定。

(6)涉及个体建筑队或个人合伙建筑队签订的建筑承包合同,产生纠纷后,一般应以个体建筑队或个人合伙建筑队为诉讼主体。

(7)挂靠经营关系的建筑施工企业以自己的名义或以被挂靠单位的名义签订的承包合同,一般应以挂靠经营者和被挂靠单位为共同诉讼人,起诉或应诉。《最高人民法院关于适用〈中华人民共和国民事诉讼法〉若干问题的意见》第43条规定:"个体工商户、个人合伙或私营企业挂靠集体企业并以集体企业的名义从事生产经营活动的,在诉讼中,该个体商户、个人合伙或私营企业与其挂靠的集体企业为共同诉讼人。"施工人挂靠其他建筑施工企业,并以被挂靠施工企业名义签订建设工程合同,而被挂靠建筑施工企业不愿起诉的,施工人可作为原告起诉,不必将被挂靠建筑施工企业列为共同原告。

(8)因转包产生的合同纠纷,如发包人起诉,应列转包人和被转包人作为共同被告;如因转包合同产生纠纷,以转包人和被转包人为诉讼主体,建设单位列为第三人;多层次转包的,除诉讼当事人外,应将其他列为第三人。

(9)以筹建或临时机构的名义发包工程,涉讼后,如果该单位已经合法批准成立,应由其作为诉讼主体起诉或应诉;如该单位仅是临时的机构,尚未办理正式审批手续的,或该临时机构被撤销的,由成立或开办该单位的组织进行起诉或应诉。

(10)实行承包经营的施工企业,产生纠纷后,如果该企业是法人组织,则由该企业为诉讼主体,起诉或应诉;如果该企业不是法人组织,则列为发包人和承包企业为共同当事人,参加诉讼。

(11)因拖欠工程款引起的纠纷,承包人将承包的建设工程合同转包而实际承包人起诉承包人的,可不将发包人列为案件的当事人;承包人提出将发包人列为第三人,并对其主张权利而发包人对承包人又负有义务的,可将发包人列为第三人,当事人根据不同的法律关系承担相应的法律责任;如转包经发包人同意,即属合同转让,应直接列发包人为被告。

(12)因工程质量引起的纠纷,发包人只起诉承包人,在审查中查明有转包的,应追加实际施工人为被告,实际施工人与承包人对工程质量承担连带责任。

实际施工人以发包人为被告主张权利的,人民法院可以追加转包人或者违法分包人为当事人。发包人只在欠付工程价款范围内对实际施工人承担责任。

(二)诉讼代理人

诉讼代理人,是指根据法律规定或当事人的委托,在民事诉讼活动中为维护当事人的合法权益而代为进行诉讼活动的人。民事诉讼代理人可分为法定诉讼代理人与委托诉讼代理人。

五、审判程序

审判程序是民事诉讼法规定的最为重要的内容,它是人民法院审理案件适用的程序,可以分为第一审程序、第二审程序和审判监督程序。

（一）第一审程序

第一审程序包括普通程序和简易程序,普通程序是指人民法院审理第一审民事案件通常适用的程序。普通程序是第一审程序中最基本的程序,具有独立性和广泛性,是整个民事审判程序的基础。普通程序分以下几个阶段:

1. 起诉

起诉是指公民、法人和其他组织在其民事权益受到侵害或者发生争议时,请求人民法院通过审判给予司法保护的诉讼行为。起诉是当事人获得司法保护的手段,也是人民法院对民事案件行使审判权的前提。

起诉的条件如下:

(1)原告是与本案有直接利害关系的公民、法人和其他组织。

(2)有明确的被告。

(3)有具体的诉讼请求、事实和理由。

(4)属于人民法院受理民事诉讼的范围和受诉人民法院管辖的范围。

2. 审查与受理

人民法院对原告的起诉情况进行审查后,认为符合起诉条件的,即应在 7 日内立案,并通知当事人。认为不符合起诉条件的,应当在 7 日内裁定不予受理,原告对不予受理裁定不服的,可以提起上诉。如果人民法院在立案后发现起诉不符合法定条件的,裁定驳回起诉,当事人对驳回起诉不服的,可以上诉。

3. 审理前的准备

审理前的准备是指人民法院接受原告起诉并决定立案受理后,在开庭审理之前,由承办案件的审判员依法所做的各种准备工作。

4. 开庭审理

开庭审理是指人民法院在当事人和其他诉讼参与人参加下,对案件进行实体审理的诉讼活动。

人民法院适用普通程序审理的案件,应在立案之日起 6 个月内审结,有特殊情况需延长的,由本院院长批准,可延长 6 个月;还需要延长的,报请上级人民法院批准。

（二）第二审程序

第二审程序又叫终审程序，是指民事诉讼当事人不服地方各级人民法院未生效的第一审裁判，在法定期限内向上级人民法院提起上诉，上一级人民法院对案件进行审理所适用的程序。第二审程序并不是每一个民事案件的必经程序，如果当事人在案件第一审过程中达成调解协议或者在上诉期内未提起上诉，第一审法院的裁判就发生法律效力，第二审程序也因无当事人的上诉而无从发生，当事人的上诉是第二审程序发生的前提。

第二审法院经过审理后根据案件的情况分别做出以下处理：

（1）维持原判。即原判认定事实清楚，适用法律正确的，判决驳回上诉，维持原判。

（2）依法改判。如原判决适用法律错误的，依法改判。

（3）发回重审。即原判决违反法定程序，可能影响案件正确判决的，裁定撤销原判决，发回原审人民法院重审。

（4）发回重审或查清事实后改判。原判决认定事实错误或原判决认定事实不清，证据不足，裁定撤销原判，发回原审人民法院重审，或查清事实后改判。

我国实行两审终审制度，第二审法院对上诉案件作出裁判后，该裁判发生如下效力：

（1）当事人不得再行上诉。

（2）不得就同一诉讼标的，以同一事实和理由再行起诉。

（3）对具有给付内容的裁判具有强制执行的效力。

（三）审判监督程序

审判监督程序即再审程序，是指由有审判监督权的法定机关和人员提起，或由当事人申请，由人民法院对发生法律效力的判决、裁定、调解书再次审理的程序。

第四节　行政复议和行政诉讼制度

一、行政复议和行政诉讼的概念

行政复议，是指行政机关根据上级行政机关对下级行政机关的监督权，在当事人的申请和参加下，按照行政复议程序对具体行政行为进行合法性和适当性审查，并做出裁决解决行政侵权争议的活动。

行政复议的基本法律依据是《中华人民共和国行政复议法》（以下简称《行政复议法》）。为了防止和纠正违法的或者不当的具体行政行为，保护公民、法人和其他组织的合法权益，保障和监督行政机关依法行使职权，根据宪法，制定《中华人民共和国行政复议法》，1999年4月29日第九届全国人民代表大会常务委员会第九次会议通过，1999年4月29日中华人民共和国主席令第16号公布，自1999年10月1日起施行；根据2009年8月27日第十一届全国人民代表大会常务委员会第十次会议通过的《全国人民代表大会常务委员会关于修改部分法律的决定》修正。

行政诉讼,是指人民法院应当事人的请求,通过审查行政行为合法性的方式,解决特定范围内行政争议的活动。

行政诉讼的基本法律依据是《中华人民共和国行政诉讼法》(以下简称《行政诉讼法》)。为保证人民法院公正、及时审理行政案件,解决行政争议,保护公民、法人和其他组织的合法权益,监督行政机关依法行使职权,根据宪法,制定《中华人民共和国行政诉讼法》,1989 年 4 月 4 日第七届全国人民代表大会第二次会议通过;根据 2014 年 11 月 1 日第十二届全国人民代表大会常务委员会第十一次会议《关于修改〈中华人民共和国行政诉讼法〉的决定》第一次修正;根据 2017 年 6 月 27 日第十二届全国人民代表大会常务委员会第二十八次会议《关于修改〈中华人民共和国民事诉讼法〉和〈中华人民共和国行政诉讼法〉的决定》第二次修正。

行政诉讼和民事诉讼、刑事诉讼构成我国基本诉讼制度。

除法律、法规规定必须先申请行政复议的以外,行政纠纷当事人可以自由选择申请行政复议还是提起行政诉讼。行政纠纷当事人对行政复议决定不服的,除法律规定行政复议决定为最终裁决的以外,可依照《行政诉讼法》的规定向人民法院提起行政诉讼。

二、行政复议

(一)可以申请行政复议的事项

行政复议保护的是公民、法人或其他组织的合法权益。行政争议当事人认为行政机关的行政行为侵犯其合法权益的,有权依法提出行政复议申请。根据《行政复议法》第 6 条的有关规定,当事人可以申请复议的情形通常包括:

(1)行政处罚,即当事人对行政机关做出的警告、罚款、没收违法所得、没收非法财物、责令停产停业、暂扣或者吊销许可证、暂扣或者吊销执照、行政拘留等行政处罚决定不服的。

(2)行政强制措施,即当事人对行政机关做出的限制人身自由或者查封、扣押、冻结财产等行政强制措施决定不服的。

(3)行政许可,包括:当事人对行政机关做出的有关许可证、执照、资质证、资格证等证书变更、中止、撤销的决定不服的,以及当事人认为符合法定条件,申请行政机关颁发许可证、执照、资质证、资格证等证书,或者申请行政机关审批、登记等有关事项,行政机关没有依法办理的。

(4)认为行政机关侵犯其合法的经营自主权的。

(5)认为行政机关违法集资、征收财物、摊派费用或者违法要求履行其他义务的。

(6)认为行政机关的其他具体行政行为侵犯其合法权益的。

(二)不得申请行政复议的事项

下列事项应按规定的纠纷处理方式解决,而不能提起行政复议:

(1)行政机关的行政处分或者其他人事处理决定。当事人不服行政机关做出的行政处分的,应当依照有关法律、行政法规的规定(如《中华人民共和国公务员法》等)提起申诉。

(2)行政机关对民事纠纷做出的调解或者其他处理。当事人不服行政机关对民事纠纷做出的调解或者处理,如建设行政管理部门对有关建设工程合同争议进行的调解、劳动部门对劳动争议的调解、公安部门对治安争议的调解等,当事人应当依法申请仲裁,或者向法院提起民事诉讼。

(三)行政复议程序

根据《行政复议法》的有关规定,行政复议应当遵守如下程序规则:

(1)行政复议申请当事人认为具体行政行为侵犯其合法权益的,可以自知道该具体行政行为之日起 60 日内提出行政复议申请,但法律规定的申请期限超过 60 日的除外。因不可抗力或者其他正当理由耽误法定申请期限的,申请期限自障碍消除之日起继续计算。

申请人对县级以上地方各级人民政府工作部门的具体行政行为不服的,申请人可以向该部门的本级人民政府申请行政复议,也可以向上一级主管部门申请行政复议。

(2)行政复议受理行政复议机关收到复议申请后,应当在法定期限内进行审查。对不符合法律规定的行政复议申请,决定不予受理的,应书面告知申请人。行政复议期间具体行政行为不停止执行。但是,有下列情形之一的,可以停止执行:

第一,被申请人认为需要停止执行的。

第二,行政复议机关认为需要停止执行的。

第三,申请人申请停止执行,行政复议机关认为其要求合理,决定停止执行的。

第四,法律规定停止执行的。

(3)行政复议决定具体如下。

1)具体行政行为认定事实清楚,证据确凿,适用法律正确,程序合法,内容适当的,决定维持。

2)被申请人不履行法定职责的,决定其在一定期限内履行。

3)具体行政行为有下列情形之一的,决定撤销、变更或者确认该具体行政行为违法。决定撤销或者确认该具体行政行为违法的,可以责令被申请人在一定期限内重新做出具体行政行为:①主要事实不清、证据不足的;②适用依据错误的;③违反法定程序的;④超越或者滥用职权的;⑤具体行政行为明显不当的。

4)被申请人不按照法律规定提出书面答复,不提交当初作出具体行政行为的的证据、依据和其他材料的,视为该具体行政行为没有证据、依据,决定撤销该具体行政行为。

《行政复议法》还规定,申请人在申请行政复议时,可以一并提出行政赔偿请求。行政复议机关对于符合法律规定的赔偿要求,在作出行政复议决定时,应当同时决定被申请人依法给予赔偿。

除非法律另有规定,行政复议机关一般应当自受理申请之日起 60 日内作出行政复议决定。行政复议决定书一经送达,即发生法律效力。申请人不服行政复议决定的,除法律规定为最终裁决的行政复议决定外,可以根据《行政诉讼法》的规定,在法定期间内提起行政诉讼。

三、行政诉讼

行政诉讼是国家审判机关为解决行政争议,运用司法程序而依法实施的整个诉讼行为及其过程。它包括第一审程序、第二审程序和审判监督程序。

在行政诉讼的双方当事人中,行政诉讼的被告只能是行政管理中的管理方,即作为行政主体的行政机关和法律、法规授权的组织。行政诉讼的原告只能是行政管理中的相对方,即公民、法人或者其他组织。他们在行政管理活动中处于被管理者的地位。两者之间的关系是管理者与被管理者之间从属性行政管理关系。但是,双方发生行政争议依法进入行政诉讼程序后,他们之间就由原来的从属性行政管理关系,转变为平等性的行政诉讼关系,成为行政诉讼的双方当事人,在整个诉讼过程中,原告与被告的诉讼法律地位是平等的。

（一）第一审程序

(1)起诉。提起行政诉讼应符合以下条件:

1)原告是认为具体行政行为侵犯其合法权益的公民、法人或者其他组织。

2)有明确的被告。

3)有具体的诉讼请求和事实根据。

4)属于人民法院受案范围和受诉人民法院管辖。

申请人不服行政复议决定的,可以在收到行政复议决定书之日起15日内向人民法院提起诉讼。复议机关逾期不作决定的,申请人可以在复议期满之日起15日内起诉,法律另有规定的从其规定。公民、法人或者其他组织直接向人民法院提起公诉的,应当在知道做出具体行政行为之日起3个月内提出,法律另有规定的除外。起诉应以书面形式进行。

(2)受理人民法院接到起诉状后应当在7日内审查立案或者裁定不予受理。原告对裁定不服的可以提起上诉。

(3)开庭审理。开庭审理分为:审理开始阶段、法庭调查阶段、法庭辩论阶段、合议庭评议阶段、判决裁定阶段。

(4)第一审判决。人民法院做出第一审判决可分为以下四种形式:

1)维持原判。具体行政行为证据确凿,适用法律正确,符合法定程序的,判决维持。

2)撤销判决。即撤销或者部分撤销并责令重新做出具体行政行为。撤销判决的条件是:主要证据不足的;适用法律、法规错误的;违反法定程序的;超越职权、滥用职权;有上述情况之一的,可做出撤销判决。

3)履行判决。即责令被告限期履行法定职责的判决。

4)变更判决。即变更显失公平的行政处罚的判决。当事人对第一审判决不服的,有权在判决书送达之日起15日内向上一级人民法院提起上诉,逾期不上诉的,第一审判决即发生法律效力。

（二）第二审程序

第二审程序是人民法院对下级人民法院第一审案件所作出的判决、裁定在发生法律效力之前,基于当事人的上诉,依据事实和法律,对案件进行审理的程序。第二审法院审理上诉案件,除《行政诉讼法》有特别规定外,均适用第一审程序的规定。

（三）执行

当事人必须履行人民法院发生法律效力的判决、裁定。原告拒绝履行判决、裁定的,被告

行政机关可以向第一审法院申请强制执行,或者依法强制执行。被告行政机关拒绝履行判决、裁定的,第一审法院可以采取以下措施:

1)对应当归还的罚款或者应当给付的赔偿金,通知银行从该行政机关的账户内划拨。

2)在规定期限内不履行的,从期满之日起,对该行政机关按日处以罚款。

3)向该行政机关的上一级行政机关或者监察、人事机关提出司法建议。接受司法建议的机关,根据有关规定进行处理,并将处理情况告知人民法院。

4)拒不履行判决、裁定,情节严重构成犯罪的,依法追究主管人员和直接责任人员的刑事责任。

四、建筑行政法律责任

行政法律责任,是指有违反有关行政管理的法律规范的规定,但尚未构成犯罪的行为所依法应当受到的法律制裁。行政法律责任主要包括行政处罚和行政处分。

(一)行政处分

行政处分,是指国家机关、企事业单位和社会团体依据行政管理法规、规章、章程、纪律等,对其所属人员或者职工的违法失职行为所做的处罚。

对国家公务员的行政处分形式包括:警告、记过、记大过、降级、撤职、开除等。

对职工的行政处分形式包括:警告、记过、记大过、降级、撤职、留用察看、开除等。

建筑行政法律责任中,关于行政处分的主要包括以下情形:

(1)在工程发包与承包中索贿、受贿、行贿,不构成犯罪的,对直接负责的主管人员和其他直接责任人员给予行政处分。

(2)违反法律规定,对不具备相应资质等级条件的单位颁发该登记资质证书,不构成犯罪的,对直接负责的主管人员和其他直接责任人员给予行政处分。

(3)负责颁发建筑工程施工许可证的部门及其工作人员对不符合施工条件的建筑工程颁发施工许可证的,负责工程质量监督检查或者竣工验收的部门及其工作人员对不合格的建筑工程出具质量合格文件或者按合格工程验收的,由上级机关责令改正,不构成犯罪的,对责任人员给予行政处分。

(4)在招标投标活动中,任何单位违反法律规定干涉招标投标活动的,对单位直接负责的主管人员和其他直接责任人员依法给予行政处分。

(5)依法必须进行招标的项目,不招标或规避招标的,招标人向他人泄露可能影响公平竞争的有关情况的,招标人与投标人违反法律规定就实质性内容进行谈判的,招标人在评标委员会否决所有投标后自行确定中标人的,对单位直接负责的主管人员和其他直接责任人员依法给予行政处分。

(6)对招标投标活动、建筑工程勘察、设计活动、建筑工程质量监督管理、建筑工程安全生产监督管理负有行政监督职责的国家机关工作人员徇私舞弊、滥用职权、玩忽职守,不构成犯罪的,依法给予行政处分。

(二)行政处罚

行政处罚,是指行政主体依据法定权限和程序,对违反行政法规的行政相对人给予的法律制裁。

《中华人民共和国行政处罚法》(以下简称《行政处罚法》)明确规定,"公民、法人或者其他组织违反行政管理秩序的行为,应当根据法律、法规或规章给予行政处罚的,行政机关应当依法定程序实施,没有法定依据或者不遵守法定程序的,行政处罚无效"。据此,具有法定依据和遵守法定程序,是行政机关实施的行政处罚具备合法性所必须满足的前提条件。《行政处罚法》还明确规定,"公民、法人或者其他组织对行政机关所给予的行政处罚,享有陈述权、申辩权;对行政处罚不服的,有权依法申请行政复议或者提起行政诉讼。公民、法人或者其他组织因行政机关违法给予行政处罚造成损害的,有权依法提出赔偿要求"。

为保障和监督建设行政执法机关有效实施行政管理,保护公民、法人和其他组织的合法权益,促进建设行政执法工作程序化、规范化,根据《行政处罚法》,1999 年 2 月 3 日建设部发布实施了《建设行政处罚程序暂行规定》(建设部令第 66 号)。结合《行政处罚法》和《建设行政处罚程序暂行规定》的有关规定,建设行政处罚介绍如下。

1. 建筑行政处罚的种类

行政处罚的种类有:警告,罚款,没收违法所得、没收非法财物,责令停产停业,暂扣或者吊销许可证、暂扣或者吊销执照,行政拘留,法律、行政法规规定的其他行政处罚。

建筑行政处罚的种类包括:警告,罚款,没收违法所得、没收违法建筑物、构筑物和其他设施,责令停业整顿、吊销资质证书、吊销执业资格证书和其他许可证、执照,法律、行政法规规定的其他行政处罚。

(1)罚款

罚款,是指强制违反建筑法规的行为人缴纳一定数额的货币的处罚。

可以处以罚款的情形:未取得施工许可证或者开工报告未经批准擅自施工的;建筑施工企业违反规定,对建筑安全事故隐患不采取措施予以消除的;建设单位违反规定,要求建筑设计单位或者建筑施工企业违反建筑工程质量、安全标准,降低工程质量的;建筑施工企业违反规定,不履行保修义务或者拖延履行保修义务的。

应当处以罚款的情形:

1)发包单位将工程发包给不具有相应资质等级的承包单位的,或者违反规定将建筑工程肢解发包的;超越本单位资质等级承揽工程的或者以欺骗手段取得资质证书的。

2)建筑施工企业转让、出借资质证书或者以其他方式允许他人以本企业的名义承揽工程的。

3)承包单位将承包的工程转包的,或者违反规定进行分包的。

4)在工程分包与承包中索贿、受贿、行贿,尚未构成犯罪的。

5)工程监理单位与建设单位或者建筑施工企业串通,弄虚作假、降低工程质量的。

6)涉及建筑主体或者承重结构变动的装修工程擅自施工的。

7)建筑设计单位不按照建筑工程质量、安全标准进行设计的。

8)建筑施工企业在施工中偷工减料的,使用不合格的建筑材料、建筑构配件和设备的,或者有其他不按照工程设计图或者施工技术标准施工的行为的。

(2)没收违法所得

没收违法所得,是指对违反建筑法规的行为人因其违法行为获得的财产,强制收归国有的处罚。

1)超越本单位资质等级承揽工程,或者未取得资质证书承揽工程,有违法所得的。

2)建筑施工企业转让、出借资质证书或者以其他方式允许他人以本企业的名义承揽工程,有违法所得的。

3)承包单位将承包的工程转包,或者违反规定进行分包,有违法所得的。

4)在工程分包与承包中索贿、受贿、行贿的。

5)工程监理单位与建设单位或者建筑施工企业串通,弄虚作假、降低工程质量,有违法所得的;或者工程监理单位转让监理业务的。

6)建筑设计单位不按照建筑工程质量、安全标准进行设计,有违法所得的。

(3)责令停业整顿、降低资质等级、吊销资质证书

责令停业整顿,是指强制违反建筑法规的行为人停止生产经营活动,并要求其整顿的处罚。

降低资质等级,是指对违反建筑法规的行为人剥夺其部分资格能力的处罚。

吊销资质证书,是指对违反建筑法规的行为人剥夺其资格能力的处罚。

具体规定:

1)超越本单位资质等级承揽工程的,可以责令停业整顿,降低资质等级;情节严重的,吊销资质证书。

2)建筑施工企业转让、出借资质证书或者以其他方式允许他人以本企业的名义承揽工程的,可以责令停业整顿,降低资质等级;情节严重的,吊销资质证书。

3)承包单位将承包的工程转包的,或者违反规定进行分包的,可以责令停业整顿,降低资质等级;情节严重的,吊销资质证书。

4)在工程承包中行贿的承包单位,可以责令停业整顿,降低资质等级或者吊销资质证书。

5)工程监理单位与建设单位或者建筑施工企业串通,弄虚作假、降低工程质量的,降低资质等级或者吊销资质证书;工程监理单位转让监理业务的,可以责令停业整顿,降低资质等级;情节严重的,吊销资质证书。

6)建筑施工企业违反规定,对建筑安全事故隐患不采取措施予以消除,情节严重的,责令停业整顿,降低资质等级或者吊销资质证书。

7)建筑设计单位不按照建筑工程质量、安全标准进行设计,造成工程质量事故的,责令停业整顿,降低资质等级或者吊销资质证书。

8)建筑施工企业在施工中偷工减料,使用不合格的建筑材料、建筑构配件和建筑设备,或者有其他不按照工程设计图或者施工技术标准施工的行为,情节严重的,责令停业整顿,降低资质等级或者吊销资质证书。

2.建筑行政处罚的实施机关和行政处罚的决定程序

建筑行政处罚的实施机关是建设行政执法机关,即依法取得行政处罚权的建设行政主管部门、建设系统的行业管理部门以及依法取得委托执法资格的组织。

(1)一般规则

1)公民、法人或者其他组织违反行政管理秩序的行为,依法应当给予行政处罚的,行政机关必须查明事实。违法事实不清的,不得给予行政处罚。

2)行政机关在作出行政处罚决定之前,应当告知当事人作出行政处罚决定的事实理由和依据,并告知当事人依法享有的权利。行政机关及其执法人员违反该规定,未向当事人告知行政处罚的事实、理由和依据的,行政处罚决定不能成立。

3)当事人有权进行陈述和申辩。行政机关必须充分听取当事人的意见,对当事人提出的事实、理由和证据,应当进行复核;当事人提出的事实、理由或者证据成立的,行政机关应当采纳。行政机关不得因当事人申辩而加重处罚。行政机关及其执法人员违反该规定,拒绝听取当事人的陈述、申辩的,行政处罚决定不成立。

(2)程序种类

1)简易程序。具有行政处罚权的行政机关对于违法事实清楚、证据确凿并有法定依据,对公民处以50元以下、对法人和其他组织处以1000元以下罚款或者警告的行政处罚的,可以当场作出行政处罚决定。

2)一般程序:①立案;②调查取证;③向当事人告知给予行政处罚的事实、理由和依据;④听取当事人的陈述和申辩或举行听证;⑤审查调查结果,作出行政处罚决定,制作行政处罚决定书;⑥送达行政处罚决定书。

3)听证程序。听证程序,是指针对行政执法机关做出吊销资质证书、执业资格证书,责令停产停业,责令停业整顿(包括属于停业整顿性质的,责令在规定的时限内不得承接新的业务),责令停止执业业务,没收违法建筑物、构筑物和其他设施以及处以较大数额罚款等行政处罚,而设定的行政处罚程序。对于适用听证程序的行政处罚,行政机关在作出行政处罚决定前,应当告知当事人有要求举行听证的权利;当事人要求听证的,行政机关应当组织听证。当事人不承担行政机关组织听证的费用。

4)行政处罚的执行程序。行政处罚的执行程序,是指确保行政处罚决定所确定的内容得以实现的程序。行政处罚决定一旦做出,就具有法律效力,当事人应当在行政处罚决定的期限内予以履行。当事人对行政处罚决定不服申请行政复议或者提起行政诉讼的,除法律另有规定的以外,行政处罚不停止执行。

3.行政赔偿

行政赔偿,是指行政机关及其工作人员在行使行政职权过程中,因其行为或者不作为违法而侵犯了公民、法人或者其他组织的合法权益并造成实际损害,由国家给予受害人赔偿的法律制度。

建设行政主管部门和其他相关部门及其工作人员,在对建筑活动实施监督管理的过程中,不履行其职责或不正当行使权力,侵犯公民、法人或其他组织的合法利益并造成损失的,应当承担赔偿责任。

（1）负责颁发建筑工程施工许可证的部门及其工作人员对不符合施工条件的建筑工程颁发施工许可证，负责工程质量监督检查或竣工验收的部门及其工作人员对不合格的建筑工程出具质量合格文件或者按合格工程验收，造成损失的，由该部门承担相应的赔偿责任。

（2）具有行政处罚权的建设行政主管部门或其他有关部门，违法实施罚款、责令停产整顿、降低资质等级、吊销许可证和执照等行政处罚，侵犯管理相对人的财产权，受害人有取得赔偿的权利。

案例分析

【案情】2009年1月4日，綦江县人行桥虹桥整体垮塌，造成40人死亡、14人受伤，直接经济损失达630余万元。经专家组4天紧张取证、分析后，得出结论，人行桥垮塌属重大责任事故。专家组认为：拱形桥的换架钢管焊接存在严重缺陷，个别焊缝出现裂痕；焊接质量不合格；混凝土强度不足。另外还发现工程承包不符合国家建筑管理规定和要求，施工单位系个人挂靠行为，不具备市政工程施工资质，该桥实际属于私人设计、组织施工。

【分析】重庆市人民检察院对事故依法调查，对林某等13人分别以涉嫌受贿罪，玩忽职守罪，工程重大安全事故罪，生产、销售不符合安全标准的产品罪等向重庆市人民法院提起公诉。

对綦江县委原副书记林某，以受贿罪，玩忽职守罪，数罪并罚，判处死刑，剥夺政治权利终身，并处没收财产5万元，追缴犯罪所得赃款111600元及违法所得23490元。对綦江县建委原主任张某、原副主任孙某、綦江县原副县长贺某等12名被告人，分别判处有期徒刑或并处罚金，追缴赃款或非法所得；对被告单位重庆通用工业技术服务部以生产销售不符合安全标准的产品罪，判处罚金25万元，非法所得人民币3万元予以追缴。

思考题

1. 请简单分析建筑法律纠纷处理的流程。
2. 请简单阐述建筑工程民事诉讼制度的特点。

参考文献

[1]周慧,汪中秀.关于我国工程招投标法律制度规范化的几点思考[J].经营管理者,2017(01).

[2]魏振华.土地承包经营权"转包"与"出租"流变考[J].财经法学,2017(03).

[3]陈战杰.在未利用土地上建房应如何处理[J].资源导刊,2017(01).

[4]郭亮.土地财政"中的地方政府权力运作机制研究[J].华中科技大学学报(社会科学版),2017(01).

[5]卞靖.破除城乡二元土地制度 促进城乡土地要素平等交换[J].当代经济管理,2017(05).

[6]朱翔华.团体标准制定主体的法律地位之思考[J].标准科学,2017(07).

[7]王伟.我国建设工程监理责任法律制度的缺陷及完善建议[J].建筑,2017(01).

[8]孙利平,张云,王芮等.对一起无卫生许可批准文件销售涉水产品案件处理的思考[J].中国卫生监督杂志,2017(02).

[9]纪宏奎,赵辉,周琴.分支机构的纳税地点如何确定[J].注册税务师,2017(04).

[10]滕益清,吕修军.永嘉职业教育混合所有制改革的探索[J].唯实(现代管理),2017(07).

[11]胡立志,程萧潇.我国农田水利管理体制改革困境研究综述[J].水利经济,2017(01).

[12]徐娇.浅谈水利工程造价控制[J].建材与装饰,2017(01).

[13]张为杰.生态文明导向下中国的公众环境诉求与辖区政府环境政策回应[J].宏观经济研究,2017(01).

[14]周爱群,吴凤平.我国现有水资源冲突管理制度体系探析[J].人民长江,2017(02).

[15]郴州市人民政府办公室关于印发《郴州市公共资源交易管理办法(试行)》的通知[N].郴州政报,2017-02-28.

[16]雷世平,姜群英.混合所有制职业院校与公办职业院校法人治理结构之比较[J].职教论坛,2016(12).

[17]张广萍.关于地震预警立法问题的探讨[J].法制与社会,2016(12).

[18]郑诚,陶然.外国民事主体的法律人格二元化[J].法治社会,2016(11).

[19]张磊.善治视域下村民自治异化现象矫正问题探析[J].城乡社会观察,2016(12).

[20]李树春,王勇刚.治国理念的精髓 制度自信的灵魂(下)——学习习近平总书记系列重要讲话关于坚持和完善人民代表大会制度的论述[J].吉林人大.2016(12).

[21]王文琦.试论我国国家机构组织法的权力规范问题与对策[J].法律方法与法律思维,2016(12).

[22]蒋超.街区制推广中的法律问题探析——业主权利保护的视角[J].广西政法管理干

部学院学报,2016(05).

[23]李磊,杨萍.土地利用调查数据库年度更新典型问题探讨[J].地矿测绘,2016(12).

[24]钟骁勇."十二五"时期新疆自治区土地开发利用形势分析[J].发展研究,2016(11).

[25]李广斌,王勇.新型集体经济发展与乡村居住空间转型耦合机制——以苏州为例[J].城市发展研究,2016(12).

[26]张喜惠,阚莲.论建筑工程管理的重要性与施工管理分析[J].民营科技,2016(02).

[27]何博宇.浅论我国环境咨询服务业的发展现状及趋势[J].中小企业管理与科技(下旬刊),2016(12).

[28]刘银群,严文武,闫鹏.浅述钢筋混凝土烟囱施工监理的质量安全控制[J].建设监理,2016(11).

[29]张金元,程欣,赵海燕,曾轲.我国钢铁投资项目后评价发展现状及其趋势分析[J].冶金管理,2016(03).

[30]王伟.建设工程监理若干法律概念含义之辨析(下)[J].建筑安全,2016(12).

[31]程鹏.庄浪县人饮工程水质安全管理的主要做法[J].农业科技与信息,2016(11).

[32]王勇.浅谈低洼易涝区除涝防渍的水利工程措施[J].民营科技,2016(12).

[33]贾俊杰.中铁阅山湖:"挂牌督办"告一段落 公共绿地变地产项目却"木已成舟"[J].中国房地产报,2016-05-09.

[34]梁庆华.论建筑工程施工合同的无效及其处理[D].湘潭大学,2015.

[35]李文姹.住房部首度通报规划违法案件全国9个项目被挂牌督办[J].中国房地产报,2015(06).

[36]王早生.完善监督体系 维护城乡规划权威性严肃性[J].城乡建设,2015(07).

[37]武文艺.浅谈关于建筑工程施工质量管理中的几点认识[J].农村实用科技信息,2015(03).

[38]王荣杰,朱晓知.桥梁墩柱施工爆模事故原因分析及预防措施[J].建筑安全,2015(02).

[39]邬燕云.树立红线意识,深刻认识安全生产的摆位[N].中国安全生产报,2014-09-04.

[40]任伟永.建设工程项目质量控制方法及分析[D].天津大学,2014.

[41]王琼涵,王立鹏.我国建筑项目安全文明施工管理分析[J].建筑安全,2014(07).

[42]杨宏.试析如何做好新形势下公路工程招标投标工作[J].广东科技,2013(12).

[43]潘飞.工程量清单在施工招标中的应用[J].科技风,2013(06).

[44]吴雪峰.浅析中小城市物业服务企业收费难问题——基于财务视角[J].湖北经济学院学报(人文社会科学版),2013(10).

[45]刘贞.分支机构能否成为行政案件当事人[J].首都医药,2013(06).

[46]韶建生,王兴红.从新《卫生行政执法文书规范》探讨对非法行医的"取缔"[J].中国卫生监督杂志,2013(04).

[47]季奎明.经济法中特殊法律责任的类型化研究[J].福建论坛(人文社会科学版),2013(07).

[48]谷会勇,孙小鸽.关于建筑工程施工质量管理中几点认识[J].科技致富向导,2013

(23).

[49]柯其顺.高速铁路工程造价控制与管理[J].中华建设,2013(08).

[50]江泽民.中华人民共和国水法[J].河南水利与南水北调,2013(03).

[51]任永伟,虞锦晓.论工业和民用建筑施工现场质量管理及措施[J].现代装饰(理论),2013(05).

[52]廖启宏,葛玉凤.关于公路工程招标投标管理的探讨[J].科技致富向导,2012(01).

[53]苏清义,武晓栋.浅谈铁路工程招投标管理[J].价值工程,2012(06).

[54]柯善北.招标投标行业发展史上的里程碑——《中华人民共和国招标投标法实施条例》解读[J].中华建设,2012(01).

[55]蔡新火.从国际法的视角探讨美台共同防御条约[J].湖北广播电视大学学报,2012(09).

[56]陈大文.中国特色社会主义法律体系教育路径解析[J].思想理论教育导刊,2012(04).

[57]白续辉,陈惠珍.国际旅游法的演进及发展动向[J].改革与战略,2012(10).

[58]李泉.民办学校法律地位分析——现行法律框架内的展开[J].中国大学生就业,2012(06).

[59]郭旭东.中国土地管理制度存在问题及完善的思考[J].中国土地科学,2012(02).

[60]董秀荣.浅谈建设工程项目质量的影响因素[J].科技致富向导,2012(08).

[61]陈雷.大力加强水利法治建设,为水利改革发展提供坚实保障——在全国水政工作会议上的讲话[J].水利发展研究,2012(08).

[62]沈洁.注册安全工程师执业资格制度及注册管理有关知识[J].安全与健康,2011(04).

[63]杨宇东.建设项目全过程投资控制之瓶颈与破解[J].建筑经济,2011(02).

[64]朱碧贵,张洪伟,李华,闫彩云.基于国家注册工程师制度的给水排水工程专业教学改革初探[J].长春理工大学学报,2011(07).

[65]张文泉,冯宇新.寿命周期成本理论方法与工程咨询业发展[J].中国工程咨询,2011(02).

[66]中华人民共和国国务院新闻办公室.中国特色社会主义法律体系[N].人民日报,2011-10-28.

[67]林依标,潘辉,石晨谊.国有建设用地使用权出让合同法律性质探析[J].法学杂志,2011(03).

[68]戎庆.论经济责任的承担方式[J].安徽行政学院学报,2011(06).

[69]吴邦国.在形成中国特色社会主义法律体系座谈会上的讲话[J].中国人大,2011(01).

[70]周江林.法人问题与我国民办高校可持续发展:一个文献综述[J].黄河科技大学学报,2011(05).

[71]邹华.浅析我国农民专业合作社的法人地位[J].现代物业(中旬刊),2011(08).

[72]陈琛,刘群红,易好,詹超.我国农村自留地使用权的法律性质分析[J].中国市场,

2011(09).

[73]谭善凯.土地管理与经济发展[J].河南科技,2011(03).

[74]吴玉才.长河大爱:宁夏黄河善谷吴忠慈善产业发展理论与实践[J].宁夏人民出版社,2011(12).

[75]文雅,刘祖荣.浅谈项目后评价的相关问题[J].当代经济,2011(13).

[76]沈郁.事故隐患治理项目后评估程序及重点内容研究[J].安全、健康和环境,2011(06).

[77]杨晓春,苑红,张映强.我国投资项目后评价发展历程及趋势分析[J].中国工程咨询,2011(08).

[78]白彩霞.浅谈投资项目可行性研究[J].价值工程,2011(24).

[79]全国人民代表大会常务委员会关于修改《中华人民共和国建筑法》的决定[N].吉林政报,2011−10−30.

[80]李新谦.论建筑工程施工现场职业健康安全管理[J].企业科技与发展,2011(16).

[81]王永新.中小型水利工程质量管理探讨[J].大众科技,2011(06).

[82]郝金杰.专项安全施工方案的编制与审核[J].山西建筑,2011(01).

[83]于铁柱.水利工程环境影响评价政策法规要求及审批程序[J].内蒙古水利,2011(12).

[84]张一民.物业管理师的角色与使命[J].中国物业管理,2010(12).

[85]吴慧兰,焦磊.数字化校园模式下的高校招投标管理系统开发[J].机械制造与自动化,2010(12).

[86]何辉祥.岩土工程专业的特点与发展前景概述[J].科技广场,2010(09).

[87]莫纪宏.震后恢复与重建中法律关系变更问题研究[J].河南省政法管理干部学院学报,2010(11).

[88]张潜伟.发展集体经济的民法学思考[J].新乡学院学报(社会科学版),2010(12).

[89]吴文韬.安装工程施工质量管理之我见[J].石油化工建设,2010(05).

[90]唐少艺.项目后评估在某汽车集团"十一五"物流规划中的应用研究[J].物流科技,2010(12).

[91]张珏,孙维红,斯煊昀.水利水电项目后评价的经济评价研究[J].中国水能及电气化,2010(12).

[92]任龙田.在现场安全管理协调上下真功[J].施工企业管理,2010(04).

[93]郭悦.建筑坍塌事故案例分析[J].现代职业安全,2010(12).

[94]周帮扬,李娟,程琦早成.转基因生物危害环境预防制度探析[J].沈阳农业大学学报(社会科学版),2010(11).

[95]李春.浅谈建筑力学的教学改革[J].新课程研究(中旬刊),2010(09).

[96]康伟,李巨仁.浅谈建设工程招标与投标[J].山西建筑,2009(13).

[97]王延波.完善政府采购投标保证金制度的思考[J].边疆经济与文化,2009(06).

[98]徐盼.关于立法监督制度完善的几点思考[J].沈阳大学学报,2009(04).

[99]郭春华.省以下土地垂直统管体制运行状况调查与分析——以江苏省X市为例[J].

国土资源科技管理,2009(10).

[100]马可健.企业法律顾问介入招投标的实务探析[J].中国高新技术企业,2008(09).

[101]生产安全事故报告和调查处理条例[J].时政文献辑览,2008(08).

[102]环境监测管理办法[J].资源与人居环境,2007(11).

[103]注册建造师管理规定[N].中华人民共和国国务院公报,2007-11-20.

[104]支金萍.一起门式钢构架倒塌事故分析[J].建筑安全,2007(06).

[105]生产安全事故报告和调查处理条例[J].司法业务文选,2007(06).

[106]付军.建筑施工工地的安全生产控制[J].科学之友(B版),2007(03).

[107]黄浩.电力工程建设可行性研究的作用[J].电网技术,2007(S1).

[108]杨波.运用工程项目安全管理的基本理念加强施工现场消防安全管理的探索[J].建筑安全,2006(02).

[109]贺翀,王丹宇.试谈建筑事故的防治[J].湖南科技学院学报,2006(01).

[110]房地产经纪人VS估价师[J].创业者,2005(14).

[111]徐静.直销商,注意您的法律地位[J].经贸世界,2005(05).

[112]陆军.从一起安全事故的责任认定引发的思考[J].工程质量,2005(09).

[113]王又华.北环水系转河工程的项目管理[J].北京水利,2004(03).

[114]建设工程安全生产管理条例[J].河南省人民政府公报,2004(05).

[115]马爱龙,邢利民.工程建设招投标中规避招标问题的对策[J].人民黄河,2003(06).

[116]王志军,何桂平,岳玉民.水利工程招标标底的编制和应用[J].河南水利,2003(04).

[117]中华人民共和国环境影响评价法[J].中国财经审计法规公报,2003(01).

[118]中华人民共和国水法——2002年8月29日第九届全国人民代表大会常务委员会第二十九次会议通过[J].中国水利,2002(10).

[119]中华人民共和国环境影响评价法[J].甘肃政报,2002(11).

[120]六部委发布《评标委员会和评标方法暂行规定》[J].水利水电工程造价,2001(04).

[121]何红锋.论招标的条件和方式[J].南开大学法政学院学术论丛,2001(11).

[122]罗世强.论建立健全建筑安全行政监督管理体系[J].建筑安全,2001(08).

[123]中华人民共和国土地管理法实施条例[J].福建政报,1999(04).

[124]深圳经济特区建设工程施工招标投标条例(1993年11月10日深圳市第一届人民代表大会常务委员会第十九次会议通过)[J].建设监理,1994(03).

[125]寸晓宏.我国投资项目社会评估问题初探[J].云南财贸学院学报,1991(03).